高等职业教育资产评估与管理专业产学研结合系列教材

U0883990

资产评估实务

PRACTICE OF VALUATION

（第二版）

刘淑琴 主编

东北财经大学出版社
Dongbei University of Finance & Economics Press
大连

图书在版编目（CIP）数据

资产评估实务 / 刘淑琴主编．—2版．—大连：东北财经大学出版社，2024.8．—（高等职业教育资产评估与管理专业产学研结合系列教材）．—ISBN 978-7-5654-5349-6

Ⅰ．F20

中国国家版本馆CIP数据核字第2024T619T6号

东北财经大学出版社出版

（大连市黑石礁尖山街217号　邮政编码　116025）

网　　址：http://www.dufep.cn

读者信箱：dufep@dufe.edu.cn

大连图腾彩色印刷有限公司印刷　东北财经大学出版社发行

幅面尺寸：185mm×260mm　　字数：598千字　　印张：25

2024年8月第2版　　2024年8月第1次印刷

责任编辑：王天华　周　慧　章小北　　责任校对：一　心

封面设计：原　皓　　版式设计：原　皓

定价：59.00元

教学支持　售后服务　　联系电话：（0411）84710309

如有印装质量问题，请联系营销部：（0411）84710711

第二版前言

随着社会主义市场经济的进一步发展，资产评估事业已经成为了优化资源配置、促进结构调整、保障各类产权主体合法权益的基础性工具，在社会主义市场经济中发挥着越来越重要的作用。

“资产评估实务”课程是资产评估与管理专业核心课程。本书以习近平新时代中国特色社会主义思想为指导，以职业教育国家教学标准为基本遵循，立足高职人才培养特色，体现资产评估行业特点，贯彻落实党的二十大精神以及《国家职业教育改革实施方案》，结合《高等职业学校资产评估与管理专业教学标准》确定的人才培养目标、就业岗位要求、职业素质、知识和能力要求，根据中国资产评估协会发布的有关资产评估最新的评估准则、评估指南、评估指导意见，着重针对资产评估的基本要素、基本程序、评估方法选取、各类资产评估及评估报告撰写而设计编写。

本书是高等职业教育资产评估与管理专业产学研结合系列教材，自2019年1月出版以来被众多院校采用并受到好评。

此次修订在《资产评估实务》第一版的基础上，贯彻了2021年国务院办公厅印发的《关于推动现代职业教育高质量发展的意见》和《高等学校课程思政建设指导纲要》文件精神，按照“习近平新时代中国特色社会主义思想进教材进课堂进头脑，全面贯彻党的教育方针，落实立德树人根本任务”教学思想，以及全国教材工作精神，促进学生全面发展，增强综合素质，全面提高教材质量，遵循教材建设规律和职业教育教学规律，满足技术技能人才需求变化，依据职业教育国家教学标准体系，对接职业标准和岗位能力要求，落实立德树人根本任务，培根铸魂、启智增慧，适应新时代精品教材要求。

本次修订在保持原有“推行项目教学、案例教学、工作过程导向教学等教学模式”基础上，主要突出以下特色：

1. 坚持立德树人，融合专业知识和职业素养。本次修订以社会主义核心价值观为引领，精心提炼思政元素，着重在每个项目开篇设置素养目标，在项目导入后增加启示，在明确本项目学习要点之后，实现资产评估理论专业知识和思政融通；同时，在每个项目结束时，增加学思践悟，使学习者边学边悟，自觉提高职业素养，培育“评估发现价值、诚信铸就行业”的评估精神。

2. 引进最新前沿动态，注重“课、岗、证、赛、训”融合。教材设计以“产教融合，校企合作，校企‘双元’合作开发教材”为指引，按照“资产评估”课程学习逻辑关系，采用“项目化”教学，以技能知识等内容为主线，与资产评估职业岗位密切联系，结合资产评估师考试大纲及全国高职资产评估技能大赛知识与技能范围，设计教材体系、知识点和案例，满足“课、岗、证、赛、训”要求。本次修订秉承与时俱进的态度，在项目八无形资产评估中增加数据资产评估，将资产评估最新理论知识、法律法规、前沿动态和案例等引入教材，更新练习数据信息，以期实现最大限度呈现资产评估最新视角。

3. 精炼专业知识，彰显高等职业教育育人特色。本次修订结合职业教育特点和教材管理办法，从高职学生实际出发，设置符合高职学生难度的理论知识，同时根据专业标准课时要求和特点，一是删减原教材中不必要内容，紧凑精炼教材内容；二是把原教材中项目八无形资产评估、项目九企业价值评估及项目十二以财务报告为目的的评估进行修订后，以二维码形式展现，增强教材的适用性。

4. 配套教学资源丰富。一是针对本书重点难点制作了64个微课和47个知识拓展，并以二维码的形式添加在书中。二是制作了电子课件、电子教案、课程标准等数字化教学资源，可登录东北财经大学出版社网站可以免费下载。三是同步更新《资产评估习题与实训》辅助用书，便于教师组织教学和学生课后强化训练和自主测试，提高教学效率和效果。

本书此次修订由山西省财政税务专科学校刘淑琴副教授担任主编，对全书进行总纂、策划和设计，并带头组织具有丰富教学和实践经验的教师及资产评估行业专家对本书进一步完善和提高。山西省财政税务专科学校财税学院院长张明珠副教授、副院长李艳讲师担任副主编，对全书进行了校对；山西省财政税务专科学校冯婵、广东农工商职业技术学院苏惠霞和陈银月、重庆商务职业学院张攀、新鼎誉合（山西）资产房地产评估有限公司王勇（中国资产评估行业首届领军人才）和闫鹏武参与编写。具体编写情况如下：刘淑琴编写项目一、项目二、项目三、项目八，张明珠编写项目四，冯婵编写项目五和项目六，张攀编写项目七，苏惠霞和陈银月编写项目九，李艳编写项目十、项目十一、项目十二，王勇和闫鹏武编写项目十三及项目八中的数据资产评估。

本书不仅可以作为高等职业院校资产评估与管理专业的教学用书，也可以作为评估师考试、评估行业人员业务培训、竞赛及自学用书，可以帮助广大评估人员尽快理解和掌握相关资产评估执业准则、资产评估指南及资产评估指导意见的内涵和实际应用。

本书在此次修订过程中得到有关资产评估协会和资产评估机构大力支持和帮助，也得到校领导和同仁帮助，在此一并感谢。虽然我们在修订过程中和在教材特色建设中尽了最大努力，但由于编者经验、水平有限，书中可能会存在一些疏漏之处，恳请各相关单位和读者在使用过程中给予关注并提出宝贵意见，以便我们进一步修订和完善。

编　者

2024年6月

目　录

项目一

资产评估基本认知

知识目标

1. 了解资产评估的发展史；
2. 熟悉资产评估的概念和特点；
3. 理解掌握资产评估原则；
4. 认识资产评估的服务领域。

能力目标

1. 掌握资产评估的各个要素；
2. 能准确把握在进行资产评估业务时应坚持的原则。

素养目标

1. 树立法律意识，做遵法守法的评估人；
2. 树立爱国、敬业思想，坚守职业道德底线。

项目导入

如何理解资产评估的概念?

上海某机电设备公司是一家从事磁性材料及其应用产品研发、生产和销售的高新技术企业，自主研发的大功率转换及其处理技术，成本低廉，节能降耗，绿色环保产能高，已向国家知识产权局申请了专利，并于2022年10月10日被国家知识产权局授予专利权。该公司因融资需要，目前，拟以此项专利权向中国银行进行质押贷款，中国银行委托山西中青资产评估事务所对此专利价值进行评估。

思考：什么是资产评估？针对项目导入你认为谁为评估主体？评估对象是什么？在评估中应遵循哪些原则？

启示：资产评估是现代专业服务的一种高端智力服务活动，伴随着市场经济的发展而成熟壮大，逐渐成为市场经济正常运行中不可或缺的重要组成部分。资产评估以其客观、真实、有效的专业服务，在保障市场经济运行的规范、有序、公平和公正，防止信息扭曲和提高经济效率等方面发挥着重要作用。

任务一　资产评估的基本概念

任务描述

资产评估是市场经济的产物，是使用经济学理论、方法对资产的价值进行定量的估计和判断。资产评估作为一项中介业务，广泛存在于经济生活中。本任务主要介绍资产评估的概念、分类、特点和蕴含的基本要素，通过学习，有助于我们理解、认识和把握资产评估基础知识，为更好地进行资产评估工作打基础。

相关知识

资产评估是商品经济发展到一定阶段的必然产物。随着人类社会商品交易的产生和发展，生产商品的资产交易也随之产生并得到发展，这就产生了资产评估的需要。特别是随着市场经济制度的产生，资产交易不断得到发展和扩大，为保证交易的科学性和合理性，对资产评估的需要和要求也随之大大提高。资产评估大体经历了原始评估、经验评估和科学评估三个发展阶段。科学阶段的资产评估已成为市场经济体系中一个不可或缺的社会中介行业，为维持市场经济秩序发挥着重大的作用。本书所讨论的资产评估就是科学阶段的资产评估。

一、资产及资产评估

（一）资产的内涵

资产在不同的领域其含义是不尽相同的。

会计学中的资产是指过去的交易、事项形成并由企业拥有或控制的资源，该资源预期会给企业带来经济利益。

经济学中的资产泛指一切财产，即一定时点的财富总量，由一定数量的物质资料和权利构成，具有效用性和稀缺性。

法学中的资产在法学中主要是强调财产主体的财产权利，即对财产享有的所有权、使用权、收益权和处置权等一组权利，这组权利的核心是所有权和收益权，即依所有权而产生的收益或利益的剩余索取权。

资产评估中的资产，是指特定权利主体所拥有或控制的、能够给特定权利主体带来未来经济利益的经济资源。既有自然属性上的效用性又有社会属性上的稀缺性的经济资源，应当服从于经济学对资产的定义。从资产评估活动自身的特点来看，作为资产评估对象的资产与会计学、经济学及法学中资产的概念是有区别的。

知识拓展

资产评估中资产的含义

（二）资产评估的概念

资产评估属于价值判断的范畴，价值判断是经济建设和社会管理中不可回避的问题。资产评估的概念可以从一般意义、专业服务和法律规定三个角度进行表述。

1.一般意义上的资产评估

一般意义上的资产评估就是估计和判断资产的价值。当进行市场交易时，所有的市场参与者大都会依据自己所掌握的知识和信息，对交易对象进行价值判断，从而确定其交易价格。

2.专业服务中的资产评估

作为一种专业服务，资产评估是由资产评估机构及其评估专业人员依据一定的执业标准对资产的价值进行评定估算的专业化活动。

3.法律规定的资产评估概念

2016年7月2日，我国颁布了《中华人民共和国资产评估法》（以下简称《资产评估法》）。《资产评估法》所规范的资产评估是指资产评估的执业行为，将资产评估的概念界定为：“评估机构及其评估专业人员根据委托对不动产、动产、无形资产及企业价值、资产损失或者其他经济权益进行评定、估算，并出具评估报告的专业服务行为。”

该概念除了规定资产评估是一种价值评定、估算行为外，还强调了资产评估的主体、资产评估的客体、资产评估专业服务的法律性质、资产评估专业服务的内容及成果。

（三）资产评估准则中的资产评估

《资产评估准则术语2020》（中评协〔2020〕31号）中对资产评估的概念进行了规范：资产评估是指资产评估机构及其资产评估专业人员根据委托及特定的评估目的，按照法律、行政法规和资产评估准则要求，依照规定程序，选择适当的价值类型，运用科学的评估方法，对评估基准日的资产价值进行评定、估算，并出具资产评估报告的专业服务行为。

资产评估概念具体包括以下基本评估要素：

（1）资产评估主体。

资产评估主体，即说明“由谁来进行评估”，是指具有一定资格的从事资产评估的专门机构和人员。资产评估机构及其资产评估专业人员是资产评估的主体。

【思考1-1】你知道什么是资产评估机构、资产评估专业人员、资产评估师？

（2）资产评估对象。

资产评估对象，也称评估客体，是指被评估的具体标的或者被评估的资产，它是资产评估的具体对象，是对评估内容的界定，说明“对什么进行评估”，包括不动产、动产、无形资产、企业价值、资产损失或者其他经济权益或者负债等可以量化的标的。

（3）资产评估依据。

资产评估依据是指资产评估工作中所依托的规范、标准以及依赖的信息基础，即说明“价值判断的依据”，包括法律依据、准则依据、权属依据及取价依据等。

（4）资产评估目的。

资产评估目的是指资产评估报告和评估结论的预期用途，即说明“为什么要进行资产评估”，它直接决定和制约资产评估价值类型和方法的选择。

（5）资产评估原则。

资产评估原则，即说明“资产评估的行为规范”，是调节评估当事人各方关系、处理评估业务的行为准则。

（6）资产评估程序。

资产评估程序是指由资产评估准则规定的，要求资产评估机构及其资产评估专业人员在执行资产评估业务过程中履行的系统性工作步骤，即说明“资产评估工作必须遵循的工作顺序”。

（7）资产评估价值类型。

资产评估价值类型是指反映评估对象特定价值内涵、属性和合理性指向的各种价值定义的统称，包括市场价值和市场价值以外的价值类型。市场价值以外的价值类型包括投资价值、在用价值、清算价值、残余价值等。

（8）资产评估方法。

资产评估方法是指评定估算资产价值所采用的途径和技术手段的总和，即说明“怎么评估”的问题，主要包括市场法、收益法和成本法三种基本方法及其衍生方法。

（9）评估假设。

评估假设是指资产评估专业人员在现实普遍认知的基础上，依据客观事实及事物发展的规律与趋势，通过逻辑推理，对评估结论的成立所依托的前提条件或者未来可能的发展状况作出的合理的推断或者假定。

（10）评估基准日。

评估基准日是指为量化和表达资产价值数额所选定的具体时间点，即为确定特定条件下资产评估价值所选定的具体体现资产时间价值属性的时间基准点。

资产评估的要素是一个有机组成的整体，它们之间相互依托，相辅相成，缺一不可，而且它们也是保证资产评估价值的合理性和科学性的重要条件。

【思考1-2】根据项目导入，说明评估主体、评估对象、评估目的、价值类型、评估基准日等资产评估要素。

【提示】估价、估值、价值评估在本质上都属于资产评估活动。

微课

资产评估的概念

二、资产评估的分类

由于资产种类和资产业务的多样化，以及资产评估委托方及相关当事人对资产评估内容及其报告需要的多样性，资产评估也相应具有多种类型。

（一）评估、评估复核和评估咨询

从资产评估服务的对象、评估的内容和评估者承担的责任等方面来看，目前国际上的资产评估主要分为评估、评估复核和评估咨询。

1. 评估

评估是正常情况下的资产评估，一般服务于产权变动主体，对评估对象的价值进行评估。

2. 评估复核

评估复核是指评估机构（评估师）对其他评估机构（评估师）出具的评估报告进行的评判分析和再评估。它服务于特定的当事人，对某个评估报告的真实性和合理性作出判断和评价，并对自己所提出的意见负责。

3. 评估咨询

评估咨询是一个较为宽泛的术语，它既可以是评估人员对特定资产的价值提出咨询意见，也可以是评估人员对评估标的物的利用价值、利用方式、利用效果的分析和研究，以及与此相关的市场分析、可行性研究等。评估咨询对评估主体的信誉、专业水准和职业道德提出了较高的要求，评估咨询主体也要对其出具的咨询意见承担相应的责任。

（二）完全资产评估和限制性资产评估

从资产评估面临的条件、资产评估执业过程中遵循资产评估准则的程度及其对评估报告披露的要求的角度，资产评估可分为完全资产评估和限制性资产评估。

1. 完全资产评估

完全资产评估一般是指严格遵守资产评估准则，在执业过程中按照资产评估准则的各个条款的要求和规定所进行的资产评估。

2. 限制性资产评估

限制性资产评估一般是指评估机构及其人员由于评估条件的限制不能完全按照资产评估准则的要求进行执业，或在允许的前提下未完全按照评估准则的规定进行的资产评估。

完全资产评估和限制性资产评估对评估结果的披露的程度和要求是不同的，限制性资产评估需要作出更为详尽的说明和披露。

（三）单项资产评估和整体资产评估

从资产评估对象的构成和获利能力的角度，资产评估可具体划分为单项资产评估和整体资产评估。

1. 单项资产评估

对以单项可辨认的资产为对象的评估称为单项资产评估，如机器设备评估、土地使用权评估、建筑物评估、可辨认无形资产评估等。

2.整体资产评估

对若干单项资产组成的资产综合体所具有的整体生产能力或获利能力的评估称为整体资产评估。最为典型的整体资产评估就是企业整体价值评估。

三、资产评估的特点

微课

资产评估的种类

资产评估一般具有专业性、公正性、鉴证性、咨询性等特点。

(一)专业性

专业性是指资产评估是由专业人员从事的专业技术判断活动，这就要求从事资产评估业务的机构应由一定数量和不同类型的专家及专业人员组成。一方面，资产评估机构形成专业化分工，使得评估活动专业化；另一方面，评估机构和评估人员对资产价值的估计判断也是建立在专业技术知识和经验的基础之上的。

(二)公正性

公正性是指资产评估应当维护社会公共利益和各方当事人的合法权益，而不能片面维护某一方面的利益，否则必然会损害公共利益或其他相关当事人的权益。资产评估的公正性主要体现在两个方面：一是资产评估必须按照法定的准则进行，具有公允的行为规范和业务规范，这是公正性的技术保证；二是执业的资产评估机构及其评估专业人员应当与资产业务及相关当事人没有利害关系，是相对独立的第三方，这是公正性的组织保证。

(三)鉴证性

鉴证性是指资产评估是由资产评估机构及其评估专业人员对资产的价值进行鉴别和举证的活动。资产评估以经济分析理论和专项资产价值识别技术为基础，对资产及其价值进行分辨、识别和判断，并提供关于资产及其价值结论的有力支撑。这种鉴证活动使资产评估成为当事人各方进行决策的参考依据资产评估机构及其评估专业人员应当对其评估行为承担相应的专业责任、民事责任和刑事责任。

资产评估是伴随市场经济发展而产生的经济鉴证类专业服务，在维护市场秩序、防止信息扭曲和提高经济效率等方面发挥着重要作用。

【提示】资产评估从事的是价值鉴证，而不是权属鉴证。

(四)咨询性

咨询性是指资产评估结论是为资产业务提供的专业化估价意见，这个意见本身并无强制执行的效力，资产评估机构及其评估专业人员只对结论本身合乎职业规范要求负责，而不对资产业务定价决策负责。资产评估专业人员对评估对象在评估基准日特定目的下的价值发表专业意见、形成资产评估结论，是建立在一定的假设条件基础上，并可能受到一些限制条件的影响。资产评估结论通常可作为交易定价或其他经济行为的价值参考，但最终的成交价取决于当事人的决策动机、谈判地位和谈判技巧等综合因素。我国《资产评估基本准则》第二十八条明确规定：“资产评估报告使用人应当正确理解评估结论。评估结论不等同于评估对象可实现价格，评估结论不应当被认为是对评估对象可实现价格的保证。”

任务二　资产评估的原则

任务描述

资产评估的原则是规范资产评估行为和业务执行的规则或标准。资产评估的原则包括工作原则和经济技术原则两个层面。本任务主要介绍资产评估的工作原则和经济技术原则的内容要求，通过学习、了解和熟悉这些评估原则，使我们熟知在开展资产评估业务中应遵守和坚持哪些评估原则，约束评估行为，能客观、公正、科学地评估资产价值。

相关知识

一、资产评估的工作原则

资产评估的工作原则是评估机构与评估人员在评估工作中应遵循的基本原则，主要有独立性原则、客观性原则、公正性原则。

微课

资产评估的工作原则

（一）独立性原则

资产评估中的独立性原则包含两层含义：

（1）资产评估机构本身应该是一个独立的、不依附于他人的社会公正性中介组织（法人），与资产评估业务各当事人没有任何利益与利害关系。

（2）资产评估机构及其评估专业人员在开展业务过程中应始终坚持独立的第三方地位，评估工作不受委托人及外界的意图及压力的影响，进行独立、公正的评估。

（二）客观公正性原则

客观公正性原则要求资产评估结果应以充分的事实为依据。资产评估机构及其评估人员在评估过程中必须以实际材料为基础，以确凿的事实为依据，对评估对象要认真进行调查研究，在掌握翔实、可靠的资料的基础上，实事求是地对数据资料进行分析，得出评估结果，而不是以自己的好恶或其他个人的情感进行评估。资产评估结果是评估人员认真调查研究，通过合乎逻辑的分析、推理得出的、具有客观公正性的评估结论。

【学思践悟】《资产评估法》第四条要求“评估机构及其评估专业人员开展资产评估业务应当遵守法律、行政法规和评估准则，遵循独立、客观、公正的原则”。《资产评估基本准则》也在“基本遵循”部分对前述资产评估机构及其评估专业人员应当遵循的工作原则加以强调。《资产评估法》和《资产评估基本准则》作出这些规定，是由资产评估工作的性质决定的。一方面，资产评估机构及其资产评估专业人员以专业知识和技能为社会提供资产评估服务，需要从专业和职业道德角度规范其从业行为，保障委托人的合法权益、保护公共利益。另一方面，坚持独立、客观、公正原则，有利于资产评估机构及其资产评估专业人员维护专业形象，赢得社会信任，促进资产评估行业健康可持续发展。因此，独立、客观、公正既是资产评估机构及其资产评估专业人员开展资产评估业务应当遵守的工作原则，也是对其从事资产评估工作的职业道德要求。

二、资产评估的经济技术原则

资产评估的经济技术原则，是指在开展资产评估业务过程中的一些技术规范和业务准则，为资产评估专业人员在执行资产评估业务过程中的专业判断提供技术依据。主要包括：

（一）预期收益原则

预期收益原则是指在资产评估过程中，资产的价值可以不按照过去的生产成本或销售价格确定，而是由未来收益的期望值决定。资产之所以具有价值，是因为它能够为其拥有者或控制者带来未来经济利益。预期收益原则是资产评估专业人员判断资产价值的一个最基本的依据。

（二）供求原则

供求原则是经济学中关于供求关系影响商品价格原理的概括。假定在其他条件不变的前提下，商品的价格随着需求的增长而上升，随着供给的增加而下降。资产评估专业人员在估算资产价值时，应充分考虑和依据供求原则。

由于均衡价格是供给和需求共同作用的结果，在均衡价格中，生产费用和资产效用是影响价格的两个均等因素，因此，资产评估既需要考虑资产的购建成本，又需要考虑资产的效用。

（三）贡献原则

贡献原则是指某一资产或资产的某一构成部分的价值，取决于它对相关资产整体的价值贡献，或者根据当缺少它时对整体价值下降的影响程度来衡量确定。贡献原则主要适用于确定构成整体资产的各组成要素资产的贡献，或者当整体资产缺少该要素时将发生的损失，是预期收益原则在某种情况下的具体应用。

（四）替代原则

替代原则是指价格最低的同质商品对其他同质商品具有替代性，即相同效能的资产最低价格的资产需求最大。任何理性的投资者对具有相同效用的商品，必定选择价格较低者；对具有相同价格的商品，必定选择效用较大者。同一市场上具有相同使用价值和质量的商品，应有大致相同的交换价格。正确运用替代原则是资产评估公正性的重要保证。

（五）最高最佳使用原则

该原则依据价值理论原则，强调商品在交易时，应以最佳用途及利用方式实现其价值。由于资产的使用会受到市场条件的制约，因此最高最佳用途的确定，一般需要考虑以下几个因素：

微课

资产评估的经济技术原则

（1）确定该用途法律上是否许可，必须考虑该项资产使用的法律限制；

（2）确定该用途技术上是否可能，必须是市场参与者认为合理的用途；

（3）确定该用途财务上的可行性，必须考虑在法律上允许且技术上可能的情况下，使用该资产可以产生足够的收益或现金流量，从而在补偿该资产用于该用途所发生的成本后，仍然能够满足市场参与者所要求的投资回报。

（六）评估时点原则

市场是变化的，资产的价值会随着市场条件的变化而不断改变。因此，在资产评估时必须合理选取一个时点作为评估基准日，即需要假定市场条件固定在某一时点，这一时点就是评估基准日。它为资产评估提供了一个时间基准，资产评估值就是评估基准日的资产价值。

任务三　我国资产评估的地位和作用

任务描述

资产评估主要是通过价值判断和估计来解决资产定价问题的。评价和评值是资产评估具有的最基本的内在功效和能力。在国有企业改革、对外开放、维护社会主义市场经济秩序和保障各类产权主体合法权益中，资产评估发挥着重要作用。本任务主要介绍我国资产评估的地位和作用，通过学习，使我们熟知我国资产评估在经济发展中的作用和地位——资产评估行业是市场经济中重要的中介服务行业。

相关知识

我国的资产评估在中国特色社会主义市场经济建设、经济发展方式转变和产业结构优化升级、社会进步和发展等方面作出了积极的贡献，已成为我国经济体制改革的重要专业支柱。

一、我国资产评估在市场经济中的地位

（一）资产评估是市场经济中不可或缺的专业服务行业

市场经济的特征是生产要素在经济活动中无障碍地流通，调节生产要素在不同部门的流出流入，以实现其有效配置，从而使其获利能力达到最大化。资产作为生产要素，其交易价值是由其有效配置下的获利能力决定的，交易价格实质上是其获利能力的价值表现。受市场环境和资源配置等各种因素的影响，资产一般不能简单地按原值或账面价值进行交易，否则可能会损害交易当事方的利益，影响资产的合理流动。资产评估的目的在于促进交易各方当事人的合理决策，为资产交易双方理性确定资产交易价格、保障产权有序流转提供价值尺度。作为一项动态化、市场化的社会活动，资产评估是市场经济条件下不可或缺的专业服务行业。

（二）资产评估是现代专业服务业的重要组成部分

现代服务业通常是指智力化、资本化、专业化、效率化的服务业，已经成为衡量一个国家或地区综合竞争力和现代化水平的重要标志之一。资产评估行业具备典型的现代服务业特征，具有技术密集、知识密集、高附加值、低资源消耗、低环境污染、高产业带动力等现代高端服务业特点，是专业服务业的重要组成部分，也成为通用商业化语言。

（三）资产评估是我国经济体制改革逐步深化的重要专业支撑力量

我国资产评估行业自诞生以来就植根于经济体制改革，成为改革向纵深推进的专业支撑力量。一是在巩固和发展公有制经济与鼓励、支持和引导非公有制经济发展中大显身手。我国资产评估行业在改革之初就担负着防止国有资产流失、维护国有资产权益的重要使

命，发挥着在国有产权交易中抑制腐败的重要作用。随着非公经济领域的日趋活跃，资产评估为非公有制企业产权重组、兼并收购等经济活动提供专业服务和智力支持，服务对象日益扩大。二是在经济体制改革及相关重点领域，如财税体制、金融体制、林权管理体制和文化体制等改革领域中，资产评估以其提供的价值评估的专业服务，在支持自主创新和促进科技成果向现实生产力转化，加强资源节约和环境保护，推动国家知识产权战略实施等方面发挥了重要作用。三是为更好地发挥政府作用提供有效专业服务供给。通过评估服务，为政府财政管理、绩效评价、科学决策，以及更好地行使监督与管理职能提供了强有力的支持。

二、资产评估的作用

（一）资产评估的基本作用

在不同历史时期和不同的社会经济条件下，资产评估可能发挥着不同的作用，结合现阶段我国的社会经济条件，资产评估主要发挥着以下基本作用。

1. 反映和揭示资产的价值

资产评估的主要对象是"资产"。随着社会的发展，资产作为生产要素正式从财产中分离，出现了生产要素市场。在生产要素市场流动、配置的是在生产经营活动中被利用的经济资源，如技术、信息、房屋、土地、机器设备、整体的企业、完整的业务单元等。这些生产要素不仅有单项资产，还包括由多种生产要素组成的、具有获利能力的资产组合体。

这些生产要素市场所流通的"资产"形态是复杂的，大部分资产组合是独一无二的，一般不易像普通商品那样通过市场解决定价问题。另外，受资产特性、交易机制等的固有局限，或当时当地的主客观条件的影响，有时可能出现市场价格机制失灵的状况。这就需要通过价值判断和估计来解决资产定价问题。

资产评估就是依据市场的价格形成机制通过模拟市场条件，运用合理的技术方法，确定特定用途资产在约定时点的价值。资产评估，作为价格机制的补充手段，是资产价值发现、衡量及实现的重要工具。资产评估行业是市场经济体制中不可或缺的中介服务行业。因此，反映和揭示资产的价值是资产评估的最基本作用。

2. 管理的作用

在资产评估开展初期，国家通过制定申请立项、资产清查、评定估算和验证确认的国有资产管理程序，使得资产评估具有了管理的作用。随着国有资产评估项目的立项确认审批制度的取消和核准及备案制度的确认，资产评估作为维护国有资产、优化资源配置、促使国有资产保值增值的工具和手段，在现代企业管理中具有重要的作用。

一是企业价值最大化管理的需要。价值评估可以用于投资分析、战略分析和以价值为基础的管理，企业理财人员通过对企业价值的评估，了解企业的真实价值，作出科学的投资与融资决策，不断提高企业价值，增加所有者财富。

二是企业并购的需要。企业在并购过程中，涉及对企业整体价值的评估，资产评估师要提供有关股权价值的信息，甚至要求资产评估师分析目标企业与本企业整合能够带来的额外价值。

三是量化企业价值、核清家底、动态管理的需要。每一位公司管理者要知道自己公司的具体价值，了解自己家底以便加强管理，就需要通过资产评估机构对企业价值进行公正的评估。正确推行以价值评估为手段的价值最大化管理，是推动我国企业持续发展的一个重要手段。

3. 鉴证的作用

鉴证是由鉴别和举证两个部分组成的。鉴别是资产评估专家依据专业原则对经济活动及结果作出的独立判断，而举证是指为该判断提供理论和事实支撑，使之做到言之有理，持之有据。这样的行为一般具有独立、客观、专业的特征。资产评估给了我们经济活动的结果及参考，是经济活动必不可少的一项内容。

（二）资产评估在市场经济中的作用

微课

资产评估的作用

资产评估在促进市场资源优化配置，保障资本市场良性运行，维护社会主义市场经济秩序，维护各类资产权利人权益，维护公共利益和对外开放环境下的国家利益中发挥了积极作用。

1. 资产评估对促进市场资源优化配置有引导作用

在市场经济条件下，资源优化配置是指市场遵循平等性、竞争性、法治性和开放性的一般规律，通过市场机制自动调节实现对资源的配置。资产评估所体现的评价和估值功能，是价值规律实现的必要条件。受社会必要劳动时间、供求关系及市场环境的动态影响，资产价值往往处在不断变化之中，需要评估专业人员对资产的时点价值进行合理评估，为交易双方提供合理的价值信息，以引导经济资源向价值最大化方向流动，防止“劣币驱逐良币”现象的产生。

2. 资产评估对服务资本市场发展有保障作用

我国资产评估行业与我国资本市场几乎同时起步，资产评估已成为保障资本市场良性运行不可或缺的专业服务行业，在推进上市公司并购重组、促进融资功能提升、提高资本市场信息披露质量方面发挥了至关重要的作用。资产评估已经成为支持上市公司并购重组交易定价的核心环节，成为提高上市公司融资能力的重要手段，并有效提升了上市公司的信息披露质量。

3. 资产评估对规范经济秩序有促进作用

产权交易的本质是等价交换，而资产评估的职能就是为交易主体实现公平交易提供公允的价值尺度。在产权交易过程中，资产评估机构的介入，既抑制了交易主体的非理性行为，也为政府强力监管提供了“数据库”。正是资产评估机构职能的发挥，才将“看不见的手”与“看得见的手”完美融合，使“公开、公平、公正”的经济秩序得以维护和优化。

4. 资产评估对维护各类资产权利主体的合法权益有积极作用

资产评估的目的在于维护投资者（包括潜在的投资者）与经营者、债权人与债务人及其他利害关系人的共同权益并实现权益均衡。有了资产评估，交易各方能够在公开、公平、公正的前提下，实现资产最有可能实现的交换价值，达到帕累托最优状态。

5. 资产评估对维护公共利益和对外开放环境下的国家利益有重要作用

资产评估是公众利益的维护者。首先，资产评估通过促进市场资源的优化配置，为政府增收节支、企业提高经济效益、全社会增加经济总量作出了重要贡献，从而改善了社会公众的整体福祉。其次，资产评估通过完善经济秩序、保障了纳税人的合法权益。再次，林权评估、碳排放交易评估等相关业务，有助于消除外部不经济，加快建设资源节约型和环境友好型社会。最后，资产评估通过进入司法鉴证业务领域，已逐步在防止贪污腐败、实现司法公正方面发挥越来越突出的作用。

知识拓展

我国资产评估服务的主要领域

资产评估是对外开放条件下国家利益的维护者。对外开放是我国的一项基本国策，提高对外开放水平，要以维护国家利益为最高准则，实现国内发展与对外开放的统一。从“引进来”看，资产评估为中外合资、合作的资产组合合理作价提供专业服务，使交易双方建立在公平、平等、透明的基础上，避免了资产高估或低估的情况，提高了外资利用水平，推动了国内企业技术进步和产业结构升级。从“走出去”看，一些大型资产评估机构积极跟随我国企业“走出去”，在跨国并购和投资中做好配套服务，有力地支持了我国企业在全球范围内开展资源配置和价值链组合，提高了国家竞争力。

项目小结

资产评估是市场经济的产物，服务于多个经济领域，并发挥着重要的作用，资产评估的基本职能是评价和估值。作为评估机构和评估人员，在执业中要遵循评估原则，对资产作出科学的、公正的、专业的价值判断。本项目框架结构如图1-1所示。

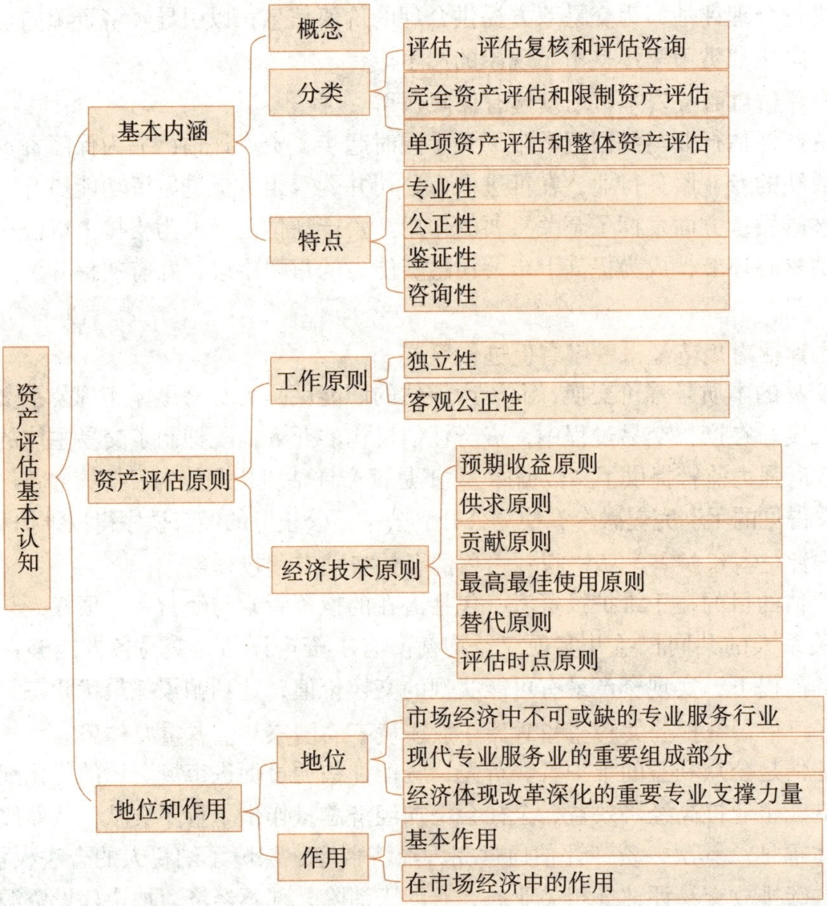

图1-1　本项目框架结构

项目二
资产评估基本事项

知识目标

1. 了解资产评估相关当事人；
2. 掌握资产评估的目的和对象；
3. 熟悉资产评估价值类型；
4. 理解资产评估的假设前提。

能力目标

1. 能根据资产评估的不同目的确定具体的价值类型；
2. 能在不同的假设前提下进行资产评估业务；
3. 能准确把握资产评估对象和范围；
4. 能准确确定资产价值的基准时间。

素养目标

1. 培养科学的思维方法和严谨的工作态度；
2. 培养实事求是、理论联系实际的科学研究精神；
3. 培养不忘初心、脚踏实地、认真细致做好资产评估基本事项的工匠精神。

项目导入

如何确定资产评估基本事项

AB企业生产系列消毒设备，自2000年以来，先后获得国家和省部级多项奖，其“甲乙”商标已成为当地著名商标。为进一步扩大生产规模和提升企业形象，该企业计划将商标作为无形资产与MN乡镇企业合作经营。2023年7月1日，中青资产评估事务所接受委托对该项无形资产在2023年6月30日的价值进行评估。

思考：假如你是中青资产评估事务所的评估人员，你接到该项业务后，如何确定资产评估基本事项。资产评估基本事项主要包括哪些内容。

启示：资产评估的基本事项主要包括资产评估的相关当事人、评估目的、评估对象、评估基准日与报告日、价值类型及评估假设等。这些事项是资产评估专业人员确定资产评估程序、选择评估方法、形成及编制评估报告的基础。这就要求评估人员不忘初心、脚踏实地、认真细致做好资产评估的基本事项，确保资产评估结果客观公正，以保护民族品牌，弘扬中华民族优秀文化，维护品牌价值。

任务一　资产评估相关当事人

任务描述

作为一项民事委托/受托事项，根据《资产评估法》的规定，资产评估委托人应当与资产评估机构签订评估委托合同。本任务主要介绍资产评估的相关当事人，包括委托人、评估机构、产权持有人（或被评估单位）和评估报告使用人等，通过学习，使我们了解资产评估相关当事人有哪些，在评估中关注相关当事人，有利于评估工作的有序开展。

相关知识

一、评估委托人

（一）评估委托人的概念

《资产评估法》规定，资产评估委托人应当与评估机构订立委托合同。资产评估作为一项民事经济活动，是建立在委托契约基础上的，与资产评估机构就资产评估专业服务事项签订委托合同的民事主体，就是资产评估的评估委托人。

【提示】委托人可以是一个，也可以是多个，可以是法人也可以是自然人。

（二）法定评估对委托人的确定要求

《资产评估法》规定评估分为法定评估和非法定评估。法定评估的委托人的确定需要符合国家有关法律、法规的规定；非法定评估的委托人可以在自愿协商的原则下确定。涉及国有资产的评估业务对评估委托人确定的要求如下：

1.《企业国有资产评估管理暂行办法》对委托人的确定要求

《企业国有资产评估管理暂行办法》（国务院国有资产监督管理委员会令第12号）第八条规定，企业发生下列经济行为，应当由其产权持有单位委托具有相应资质的资产评估机构进行评估。

各级国有资产监督管理机构履行出资人职责的企业及其各级子企业应当对相关资产进行评估的经济行为有：

（1）整体或者部分改建为有限责任公司或者股份有限公司；

（2）以非货币性资产对外投资；

（3）合并、分立、破产、解散；

（4）非上市公司国有股东股权比例变动；

（5）产权转让；

（6）资产转让、置换；

（7）整体资产或者部分资产租赁给非国有单位；

（8）以非货币性资产偿还债务；

（9）资产涉讼；

（10）收购非国有单位的资产；

（11）接受非国有单位以非货币性资产出资；

（12）接受非国有单位以非货币性资产抵债；

（13）法律、行政法规规定的其他需要进行资产评估的事项。

在目前国有资产管理实践中，有些地方、企业的国有资产管理部门也将国有资产出租或承租行为的租金纳入了需要进行评估的情形。

2.《关于加强企业国有资产评估管理工作有关问题的通知》对委托人的确定要求

国务院国有资产监督管理委员会在《关于加强企业国有资产评估管理工作有关问题的通知》（国资发产权〔2006〕274号）中，对第12号第八条的规定进行了细化："经济行为事项涉及的评估对象属于企业法人财产权范围的，由企业委托；经济行为事项涉及的评估对象属于企业产权等出资人权利的，按照产权关系，由企业的出资人委托。企业接受非国有资产等涉及非国有资产评估的，一般由接受非国有资产的企业委托。"

3.《企业国有资产交易监督管理办法》对委托人的确定要求

《企业国有资产交易监督管理办法》（国务院国有资产监督管理委员会、财政部令第32号）在规范国有及国有控股企业、国有实际控制企业增加资本的行为时规定"企业增资在完成决策批准程序后，应当由增资企业委托具有相应资质的中介机构开展审计和资产评估"。"投资方以非货币性资产出资的，应当经增资企业董事会或股东会审议同意，并委托具有相应资质的评估机构进行评估，确认投资方的出资金额"。条文中的"增资企业"指的是需要增加资本的国有及国有控股企业、国有实际控制企业。

当评估对象为单项资产、多项资产或资产组等，其产权持有人为持有该资产或资产组的单位；当评估对象是对外投资形成的权益，如长期股权投资等，其产权持有人应该为投资人，而非被投资人；因国有企业/单位收购、增资非国有单位需要对非国有单位进行资产评估时，国有资产管理部门受理资产评估核准或备案所要求的资产评估委托人应当包括拟进行收购或投资行为的国有企业/单位。在此种情况下，评估对象的产权持有人与资产评估的委托人可能不是同一主体。涉及国有资产评估核准或备案业务的资产评估委托人可以是多个，但委托人中必须包括国有资产评估管理规定所要求的委托主体。

知识拓展

评估委托人的权利与义务

【学中做2-1】A公司为国有控股企业，持有B公司100%的股权，现A公司因转让其持有的B公司股权实施资产评估，根据《关于加强企业国有资产评估管理工作有关问题的通知》的规定，“经济行为事项涉及的评估对象属于企业产权等出资人权利的，按照产权关系，由企业的出资人委托”。

请问：国有控股企业A公司能否成为该评估的委托人？

解析：该评估的委托人应当包括国有控股企业A公司。

二、评估机构

评估机构是资产评估委托合同的受托人，是出具资产评估报告的主体，也是对资产评估报告承担法律责任的法人（或非法人组织）主体。

根据《资产评估法》的规定，资产评估机构是对不动产、动产、无形资产、企业价值、资产损失或者其他经济权益进行评定、估算，并出具评估报告的专业服务机构。本教材所指资产评估机构特指在财政部门备案的评估机构。

评估机构是依法成立的享有独立民事责任的法人组织。评估专业人员从事评估业务，应当加入评估机构，并且只能在一个评估机构从事业务，不能私自接受委托从事资产评估业务。

资产评估机构一般都会加入评估行业协会，接受行业协会的自律管理。

中国资产评估协会是资产评估行业的全国性自律组织，依法接受财政部和民政部的指导、监督。评估机构加入资产评估协会可以及时掌握行业的政策及动态，通过参加行业的继续教育培训提高执业水平，规范执业行为，提高专业服务的社会公信力，通过会员单位的交流提高管理水平，在出现执业纠纷的情况下行业协会也可以最大程度地保护机构的合法权益。

三、产权持有人（或被评估单位）

知识拓展

评估机构的权利与义务

所谓产权持有人是指评估对象的产权持有人。当评估对象为股权或所有者权益时，“产权持有人”是指股权或所有者权益的拥有者。与相关股权或所有者权益对应的被投资单位则被称为被评估单位。

委托人与产权持有人可能是同一主体，也可能不是同一主体，资产评估的委托人并不一定是评估对象的产权持有人。例如，按照国有资产评估管理法规的规定，对国有企业法人财产权转让时需要由产权持有人委托评估机构对其价值进行评估，这时的委托人与产权持有人为同一主体；国有企业收购非国有资产，如果被收购方不同时作为委托人，评估委托人与评估对象的产权持有人则不是同一主体。

【提示】当评估委托人与评估对象的产权持有人不是同一主体时，产权持有人也可能会作为单独的签约主体出现在资产评估委托合同中，或者作为由委托人负责协调和安排的对象在合同中体现。

四、报告使用人

报告使用人是指法律、法规明确规定的，或者评估委托合同中约定的，除评估委托人之外有权使用资产评估报告或评估结论的其他资产评估当事人。

对法律、法规中没有明确规定，也未在评估委托合同中约定且未经过评估机构书面同意，得到或利用资产评估报告或者结论的其他单位和个人，并不作为评估报告使用人。

评估报告使用人有权按照法律的规定、资产评估委托合同的约定和资产评估报告载明的使用范围和方式使用评估报告或评估结论。

评估报告使用人未按照法律、法规或资产评估报告载明的使用范围和方式使用评估报告的，评估机构和评估专业人员将不承担责任。

评估机构和评估专业人员不承担非评估报告使用人使用评估报告的任何后果和责任。

【学中做2-2】A公司委托中青资产评估事务所对X公司股权进行评估，评估报告载明的评估委托人是A公司，报告使用人为A公司和其关联公司C公司，评估目的是为A公司和C公司增资X公司提供X公司股权的价值。在上述经济行为的实施过程中，出现一家E公司也需要对X公司增资，但是在评估委托合同上没有约定E公司为评估报告使用人，国家法律、法规也没有明确规定E公司是评估报告的法定使用人，E公司可能因实施的经济行为与A、C公司一致，借用中青资产评估事务所出具的评估报告。

请问：中青资产评估事务所出具的评估报告会对E公司使用该评估报告承担法律责任吗？

解析：中青资产评估事务所仅对A、C公司按照约定要求使用评估报告产生的后果承担责任，不会对E公司使用评估报告的后果承担责任，E公司将对自己使用评估报告的行为及后果承担责任。

任务二 资产评估目的

任务描述

资产评估的目的是资产评估业务对应的经济行为对资产评估结果的使用要求，或资产评估结果的具体用途。本任务主要介绍资产评估目的的概念、作用以及资产评估目的的种类。通过学习，使我们认识把握资产评估目的的重要性，能准确确定评估业务的目的。使学生明确评估目的对资产评估的价值类型选择具有约束作用。

相关知识

一、资产评估目的的概念

资产评估目的是指资产评估业务对应的经济行为对资产评估结果的使用要求，或资产评估结果的具体用途。

资产评估通常是为满足特定经济行为的需要进行的。资产评估为企业改制、上市，合资、合作经营，股权转让，资产买卖、置换、出资，债转股，担保融资，破产清算，保险赔偿，损失补偿，税收，司法诉讼，会计计量，资产租赁等众多经济行为提供了广泛的评估专业服务。委托人计划实施的经济行为决定了资产评估目的。

【提示】资产评估目的需要在评估委托合同中明确约定。因此评估目的实际上是委托人进行评估委托的目的。

评估目的直接或间接地决定和制约着资产评估的条件以及价值类型的选择。不同的评估目的可能会对评估对象的确定、评估范围的界定、价值类型的选择以及潜在交易市场的确定等方面产生影响。

总之，资产评估目的是委托人对资产评估结果的使用要求，或是委托人或报告使用人对资产评估结果的具体用途，在整个资产评估过程中具有十分重要的作用。

二、常见的资产评估目的

（一）转让目的

所谓转让目的是指资产评估为标的资产确定转让价值，为其提供参考，是转让行为所对应的评估目的，引发资产评估的转让行为主要包括资产的收购、转让、置换、抵债等。转让行为的标的资产可以是股权等出资人权益，也可以是单位或个人拥有的能够依法转让的有形资产、无形资产等。转让是最常见的一类评估目的。根据国有资产管理法规的规定，国有产权转让、国有单位收购非国有资产、资产转让、置换以及以非货币性资产偿还债务等都是涉及资产转让行为目的的法定评估。

（二）抵（质）押目的

对抵（质）押的评估需求，主要包括三种情形：

1.贷款发放前设定抵（质）押权的评估

单位或个人在向金融机构或者其他非金融机构进行融资时，金融机构或非金融机构需要获得借款人或担保人用于抵（质）押资产的评估报告，评估目的是了解用于抵（质）押资产的价值，作为确定授信额度或发放贷款金额的参考依据。

实务中最为常见的这类评估包括：房地产抵押、知识产权质押和珠宝质押目的的评估。

2.实现抵（质）押权的评估

当借款人到期不能偿还贷款时，贷款提供方作为抵（质）押权人可以依法要求将抵

（质）押资产拍卖或折价清偿债务，以实现抵（质）押权。评估目的是确定抵（质）押资产的价值，为抵（质）押资产折价或变现提供参考。

3.贷款存续期对抵（质）押资产价值动态管理所要求的评估

通常由金融机构要求在规定时间，以及市场发生不利变化时对抵（质）押资产进行价值评估，评估目的是监控抵（质）押资产的价值变化，为贷款风险防范提供参考。

资产评估机构的评估，为提高抵（质）押担保质量、保障银行等机构的债权安全、及时量化和化解风险提供了有效的专业支持。

（三）公司设立、增资目的

根据《中华人民共和国公司法》（以下简称《公司法》）及国家企业登记注册管理部门颁布的相关法规的规定，以下经济行为需要评估：

1.非货币性资产出资行为

（1）非货币性资产出资评估。非货币性资产出资行为的评估目的是为确定可出资资产的价值提供参考。以非货币性资产出资设立公司是投资企业较为常见的形式，对出资资产进行资产评估是较为常见的资产评估业务。

我国公司法规定，股东可以用货币出资，也可以用实物、知识产权、土地使用权等可以用货币估价并可以依法转让的非货币性财产作价出资；但是，法律、行政法规规定不得作为出资的财产除外。对作为出资的非货币性财产应当评估作价，核实财产，不得高估或者低估作价。

（2）企业增资扩股中确定股东出资金额和股权比例的评估。以货币性或非货币性资产对公司进行增资扩股时需要对被增资企业的股权价值进行评估，作为确定新老股东股权比例的依据。评估目的是为确定股东出资金额和股权比例提供参考。

按照国有资产评估管理规定，非上市公司国有股东的股权比例发生变动时应当对该非上市公司的股东权益进行资产评估。

2.发行股份购买资产

发行股份购买资产是指上市公司通过增发股份的方式购买相关资产。评估目的是评估标的资产的价值，为上市公司确定资产购买价格和股票发行方案提供参考。

3.企业债权转股权

企业拟转为股权的债权，应当经依法设立的资产评估机构评估。债权转股权的作价出资金额不得高于该债权的评估值。

（四）企业整体或部分改制、改建为有限公司或股份公司

企业进行公司制改建，或者由有限责任公司变更为股份有限公司，需要对改建、变更所涉及的整体或部分资产进行资产评估。

1.公司制改建

我国通常所说的企业改制主要指国有企业的改制，要求通过资产评估合理确定国有资本金的价值。改制企业以企业的实物、知识产权、土地使用权等非货币性财产折算为国有资本出资或者股份的，资产评估的目的是为确定国有资本出资额或者股份数额提供参考依据。

2. 有限责任公司变更为股份有限公司

有限责任公司变更为股份有限公司时，折合的实收股本总额不得高于公司净资产额。企业采用有限责任公司经审计的净资产账面价值折股变更为股份有限公司时，需要对用于折股的净资产进行评估。评估目的是确定企业用于折股的审计后净资产的市场价值，以核实企业用于折股的审计后净资产的账面价值是否不高于其市场价值。

（五）财务报告目的

企业在编制财务报告时，可能需要对某些资产进行评估并且委托评估机构承担该种评估工作，这类目的的评估，属于服务于合并对价分摊、资产减值测试、投资性房地产和金融工具等资产的公允价值计量等评估业务，形成了我国资产评估行业服务于会计计量和财务报告编制的主要业务内容。

评估目的是为会计核算和财务报表编制提供相关资产、资产组等评估对象的公允价值或可收回金额等特定价值的专业意见。

中国资产评估协会2017年发布的《以财务报告为目的的评估指南》和财政部2014年公布的《企业会计准则第39号——公允价值计量》，有力地推动了我国会计计量领域资产评估实践的发展。

（六）税收目的

所谓税收目的的评估通常是为税务机关计量相关税金提供计税基础的，我国在核定税基、确定计税价格、关联方交易转让定价等税收领域均存在对资产评估的需求。如确定非货币性资产投资的计税价值，为核定非货币性资产计税申报价值的公允性提供资产价值参考；确定非货币性资产持有或流转环节所涉税种的税基，评估目的是根据涉税情形，确定相关非货币性资产的应税流转或所得额、财产价值或增值额，为税收征管部门确定相关计税基准提供参考；抵税财物处置环节的资产评估，评估目的是确定相关抵税财物的价值，为确定拍卖保留价提供参考。

资产评估的独立、专业地位可以为税收的征管提供公允的价值尺度，为税收征管部门依法治税、提高税基核定权威性和税收征管效率提供专业技术保障。

（七）司法目的

广义含义上的司法目的的评估包括两类：一类是司法评估，另一类是诉讼协助评估。

狭义含义的司法评估仅指司法鉴证评估。司法鉴证评估一般由法院直接委托，评估结论是司法立案、审判、执行的重要依据。

资产评估提供专业支持、有助于提高司法审判的权威性，提升案件处理的公正性，维护社会公平正义。

微课

资产评估目的

【提示】资产评估专业人员应根据委托人所描述的特定的经济行为，正确理解评估目的。评估机构与委托人在订立委托合同约定评估目的时，应当尽量细化评估目的和用途，避免使用“融资”“重组”“拟了解公司价值”等比较笼统的词语作为评估目的。

【思考2-1】在什么情形下人民法院应当委托评估机构进行评估？

任务三　资产评估对象和范围

任务描述

资产评估对象是指被评估标的，说明对谁进行评估。本任务主要介绍资产评估对象的概念、资产评估对象的组成和资产评估范围的概念及评估涉及的范围领域。通过学习，使我们认识评估对象和评估范围的区别，在实际操作时能准确确定资产评估对象和评估范围。

相关知识

一、资产评估对象

（一）资产评估对象的概念

资产评估对象，也称评估客体或评估标的，是资产评估的具体对象。

《资产评估法》所表述的评估对象包括不动产、动产、无形资产、企业价值、资产损失或者其他经济权益。

《资产评估行业财政监督管理办法》所表述的评估对象包括单项资产、资产组合、企业价值、金融权益、资产损失或者其他经济权益。

不动产、动产和无形资产均属于单项资产，企业价值的评估对象除了整体企业，也可以是资产组合或业务板块，两者对评估对象的表述具有相同的内涵。

评估对象既可以是完整权利形态，即资产的所有权，也可以是资产的部分权利，如租赁权、特许权、经营权等。

（二）资产评估对象的类型

资产评估对象通常为整体企业（或单位）、资产组合和单项资产。

1. 整体企业

企业一般都是由一个或多个实现特定业务的资产组组成的，因此对一家企业价值评估的评估对象可能分为两种情况：其一是将企业作为一个整体进行转让或其他相关经济行为涉及的评估对象；其二是将组成企业的资产中各单项资产进行转让或者其他相关目的的经济行为所涉及的评估对象。

将企业作为一个整体进行评估，其评估对象一般为企业的股权，在一些特殊情况下也可能是企业的整体投资，即股权+债权；将组成企业的资产作为经济行为对象的评估，评估对象就是经济行为涉及的组成企业资产的相关资产和负债，如财务报告目的的合并对价分摊评估，评估的对象可以根据委托要求确定为企业的各项可辨认的资产、负债。

评估实务中，企业价值评估涉及的企业类型通常包括公司制企业或合伙制企业。对于

公司制企业，其评估对象包括企业整体权益、股东全部权益和股东部分权益三种。（具体见项目九，任务一）

2. 资产组合

资产组合（或资产组）是指由多项资产按照特定的目的，为实现特定功能而组成的有机整体。在评估业务中，评估对象可能是一个资产组合，也可能是由若干资产组合构成的资产组组合。

【提示】资产组合不一定构成一个会计主体，在法律形式上资产组合也不一定构成一个企业法人。

【学中做2-3】X公司是一家有限责任公司。该公司包括两项长期股权投资——A公司和B公司，现需要对X公司进行转让目的的评估。

要求：请说明该业务的评估对象。

解析：评估对象就是X公司的股权。

3. 单项资产

这里的“单项资产”，不仅指“一项资产”，也包括若干项以独立形态存在、可以单独发挥作用或以个体形式进行销售的资产。单项资产的评估对象一般就是所对应的资产。

常见的单项资产评估对象通常包括流动资产、建筑物、机器设备以及无形资产等。

流动资产具体评估对象包括货币资金、交易性金融资产、应收票据、应收账款和存货等。

建筑物具体评估对象包括厂房、办公楼、住宿楼等房屋以及管道、沟槽等构筑物。

机器设备具体评估对象包括机器、仪器、器械、装置、附属的特殊建筑物等。

无形资产具体评估对象包括专利权、商标权、著作权、专有技术、销售网络、客户关系、特许经营权、合同权益、域名等可辨认的无形资产和不可辨认无形资产（商誉）。

【提示】无形资产由于没有实物形态，其评估对象往往是指其权利状态。不同形式的权利形成的评估对象可能也会存在一些差异。（具体参见项目八，任务一）

【学中做2-4】W企业集团拥有一个产品商标Y，注册领域为第1号注册领域。据了解，该集团采用普通方式将商标Y许可给其下属的上市公司C使用，合同规定，下属上市公司可以无时间限制、无地域限制地免费使用该商标Y。现W企业集团准备将该商标所有权转让给该上市公司，需要对该商标所有权进行评估。另外，W企业集团在同一注册领域内还有注册商标Z。

该案例商标Y属于产品商标，本次评估目的是转让其专用权（所有权）。但是拟受让人在此之前已经拥有该商标的许可使用权（普通许可），转让方还拥有与商标Y注册在同一领域内的商标Z，该商标主要作为保护商标使用，需要随着商标Y一并转让。

要求：请说明该案例的评估对象。

解析：该案例的评估对象为：①由于W企业集团已经采用普通许可方式无限期、免费许可给上市公司使用其商标，因此，此次转让商标所有权中不应包含该项许可使用权；②商标Y所有权中除C上市公司许可使用权之外的权利；③商标Z的所有权。

（三）资产评估对象的确定

评估对象应当由委托人依据经济行为要求和法律、法规提出，并在评估委托合同中明确约定。在评估对象确定的过程中，评估机构和资产评估专业人员应当关注其是否满足经济行为要求、符合法律和法规的规定，必要时向委托人提供专业建议。

微课

资产评估对象和范围

二、资产评估范围

（一）资产评估范围的概念

所谓资产评估范围，是对评估对象所进行的详细描述，包括构成、物理及经济权益边界、约束条件等内容，是资产评估专业人员根据评估目的界定的对象资产边界，同时也便于报告的使用人更加清晰地理解评估对象。

（二）资产评估范围的类型划分

1. 整体企业评估涉及的范围

当评估对象为企业整体权益、股东全部权益和股东部分权益时，评估范围包括被评估企业的全部资产和负债，包括可辨识的资产和不可辨识的资产（如商誉等）。企业进行股份制改建过程中，当评估对象为企业的可用于出资的资产及负债时，评估范围可以包括企业的存货、房地产、设备、专利权、商标专用权、股权等法律法规允许出资的资产及负债，但不包括法律法规不允许出资的资产，如商誉。

2. 资产组合评估涉及的范围

资产组合的评估范围一般是由组成该资产组合的资产构成，当资产组合的评估对象是资产组的权益时，评估范围就是组成该资产组合的全部资产与负债。

3. 单项资产评估涉及的范围

当资产评估对象是单项资产时，评估范围是对该项资产边界的描述。

机器设备的评估范围通常要明确是否包含与设备本体相关的附件以及设备的基础、安装工程、附属设施等。对已安装机器设备的评估，在评估目的要求机器设备原地持续使用的条件下，评估范围通常包含设备本体以及附件、基础、安装工程、附属设施等；对于拟变现处置的机器设备，评估范围可能只包括设备本体及附件，同时还要根据委托约定确定是否包括设备的拆除等费用。

当房地产评估项目的评估对象是企业拥有的一幢已出租的房地产，评估目的是为企业对投资性房地产的公允价值计量提供价值参考时，评估结论应当反映房地产的产权人及其作为房地产的出租人对该房地产享有的权益，评估中应当考虑租赁合同对该房地产价值的影响，评估范围不包含承租人对该房地产的权益。如果评估目的是为确定被征收房屋价值的补偿提供价值参考，评估结论反映的是该被征收房地产的市场价值，并且根据《国有土地上房屋征收评估办法》，不考虑被征收房屋租赁、抵押、查封等因素的影响，确定评估范围时就无须考虑租赁合同的影响。但评估专业人员应当在相关资产评估报告中如实披露评估对象已经租赁的事实和租赁合同对出租人义务等条件的约定。

对于无形资产，如果权利人要转让注册商标专用权，即所有权转让时，评估对象应当是该注册商标的专用权，评估范围应当包括构成该商标专用权的全部权利。当权利人将其持有商标的部分权利许可他人使用时，评估对象为商标许可权，评估范围是被授权人在许可范围内使用该商标的权利。

（三）资产评估范围的确定

资产评估范围应当依据法律法规的规定、实现评估目的要求，以及评估对象的特点合理确定，在资产评估委托合同中明确界定，具体评估范围应由委托人负责确定。

资产评估专业人员在执行资产评估业务时应当关注纳入资产评估范围的资产或者资产及负债是否与所服务的经济行为要求的评估范围一致。

【学中做2-5】某国有汽车生产企业拟将其具有独立运营能力的汽车零部件业务板块进行剥离转让，按照相关法规规定，该企业需要委托评估机构对该业务板块进行价值评估，作为转让定价的参考依据。现确定评估对象是企业所拥有的汽车零部件业务板块资产组合的权益。

要求：请说明该项业务的评估范围。

解析：该项业务的评估范围是构成该资产组合的全部资产及负债。评估范围一般应由企业根据剥离方案确定，并编制模拟财务报表，评估专业人员应当了解相关剥离方案、履行核查验证义务。

任务四 资产评估基准日与报告日

任务描述

资产评估基准日和报告日是资产评估两个重要的时间节点。本任务主要介绍评估基准日的概念、作用、选择要求及报告日的概念和选择要求。通过学习，使我们理解和掌握如何选择和确定评估基准日和报告日，能满足委托人的要求。

相关知识

一、资产评估基准日

（一）资产评估基准日的概念

资产评估基准日是资产评估结论对应的时间基准。评估委托人需要选择一个恰当的资产时点价值，有效地服务于评估目的。资产评估机构接受客户的评估委托后，需要了解委托人根据评估目的及相关经济行为的需要确定的评估时点，也就是委托人需要评估机构评估在什么时间点上的价值。这个时间点就是资产评估基准日。

一般而言，资产的价值随时间的变化而变化，不同的时间点将产生不同的价值。这主要体现在两个方面：其一是资产的状态随时间的变化而变化，资产交易的市场情况也随时间的变化而变化，因此不同时点，评估对象在市场上交易的价值是不同的；其二是用于计量资产价值的货币也是随时间的变化而变化的，采用不同时点货币价值计量的评估对象的价值也是不同的。

（二）资产评估基准日的选择

1. 评估基准日的选取需要考虑的因素

评估基准日的选择应该是委托人的责任，评估专业人员可以提供相关专业建议。评估基准日的选取需要重点考虑以下因素：

（1）有利于评估结论有效服务于评估目的；

（2）有利于现场调查、评估资料收集等工作的开展；

（3）企业价值评估业务中评估基准日尽可能选择会计期末；

（4）法律、法规有专门规定的，从其规定。

知识拓展

资产评估基准日的作用

2. 国有资产评估基准日的选择

目前，国有资产评估大多为现时性评估。现时性评估的评估基准日需要选择现实日期，同时应该选择与评估目的相关联的经济行为或特定事项的实施日期接近的日期。资产评估基准日一般会选择会计主体的结账日，即每月的月底，并且评估基准日的选择应该是与评估目的相关联的经济行为发生日相近的日期。

国务院国资委、财政部、证监会2018年5月联合发布的《上市公司国有股权监督管理办法》规定国有股东所持上市公司股份间接转让时“上市公司股份价值确定的基准日应与国有股东资产评估的基准日一致，且与国有股东产权直接持有单位对该产权变动决策的日期相差不得超过1个月”。

国有资产目前对过去或者未来评估基准日的选择都没有明确的规定。

3. 其他资产评估基准日的选择

对于上市公司发行股票购买资产等重大资产重组事项，资产评估基准日应该尽量与发行股票的定价日相近。

企业合并对价分摊资产评估的评估基准日应当选择购买日。

核定税基、确定计税价值资产评估的评估基准日应选择应税行为发生所对应的时点。

其他资产可以根据经济行为的性质和对评估结果的使用要求妥善选择评估基准日。

（三）评估基准日的选择与评估报告中引用其他报告基准日的匹配问题

在评估实务操作中，资产评估报告经常需要引用其他专业报告（审计报告、矿业权评估、土地估价等报告）的结论或数据，并且这些专业报告也通常具有时效性，具有评估基准日（或估价到期日、价值时点）。当资产评估报告引用这些专业报告或单项资产评估报告时，评估专业人员应当关注这些专业报告的基准日或截止日与评估基准日的匹配性。

二、资产评估报告日

（一）资产评估报告日的概念

按照《资产评估执业准则——资产评估报告》的规定，资产评估报告日通常为评估结论形成的日期。

（二）资产评估报告日的法律意义

根据目前评估准则的规定以及社会对评估报告的认识惯例，评估报告日的法律意义是在评估基准日到评估报告日之间，如果被评估资产发生重大变化，评估机构负有了解和披露这些变化以及可能对评估结论产生影响的义务。评估报告日后，评估机构不再负有对被评估资产重大变化进行了解和披露的义务。

（三）资产评估基准日后的期后事项的处理原则

微课

资产评估基准日与报告日

评估机构和评估专业人员需要采用适当的方式对评估人员撤离评估现场后至评估报告日之间被评估资产所发生的相关事项以及市场条件发生的变化进行了解，并分析判断该事项和变化的重要性，对于较重大的事项应该在评估报告中进行披露，并提醒报告使用者注意该期后事项对评估结论可能产生的影响；如果期后发生的事项非常重大，足以对评估结论产生颠覆性影响，评估机构应当要求评估委托人更改评估基准日重新评估。如果评估机构的要求未被委托人采纳，应当在评估报告中就此重大事项及影响进行报告使用风险的特别提示。

任务五　价值类型

任务描述

资产评估价值类型的形成，不仅与引起资产评估的特定经济行为，即资产评估特定目的有关，而且与评估对象的功能、状态、评估时的市场条件等因素有着密切的关系。本任务主要介绍价值类型的概念、作用、种类，以及在评估时如何选择价值类型。通过学习，使我们能根据资产评估特定目的、被评估资产的功能状态，以及评估时的各种条件合理地选择和确定资产评估的价值类型，这是每一位资产评估人员必须具备的技能。

相关知识

一、价值类型的概念

价值类型是指资产评估结果的价值属性及其表现形式。它是对资产评估值的规定。不同的价值类型从不同的角度反映资产评估价值的属性和特征。不同属性的价值类型所代表的资产评估价值不仅在性质上是不同的，而且在数量上也存在较大差异。

二、价值类型的作用

价值类型在资产评估业务中具有重要的作用，具体表现在：

（一）价值类型是影响和决定资产评估价值的重要因素

资产评估价值是某项资产在特定条件下的价值表现，其价值含义不同，结果也不一样。资产评估价值不是资产本身的特定价值和内在价值。

（二）价值类型制约资产评估方法的选择

价值类型实际上是评估价值的一个具体标准。为了获得这种标准的评估价值，需要对评估方法进行选择。评估方法本身只是估算评估价值的一种思路，价值类型确定后直接制约着方法应用中各种指标、参数的判断和选择。因此，价值类型对资产评估方法的选择具有一定的影响，

（三）价值类型有助于委托人正确使用评估结果

评估师在评估报告中明确其使用的价值类型，可以更清楚地表达评估结果，可以使委托人更清楚地使用评估价值，可以避免报告委托人和使用者误用评估结果，这样也可以规避评估师的责任。

三、价值类型的种类

根据2017年9月8日中国资产评估协会新修订的《资产评估价值类型指导意见》，资产评估价值类型包括市场价值类型和市场价值以外的价值类型。

（一）市场价值类型

市场价值是指自愿买方和自愿卖方在各自理性行事且未受任何强迫的情况下，评估对象在评估基准日进行公平交易的价值估计数额。

某项资产对于某特定市场主体所具有的价值，可能不同于市场或特定行业对该资产价值的认同。市场价值反映了各市场主体组成的市场整体对被评估资产效用和价值的综合判断，不同于特定市场主体的判断。

对于具有多种用途或利用方式选择的资产，评估专业人员在评估时应当结合相关资料对被评估资产进行最高最佳使用分析，在评估的市场价值中体现被评估资产的最高最佳使用。

【思考2-2】如何理解市场价值的概念？

（二）市场价值以外的价值类型

凡不符合市场价值定义条件的资产价值类型都属于市场价值以外的价值，又叫非市场价值、其他价值。市场价值以外的价值是局部的市场认同，只对于特定的资产业务当事人来说是公平合理的。

市场价值以外的价值类型包括投资价值、在用价值、清算价值、残余价值等。

1. 投资价值

投资价值是指评估对象对于具有明确投资目标的特定投资者或者某一类投资者所具有的价值估计数额，亦称特定投资者价值。

投资价值是针对特殊的市场参与者，即“特定投资者或者某一类投资者”而言的；是一项资产针对特定的投资者、满足其特定的投资或运营目标条件的价值。

《资产评估价值类型指导意见》第十七条规定，当评估业务针对的是特定投资者或者某一类投资者，并在评估业务执行过程中充分考虑并使用了仅适用于特定投资者或者某一类投资者的特定评估资料和经济技术参数时，通常选择投资价值作为评估结论的价值类型。

【提示】投资价值与市场价值相比，除受到交易标的因素和交易市场因素的影响差异外，其最为重要的差异还在于，投资价值会受到特定交易者的投资偏好或所追求协同因素的影响。

2. 在用价值

根据《资产评估价值类型指导意见》的规定，在用价值是指将评估对象作为企业、资产组组成部分或者要素资产按其正在使用的方式和程度及其对所属企业、资产组的贡献的价值估计数额。

在用价值是特定资产在特定用途下对特定使用者的价值，其价值大小受评估对象对其所在企业或资产组发挥作用的方式及其使用效果的影响，体现的是资产权利人使用资产所能创造的价值，因此，在用价值也称“使用价值”。

评估结论的价值类型为在用价值时，评估对象只能是作为企业或整体资产中的要素资产或局部资产，而不是独立发挥作用的资产。

评估实践中，评估对象作为企业或整体资产中的要素资产对企业或整体资产的贡献通常表现为该要素资产在预计剩余寿命期间对企业或整体资产可以或可能产生的现金流量贡献。因此，在用价值通常表现为评估对象在预计剩余寿命期间可以或可能带来的未来现金流量的折现值。

3. 清算价值

清算价值是指在评估对象处于被迫出售、快速变现等非正常市场条件下的价值估计数额。

【提示】清算价值与市场价值的差异：(1) 清算价值是一个资产拥有者需要变现资产的价值，是一个退出价，不是购买资产的进入价；而市场价值没有规定必需的退出价。(2) 清算价值的退出变现是在被迫出售、快速变现等非正常市场条件下进行的，这一点与市场价值相比也是明显不同的。

清算价值的特点主要是：第一，该价值是退出价；第二，这个退出是在受外力胁迫的情况下的退出，不是正常的退出。

4. 残余价值

残余价值是指机器设备、房屋建筑物或者其他有形资产等的拆零变现价值估计数额。所谓残余价值实际上是将一项资产拆除成零件进行变现的价值。这种资产从整体角度而言，实际上已经没有使用价值，也就是其已经不能再作为企业或业务资产组的有效组成部分发挥在用价值，而只能变现。由于其整体使用价值已经没有，因此整体变现也不可能，只能改变状态变现，也就是拆成零部件变现。

5. 其他价值类型

《资产评估价值类型指导意见》规定，执行资产评估业务应当合理考虑该指导意见与其他相关准则的协调。评估工作人员采用本指导意见规定之外的价值类型时，应当确信其符合该指导意见的基本要求，并在评估报告中披露。

上述规定实际上允许评估专业人员根据特定业务需求，选择其他价值类型，但是需要在评估报告中进行充分披露。

现实评估实务中比较常见的其他价值类型是会计准则中的公允价值。

【提示】《以财务报告为目的的评估指南》规定，在符合会计准则计量属性规定的条件时，会计准则下的公允价值一般等同于资产评估准则下的市场价值。

评估实务中还存在一些以抵押、质押目的的评估和保险赔偿目的的评估等。这些目的的评估可能会需要其他价值类型，评估人员只要确信其符合价值类型指导意见的基本要求，并在评估报告中披露就可以使用。

知识拓展

市场价值与市场价值以外的价值的划分标准

四、价值类型的选择

（一）价值类型选择应考虑的因素

根据《资产评估价值类型指导意见》的规定，价值类型选择应考虑的因素主要有以下几方面：①法律、行政法规或者合同对价值类型有规定的，应当按其规定选择价值类型；没有规定的，可以根据实际情况选择市场价值或者市场价值以外的价值类型。②资产评估专业人员执行资产评估业务，选择和使用价值类型，应当充分考虑评估目的、市场条件、评估对象自身条件等因素。③资产评估专业人员选择价值类型，应当考虑价值类型与评估假设的相关性。④评估方法是估计和判断市场价值和市场价值以外的价值类型评估结论的技术手段，某一种价值类型下的评估结论可以通过一种或者多种评估方法得出。

1. 市场价值类型的选择

资产评估专业人员执行资产评估业务，当评估目的、评估对象等资产评估基本要素满足市场价值定义的要求时，一般选择市场价值作为评估结论的价值类型。

【提示】在选择市场价值时，资产评估专业人员必须关注到同一资产在不同的市场可能会有不同的市场价值。

当标的资产可以在多个市场上交易时，评估人员除需要在评估报告中恰当披露所选择的市场价值是哪个市场的市场价值外，还应该说明选择该市场价值的理由。

非货币性资产出资、资产转让（收购）、发行股份购买资产行为，公司制改建，以及确定诉讼标的财产价值和财产价值损失的资产评估，通常可选择市场价值类型。

设定抵（质）押权的评估可以根据评估对象及其风险特点选择市场价值或市场价值扣减已知悉的优先受偿款等评估结论表现形式。处置抵（质）押物、抵税财产和执行涉案财产评估也可以根据评估对象特点和委托条件选择市场价值类型。

确定计税价值和税基的评估应当选择符合有关资产计税、课税和征税法律规定的价值类型，在很多情况下税收征管部门会要求使用市场价值类型。

财务报告目的的公允价值计量、合并对价分摊评估，依据会计准则要求选择公允价值类型。

【学中做2-6】国内某上市公司计划并购一家国内的非公众公司。该公司注册经营地在中国，按照我国法律、法规注册成立，并受我国法律、法规管辖。

要求：对该标的股权进行评估。

解析：由于该案例的评估目的是为某上市公司收购国内非公众公司提供价值参考依据，同时没有提及需要考虑特定的买方或卖方的特性，因此应该选择市场价值类型。同时，该项交易应该在中国发生，因此应该选择中国的市场价值。另外，标的公司是国内的一家非公众公司，因此其股权不能在证券交易市场上转让，也不能在股转交易市场（“新三板”）上转让，只能在中国一般的产权交易市场上转让。因此，我们选择的市场价值应该是中国产权交易市场上的市场价值。

2. 投资价值类型的选择

如果评估专业人员在执行资产评估业务时，该评估业务针对的是特定投资者或者某一类投资者，也就是评估中必须要考虑这个或这些特定的市场参与者自身的“特性”对交易价值的影响时，则可能需要考虑选择投资价值类型。

特定市场参与者的“特性”可能表现为其自身已拥有的资产与标的资产之间形成的协同效应，可以获得超额收益；也可能是自身的某些偏好而可以接受一般市场参与者无法接受的交易价值。无论是哪种情况都需要采用投资价值类型，但是在第一种情况下，评估专业人员可以合理计量协同效应而估算出投资价值；而对于第二种情况，评估专业人员可能无法采用经济学的手段估算出这种投资价值。

在评估实务中，评估专业人员在选择投资价值类型时通常需要说明选择的理由以及所考虑投资价值包含的与市场价值区别的要素，如产生协同效应的资产范围以及产生协同效应的种类，这是选择投资价值类型必须要详细披露的内容。

【学中做2-7】企业甲拥有一座AB酒店，企业乙拥有一个AB浴场，并且企业甲与企业乙位置相邻，现在企业甲要收购企业乙，委托中青资产评估公司对企业乙拥有的AB浴场进行评估。

要求：请说明评估时应如何选择价值类型。

解析：本案例的经济行为是股权收购，应选择投资价值类型。AB酒店与AB浴场存在经营层面的协同，这种“酒店+浴场”的经营模式更容易吸引顾客，因此，企业甲收购企业乙存在协同效应，并且这种协同属于经营协同。如果委托人要求考虑协同效应对股权收购价值的影响就应当选择投资价值类型。但是是否选择投资价值类型需要评估专业人员与委托方协商后确定。

3. 在用价值类型的选择

如果评估专业人员在执行资产评估业务时，评估对象是企业或者整体资产组中的要素资产，并且在评估业务执行过程中只需要考虑以这些资产未来经营收益的方式来确定资产的价值时，评估人员需要选择在用价值类型。

在用价值实际上并不是一种资产在市场上实际交易的价值，而是计量交易价值的一个方面。一项资产在市场上的实际交易价值一定是综合其在用价值和交换价值之后确定的。

知识拓展

《企业会计准则第8号——资产减值》相关规定

在进行资产减值测试时，评估专业人员需要测试标的资产在企业目前的经营模式下的在用价值，再对其公允价值进行测试，两者中的高者才是资产的可收回金额。

4. 清算价值类型的选择

当评估对象面临被迫出售、强制变现或者评估对象具有潜在被迫出售、强制变现等情况时，评估专业人员通常应当选择清算价值作为评估结论的价值类型。

卖方被迫出售资产、资产出售得不到适当的市场展示期是采用清算价值类型的评估对象面临的主要交易特点。

抵（质）押物、涉案财产等处置的评估，也可以根据评估对象特点及委托条件选择清算价值类型。

【提示】清算价值类型与以清算为目的的评估有联系，但两者并不是直接对应的关系。清算价值作为一种价值类型是以评估对象被强制变现或被强制出售为前提条件的，只有评估对象是在强制变现或强制出售的前提条件下评估，其评估结论的价值类型才可以选择清算价值。

5.残余价值类型的选择

当评估对象无法或者不宜整体使用时，也就是其整体已经不具有使用价值，但是如果改变其计量单元，将计量单元缩小至零部件后，还可以具有使用价值时，评估专业人员通常应当考虑评估对象的拆零变现，并选择残余价值作为评估结论的价值类型。

比较典型的案例是国家规定的发电机组“上大压小”政策，即小规模的发电机组必须强制淘汰，因此对于将要被淘汰的发电机组，从整体上看已经不具有再继续使用的价值，但是如果改变其计量单元，将评估对象，即一个发电机组拆分成一些零部件，则其零部件中仍可能存在可以继续使用的零部件，因此，这时评估专业人员可以选择残值价值类型对其进行评估。

【学中做2-8】某火力发电厂拥有一台10万千瓦的火力发电机组，按照国家有关产业政策需要关停，发电机组不能异地使用。现需要对该火力发电机组资产进行处置评估。

要求：说明评估时应如何选择价值类型。

解析：该发电机组不能续用，需要整体报废，但是该发电机组中部分设备，如变压器等，还存在继续使用的价值，也就是说整体发电机组需要报废，但是组成机组的设备零部件、部分设备还有使用价值，在这种情况下，可以选择残余价值类型。

微课

资产评估价值类型

任务六　资产评估假设

任务描述

资产评估理论体系和方法体系的确立是以一定的假设为前提，以一些行为规范为原则的。本任务主要介绍资产评估假设的概念、作用、内容及应用，说明目前评估中常用的交易假设、公开市场假设、持续使用假设和清算假设。通过学习，使我们了解在进行资产评估工作时要在一定的假设前提下客观、公正、科学地评估资产价值。

相关知识

一、资产评估假设的概念与作用

（一）资产评估假设的概念

资产评估假设是依据现有知识和有限事实，通过逻辑推理，对资产评估所依托的事实或前提条件作出的合乎情理的推断或假定。资产评估假设也是资产评估结论成立的前提条件。

由于认识客体的无限变化和认识主体有限能力的矛盾，人们需要依据已经掌握的数据资料对某一事物的某些特征或者全部事实作出合乎逻辑的推断。

资产评估业务实际上也是一种模拟市场交易以判断资产价值的行为。面对不断变化的市场环境，为了进行资产评估，评估专业人员就需要把市场条件及影响资产价值的各种因素设定在某种状态下，以便其对标的资产进行价值分析和判断。

（二）资产评估假设的作用

资产评估理论体系和方法体系的确立也是建立在一系列假设基础之上的。

资产的价值受到客观因素和主观因素的影响，主、客观的影响因素来自各个方面，有些因素的影响十分重要，有一些因素影响不是很重要。

评估假设将一项资产交易价格的主要影响因素从实际中抽象出来，研究这些因素对交易价格的影响，忽略一些不必要的因素，提高评估的效率。

二、常见的资产评估假设的内涵及应用

（一）常见的资产评估假设的内涵

资产评估所使用的评估假设涉及不同的方面，主要包括评估前提性假设、评估外部环境假设、评估具体假设。

1. 评估前提性假设

评估前提性假设包括评估的交易及市场条件假设、评估对象存续或使用状态假设。

交易及市场条件假设主要有交易假设、公开市场假设等。

评估对象存续及使用状态方面的评估假设主要有：针对企业等经营主体主要包括持续经营假设、清算假设等；针对单项资产主要包括原地使用假设、移地使用假设、最高最佳使用假设和现状利用假设等。

（1）交易假设

交易假设，是指假定所有待评估标的已经处在交易过程中，评估专业人员根据被评估资产的交易条件等模拟市场进行评估。交易假设是资产评估得以进行的一个最基本的前提假设。

交易假设的作用：一方面为资产评估得以进行“创造”条件；另一方面明确限定了资产评估的外部环境，即资产被置于市场交易之中，资产评估不能脱离市场条件而孤立地进行。

（2）公开市场假设

公开市场假设，是指资产可以在充分竞争的市场上自由买卖，其价格高低取决于一定市场的供给状况下独立的买卖双方对资产的价值判断。公开市场假设是对拟进入的市场条件以及资产在较为完善市场条件下接受何种影响的一种假定说明或限定。

公开市场假设的适用条件是：假定较为完善的公开市场存在，被评估资产将要在这样一种公开市场上进行交易。事实上，现实中的市场条件未必真能达到上述公开市场的完善程度。当然，公开市场假设也是基于市场客观存在的现实，即以资产在市场上可以公开买卖这样一种客观事实为基础的。

公开市场假设旨在说明一种充分竞争的市场环境。在这种环境下，资产的交换价值受市场机制的制约并由市场行情决定，而不是由个别交易案例决定。

公开市场是对充分竞争市场的一种抽象。市场价值也是充分竞争市场的产物，是以公开市场假设作为逻辑基础的。

公开市场假设设定需要评估的资产是在一个具有自愿的买方和卖方的市场上交易。在这个市场上该项资产的交易是十分活跃的，资产交易没有套利空间，在不考虑交易相关税费的前提下，市场参与者购买一项资产的价格与卖出该项资产的价格是一致的。

【思考2-3】什么是公开市场？

（3）持续经营假设

持续经营假设是指假设一个经营主体的经营活动可以连续下去，在未来可预测的时间内该主体的经营活动不会中止或终止。

假设一个经营主体是由资产和负债按照特定目的组成以完成某种功能，假设经营主体在未来可预测的时间内继续按照这个特定目的完成该特定功能。

该假设不但是一项评估假设，同时也是一项会计假设。对一个经营主体进行评估，需要对其未来的持续经营状况作出假设。因为经营主体是否可以持续经营，其价值表现是完全不一样的。持续经营假设下的评估一定是基于企业未来经营收益的多少来确定其现时价值的。

【提示】持续经营假设实际上是一项针对企业或业务资产组等经营主体的假设。该项假设一般不适用于单项资产。通常持续经营假设是采用收益法评估企业等经营主体价值的基础。

（4）有序清算假设

有序清算假设是指经营主体在其所有者有序控制下实施清算。

有序清算是经营主体出现法律、法规和该主体的章程等规定的解散事由后，由该经营主体的所有者依法自主组织实施的。

（5）强制清算假设

强制清算假设是假设经营主体在外部力量介入、控制下进行清算。清算活动不受破产经营主体的所有者控制。

这个假设涉及的是通过公权力，即人民法院介入的企业清算情形，包括在我国的法律体系中由《公司法》规范的“强制清算”和由《中华人民共和国企业破产法》（以下简称《破产法》）管辖的“破产清算”。

【提示】与持续经营相对应的就是不能持续经营。如果一个经营主体不能持续经营就需要清算这个经营主体，也就是需要使用清算假设。有序清算假设和强制清算假设是与清算有关的假设。

（6）原地续用假设

原地续用假设是指一项资产在原来的安装地继续被使用，其使用方式和目的可能不变，也可能会改变。例如，一台机床是用来加工汽车零部件的，现在该机床仍在原地继续被使用，但是已经改为加工摩托车零部件了。

原地续用的价值构成要素一般应该包括：设备的购置价格、设备运输费、安装调试费等。

如果涉及使用方式及目的的变化，还要根据委托条件确定是否考虑变更使用方式而发生的成本费用。

（7）移地使用假设

移地使用假设是指一项资产不在原来的安装地继续被使用，而是要被转移到另外一个地方继续使用。迁移地点后资产使用方式和目的也可能会改变，也可能不改变。例如，一台二手机床要出售，购买方要将其移至另外一个地方重新安装使用，资产的这种使用状态就称为移地使用。

移地续用涉及设备的拆除、迁移和重新安装调试等环节。除了设备本体价值，还需要根据买卖双方约定的资产交割及费用承担条件，确定其价值要素是否还包括设备的拆除费用、运输到新地址的费用和重新安装调试费等。

（8）最高最佳使用假设

最高最佳使用假设是指一项资产在法律上允许、技术上可能、经济上可行的前提下，经过充分合理的论证，实现其最高价值的使用。最高最佳使用通常是在对一项具有多种不同用途或利用方式资产进行评估，需要选择其最高最佳用途或利用方式时所提出的假设。

【提示】如果资产的最高最佳用途与其现状用途不同，由现状用途转换为最高最佳用途的成本应当在计算其最高最佳用途价值时予以扣除。

（9）现状利用假设

现状利用假设要求对一项资产按照其目前的利用状态及利用方式对其价值进行评估。

【提示】现状利用方式可能不是最高最佳使用方式。

2. 评估外部环境假设

评估外部环境假设主要包括评估所依托的国家宏观环境、行业及地区环境假设。

国家宏观环境假设主要包括有关宏观政治、经济、社会、法律、文化等环境条件变化趋势、稳定性，以及不可抗力影响等条件的假设，通常会涉及对汇率、利率、税负、物价或通货膨胀等因素影响的判断。

行业及地区环境假设主要包括有关产业政策、行业准入及竞争、行业规划等行业条件，以及受国家和行业条件影响的地区相关环境的假设。

评估具体假设是按照评估目的及评估操作要求针对评估对象的特点所具体使用的评估假设。对于企业等经营主体，可能涉及经营范围及方式、经营管理水平、会计政策、税负基准及税率、补贴及优惠政策、企业守法合规、管理团队的稳定性及尽责履职、关联方交易定价等方面的假设。对于单项资产则可能涉及评估对象的物理、法律、经济状况，未来的管理及运营等方面的假设。

（二）资产评估假设的应用

1. 资产评估假设应用的基本要求

资产评估假设的选择、应用应该首先考虑合理性、针对性和相关性要求。

（1）合理性。评估假设应建立在合理的依据、逻辑及推断的前提下，设定的假设有可靠的证据表明其很可能性；或者虽然缺乏可靠证据，但也没有理由认为其明显不切合实际。假设不可能发生的情形是不合理的假设。

（2）针对性。评估假设应该针对评估中遇到的某些特定问题。这些特定问题具有不确定性，这种不确定性，评估专业人员可能无法合理计量，需要通过假设忽略其对评估工作的影响。

（3）相关性。评估假设与评估项目实际情况相关；与评估结论形成过程相关。

2. 评估假设应用需要考虑的基本因素

（1）评估目的。评估目的规定了资产评估结论的具体用途，也在宏观上规范了被评估资产的作用空间。不同的评估目的，市场环境条件、交易方式、企业存续状态、资产状态等不同，评估报告的作用以及评估结论的使用方式也不同。设定评估假设应结合评估目的设定。

（2）评估对象。单项资产评估假设适用于资产使用状态假设；企业价值评估假设适用于企业经营状态假设或者清算假设等。

（3）评估类型。不同的价值类型，市场交易条件假设也就不同。如使用投资价值类型评估并购标的企业价值，应假定企业并购方式和并购后的整合措施能够如期实现，作为协同效应价值估算的前提；如使用清算价值类型评估企业债务价值，应假设企业终止经营后，资产被迫出售、快速变现等市场条件，作为资产变现价值估算的前提。

3. 常见资产评估假设的应用

（1）交易假设的应用

资产评估主要是为资产交易服务的，该假设适用于经济行为为交易和产权及经营主体变动性质或可视为这种性质的资产评估业务。对本教材提及的常见经济行为的资产评估都可以使用该假设。

（2）公开市场假设的应用

公开市场假设的核心就是资产的市场价值，是由自由竞争的市场参与者自主决定的，不是其他力量垄断或者强制决定的。只有满足公开市场假设，评估专业人员才有可能对资产的市场价值作出符合市场供需关系的分析、判断；如果不满足公开市场假设，通常这个市场可能是严格人为管制下的市场，或者是垄断条件下的市场，在这样的市场上，资产的交易价格是由管制者或者垄断者决定的，也就没有评估的必要了。因此，公开市场假设是资产评估中的一个重要的假设，其他假设都是以公开市场假设为基本参照的。

在资产评估常见的经济行为中，以自愿公开交易或假定自愿公开交易为目的的资产评估，其评估对象的市场条件可以运用公开市场假设予以明确和设定。

公开市场假设也是资产评估中使用频率较高的一种假设，凡是能在公开市场上进行交易、用途较为广泛或者通用性较好的资产，都可以考虑按公开市场假设前提进行评估。

（3）持续经营假设的应用

持续经营假设主要是针对经营主体，不是针对某单项资产。这个经营主体可以是一家企业，也可以是一个业务资产组，当没有相反的证据证明该经营主体不能满足持续经营假设时，则可以认为该经营主体可以满足持续经营假设。这里的“相反证据”指那些表明企业的经营将在可以预见的未来结束，如合同规定的经营期满、企业资不抵债而濒临破产清算等。

持续经营假设要求经营主体在其可以预见的未来不会停止经营。这种经营可以是在现状基础上的持续经营，也可以是按照未来可以合理预计状态下的持续经营。这两种状态有所不同，如果需要区分，评估专业人员可以增加限定为“现状持续经营”或者“预计状态持续经营”。

常见经济行为中，绝大部分以企业或业务等经营主体权益为对象的资产评估均可采用持续经营假设。

在持续经营前提下，还可以根据评估目的和评估对象的特点，对企业未来持续经营的具体条件通过适用具体假设进行限定。

【学中做2-9】某企业集团拟将其一家全资子公司向集团外转让，需要对该子公司股权的市场价值进行评估，假设标的企业在历史经营中与集团之间存在关联方交易。

要求：请说明是否可以按照现状进行持续经营假设，完全参考其历史经营数据预测未来。

解析：标的企业作为企业集团的一家子公司，其历史经营中与集团之间存在某些关联方交易或者是集团为了追求协同效应而有意安排的一些经营业务。一旦将其转让出该企业集团，这些关联方交易或者有意安排的业务很可能都不再持续。因此，此时完全按照现状持续经营假设参考标的企业的历史数据预测未来，很可能不符合未来实际情况，依据也是不充分的。

(4) 原地使用假设的应用

原地使用假设是标的资产仍然在原安装地继续使用。能否在原地继续使用，会影响被评估资产的价值构成要素，进而影响到评估结果。

对于需要较大数额的运输费和安装调试费，或者拆除迁移会明显降低其功能及价值，如钢铁、化工等行业的设备等，采用原地使用假设进行评估有利于更好地体现其功能及价值。对不需要安装调试，运输费也不高的设备则可以不强调该评估假设。

在常见的经济行为中，符合经济行为完成后单项资产评估对象仍在原地继续使用条件的，通常可以使用原地使用假设。

【学中做2-10】某企业拥有一条生产线，该生产线由若干台设备组成，现拟将该生产线转让给一家新公司。新公司将在原地继续使用该生产线，需要对其进行评估。

要求：请说明如何选择评估假设和价值类型。

解析：本案例的评估目的是对生产线在原安装地继续使用为目的资产转让的评估，因此，应该选择原地使用假设和市场价值类型。该案例是较为典型的选择原地使用假设的案例。

(5) 移地使用假设的应用

移地使用假设一般多用于评估可移动的资产。例如，企业停产搬迁或者进行搬迁补偿目的的评估，企业的可移动设备一般都需要从原安装地拆除，搬迁到新地址后再安装调试，因此需要在评估中选择异地使用假设，并需要根据评估目的要求和买卖双方的约定，恰当处理相关拆除、运输以及再安装费用。

对无须在原安装地使用的设备的转让等评估，也可以采用移地使用假设，将设备本体及必要附件列入评估范围。评估范围是否考虑设备的拆除、运输至设备交易场所等需要发生的费用，也应当在评估委托时根据委托人计划或确定的交付条件明确约定。

【学中做2-11】某企业因城市建设规划搬迁，涉及对企业资产补偿和收益损失补偿进行评估。

要求：对于搬迁资产的评估，请说明应设置的资产评估相关假设。

解析：企业由于需要搬迁，全部资产不会在原地继续使用，需要移地使用，因此，对于可以移动的各单项资产的评估应该采用移地使用假设。

【提示】在搬迁评估中，评估专业人员需要关注相关拆除费用和运输费用是否在委托评估范围之内。本案例中，如果约定政府单独支付搬迁的拆除费用和运输费用，相关费用不在此次委托评估范围之内，评估专业人员仅需要评估无法搬迁资产的损失补偿费、可以搬迁资产在新址达到可使用状态的安装调试等费用，以及搬迁所产生的其他损失赔偿费；如果约定政府部门不单独支付搬迁的拆除费用和运输费用，而是将其计入整体损失补偿费用中，此次委托评估范围包括拆除费用和运输费用，则评估专业人员还需要在评估可以搬迁资产的补偿价值时考虑拆除费用和运输费用。

（6）有序清算假设的应用

当经营主体出现的证据证明其未来不能或不再持续经营时，就需要对该主体进行清算，当不满足持续经营的原因是经营期限届满或者协议终止经营等由经营主体的所有者自主决定的清算，则应该选择有序清算假设。

（7）强制清算假设的应用

当经营主体不满足持续经营假设的原因是被人民法院依法宣告破产，这时的清算已经由人民法院介入，破产财产变价方案由法院指定的破产管理人负责拟订和实施，方案实施前需要提交债权人会议通过或者报人民法院依法裁定。该清算经营主体的所有者完全无法控制，这种情况一般应选择强制清算假设。

【学中做2-12】某企业破产清算需进行评估，由破产管理人负责拟订破产财产变价方案。评估委托时要求在评估中考虑在限定时间内处置完破产企业的可变现资产。

要求：请说明对可变现资产进行评估时应选择的评估假设。

解析：本案例已经明确企业不再持续经营，并且相关清算是在人民法院介入下由破产管理人负责执行，因此该清算可以采用强制清算假设。

【提示】如果企业的清算属于结业清算，清算过程由企业组成的清算组组织进行，清算组可以由企业的股东，或者董事或股东会确定的人员组成。清算资产的变现有相对宽松的展示和讨价还价时间。这种清算属于有序清算，不属于强制清算，不能采用强制清算假设。

（8）最佳使用假设的应用

最佳使用假设多用于房地产评估，因为房屋和土地经常存在多种用途或利用方式，在评估其市场价值时要求进行最高最佳使用分析，按照最高最佳使用状态进行评估。根据最高最佳使用分析，适合某种房地产的最高最佳使用状态可能是改变用途、改变规模、更新改造、重新开发或维持现状，也可能是前述情形的若干组合。房地产的最高最佳使用必须是法律上允许、技术上可能、经济上可行，经过充分合理论证的使用状态。

(9) 现状利用假设的应用

现状利用假设，与最高最佳使用假设相对应，是指按照资产目前的利用状态评估其价值，不管其现状利用是否是最高最佳利用，该假设前提一般在资产只能按照其现实使用状态评估时选用。

【思考2-4】某工业企业合法拥有的土地使用权，国有土地使用证载明用途为工业用地，最佳用途为商业，评估假设可否设定为商业用地用途？

【学思践悟】证监会通报2020年审计与评估机构检查处理情况如下：

微课

资产评估假设

(1) 检查发现问题。在评估执业方面，收益法评估中对营业收入及其增长率、毛利率、折现率等主要参数预测依据不充分，未恰当说明预测趋势与历史业绩和现实经营状况、行业状况存在较大差异的合理性和可持续性等问题依然突出。部分项目现场调查不到位，对合同、订单等重要资料收集不充分，核查验证不谨慎；投资价值的价值类型选择不恰当；营运资金计算错误；市场法和收益法中可比公司选取标准不一致、选取结果不恰当；涉及土地评估中基准地价系数修正法的多项参数确定不合理；商誉减值评估中未关注资产组范围变更的合理性，评估方法使用不当；收益法评估中财务费用存在明显的计算错误，对评估结果造成较大影响。

(2) 检查处理情况。根据本次全面检查及专项检查情况，拟对8家次审计机构及28人次注册会计师、6家次评估机构及27人次资产评估师、6名违法买卖股票的执业人员采取出具警示函的行政监管措施并记入诚信档案，同时对部分涉嫌违法违规的问题线索移交稽查处理。各证监局根据检查情况对105家次审计机构及225人次注册会计师、22家次评估机构及47人次资产评估师分别采取了出具警示函、监管谈话等行政监管措施并记入诚信档案。

资本市场是以高质量信息披露为基础的市场，审计与评估机构是保障公众公司财务信息质量的“看门人”。下一步，证监会将按照党中央、国务院决策部署，落实“建制度、不干预、零容忍”的要求，坚持“四个敬畏、一个合力”的监管理念，持续加强资本市场会计监管，促进审计与评估机构全面提升执业能力，构建良性执业生态，切实提高资本市场财务信息质量，服务经济高质量发展。

资料来源：中国证券监督管理委员会.证监会通报2020年审计与评估机构检查处理情况［EB/OL］.［2021-02-19］. http://www.csrl.gov.cn.

项目小结

资产评估是对资产某一时点价值的估算，其理论体系和方法体系的确立是建立在交易假设、持续使用假设、公开市场假设和清算假设等基础之上的。作为评估机构和评估专业人员，要根据特定目的，选择适当的价值类型，遵循评估原则，按照一定的评估程序，对资产作出科学、公正、专业的价值判断。

本项目框架结构如图2-1所示。

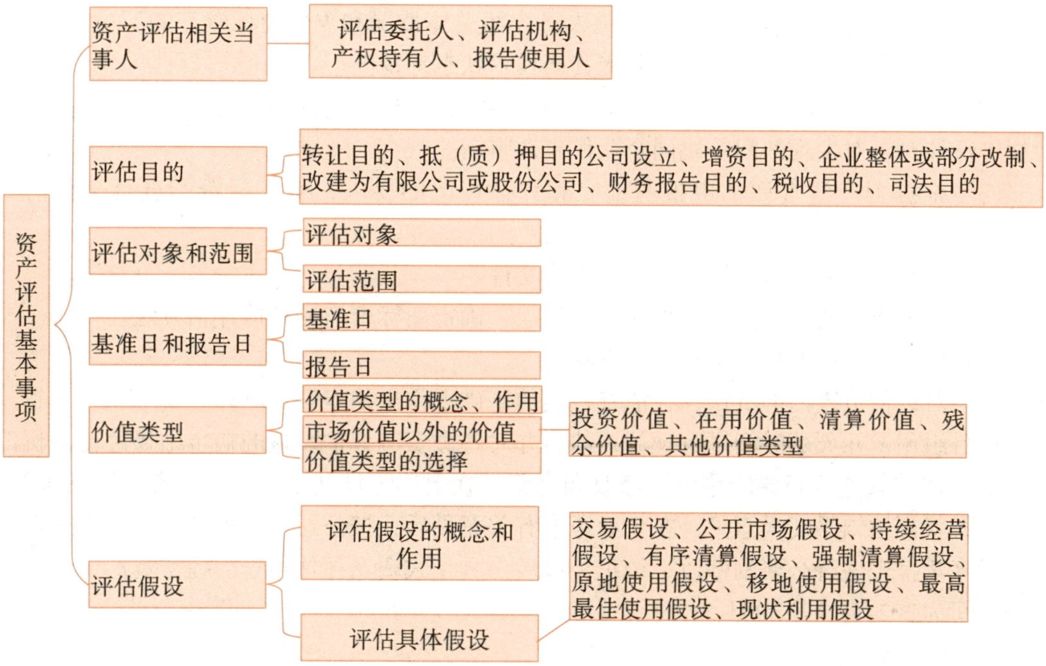

图2-1　本项目框架结构

实训设计

一、实训目标

通过项目综合实训，熟练掌握资产评估的基本要素，使学生针对具体评估业务，能够明确评估目的、评估基准日、价值类型，使资产评估业务顺利进行。

二、实训项目与要求

1. 实训组织

首先，实训指导教师将学生分组，每组10人左右，指定组长负责，明确目标和任务；然后，分组开展业务训练，发挥小组集体智慧的力量和成员的主观能动性，得出实训结果；最后，组长总结汇报实训活动。

2. 实训项目

F公司是一家国有独资公司，其主要产品是H牌家用空调，H系列注册商标由F公司拥有。F公司拥有的H系列注册商标是老牌的国产名牌，有着悠久的历史。2023年7月6日，委托人与有关各方就本次评估目的、评估基准日、评估范围等问题协商一致，并制订出资产评估工作计划，向委托方和产权持有者提交评估资料清单、评估明细表等，配合资产占有方进行资产清查、填报资产评估申报明细表等工作。2023年8月20日，评估项目人员进入现场对委估资产进行了初步了解，协助企业进行委估资产申报工作，收集资产评估所需文件资料。主要工作如下：

（1）听取委托人及资产占有方有关人员介绍总体情况和委估商标资产的历史及现状，了解企业的财务制度、经营状况、固定资产技术状态等情况。

（2）对企业提供的资产清查评估申报明细表进行审核、鉴别，并与企业有关财务记录数据进行核对，对发现的问题协同企业作出调整。

（3）根据资产清查评估申报明细表和评估规范的要求，对商标资产进行全面清查核实。

（4）查阅收集委估商标资产的产权证明文件。

（5）根据委估商标资产的实际状况和特点，确定商标资产的具体评估方法。

（6）对企业提供的权属资料进行查验。

（7）对评估范围内的资产，在清查核实的基础上作出初步评估测算。

项目组用了几天的时间进行现场评估，并对各类资产评估审核的初步结果进行分析汇总，对评估结果进行必要的调整、修改和完善。在上述工作基础上，起草资产评估报告，与委托人就评估结果交换意见，在全面考虑有关意见后，按公司内部资产评估报告三审制度和程序对报告进行必要的修改、校正，最后出具正式资产评估报告。提交资产评估报告书的时间为2024年1月20日。

3. 实训要求

（1）请写出资产评估的基本事项。

（2）根据评估业务能明确评估对象和范围，并说出评估对象权利受限状况。

三、成果与检测

（1）每个团队根据教师所给评估业务资料，能指明资产评估基本事项，并在班级进行交流。

（2）教师与同学们共同总结在执行资产评估业务中如何能准确判断评估基本事项，并发现问题，明确今后教学过程中应当改进的方面。

（3）由各团队负责人组织小组成员进行评价打分。

（4）教师根据各团队对评估基本事项的实训情况及各位同学的表现予以评分。

项目三

资产评估程序

知识目标

1. 掌握资产的评估程序；
2. 掌握资产评估委托合同的内容；
3. 熟悉编制资产评估计划的内容和基本要求；
4. 掌握影响评估方法选择的基本因素。

能力目标

1. 能拟订无形资产评估计划；
2. 能对资产进行现场调查和收集整理评估所需资料；
3. 能够根据资产评估程序对资产评估过程中所需信息作有用性收集并能进行必要和有效的处理；
4. 会整理归集评估档案。

素养目标

1. 树立社会主义核心价值观和道德观，严格遵循资产评估程序；
2. 树立敬业意识，独立、客观、公正地对资产进行价值评估，不出具虚假评估报告。

项目导入

评估人员执行资产评估业务应履行怎样的工作步骤

红星电器科技有限公司因股权转让需要，需对该经济行为涉及的该公司的外购专利技术A和自行开发的专有技术B两项无形资产在2023年12月31日的价值进行评估，为股权转让事宜提供价值参考，特委托中青资产评估事务所对上述两项无形资产价值进行评估。

思考：假如你是中青资产评估事务所的评估人员，在此项业务评估时你将履行怎样的工作步骤评估该两项无形资产的价值？

启示：资产评估程序是资产评估的操作规范，对于提高资产评估机构业务水平乃至资产评估行业整体水平都具有重要意义。执行评估程序一方面有利于规范资产评估机构和评估专业人员的执业行为，避免工作疏漏和减少评估人员的随意性，突出评估机构专业形象，切实保证资产评估业务质量。另一方面，作为一项专业性较强的中介服务工作，评估专业人员履行评估程序规定的工作内容和工作步骤是赢得客户和社会公众信任，提高评估行业社会公信力的重要保证。

任务一 资产评估程序认知

任务描述

资产评估程序是评估专业人员在执行资产评估业务时要履行的工作步骤，本任务主要介绍评估程序的概念、内容和作用，评估具体程序。通过学习，使学生了解评估人员为执行评估业务、形成资产评估结论所必须履行的系统性工作步骤，使我们认识到在执行资产评估业务时履行评估程序的重要性，以保证评估质量。

相关知识

一、资产评估程序的概念

资产评估程序，是指资产评估机构及资产评估专业人员执行资产评估业务所履行的系统性工作步骤，是对资产评估过程工作次序的安排。

《资产评估法》和《资产评估基本准则》均设专章对资产评估程序加以规范。在此基础上，中国资产评估协会制定了《资产评估执业准则——资产评估程序》。

【提示】本教材按照相关资产评估准则要求履行的八项基本评估程序编写。

二、资产评估程序的内容

（一）《资产评估法》规范的评估程序内容

《资产评估法》规范的评估程序内容包括：委托人选择评估机构，委托人与评估机构订立委托合同，评估机构指定评估承办人员，现场调查评估对象，收集、核查验证和分析整理评估资料，选择评估方法形成评估结论，编制和内部审核评估报告，出具评估报告，保存评估档案，使用评估报告等环节。

（二）资产评估相关准则规范的评估程序内容

《资产评估基本准则》和《资产评估执业准则——资产评估程序》规定了开展资产评估业务需要履行的八项基本评估程序，即明确业务基本事项、订立业务委托合同、编制资产评估计划、进行评估现场调查、收集整理评估资料、评定估算形成结论、编制出具评估报告、整理归集评估档案。

八项基本评估程序中，前三项程序是项目承接和前期组织阶段需要履行的工作；从第四项程序开始，评估项目进入实施阶段，包括现场调查、收集整理评估资料、评定估算和编制出具评估报告等；第八项程序是对已经履行的各项工作内容的归纳整理，包括评估工作底稿整理和档案建立等工作。各项程序的具体工作步骤和工作目标构成了评估程序的主要内容。

《资产评估法》和相关资产评估准则通过规范资产评估程序的范围和内容，保障资产评估业务依法合规地进行，其规范的内容涵盖了评估业务开展的主要环节，但其所规范的对象存在差异，规范的具体内容及侧重点也有所不同。

【思考3-1】《资产评估法》和相关资产评估准则在评估程序规范方面有哪些异同?

（三）资产评估机构及其资产评估专业人员执行资产评估程序的基本要求

不同的资产评估业务，其评估对象、评估目的不同，可获取评估资料的完备度以及选用的评估方法等存在差异，资产评估专业人员在评估工作中对每项基本程序中需要执行的具体工作步骤也存在差异。因此，评估准则规定资产评估机构及其资产评估专业人员可以根据评估业务的具体情况及重要性原则确定履行基本程序的繁简程度，但不得随意减少资产评估基本程序。

资产评估专业人员执行资产评估业务，需要履行一系列资产评估程序。履行资产评估程序有利于保证资产评估行为的合法性、保障资产评估业务质量、防范评估执业风险。

三、资产评估程序阶段划分

资产评估实务中，资产评估程序可概括为以下四个阶段：

（一）资产评估前期工作阶段

此阶段包括洽谈资产评估业务、签订资产评估委托合同、编制资产评估计划等具体工作。

（二）资产评估现场工作阶段

此阶段包括对资产现场调查、确认资产的存在和收集、验证评估资料等具体工作。

（三）资产价值评定估算形成结论阶段

此阶段包括确定评估技术思路、选择评估方法、估算评估值和形成评估结论等具体工作。

（四）资产评估后期工作阶段

此阶段包括评估报告初稿形成和评估报告制作、提交和归档等具体工作。

任务二 资产评估前期工作阶段

任务描述

资产评估机构实施资产评估前要进行一系列的准备工作，包括明确评估业务基本事项、签订资产评估委托合同、编制资产评估计划等具体工作。

本任务主要介绍资产评估业务基本事项内容、要求及如何对评估业务风险进行分析判断，资产评估委托合同的含义、主要内容及如何签订委托合同及资产评估计划的概念、内容、编制的要求等。通过学习，使学生对所承接的评估业务基本事项有较充分、全面的了解，决定是否承接业务，是否订立资产评估业务委托合同，如何完成评估方案的制作，为执行评估业务做好准备。

相关知识

一、明确评估业务基本事项

（一）资产评估业务基本事项的内容

明确业务基本事项是开展和实施评估业务的第一个环节，资产评估机构可以在受理评估业务前，对评估业务的背景、基本情况、委托要求、可能的工作条件等有一个全面、充分的了解，进而对资产评估机构和评估专业人员的专业胜任能力、独立性、业务风险进行评价，决定是否承接相关业务，并在决定承接业务的情况下，为洽商签订资产评估委托合同做好准备。

根据《资产评估基本准则》第九条和《资产评估执业准则——资产评估程序》第八条的规定，资产评估机构受理资产评估业务前，应当明确下列资产评估业务基本事项：（1）委托人、产权持有人和委托人以外的其他评估报告使用人；（2）评估目的；（3）评估对象和评估范围；（4）价值类型；（5）评估基准日；（6）资产评估项目所涉及的需要批准的经济行为的审批情况；（7）评估报告使用范围；（8）评估报告提交期限和方式；（9）评估服务费及支付方式；（10）委托人、其他相关当事人与资产评估机构、资产评估专业人员工作配合和协助等其他需要明确的事项。

【提示】明确委托人及产权持有人的基本情况一般包括但不限于下列内容：①委托人及产权持有人名称；②委托人及产权持有人类型、注册地址和注册资本和统一社会信用代码；③委托人和产权持有人所属行业、经营范围；④委托人与产权持有人的关系；⑤委托人的诚信记录、是否有能力支付合理的评估费用等。

在可能的情况下，资产评估机构洽谈人员应要求委托人明确资产评估报告的使用人、使用范围以及使用方式。

（二）对专业胜任能力、独立性、业务风险的分析与评价

资产评估机构应当根据所了解的评估业务基本事项，对本机构专业胜任能力、独立性和业务风险进行综合分析与评价，决定是否受理资产评估业务。

【提示】受理资产评估业务应当满足专业胜任能力、独立性和业务风险控制的要求，否则不得受理。

1. 专业胜任能力的分析与评价

资产评估机构一般从以下两个方面来分析和评价专业胜任能力：

（1）评估机构及评估专业人员是否具有与拟受理的项目相应的专业胜任能力及相关经验，特别关注拟受理的项目是否存在新型或特殊的业务、专业领域、资产。

（2）对于缺乏专业胜任能力的业务，是否有弥补对评估对象的评估经验和能力不足的可行措施。

2. 独立性的分析与评价

资产评估机构应当根据了解的评估业务基本事项，按照《资产评估法》的规定和《资产评估职业道德准则》的有关要求，对资产评估机构和评估专业人员的独立性进行分析与评价，判断独立性是否受到影响，进而决定是否承接业务或在独立性受到影响时拟采取的应对措施。

资产评估机构和评估专业人员主要通过关联关系筛查、申报、核查等方式，了解可能影响独立性的情形，判断是否存在明显或潜在的利益冲突、现实或潜在的利益关系。

知识拓展

关联关系筛查、申报、核查的内容

3. 业务风险的分析与评价

资产评估的业务风险主要有来自委托人和产权持有人的风险、来自评估目的的风险、来自评估对象的风险和来自资产评估报告使用中的风险等。

（1）来自委托人与产权持有人的风险主要有：委托人和产权持有人不配合资产评估机构履行评估程序，提供的相关资料存在虚假、遗漏、不符合法定要求，缺乏履约能力等；

（2）来自评估目的的风险主要有：评估目的不明确、所对应的经济行为无法获得相关审批；

（3）来自评估对象的风险主要有：因为评估对象的特殊性导致无法按要求履行核查程序、评估对象的产权不明晰等；

（4）来自资产评估报告使用的风险主要有：委托人及其他报告使用人不能正确理解评估结论，不当使用报告等。例如，委托人将抵押目的的评估报告用于资产转让。

【提示】评估机构和评估专业人员应当结合评估业务风险要素，从委托人、产权持有人、评估目的、评估对象、评估报告使用等方面，分析与评价评估业务风险的高低，判断评估业务风险是否超出评估机构可接受的范围，进而决定是否受理该评估业务以及在决定受理时拟采取的风险应对措施。

业务风险分析与评价可以采用风险评价表的方式进行，风险评价表可根据评估业务风险要素设计。

4. 综合分析与评价

微课

专业胜任能力、独立性、业务风险的分析与评价

评估机构和评估专业人员在对自身专业胜任能力、独立性、业务风险分别进行分析与评价后，应对评价结果予以综合考虑，决定是否受理评估业务。一般在自身专业胜任能力、独立性均满足要求，并且业务风险可承受时，评估机构可以受理该业务。专业胜任能力、独立性、业务风险的综合评价结果可以通过综合评价表的形式予以体现。

二、订立业务委托合同

（一）资产评估委托合同的含义

资产评估委托合同，是指资产评估机构与委托人订立的，明确资产评估业务基本事项，约定资产评估机构和委托人权利、义务、违约责任和争议解决等内容的书面合同。

《资产评估执业准则——资产评估委托合同》规定，资产评估机构开展资产评估业务应当以书面形式与委托人订立资产评估委托合同。

知识拓展

《中华人民共和国民法典》对合同形式的相关规定

【提示】资产评估机构受理资产评估业务应当要求委托人依法订立资产评估委托合同。资产评估委托合同应当由资产评估机构的法定代表人（或者执行合伙事务合伙人）签字并加盖资产评估机构印章。如未及时订立资产评估委托合同应当关注开展资产评估业务可能产生的风险。

（二）资产评估委托合同的主要内容

资产评估委托合同的内容，应当符合国家法律、法规和资产评估行业的管理规定。根据《资产评估执业准则——资产评估委托合同》，资产评估委托合同通常包括下列内容：

（1）资产评估机构和委托人的名称、住所、联系人及联系方式。

（2）评估目的。

（3）评估对象和评估范围。

（4）评估基准日。

（5）资产评估报告的使用范围。

（6）资产评估报告提交期限和方式。

（7）评估服务费总额或支付标准、支付时间及方式。

（8）资产评估机构和委托人的其他权利和义务。

（9）违约责任和争议解决。

（10）合同当事人签字、盖章时间。

（11）合同当事人签字、盖章的地点。

知识拓展

评估委托合同要求

【提示】资产评估委托合同的内容，应当符合国家法律、行政法规和资产评估行业的管理规定。

【提示】委托人与评估机构不应对应纳入评估范围的资产不进行评估、不履行现场调查等必要评估程序、指定评估方法以及评估结果等内容进行约定，避免评估委托合同成为资产评估机构不遵循评估法规的依据。

签订评估委托合同时尚未明确的内容，评估委托合同签约方可以采取订立补充合同或法律允许的其他形式作出后续约定。

【思考3-2】国内上市的A公司，拟收购境外的B公司全部股权。A公司与中青资产评估事务所签订的资产评估委托合同中约定的一项内容是“为保证本次资产评估结论的可靠性，本次资产评估应当以资产基础法的结果作为评估结论”。请思考此项约定是否恰当？

（三）资产评估委托合同的订立

资产评估机构决定受理评估业务之后，应当要求委托人依法订立资产评估委托合同。

订立委托合同前，资产评估机构应当全面了解、认知委托人的主体资格、信用资质履约能力等信息，收集委托人的营业执照、资质文件、代理人的授权文件等资料，审查委托人代理人的授权文件及代理事项、代理期限和代理权限，避免与不能独立承担民事责任的组织（如公司部门）签订合同，也避免签订与委托人履约能力明显不相符的合同。新颁布的《中华人民共和国民法典》明确规定，采用合同书形式订立的合同，当事人的签名和盖章是合同成立的必要条件。

资产评估委托合同应当由资产评估机构的法定代表人（或者执行合伙事务合伙人）签名并加盖资产评估机构印章。在评估实务中，评估机构可以对授权内部人员和分支机构签署委托合同的情形，通过内部管理制度加以规范。

在评估实务中，如果因委托人等原因导致无法及时签订资产评估委托合同，资产评估机构和资产评估专业人员应关注未及时签订资产评估委托合同可能产生的风险，并采取必要的措施，保护自身合法权益。

（四）资产评估委托合同的补充或变更

资产评估委托合同签订后，发现相关事项存在遗漏、约定不明确，或者合同履行中约定内容发生变化的，如评估目的、评估对象、评估基准日发生变化等，资产评估机构可以要求与委托人签订补充委托合同或者重新签订评估委托合同或者以法律允许的其他方式，如传真、电子邮件等形式，对评估委托合同的相关条款进行变更。

三、编制资产评估计划

（一）资产评估计划的概念

资产评估计划是指资产评估机构和评估专业人员为执行资产评估业务，拟定的资产评估工作思路和实施方案。资产评估计划通常包括评估业务实施的主要过程及时间进度、人员安排等内容。

知识拓展

资产评估委托合同终止履行及解除

在资产评估机构明确资产评估业务基本事项并受理评估业务后，资产评估专业人员就可以编制资产评估计划，以合理、有效配置各项资源，保障评估程序履行，满足核查与监管要求，高效保质完成资产评估业务。

（二）资产评估计划编制的总体要求及考虑的主要因素

1.资产评估计划编制的总体要求

《资产评估执业准则——资产评估程序》规定，资产评估专业人员应当根据资产评估业务的具体情况编制资产评估计划，并合理确定资产评估计划的繁简程度。

所谓的具体情况，是指评估目的、评估基准日、评估对象的资产规模和资产分布特点、评估报告提交期限等。复杂、庞大的资产评估项目，涉及的环节多、工作量大、投入的评估专业人员多，甚至还需要与会计师事务所、律师事务所等中介机构的工作进行协调对接，因此需要编制详尽的评估计划，尽可能考虑到各种重大的不确定性因素并加以防范；简单的资产评估项目，不需要太多的评估专业人员，资产评估过程也比较简单，因此资产评估计划也可以相应进行简化。

【提示】资产评估计划不论内容繁简，都应思路清晰、简明扼要。

2.编制资产评估计划需考虑的主要因素

资产评估专业人员在编制资产评估计划的过程中，应当同委托人及相关当事人就相关问题进行沟通，以保证资产评估计划的可操作性。在编制资产评估计划时，其应当考虑以下因素：

（1）资产评估目的以及相关管理部门对资产评估开展过程的管理规定；

（2）评估业务风险、评估项目的规模和复杂程度；

（3）评估对象及其法律、经济、技术、物理等因素；

（4）评估项目所涉及资产的结构、类别、数量及分布状况；

（5）委托人及相关当事人的配合程度；

（6）相关资料收集状况；

（7）委托人、评估对象产权持有人（或被评估单位）过去委托资产评估的情况、诚信状况及其提供资料的可靠性、完整性和相关性；

（8）资产评估专业人员的专业能力、经验及人员配备情况。

（9）与其他中介机构的合作、配合情况。

3.资产评估计划的主要内容

资产评估计划一般包括资产评估业务实施的主要过程、时间进度安排、人员安排等内容。

（1）资产评估业务实施的主要过程

资产评估计划应当涵盖现场调查、收集评估资料、评定估算、编制和提交资产评估报告等资产评估业务实施的主要过程。编制资产评估计划应当首先明确资产评估业务实施各主要过程的具体步骤，需要考虑以下因素：

一是评估项目的背景和相关条件，包括评估目的、评估对象和评估范围、价值类型、评估基准日、本次评估操作的重点和难点、参与本项目的其他中介机构等。

二是选取的评估方法。

三是资产清查的工作重点及具体要求，如现场调查的工作目标、现场调查的工作总体时间安排、现场调查的主要工作内容、现场调查的协调方式等内容。

四是与参与本项目的审计、律师等其他中介机构的对接安排及注意事项等。

（2）资产评估业务实施的时间进度安排

资产评估专业人员在编制资产评估计划时，应当结合评估报告提交期限、评估业务实施主要过程的具体步骤、业务实施的重点和难点等来制定评估业务实施的进度安排。

明确资产评估业务实施的时间进度安排，有利于对资产评估工作进度的跟踪，以保证在报告提交期限内提交报告。

（3）资产评估业务实施的人员安排

资产评估专业人员在编制评估计划时，应当根据评估项目的资产规模、资产分布、资产专业结构、业务风险因素等情况以及评估方法、评估业务实施主要过程的具体步骤、业务实施的时间安排、费用预算等，综合考虑评估业务实施对评估专业人员的工作经验、专业能力、技术水平、专业分工、人员数量等的配置要求，组建项目团队。

合理的评估业务实施人员安排是高效保质完成评估项目的保障。

【提示】资产评估项目的执行是一个复杂、动态的过程，如果原编制的评估计划不能适应项目要求，资产评估机构应当对评估计划进行必要的调整。

微课

编制资产评估计划

任务三　资产评估现场调查阶段

任务描述

资产评估现场工作阶段是资产评估专业人员正式进入评估现场工作，包括对资产进行现场调查、确认资产的存在和收集、验证评估资料等具体工作，取得评估第一手资料。本任务主要介绍现场调查的内容、手段和方式，评估资料的来源渠道及核查验证、分析归纳整理。通过学习，掌握现场调查的内容，如何进行有效的现场调查，如何收集、分析、整理、归纳评估资料，以全面了解资产的状况，为评估取得第一手翔实有效资料做准备，形成资产价值评定估算的依据。

相关知识

一、现场调查

现场调查针对评估对象，在法律允许的范围内，由评估专业人员通过询问、访谈、核对、监盘、勘查等手段，收集评估业务需要的相关资料，对影响评估对象价值的物理、技术、法律、经济等因素进行客观、全面的了解，为判断评估对象整体状况、估算资产价值提供合理依据。

现场调查是了解资产状况的重要方法，是其他方法不能替代的。从现场调查开始，资产评估项目进入实施阶段，资产评估专业人员需要了解和掌握已确定的评估对象和评估范围的状况。

（一）现场调查的内容

现场调查包括了解评估对象的现状和关注评估对象法律权属两项内容。

1. 了解评估对象的现状

（1）核实评估对象的存在性

评估对象的存在性是指委托人委托评估的评估对象是否真实存在。不同类型的资产核实其存在性的方式不同。

① 对于存货、动产、不动产等实物资产，评估专业人员可通过实地勘查、核查合同、盘点等方式核实其存在性；

② 对于知识产权类无形资产，可通过核查权属文件、申请登记材料、技术文件、第三方证明文件等核实其存在性；

③ 对于应收账款、股权或其他经济权益，可通过核查会计记录、公司章程、权益证明、股权转让协议及函证等方式核实其存在性。

（2）核实评估对象的完整性

评估对象的完整性要求评估对象符合委托人委托评估的经济行为所涉及的资产范围，并能够有效实现其预定功能。评估专业人员在核实资产的完整性时，既要关注评估对象物理意义上的完整性，也要关注其功能上的完整性。

（3）了解评估对象的现实状况

不同的评估对象，其价值的影响因素是不同的。因此评估专业人员要根据评估对象的类型和特点，判断资产价值的影响因素，进而确定评估对象的现场调查内容。评估专业人员确定的评估对象调查内容，既要与评估对象价值的影响因素相关，支持其价值的评定和估算，也要能系统、全面、充分反映评估对象价值的实际状况，没有遗漏。

对于整体企业，现场调查通常应该包括：企业的历史沿革、主要股东及其持股比例、主要的产权和经营管理结构；企业的业务、资产、财务、经营管理状况；企业的经营范围、经营计划、发展规划；影响企业经营的宏观、区域经济因素；企业所在行业现状与发展前景等内容。

对于单项资产，如房屋建筑物的现场调查通常应了解：取得方式、建筑结构、建成时间、地址、用途、建筑面积、长度、宽度、层高、层数等；对于机器设备的现场调查通常应了解：设备名称、生产厂家、规格型号、安装地点、规定使用年限、购置日期、启用日期、已经使用年限、设备使用状况、设备维修情况等；对于存货的现场调查通常应了解：名称及规格型号、计量单位、存放地点、数量、单价等；对于应收账款等债权债务的现场调查通常包括：了解债权债务人名称、业务内容、发生日期、履约及收回情况等。

2.关注评估对象的法律权属

资产的法律权属，包括所有权、使用权及其他财产权利。资产之所以能为其产权持有人带来价值，是因为资产产权持有人拥有对资产占有、使用、收益、处分的权利，从某种意义上讲，对资产的评估也就是对资产权利的评估。

资产的权属状态会影响资产的价值，资产的权属状态不同，资产的价值通常也不相同。例如，对于无形资产，企业拥有的和授权许可使用的，价值不同；在授权使用的无形资产中，独家许可的和非独家许可的，价值也不同。因此，在现场调查中，评估专业人员要关注评估对象的权属状态，以保障评估结论的合理性。

评估专业人员在现场调查时，应当取得评估对象的权属证明，并根据《资产评估法》的规定，对取得的权属证明进行核查验证，包括但不限于采用与原件核对、要求权利人到有关登记管理部门查询等方式。鉴于国家对不同资产的产权管理制度有所不同，不同类别资产的权属证明文件存在差异，评估专业人员应当针对不同类别的评估对象，取得相应的有效权属证明文件。对于不动产、专利权、商标权、著作权、矿业权、车辆等实行产权登记制度的资产，其权属证明应包含相应的产权登记文件，如不动产权证书、专利权证、著作权登记证书、采矿许可证、勘探许可证、机动车登记证书等；对于机器设备、存货等资产，其权属证明主要包括购置合同、购置发票、付款证明、出库入库记录等；对于企业价值评估涉及的股东全部权益和股东部分权益，其权属证明主要包括公司章程、工商登记材料、股东登记名册、出资证明、出资协议等，涉及国有资产的，还应包括国有资产产权登记证。

（二）现场调查的手段

根据《资产评估执业准则——资产评估程序》第十二条的规定，现场调查的手段包括询问、访谈、核对、监盘、勘查等。

1.询问

询问是最常用的调查方式，通常是指资产评估专业人员在阅读、分析评估申报资料的基础上，与评估对象的管理、使用、采购、营销等相关人员进行沟通，以了解资产规模、来源、使用现状、未来利用方式等基本情况，或者企业经营状况、历史经营业绩、行业地位、未来发展规划等企业整体相关信息。

2.访谈

访谈是评估专业人员通过对特定人员或者相关人员的访问和交谈，从受访对象的答复中获取相关评估信息的调查方法。

访谈的形式有很多种，可以面对面交流，也可以通过电话等工具进行，可以个别访谈，也可以团体访谈。

访谈是现场调查的重要方式之一，借助调查人与受访人直接交谈的方式了解调查事项，收集信息资料，具有较好的灵活性和适应性。因此，针对涉及多个专业或部门、具有较大不确定性的综合项目或事项，如企业业务、财务状况、企业经营计划和发展战略等，访谈更有助于资产评估专业人员及时获得全面的、综合性的信息，以对评估对象的状况作出合理判断。

3.核对

核对是资产评估专业人员对书面资料及其相关记录与相关实物进行审核查对，以查证其是否相符的调查手段。资产评估专业人员通过对委托人申报评估的资产，进行账表核对、账实核实以及将申报内容与相关权证、文件载明的信息核对等，了解资产的存在性及法律权属。

4.监盘

监盘也是运用较多的核实方法，即资产评估专业人员通过现场监督企业对现金、存货等资产的清查核对工作，主要对盘点实施方案、人员安排、盘点方式（逐项盘点或者抽样盘点）、盘点结果等进行了解，判断盘点结果能否反映实际状况，并根据盘点结果对资产数量、质量、金额等作出恰当的判断。

【提示】如果存在盘盈盘亏等现象，还需要调查原因。

5.勘查

勘查主要是指对实物资产的数量、质量、分布、运行和利用情况（经营情况）等所作的调查或查看，以及对相关技术检测结果的收集、观察，对其运行记录和定期专业检测报告的收集和分析等工作。在评估实务中，对特殊资产实施勘查，可以聘请行业专家协助开展工作，但应当采取必要措施确保专家工作的合理性。

（三）现场调查的方式

评估专业人员在对评估对象进行现场调查时，采用的调查方式包括逐项调查和抽样调查。

1. 逐项调查

逐项调查是指对纳入评估范围的全部资产及相关负债进行逐项核实，并核实法律权属资料，进行相应的调查。

当存在下列情形之一时，资产评估专业人员应当考虑进行逐项调查：

（1）评估范围内资产数量少、单项资产的价值量大，比如不动产评估项目；

（2）资产存在管理不善等风险，产权持有人或被评估单位提供的相关资料无法反映资产的实际状况，并且从其他途径也无法获取充分、恰当的评估证据，如停产多年企业的资产评估项目、企业破产清算项目等。

2. 抽样调查

抽样调查是指按一定程序从研究对象的全体（总体）中抽取一部分单位（样本）进行调查或观察，获取样本数据，并以此对总体的一定目标量作出推断。抽样调查的基本方法包括简单随机抽样、分层抽样、系统抽样、整群抽样、不等概率抽样、多阶段抽样、重点项目抽样等。

知识拓展

现场调查工作受限及其处理

《资产评估执业准则——机器设备》《资产评估执业准则——不动产》均规定对机器设备、不动产进行现场调查时可以采取抽样调查方法，但应当充分考虑抽样风险。选择抽样调查方式的理由要形成评估底稿。

【提示】对于无法或不宜对评估范围内所有资产、负债等有关内容进行逐项调查的，如资产数量庞大、价值较小、同质性强，可以采用抽样调查方式进行现场调查。

二、收集整理评估资料

微课

现场调查

评估资料是指资产评估专业人员在执行资产评估业务时可以通过合法途径获得并使用的有关文件、证明和资料。评估资料是资产评估机构和评估专业人员形成合理的评估结论和出具资产评估报告的依据。

（一）评估资料的分类

1. 按评估资料的内容划分

按内容不同，评估资料可分为权属证明、财务会计信息和其他评估资料。

权属证明资料是指资产的法律权属凭证、权威部门出具的权属证明资料以及能够间接证明资产归属的其他资料。

财务会计信息是指会计凭证、会计账簿、财务报表、附注及其他会计资料。

其他评估资料包括询价资料、交易案例、检查记录、行业资讯、鉴定报告、专业报告及政府文件等。

【提示】权属证明、财务会计信息主要在现场调查程序取得，其他评估资料主要在收集评估资料程序取得。

2. 按评估资料的来源划分

按来源不同，评估资料可分为直接从市场等渠道独立获取的资料，从委托人、产权持有人等相关当事人处获取的资料，从政府部门、司法机关及各类专业机构和其他相关组织获取的资料。

从委托人、产权持有人等相关当事人处获取的资料通常包括：资产评估申报资料；评估对象权属证明；反映资产状况的资料；评估对象的历史、预测、财务、审计等资料；相关说明、证明和承诺等。

知识拓展

收集评估资料的主要工作内容

评估专业人员应当要求委托人等相关当事人对其提供的资产评估明细表和其他重要资料以签字、盖章、法律允许的其他方式等进行确认。

（二）评估资料核查验证

1. 核查验证的概念

评估资料的核查验证是指资产评估专业人员依法对资产评估活动中所使用资料的真实性、准确性和完整性，采取适当的方式进行必要的、审慎的核查验证，从中筛选出作为评估依据的资料，以保证评估结果的合理性。

微课

收集评估资料

资产评估专业人员对评估资料进行核查验证，可以在其力所能及的条件下，剔除不合理和不具有可靠来源的资料，以增强评估结论的合理性、科学性和准确性。

评估专业人员对收集的评估资料进行核查验证，既是法律和评估准则的要求，也是合理得出评估结论的需要。

2. 核查验证常用方式

根据《资产评估执业准则——资产评估程序》第十五条，对评估资料进行核查验证的方式通常包括观察、询问、书面审查、实地调查、查询、函证、复核等。评估专业人员应根据各类资料的特点，确定核查验证的重点和方式。

知识拓展

法律和评估准则对评估资料核查验证的要求

【提示】对某些复杂的资料，可以采取多种方式相结合的形式进行核查验证。

（1）评估专业人员采用观察方式进行核查验证，应当关注观察方式的有效性和充分性。对重要的观察事项，应当记录观察对象、观察时间、观察地点、观察人员和观察结果，并对观察到的现象与核查验证对象是否一致发表明确意见。

（2）评估专业人员采用询问方式进行核查验证，应当形成询问记录，并要求询问人和被询问人对询问记录采用签字或者盖章等方式予以确认。被询问人拒绝签字或者拒绝以其他方式进行确认的，评估专业人员应当在书面记录中注明。

（3）评估专业人员采用书面审查方式进行核查验证，应当分析相关书面信息来源的可靠性，并通过核对原件等方式对书面信息的准确性和完整性进行核查，同时要求提供方在复印件上盖章。

（4）评估专业人员采用实地调查方式进行核查验证，应当将实地调查情况形成书面记录，由相关当事人签字。如果实地调查涉及的单位为企业法人，需要根据调查事项的重要性和相关性判断是否需要单位盖章确认。当事人拒绝签字或者盖章的，评估专业人员应在书面记录中注明。

（5）评估专业人员采用查询方式进行核查验证，应当查询公告、网页或者其他载体相关信息，并就查询信息的内容、时间、地点、载体等有关事项形成查询记录。

（6）评估专业人员采用函证方式进行核查验证，可以采用邮寄、快递、跟函、电子形式函证（包括传真、电子邮件、直接访问网站等）等方式发出和收回。信件回执、查询信函底稿和对方回函应当由经办资产评估专业人员签字。被询证者以传真、电子邮件等方式回函的，可以要求被询证者寄回询证函原件。被询证人未签署回执、未予签收或者在函证规定的期限内未回复的，由经办的评估专业人员对相关情况作出书面说明。

（7）评估专业人员采用复核方式进行核查验证，应当结合核查验证对象的特点，采取验算、校对等具体措施判断核查验证对象的真实性、准确性和完整性。对于重要的复核事项，应当记录复核过程、采取的措施、复核依据和复核结果，并由复核人员进行签字确认。

3. 主要评估资料的核查验证

（1）法律法规资料

资产评估专业人员收集的与被评估业务相关的法律、行政法规、部门规章和规范性文件等材料分别由立法机关、政府及相关部门颁布，具有权威性，符合规定适用条件的资料可以在评估中直接使用。

（2）权属证明资料的核查验证

被评估资产的权属证明资料来源于委托人、产权持有人等相关当事人。资产类别不同，权属证明不同，核查验证适用的方法也不同。

【提示】对于机器设备权属证明资料的核查验证详见项目五，对于不动产权属证明资料的核查验证详见项目六，对于无形资产权属证明资料的核查验证详见项目八，对于矿业权权属证明资料的核查验证详见项目十一。

（3）财务会计资料的核查验证

财务会计资料通常由委托人及相关当事人提供。

① 采用询问、书面审查、复核等方式对已经审计的财务报表及其附注进行核查，应当了解出具审计报告的会计师事务所的执业资质和独立性。

② 采用询问、书面审查以及复核等方式对未经审计的财务资料进行核查，应当对财务报表变动趋势、财务指标构成比例进行分析，将财务报表各项目的数据与有关账簿进行核对。根据重要性原则采用抽样方法对相关会计凭证进行查阅，结合对评估对象的调查结论或者其他文件、证明和资料的核查验证结论，检查财务数据的一致性。

③ 采用实地调查、书面审查等方式对现金、票据以及实物性资产等涉及的各类资料进行核查，应当将相关调查或者审查情况形成书面记录，由参与的资产评估专业人员、被评估单位的相关人员签字确认。

知识拓展

专业报告、单项资产评估报告及其他资料的核查验证

④ 采用函证方式对银行存款、异地存货、往来账款、交易性金融资产等涉及的各类资料进行核查的，对利用第三方机构询证函结果的，应当记录取得第三方机构函证结果的过程、分析该函证行为的目的、核实函证基准日、了解第三方机构对函证的控制措施等。无法获取上述信息的，应当实施替代程序并获取相关证据，对该函证结果的可靠性进行分析判断。

【思考 3-3】核查验证受限如何进行处理？

（三）评估资料的分析、归纳、整理

在履行了核查验证程序后，评估专业人员需要对从各个渠道收集的评估资料进行必要的分析、归纳和整理，形成评定估算和编制资产评估报告的依据。

1. 评估资料的分析

对评估资料分析，是根据资产价值评定估算和评估报告编制及信息披露对资料的使用要求，对已收集资料的相关性、逻辑性进行分析和甄别。

相关性，就是分析资料与评估所要解决问题的相关性和适用性；逻辑性，就是梳理评估资料之间所存在的相互支持、印证等关系的逻辑关联性。

2. 评估资料的归纳整理

对评估资料的归纳和整理是在充分分析的基础上，通过归集、加工和分类使评估资料成为支持评定估算和资产评估报告编制的基础信息和支持依据，供执行后续评估程序时使用。归纳和整理后的评估资料一般可按照可用性原则和加工处理程度划分。

（1）评估资料按照可用性原则划分。评估资料按照可用性原则可以划分为可用性评估资料、有参考价值的评估资料和不可用评估资料。

（2）评估资料按照加工处理程度划分。评估资料按照加工处理程度可以划分为未经处理的信息和有选择地加工或按一定目的改动过的信息。

任务四　评定估算形成结论阶段

任务描述

资产评估专业人员在完成收集整理评估资料后，进入评定估算形成结论阶段。本任务主要介绍评估方法选择数量的要求和考虑的主要因素，以及如何进行评定估算形成结论。通过学习，掌握恰当选择评估方法的技巧，形成初步评估结论，综合分析确定资产评估结论等具体工作。这一阶段完成了资产评价值的测算，得出评估结论，是至关重要的一个环节。

相关知识

一、评估方法的选择

资产评估方法是指评定估算资产价值的途径和手段，是在多种学科的技术方法基础上按照资产评估自身的规律和行业特点形成的一整套方法体系，主要包括收益法、市场法和成本法三种基本方法及其衍生方法，每种基本方法下还有具体的评估方法。

【提示】资产评估方法具体介绍请见本教材项目四。

《资产评估法》第二十六条规定：“评估专业人员应当恰当选择评估方法，除依据评估执业准则只能选择一种评估方法的外，应当选择两种以上评估方法，经综合分析，形成评估结论，编制评估报告。”评估专业人员恰当选择资产评估方法已上升为法律层面的要求。《资产评估执业准则——资产评估程序》第十八条规定“资产评估专业人员应当根据评估目的、评估对象、价值类型、资料收集等情况，分析市场法、收益法和成本法三种资产评估基本方法的适用性，选择评估方法。”

资产评估方法是确定资产价值的途径和手段及各种技术方法，资产评估方法的选择和运用是从事资产评估业务的重要环节，也是影响资产评估结论和资产评估报告质量的重要因素，恰当选择评估方法是资产评估程序中必不可少的一个关键步骤。

规范资产评估方法的选择、运用和披露，有利于促进资产评估机构和资产评估专业人员在资产评估执业实践中合理使用资产评估方法，提高资产评估执业质量。

【提示】根据《资产评估执业准则——资产评估方法》的规定，资产评估专业人员在评估实践中，当存在下列情形时，可以采用一种评估方法：①基于相关法律、行政法规和财政部部门规章的规定可以采用一种评估方法；②由于评估对象仅满足一种评估方法的适用条件而采用一种评估方法；③因操作条件限制而采用一种评估方法。操作条件限制应当是资产评估行业通常的执业方式普遍无法排除的，而不得以个别资产评估机构或者个别资产评估专业人员的操作能力和条件作为判断标准。

二、评估方法选择的要求

资产评估专业人员在选择资产评估方法时，应当充分考虑影响评估方法选择的因素。所考虑的因素主要包括：评估目的和价值类型；评估对象；评估方法的适用条件；评估方法应用所依据数据的质量和数量；影响评估方法选择的其他因素。

（一）评估方法应当与评估目的、评估价值类型相适应

评估价值类型的确定首先取决于评估目的，评估目的是根本，资产评估方法作为获得特定价值尺度的技术方法，需要与价值类型相适应。例如，对一项以成本模式进行后续计量的投资性房地产进行评估，为减值测试提供价值参考，评估目的为财务报告目的，价值类型应当为会计准则所要求的特定价值（可收回金额），在确定预计未来现金流量的现值时应当选择收益法；在确定公允价值减处置费用时，估算公允价值时可以选择市场法。

（二）评估方法的选取应当与评估对象的类型、现实状态相适应

不同的评估方法有不同的条件要求和程序要求，比如收益法主要适用于持续使用前提下的资产评估，并且评估对象具有预期获利能力；而市场法要求在公开市场上有可比的交易案例，并且评估对象与案例的价值影响因素差异可以合理比较和量化。这就要求资产评估专业人员充分分析评估对象的类型、现实状态，考虑各种评估方法的适用性和局限性，恰当选择评估方法，避免在评估对象不具备合理条件的情况下滥用评估方法。

（三）评估方法的选取应当与资料收集情况相适应

评估方法的应用会涉及特定的数据、参数，只有在评估过程中所收集的资料和确定的依据可靠、合理、有效、充分，才能保证评估结果的合理性。在评估实践中，由于条件的制约往往会导致某种评估方法所需资料的数量和质量达不到要求，那么评估专业人员应当考虑采用其他替代的评估方法进行评估。

三、评定估算形成结论

在选定评估方法之后，资产评估专业人员还需要合理选择技术参数，应用评估模型等，形成初步评估结论。例如，采用成本法，应当合理确定重置成本和各相关贬值因素，

用重置成本扣除各项贬值，得出评估对象的价值；采用市场法，应当合理选择可比案例，分析评估对象和可比参照物的相关资料和价值影响因素，通过可比因素的差异调整，得出评估对象的价值；采用收益法，应当合理预测未来收益，并合理确定收益期和折现率，通过预期收益折现，得出评估对象的评估值。

资产评估专业人员应当对形成的初步评估结论进行分析，判断采用该种评估方法形成的评估结论的合理性。首先对评估结论与评估目的、价值类型、评估方法的适应性进行分析；其次对评估资料的充分性、有效性、客观性以及评估参数的合理性、评估模型推算和应用的正确性进行判断；再次对评估增减值进行分析，确定资产评估增值或者减值的原因，并判断其合理性；最后可以通过对类似资产交易案例的分析，对评估结论的合理性进行判断。

当采用两种以上评估方法时，资产评估专业人员应当对采用各种方法评估形成的初步结论进行分析比较，对所使用评估资料、数据、参数的数量和质量等进行分析，在此基础上，分析不同方法评估结论的合理性以及不同方法评估结论差异的原因，综合考虑评估目的、价值类型、评估对象现实状况等因素，最终形成合理的评估结论。

微课

资产评估方法的选择

任务五　资产评估后期工作阶段

任务描述

资产评估机构及评估专业人员在评定估算形成评估结论后，进入评估后期工作阶段，此阶段包括编制、审核和出具资产评估报告，对评估档案进行整理归集。本任务主要介绍编制评估报告的要求、评估报告的内部审核内容、评估报告提交前与委托人进行沟通以及整理归集评估档案的意义和要求等。通过学习，掌握进行评估报告内部审核的核心内容，整理归集评估档案的要求，熟知与委托人就评估报告进行沟通的重要性；认识到整理归集评估档案是资产评估工作不可忽视的环节，是资产评估程序的重要组成部分。

相关知识

一、编制出具评估报告

资产评估专业人员在履行评定估算程序后，应当编制初步资产评估报告，并进行内部审核。资产评估机构出具资产评估报告前，在不影响对评估结论进行独立判断的前提下，可以与委托人或者委托人同意的其他相关当事人就评估报告有关内容进行沟通，并对沟通情况进行独立分析，决定是否对评估报告进行调整，最终出具、提交正式资产评估报告。

（一）评估报告的内部审核

资产评估专业人员完成评估报告编制后，资产评估机构应当根据相关法律、行政法规、资产评估准则的规定和评估机构内部质量管理制度，对资产评估报告进行必要的内部审核。

1.对评估报告审核的主要内容

（1）评估程序的履行情况；

（2）评估资料的完整性、客观性、实时性；

（3）评估方法、评估技术思路的合理性；

（4）评估目的、价值类型、评估假设、评估参数以及评估结论在性质和逻辑上的一致性；

（5）计算公式及计算过程的正确性；

（6）技术参数选取的合理性；

（7）计算表格之间钩稽关系的正确性；

（8）采用多种方法进行评估时，对各种评估方法所依据的假设、前提、数据、参数进行审核，并对不同评估方法结论的合理性以及差异合理性进行的审核；

（9）最终评估结论的合理性；

（10）评估报告的合规性。

2.项目团队层级审核的主要内容

（1）对被评估资产自身状况是否进行了必要的了解，对评估风险是否有正确的评价；

（2）评估程序是否按计划要求进行；

（3）评估调查过程是否记录在工作底稿中；

（4）评估依据是否充分；

（5）评估方式的选择及运用是否正确；

（6）评估模型应用、数据钩稽关系是否正确；

（7）评估报告的格式、内容是否符合规定要求；

（8）原始资料及收集的评估资料是否满足评估要求，是否由资料的提供方盖章确认；

（9）评估结论是否合理，表格与报告的相关数据和信息是否一致；

（10）重大问题是否按规定进行请示汇报和处理，重大问题的处理结果是否合理；

（11）各项内容是否完整，有无遗漏、缺陷事项。

知识拓展

评估报告审核形式与要求

【提示】评估机构对评估报告的审核应注重审核的内容及效果，而不应局限于审核的层次和形式。

3.质量管理部门（岗位）等审核的主要内容

（1）评估程序是否完整履行，是否形成了相应的工作底稿；

（2）整体报告的内容及格式是否符合相关法规及评估准则的规定；

（3）评估目的、价值类型、评估假设、评估方法、评估结论是否逻辑一致；

（4）重大问题的处理是否适当；

（5）评估结论是否有合理的依据支持，影响评估结果的特别事项是否完整披露；

（6）对于外部审核的意见答复和报告修改是否合理有据。

（二）与委托人或者相关当事人沟通

《资产评估执业准则——资产评估程序》第二十四条规定，资产评估机构出具资产评估报告前，在不影响对评估结论进行独立判断的前提下，可以与委托人或者委托人同意的其他相关当事人就资产评估报告有关内容进行沟通，对沟通情况进行独立分析，并决定是否对资产评估报告进行调整。

1.沟通的目的和作用

资产评估机构及评估专业人员与委托人或者相关当事人进行必要的沟通，既有助于了解委托人或者相关当事人对评估结论的反馈意见，也有助于委托人或者相关当事人合理理解评估结论，正确使用评估报告。

2.沟通的主要内容

与委托人或者委托人许可的相关当事人沟通的内容包括但不限于：

（1）是否存在与评估对象实际情况不一致的情况；

（2）是否履行了评估委托合同约定的内容；

（3）评估方法的适用性、参数选取的合理性、模型计算的正确性，评估目的、价值类型和评估方法的匹配性等；

（4）评估报告披露信息的正确性和恰当性。

【思考3-4】如何选择与委托人或者相关当事人沟通的时间？

3.沟通中的独立性

资产评估机构和评估专业人员保证其独立性的措施通常包括：

（1）在沟通时，评估专业人员需要说明：目前沟通的意见为初步结果，最终资产评估报告完成后，内容与结果可能会发生变化；建议沟通的信息仅为委托人内部使用，任何初稿都不能对外公布或者披露。

（2）在沟通过程中，如果发现差错或者疏漏，评估专业人员可以同意对相关知识进行查证、核实。

（3）对沟通内容形成必要的记录。

【提示】沟通如导致修改评估结论或者评估报告，评估专业人员需要详细说明理由，并履行必要的内部审核程序。

（三）提交评估报告

按照约定的时间和方式向委托人提交资产评估报告，是评估机构履行评估委托合同约定的责任的要求。评估机构应当以资产评估委托合同约定的方式向委托人提交资产评估报告。

【提示】对于涉及企业国有资产管理部门、金融企业国有资产管理部门和文化企业国有资产管理部门等管理的国有资产评估项目以及证券业评估项目，在资产评估机构提交评估报告后，相关管理部门按国家有关规定会组织专家对资产评估报告进行外部审核。

【思考3-5】国有资产评估项目核准(备案)中的审核内容有哪些？

【提示】有关资产评估报告的内容及编制要求，详见本教材项目十三。

二、整理归集评估档案

资产评估档案整理归集工作，是指资产评估机构建立评估档案并进行收集、整理、保管和提供利用等活动。

整理归集评估档案是资产评估专业人员将已执行完毕的评估报告及工作底稿等形成符合准则要求的档案，并移交资产评估机构档案管理部门的工作过程。

评估档案归集是《资产评估法》和资产评估准则规定的资产评估必备程序。

【提示】有关评估底稿、评估档案的详细内容详见本教材项目十三。

【学思践悟】资产评估机构应恪守职业道德，严格按照评估准则和程序，实事求是地出具评估报告，不得片面追求收入而出具与事实不符的评估报告。资产评估机构应对评估对象所涉及交易、收入、支出、投资等业务的合法性、未来预测的可靠性取得充分证据，充分考虑未来各种可能性发生的概率及其影响，禁止根据不切实际的各种简单假设进行随意的评估。

为防止公司和评估师高估未来盈利能力，并进而高估资产，对使用收益现值法评估资产的，凡未来年度报告的利润实现数低于预测数10%~20%的，公司及其聘请的评估师应在股东会及指定报刊上作出解释，并向投资者公开道歉；凡未来年度报告的利润实现数低于预测数20%以上的，除要作出公开解释并道歉外，中国证监会将视情况实行事后审查，对有意提供虚假资料，出具虚假资产评估报告，误导投资者的，一经查实，将依据有关法规对公司和评估机构及其相关责任人进行处罚。

资料来源：选自《中国证监会关于进一步提高上市公司财务信息披露质量的通知》证监会计字〔2004〕1号。

项目小结

资产评估程序是评估机构及评估专业人员，在执行资产评估业务时要履行的工作过程和步骤。资产评估法明确了评估有八大程序。本项目框架结构如图3-1所示。

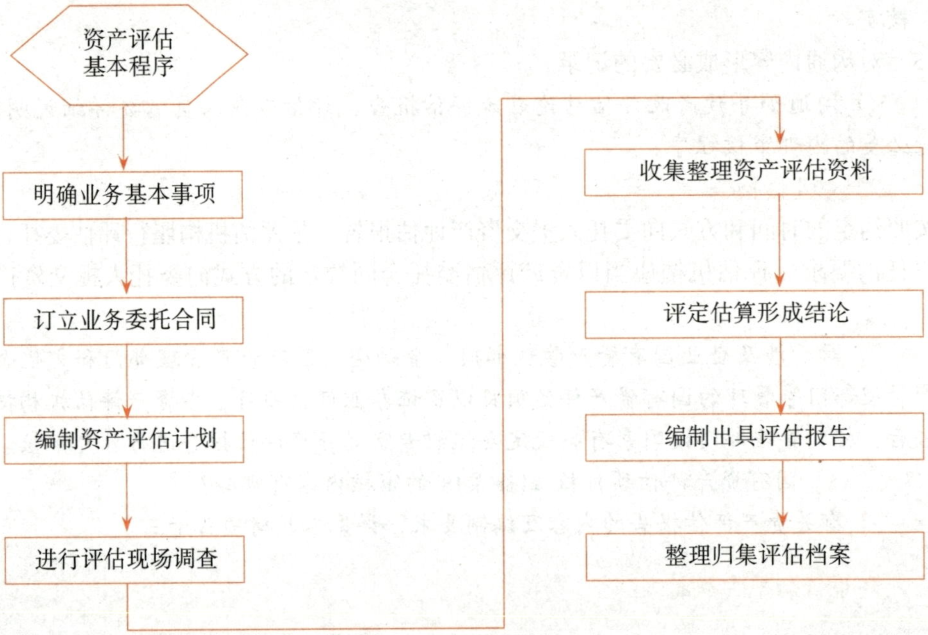

图3-1 本项目框架结构

实训设计

一、实训目标

通过对资产评估程序执行的操作训练，使同学们能够熟练地掌握评估程序，执行评估程序的要求，独立组织和开展资产评估工作，尤其是能够根据评估对象的具体情况签订资产评估委托合同、编制评估方案、编写工作底稿。

二、实训项目与要求

1. 实训组织

首先，实训指导教师将学生分组，每组10人左右，指定组长负责，明确目标和任务；然后，分组开展业务训练，发挥小组集体智慧的力量和成员的主观能动性，得出实训结果；最后，组长总结汇报实训活动。

2. 实训项目

沿用项目二“F公司拟转让其拥有的H系列注册商标”实训项目

3. 实训要求

（1）根据以上资料，请写出F公司拟转让其拥有的H系列注册商标的评估程序，并编制工作计划。

（2）列出在评估过程中应收集的资料。

三、成果与检测

（1）每个团队根据教师所给的企业委托评估的业务资料，拟写出评估程序、工作计划，并在班级进行交流。

（2）教师与同学们共同总结在执行资产评估程序中存在的问题，明确今后教学过程中应当改进的方面。

（3）由各团队负责人组织小组成员进行评价打分。

（4）教师根据各团队编写的资产评估程序、工作计划、收集资料的实训情况及各位同学的表现予以评分。

项目四

资产评估的基本方法

知识目标

1. 掌握市场法、收益法和成本法的概念、使用前提、基本原理；
2. 掌握市场法的基本程序和具体的评估方法；
3. 掌握收益法的基本程序和具体的评估方法；
4. 掌握成本法的基本程序和具体的评估方法；
5. 掌握资产评估三种基本方法的计算公式。

能力目标

1. 能够准确运用三种方法评估资产价值；
2. 掌握相应的评估专业知识和实践经验，能根据评估目的、评估对象、价值类型，合理选择评估方法；
3. 掌握收益法各种参数的确定。

素养目标

1. 具有勤勉尽责的工作态度和独立、客观、公正的评估精神，自觉维护职业形象；
2. 具备勤奋好学、爱岗敬业的优良品质，树立全心全意为人民服务的思想。

项目导入

如何评估上海某机电公司拥有的专利价值？

上海某机电公司是一家从事磁性材料及其应用产品研发、生产和销售的高新技术企业，自主研发的大功率转换及处理技术成本低廉、节能降耗、绿色环保、性能高，已向国家知识产权局申请了专利，并于2022年10月30日被国家知识产权局授予专利权。该公司因融资需要，拟以此项专利权向银行进行质押贷款，现委托中青资产评估事务所对其在2023年10月30日的市场价值进行评定估算。

思考：假如你是中青资产评估事务所的评估人员，在进行此项业务评估时你将采取何种评估方法评估该项资产的价值，为什么？资产评估有几种基本方法，各方法的适用范围和局限性有哪些。

启示：作为一名资产评估师，其主要工作是接受资产占有单位或当事人的委托，按照特定的目的，遵循资产评估的基本原则，选择适宜的评估方法在综合分析影响资产估价多种因素的基础上，对委托评估资产在评估基准日表现的合理现时价值进行估算和判断，这就要求资产评估师恪守独立、客观、公正的原则对委估资产价值进行客观评价，提升评估行业公信力，维护公众和有关各方的合法权益。

任务一　市场法

任务描述

市场法是资产评估中若干评估思路中的一种，也是实现该评估技术思路的若干评估技术方法的集合。运用市场法评估出的资产价值是资产评估业务各当事人认可的、愿意接受的、最有说服力的市场价值。本任务主要介绍市场法的概念、基本步骤、可比因素、适用的基本前提、范围和市场法常用的具体评估方法。通过学习，有助于学生全面认识、了解市场法的优缺点，掌握市场法参照物选取的技巧，熟练市场法在具体资产评估业务中的运用。

相关知识

一、对市场法的认知

（一）市场法概述

1. 市场法的概念

市场法也称市场比较法、比较法，是指通过将评估对象与可比参照物进行比较，以可比参照物的市场价格为基础确定评估对象价值的评估方法的总称。

市场法是一种相对估值方法。运用市场法评估资产的价值，直观明了，较容易被资产评估业务各当事人理解和接受。因此，市场法是资产评估中常用的评估方法之一。

市场法在不同的应用领域存在不同的表现形式和称谓。例如，企业价值评估中的交易案例比较法和上市公司比较法，机器设备评估中的直接比较法、相似比较法、比率估价法，矿业权评估中的可比销售法、单位面积探矿权价值评判法、资源品级探矿权价值估算法等。

2. 市场法的理论依据和基本思路

（1）市场法的理论依据

均衡价格理论指出，商品或资产的价值由供给和需求共同决定，市场上相同或相似商品在一定时期内将形成一致的均衡价格，即相同或相似商品的价格具有可比性。这是使用市场法评估资产价值的理论基础。

（2）市场法的基本思路

替代原则是支持市场法评估理论的经济学原则。替代原则即价格最低的同质商品对其他同质商品具有替代性。在同一市场上，具有相同使用价值和质量的商品，应有大致相同的交换价格。因为任何一个正常的投资者在购置某项资产时，所愿意支付的价格都不会高于市场上具有相同效能的替代品的现行市价。

在市场经济条件下，商品（资产）的价格受供求规律的影响。

（二）市场法的应用前提

《资产评估执业准则——资产评估方法》规定，资产评估专业人员选择和使用市场法时应当考虑市场法应用的前提条件：一是评估对象的可比参照物具有公开的市场，以及活跃的交易；二是有关交易的必要信息可以获得。其具体含义为：

1. 参照物市场应当符合公开市场条件

公开市场是一个充分竞争的市场，市场上有自愿的买者和卖者，在交易信息充分交换，或者交易信息公开的前提下，有相对充裕的时间，买卖双方进行平等交易，排除了个别交易的偶然性，市场成交价格基本上可以反映市场行情。在公开市场中交易行为发生得越频繁，与被评估资产相同或相类似的资产价格越容易获得，按市场行情估测被评估资产价值，评估结果会更贴近市场，更容易被资产交易各方接受。

2. 参照物市场应当为有效市场

市场法所使用的参照物市场应当是有效市场。市场具备有效性，则市场价格是对价值的最优估计；市场无效或有效性不足，价格就会偏离真实价值。如果参照物市场的有效性不足，可能造成对资产价值的高估或低估。

【提示】判断市场是否有效应当考虑：（1）参照物在市场上有活跃的交易，类似的资产交易会在市场上频繁发生，而不是有价无市。（2）资产可以自由在市场上交易，而不是被部分垄断销售商或购买者控制。（3）市场所提供的信息是真实可靠的，而不是被人为的操控行为所扭曲。

3. 可比参照物的交易信息可以获得

（1）所选择的参照物与评估对象应具有可比性，即相同或相似的资产及交易。

【提示】判断可比性应考虑的主要方面有：个别因素、市场因素、交易因素、时间因素等。①参照物与评估对象的物理、经济、权属状态等方面应当相同或相似；②参照物所在的市场与评估目的对应的经济行为所要求参照的市场是相同或相似的；③参照物与评估对象的交易动机、交易背景、交易方式、交易批量等应当相同或相似；④参照物的交易时间应当与评估基准日相同或接近。

（2）参照物的交易资料可以通过合法的渠道获得，这些资料应当具有充分性，不仅包括交易价格，还应包括交易背景、交易条件等必要的交易信息。

【思考4-1】运用市场法进行资产评估，需满足哪些前提条件？

（三）基本计算公式

1. 参照物与评估对象可比因素完全一致的计算公式

评估对象价值=参照物合理成交价格

2. 参照物与评估对象只有一个可比因素不一致的计算公式

评估对象价值=参照物成交价格×修正系数

$$修正系数=\frac{评估对象可比因素特征值}{参照物可比因素特征值}$$

3. 参照物与评估对象有n个可比因素不一致的计算公式

微课

资产评估的市场法

计算公式一：

$$评估对象价值=参照物成交价格\times 修正系数_1\times 修正系数_2\times\cdots\times 修正系数_n$$

计算公式二：

$$评估对象价值=参照物成交价格\pm 特征差额_1\pm 特征差额_2\pm\cdots\pm 特征差额_n$$

二、市场法的基本步骤及可比因素

（一）市场法的基本步骤

1. 选择参照物

运用市场法评估首先需选择市场参照物。对参照物的要求关键是一个可比性问题，包括功能、市场条件及成交时间等。另外，与评估对象相同或相类似的参照物越多，越能够充分和全面反映资产的市场价值。按市场行情估测评估对象价值，评估结果会更贴近市场，评估中对参照物的数量要求是应尽可能选择多个参照物。

《资产评估执业准则——资产评估方法》规定，资产评估专业人员应当根据评估对象特点，基于以下原则选择可比参照物：①选择在交易市场方面与评估对象相同或者可比的参照物；②选择适当数量的与评估对象相同或者可比的参照物；③选择与评估对象在价值影响因素方面相同或者相似的参照物；④选择交易时间与评估基准日接近的参照物；⑤选择交易类型与评估目的相适合的参照物；⑥选择正常或者可以修正为正常交易价格的参照物。

【提示】市场法的比较基准通常因评估对象的资产类型、所处行业等差异而有所区别，可以表现为价值比率、交易单价等形式。

2. 在评估对象与参照物之间选择比较因素

资产评估中，需要对收集到的信息资料进行筛选，确定具有可比性的交易实例作为与评估对象对比分析、评估量化的比较参照物。从理论上讲，影响资产价值的基本因素大致相同，如资产性质、功能、规模、市场条件等。但具体到每一种资产时，影响资产价值的因素又各有侧重。例如，影响房地产价值的主要因素是地理位置、环境状况等因素；而技术水平则在机器设备评估中起主导作用；收入状况、盈利水平、企业规模等因素在企业价值评估中相对更突出。所以，运用市场法时应根据不同种类资产价值形成的特点和影响价值的主要因素，选择对资产价值形成影响较大的因素作为对比指标，形成综合反映参照物与评估对象之间价值对照关系的比较参数体系，从多方面形成对比，使影响价值的主要因素能够得以全面反映。

3. 指标对比和量化差异

根据前面所选定的对比指标体系，评估专业人员在参照物及评估对象之间进行参数指标的比较，并将两者的差异进行量化。对比主要体现在交易价格的真实性、正常交易情形、参照物与评估对象可替代性的差异等。例如，在不动产评估中要求参照物与评估对象应在同一供需圈内、处于相同区域或近邻地区等，但其交易情形、交易时间、建筑特征等方面可能存在差异；在机器设备评估中尽管要求资产功能指标，包括规格型号、出厂日期等相同或相似，但在生产能力、产品质量以及在资产运营过程中的能耗、料耗和工耗等方面都可能有不同程度的差异；在企业价值评估中虽然要求参照物与评估对象在所属行业、生产规模、收益水平、市场定位、增长速度、企业组织形式、资信程度等方面相同或相似，但企业所在地区经济环境、产品结构、资产配置、销售渠道等方面都可能存在差异。运用市场法的一个重要环节就是将参照物与评估对象对比指标之间的上述差异数量化和货币化。

4. 分析确定已经量化的对比指标之间的差异

市场法以参照物的成交价格作为评定、估算评估对象价值的基础，对所选定的对比参数体系中的各差异因素进行分析比较，通过多形式的量化途径，形成对价值的调整结果。在实际操作中，评估专业人员将已经量化的参照物与评估对象之间的对比指标差异对参照物的价格进行调整，得到评估对象的初步评估结果。

5. 综合分析确定评估结果

在运用市场法进行评估时，如果选择多个参照物，对参照物进行指标对比和差异量化后，对应各参照物，会形成多个初步评估结果。但是，对于一项资产，通常应以一个结果来进行表示，最终的评估结果为一个确定数值，这就需要评估专业人员对若干评估初步结果进行综合分析，以确定最终的评估值。确定最终的评估值，主要取决于评估专业人员对参照物的把握和对评估对象的认识。如果参照物与评估对象的可比性很好，在评估过程中没有明显的遗漏或疏忽，那么评估专业人员可以采用算术平均法或加权平均法等方法将初步结果转换成最终评估结果。

市场法的基本步骤如图4-1所示。

（二）市场法的可比因素

1. 运用市场法评估单项资产

运用市场法评估单项资产应考虑的可比因素主要有：

（1）资产的功能。资产的功能是资产使用价值的主体，是影响资产价值的重要因素之一。资产评估强调资产的使用价值或功能，并不是从纯粹抽象意义上去讲，而是从资产的功能并结合社会需求，以及资产实际发挥效用的角度来考虑的。也就是说，在社会需要的前提下，资产的功能越好，其价值越高，反之价值越低。

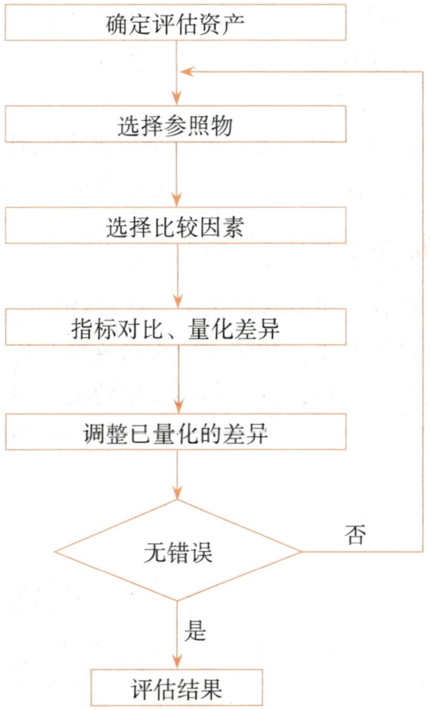

图4-1　市场法的基本步骤

（2）资产的实体特征和质量。资产的实体特征主要是指资产的外观、结构、役龄和规格型号等。资产的质量主要是指资产本身的建造或制造工艺水平以及使用状态。

（3）市场条件。其主要是要考虑参照物成交时与评估时的市场条件及供求关系的变化情形。市场条件包含宏观的经济政策、金融政策、行业经济状况、产品竞争情况等。供求关系是市场特征之一。在一般情形下，市场供不应求时，价格偏高；供过于求时，价格偏低。

（4）交易条件。交易条件主要包括交易批量、交易动机、交易时间等。交易批量不同，交易对象的价格就可能不同。交易动机也对资产交易价格有影响。在不同时间交易，资产的交易价格也会有差别。

以上各因素是运用市场法经常涉及的一些可比因素。在具体运用市场法进行评估时，评估专业人员还要视评估对象的具体情形考虑其具体的可比因素，如房地产评估中的区位因素，机器设备评估中的制造厂家、资产规格型号等。

2. 运用市场法评估企业价值

运用市场法评估企业价值时评估专业人员应当重点考虑所选取参照企业的可比性。可比性可以通过以下两个标准来判断：

（1）行业标准。处于同一行业的企业具有一定的可比性。在确认被评估企业所属行业时，评估专业人员可以参考国民经济行业分类、证监会的上市公司行业分类、国际通用的标准行业代码等。但需要注意的是，在依照行业标准时，评估专业人员应当尽量选取与被评估企业在主营业务收入结构、利润结构、经营模式等方面相似的参照物。

微课

市场法的可比因素

（2）财务标准。评估专业人员需要通过必要的分析从业务类型及资本构成、财务指标等方面进行比较，以此体现被评估企业和可比案例之间的风险和成长差异。

除此之外，评估专业人员还应当考虑股权评估交易的背景、交易日期、交易价格、收购股权的比重、影响交易价格的其他重要交易条款等。

三、市场法常用的具体评估方法

市场法实际上是指在一种评估思路下的若干具体评估方法的集合。市场法中的具体方法可以根据不同的划分标准进行分类，按照参照物与评估对象的相近相似程度，市场法中的具体方法可以被分为两大类：直接比较法和间接比较法，如图4-2所示。

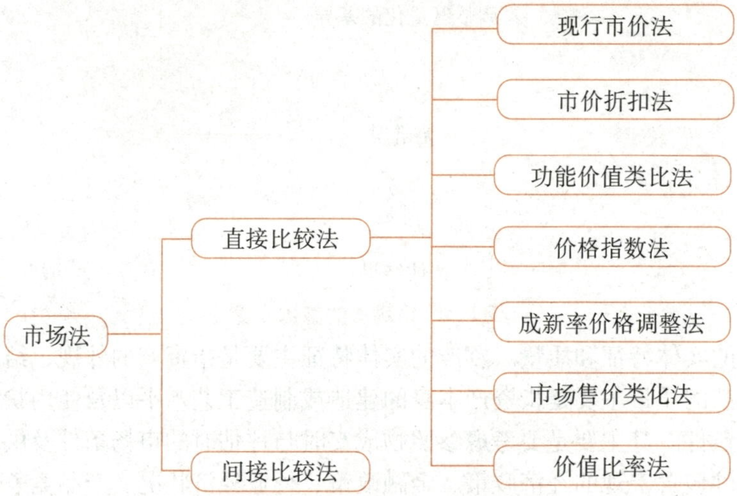

图4-2 市场法具体评估方法

（一）直接比较法

1.直接比较法的基本概念

直接比较法，是指利用参照物的交易价格，以评估对象的某一或若干特征与参照物的同一及若干特征直接进行比较，得到两者的特征修正系数或特征差额，在参照物交易价格的基础上进行修正从而得到评估对象价值的方法。直接比较法直观简洁、便于操作。

直接比较法基本计算公式为：

$$评估对象价值=参照物成交价格\times 修正系数_1\times 修正系数_2\times\cdots\times 修正系数_n$$

或：

$$评估对象价值=参照物成交价格\pm 特征差额_1\pm 特征差额_2\pm\cdots\pm 特征差额_n$$

2.直接比较法的适用条件

直接比较法通常对参照物与评估对象之间的可比性要求较高。参照物与评估对象要达到相同或基本相同的程度，或参照物与评估对象的差异主要体现在某几项明显的因素上，如新旧程度、交易时间、功能、交易条件等，才可以使用直接比较法进行评估。根据存在差异因素的不同，直接比较法的具体技术方法也不相同。

3.直接比较法的具体评估方法

当参照物与评估对象的差异仅仅体现在某一基本特征上的时候，直接比较法还可能演变成以下具体评估方法，如现行市价法、市价折扣法、功能价值类比法、价格指数法和成新率价格调整法等。

（1）现行市价法

当评估对象本身具有现行市场价格或与评估对象基本相同的参照物具有现行市场价格的时候，可以直接利用评估对象或参照物在评估基准日的现行市场价格作为评估对象的评估价值。例如，可上市流通的股票和债券可将其在评估基准日的收盘价作为评估价值；企业拥有的原材料、备品备件、批量生产的设备、汽车等可将同品牌、同型号、同规格、同厂家、同批量的设备、汽车等的现行市场价格作为评估价值。现行市价法是以成交价格为标准的，有的资产在市场交易过程中，报价或目录价与实际成交价之间会因交易对象、交易批量等原因存在差异。在运用现行市价法时要注意，评估对象或参照物在评估基准日的现行市场价格应与评估对象的价值内涵相同。

（2）市价折扣法

市价折扣法是以参照物成交价格为基础，考虑到评估对象在销售条件、销售时限或销售数量等方面的差异，按照评估专业人员的经验或有关部门的规定，设定一个价格折扣率来估算评估对象价值的方法。其计算公式为：

$$资产评估价值 = 参照物成交价格 \times（1 - 价格折扣率）$$

此方法一般只适用于评估对象与参照物之间仅存在交易条件方面差异的情形。下面的例子仅仅在于说明评估方法本身的应用，并不是严格意义上的实践运用。

【学中做4–1】评估某拟快速变现资产，在评估基准日与其完全相同的资产的正常变现价为20万元，经评估师综合分析，认为快速变现的折扣率应为30%，因此，拟快速变现资产价值计算如下：

$资产评估价值 = 20 \times（1 - 30\%）= 14$（万元）

（3）功能价值类比法

功能价值类比法，亦称类比估价法，是以参照物的成交价格为基础，考虑参照物与评估对象之间的功能差异，对其进行调整来估算评估对象价值的方法。资产的功能与其价值之间的关系可分为线性关系和指数关系两种情形。

①资产价值与其功能呈线性关系的情形，通常被称作生产能力比例法。其计算公式为：

$$资产评估价值 = 参照物成交价格 \times \frac{评估对象生产能力}{参照物生产能力}$$

【提示】功能价值类比法不仅表现在资产的生产能力这一项指标上，还可以通过对参照物与评估对象的其他功能指标的对比，利用参照物成交价格推算出评估对象价值。

【学中做4–2】被评估资产年生产能力为80吨，参照资产的年生产能力为100吨，评估基准日参照资产的市场价格为20万元，由此计算被评估资产的价值。

$资产评估价值 = 20 \times \frac{80}{100} = 16$（万元）

②资产价值与其功能呈指数关系的情形，通常被称作规模经济效益指数法。其计算公式为：

$$资产评估价值 = 参照物成交价格 \times (\frac{评估对象生产能力}{参照物生产能力})^{x}$$

式中：x为功能价值指数。

【学中做4-3】评估对象年生产能力为80吨，参照资产的年生产能力为100吨，评估基准日参照物资产的市场价格为20万元，该类资产的功能价值指数为0.7，由此确定评估对象价值。

$$资产评估价值 = 20 \times \left(\frac{80}{100}\right)^{0.7} = 17.1（万元）$$

（4）价格指数法

价格指数法，亦称物价指数法，是基于参照物的成交时间与评估对象的评估基准日之间的时间间隔引起的价格变动对资产价值的影响，以参照物成交价格为基础，利用物价变动指数（价格指数）调整参照物成交价格从而得到评估对象价值的方法。其计算公式为：

①资产评估价值 = 参照物成交价格 ×（1 + 物价变动指数）

$$资产评估价值 = 参照物成交价格 \times \frac{1 + 评估基准日的定基物价变动指数}{1 + 参照物成交时的定基物价变动指数}$$

$$资产评估价值 = 参照物成交价格 \times 参照物交易日至评估基准日各期(1 + 环比物价变动指数)乘积$$

②资产评估价值 = 参照物成交价格 × 价格指数

运用定基价格指数。如果能够获得参照物和评估对象的定基物价指数或定基物价变动指数，价格指数法的数学表达式为：

$$资产评估价值 = 参照物成交价格 \times \frac{评估基准日资产定基物价指数}{参照物交易日资产定基物价指数}$$

运用环比价格指数修正。如果能够获得参照物和评估对象的环比物价指数或环比物价变动指数，价格指数法的数学表达式为：

资产评估价值 = 参照物成交价格 × 参照物交易日至评估基准日各期环比物价指数乘积

【提示】价格指数法一般只适用于评估对象与参照物之间仅有时间因素存在差异的情况，且时间差异不能过长。

【学中做4-4】与评估对象完全相同的参照资产6个月前的成交价格为30万元，半年间该类资产的价格上升了3%，则评估对象的评估价值计算如下：

资产评估价值 = 30 ×（1 + 3%）= 30.9（万元）

【学中做4-5】被评估房地产于2023年6月30日进行评估，该类房地产2023年上半年各月月末的价格同2022年年底相比，分别上涨了2.5%、5.7%、6.8%、7.3%、9.6%和10.5%。其中参照房地产在2023年3月底的价格为3 800元/平方米，则评估对象于2023年6月30日的价值接近：

$$3\,800 \times \frac{1 + 10.5\%}{1 + 6.8\%} = 3\,932（元/平方米）$$

【学中做4-6】已知某资产在2023年1月的交易价格为500万元，该种资产已不再生产，但该类资产的价格变化情况如下：2023年1—5月的环比物价指数分别为103.6%、98.3%、103.5%和104.7%。评估对象于2023年10月的评估价值计算如下：

500 × 103.6% × 98.3% × 103.5% × 104.7% = 551.8（万元）

（5）成新率价格调整法

成新率价格调整法是以参照物的成交价格为基础，考虑参照物与评估对象新旧程度上的差异，通过成新率调整估算出评估对象的价值的一种具体评估方法。其计算公式为：

$$资产评估价值 = 参照物成交价格 \times \frac{评估对象成新率}{参照物成新率}$$

$$式中：资产的成新率 = \frac{资产的尚可使用年限}{资产的已使用年限 + 资产的尚可使用年限} \times 100\%$$

【学中做4-7】参照资产的市价为120万元，成新率为80%，而被评估资产的成新率为70%，则：

$$被评估资产的评估值 = 120 \times \frac{70\%}{80\%} = 105（万元）$$

【提示】此方法一般只适用于评估对象与参照物之间仅有成新程度存在差异的情形。当然，此方法略加改造也可以作为计算评估对象与参照物成新程度差异调整率和差异调整值的方法。

（6）市场售价类比法

市场售价类比法是以参照物的成交价格为基础，考虑参照物与评估对象在功能、市场条件和销售时间等方面的差异，通过对比分析和量化差异，调整估算出评估对象价值的方法。其计算公式为：

$$资产评估价值 = 参照物售价 + 功能差异值 + 时间差异值 + \cdots + 交易情形差异值$$

$$资产评估价值 = 参照物售价 \times 功能差异修正系数 \times \cdots \times 时间差异修正系数$$

【提示】当参照物与评估对象的差异不仅仅体现在某一特征上的时候，上述的现行市价法、市价折扣法、功能价值类比法、价格指数法和成新率价格调整法等的运用就可以演变成参照物与评估对象各个特征修正系数的计算了，如交易情形修正系数（正常交易情形÷参照物交易情形）、功能价值修正系数（评估对象生产能力÷参照物生产能力）、交易时间修正系数（评估对象的定基价格指数÷参照物的定基价格指数）和成新程度修正系数（评估对象成新率÷参照物成新率）等。

（7）价值比率法

价值比率法，是指以参照物的市场交易价格与其某一经济参数或经济指标相比较形成的价值比率作为乘数或倍数，乘以评估对象的同一经济参数或经济指标，从而得到评估对象价值的一种具体评估方法。

价值比率是指在资产价值和与其具有关联方关系的财务或者非财务等指标之间所建立的比值关系，并以此作为评估资产价值的一种价值倍数。价值比率法中的价值比率种类非常多，包括盈利类指标的价值比率，如息税前收益价值比率、税后现金流量价值比率和每股收益价值比率（市盈率）等；收入类指标的价值比率，如销售收入价值比率（市销率）；资产类指标的价值比率，如净资产价值比率、总资产价值比率等；其他类指标的价值比率，如成本市价比率、矿山可开采储量价值比率等。

价值比率法通常被用来评估企业价值。由于企业存在规模、盈利能力等方面的差异，因此为了增强可比性，就需要采用某种可比的“价值联系”将待估企业与可比企业的价值联系起来。这种联系通常可以用价值比率来反映，并对其进行调整，得到待估企业的价值比率。根据所选取的可比对象不同，分为“上市公司比较法”和“交易案例比较法”。下面介绍两种简单的价值比率及其相应的具体评估方法。

①成本市价法。成本市价法是以评估对象的现行合理成本为基础，利用参照物的成本

市价比率来估算评估对象价值的方法。其计算公式为：

$$资产评估价值 = 评估对象现行合理成本 \times \frac{参照物成交价格}{参照物现行合理成本}$$

【学中做4-8】评估基准日某市商品住宅的成本市价率为150%，已知被估全新住宅的现行合理成本为20万元，则：

资产评估价值 = 20 × 150% = 30（万元）

②市盈率倍数法。市盈率倍数法主要适用于对企业价值的评估。市盈率倍数法是以参照物（企业）的市盈率作为乘数（倍数），以此乘数与被评估企业相同口径的收益额相乘估算被评估企业价值的方法。其计算公式为：

$$企业评估价值 = 被评估企业相同口径收益额 \times 参照物（企业）市盈率$$

式中：$市盈率 = \frac{参照物市场价格}{参照物年净收益额}$

【学中做4-9】某被评估企业的年净收益为800万元，评估基准日行业同类企业的平均市盈率为20倍，则：

被评估资产的评估价值 = 800 × 20 = 16 000（万元）

（二）间接比较法

间接比较法是利用资产的国家标准、行业标准或市场标准（标准可以是综合标准，也可以是分项标准）作为基准，分别将评估对象和参照物整体或分项与其对比打分，从而得到评估对象和参照物各自的分值，再利用参照物的市场交易价格以及评估对象的分值与参照物的分值的比值（系数）求得评估对象价值的一类评估方法。该方法并不要求参照物与评估对象必须一样或者基本一样。只要参照物与评估对象在大的方面基本相同或相似，通过评估对象和参照物与国家、行业或市场标准的对比分析，掌握参照物与评估对象之间的差异，在参照物成交价格的基础上调整估算评估对象的价值。

由于间接比较法需要利用国家、行业或市场标准，应用起来有较多的局限性，在资产评估实践中应用并不广泛。

四、市场法的适用范围与局限性

（一）市场法的适用范围

市场法通常被用于评估具有活跃公开市场且具有可比成交案例的资产，如二手机器设备和房地产以及部分软件著作权等。通常，二手设备市场可以成为机器设备评估的重要参照物的选取市场；房地产评估则更多地选取其所在区域范围内的类似资产。

市场法在被用于评估整体资产价值时，通常是用来评估企业价值。其中，最常用的是价值比率法，以参照企业的价值比率作为调整手段，以此比率与评估对象（企业）的相关财务指标（如利润、息税前利润、销售收入）相乘估算评估对象（企业）价值。

除了上述经常使用的市盈率外，用来评估企业价值的乘数还有很多种类。在实务中，评估专业人员通常根据被评估企业自身和所在行业的特征综合判断采用哪一种或哪几种价值比率进行评估。

（二）市场法的优势

市场法作为目前资产评估的重要方法之一，有其重要的意义和优势。它是相对来说具有客观性的方法，也比较容易被交易双方所理解和接受。因而，如果不存在资产的成本和效用以及市场对其价值的认知严重偏离的情况，市场法通常是资产评估三种方法中较为有效、可理解、客观的方法。

在经济较为发达、市场认知较为稳定的国家，市场法是运用较为广泛的方法。它不仅仅被用于包括设备和房地产在内的单项资产的评估中，还被用于企业整体资产的评估中。

（三）市场法的局限性

目前，由于我国市场对诸如企业价值等资产的认知和反映仍会受到非理性因素的影响，因此市场法在应用时也有它的局限性，主要有：

（1）需要有公开且活跃的市场作为基础，有时缺少可对比数据以及缺少判断对比数据而难以应用；

（2）不适用于专用机器、设备、大部分的无形资产，以及受地区、环境等严格限制的一些资产的评估；

（3）信息鉴别和处理的工作量比较大。

【提示】运用市场法时，应当关注以下影响评估测算结果可靠性的因素：①市场的活跃程度；②参照物的相似程度；③参照物的交易时间与评估基准日的接近程度；④参照物的交易目的及条件的可比程度；⑤参照物信息资料的充分程度。

任务二　收益法

任务描述

收益法是资产评估中较为科学合理的评估方法之一，它服从将利求本的思路，即采用资本化和折现的途径及其方法来判断和估算资产价值。运用收益法评估出的资产价值反映了评估对象预期产出能力和获利能力，容易被资产业务各方所接受。本任务主要介绍收益法的概念、应用前提、基本步骤、基本参数、主要技术方法及适用范围与局限性。通过学习，有助于学生在具体资产评估中正确、科学地选择评估方法，掌握评估技能。

相关知识

一、收益法认知

（一）收益法概述

1.收益法的概念

收益法，是指将评估对象的预期收益资本化或者折现，以确定其价值的各种评估方法的总称。该方法采用资本化或折现的途径及其方法来判断和估算资产价值。根据评估对象的预期收益来评估其价值，容易被资产评估业务各方所接受。收益法是资产评估中常用的评估方法之一。

2. 收益法的基本思路

该评估技术思路认为，任何一个理智的投资者在购置或投资某一资产时，所愿意支付或投资的货币数额都不会高于所购置或投资的资产在未来能给其带来的回报，即收益额。收益法利用投资回报和收益折现等技术手段，把评估对象的预期获利能力和获利风险作为两个相辅相成的关键指标来估测评估对象的价值。

3. 收益法的理论依据

（1）收益法的理论依据是效用价值论，认为效用决定价值，效用是价值的源泉。

（2）收益法是货币时间价值理论的重要应用之一，基于“现值”规律，即任何资产的价值都等于其预期未来收益的现值之和。

4. 收益法的计算公式

收益法实际上是在预期收益还原思路下若干具体方法的集合。其基本公式为：

$$P = \sum_{t=1}^{n} \frac{R_t}{(1+r)^t}$$

式中：P为评估值；t为年序号；r为折现率或资本化率；n为收益年期。

（二）收益法的应用前提

收益法涉及三个基本要素：评估对象的预期收益；折现率或资本化率；评估对象取得预期收益的持续时间。因此，清晰地把握上述三要素就成为运用收益法的应用前提。从这个意义上来讲，应用收益法必须具备的前提条件是：

1. 评估对象的未来收益可以合理预测并用货币来衡量

评估对象的预期收益额必须能被较为合理地估测，这就要求评估对象与其经营收益之间存在着可预测的关系。同时，影响资产预期收益的主要因素（主观因素和客观因素）也应比较明确，评估专业人员可以据此分析和测算出被评估资产的预期收益。

2. 预期收益所对应的风险能够度量

评估对象所具有的行业风险、地区风险及企业风险是可以比较和测算的，这是测算折现率或资本化率的基本参数之一。评估对象所处的行业、地区和企业本身的差别都会不同程度地体现在资产拥有者的获利风险上。对于投资者来说，风险大的投资，要求的回报率就高；投资风险小，其回报率也可以相应降低。

3. 收益期限能够确定或者合理预期

评估对象获利期限的长短，即评估对象的寿命，直接影响着其价值和评估值。

微课

资产评估的收益法

二、收益法的基本步骤和基本参数

（一）收益法的基本步骤

从收益法的概念可以看到，资产未来的预期收益和风险的量化是收益法应用的主要工作。因此，采用收益法进行评估，其基本步骤如图4-3所示。

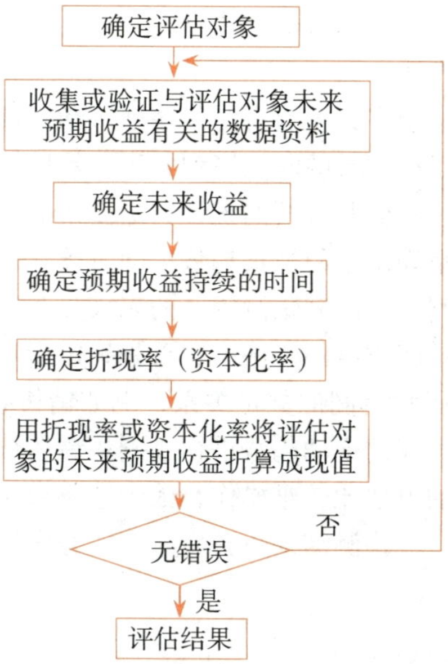

图4-3　收益法的基本步骤

【思考4-2】收集或验证与评估对象未来预期收益有关的数据资料有哪些？

（二）收益法的主要参数

运用收益法进行评估涉及许多经济技术参数，其中最主要的参数有三个，即收益额、折现率和收益期限。

1.收益额

收益额是运用收益法评估资产价值的基本参数之一。在资产评估中，资产的收益额是指根据投资回报的原理，资产在正常情形下所能得到的归其产权主体的所得额。

（1）资产评估中的收益额的特点

资产评估中的收益额有两个比较明确的特点：一是收益额是资产未来预期收益额，而不是资产的历史收益额或现实收益额；二是用于资产评估的收益额通常是资产的客观收益，而不一定是个别拥有者使用资产实际获得的收益。

【思考4-3】什么是“客观收益”？

（2）预期收益类型与口径

因资产种类较多，不同种类资产的收益额表现形式亦不完全相同，如企业的收益额通常表现为净利润或净现金流量，而房地产的收益额则通常表现为出租性房地产的净运营收益或者自营房地产归属于房地产所有者的净收益等。

一般来说，资产预期收益额有三种可以选择的计量口径指标：销售收入口径、现金流口径、利润口径。根据投资口径，现金流可以再区分为全投资口径和股权投资口径。按照是否扣除所得税，现金流和利润还可以进一步划分为税前口径和税后口径。

净利润与净现金流量都属于税后收益，两者之间的关系可以简单表述为：净现金流量=净利润+折旧/摊销－追加投资（包含资本性支出和营运资金追加投资）。

【提示】从资产评估的角度看，净现金流量更适宜作为预期收益额指标。在实际评估操作中，为了反映评估对象的价值内涵，在预期收益额的口径上会进行适当的调整，对于现金流量而言，资产评估采用的是自由现金流量。

(3) 资产未来收益预测方法

预测资产未来收益的方法很多，主要有时间序列法和因素分析法。

时间序列法是建立资产以往收益的时间序列方程，然后假定该时间序列将会持续。时间序列方程是根据历史数据，用回归分析的统计方法获得的。如果在评估基准日之前，资产的收益随着时间的推移，呈现出平稳增长趋势，同时预计在评估基准日之后这一增长趋势仍将保持，则适合采用时间序列法来预测资产的未来收益。

因素分析法是一种间接预测收益的方法。它首先确定影响一项资产收入和支出的具体因素；然后建立收益与这些因素之间的数量关系，例如销售收入增长1%对收益水平的影响等，同时对这些因素未来可能的变动趋势进行预测；最后估算出基于这些因素的未来收益水平。这种间接预测收益的方法比较难操作，因为它要求对收入和支出背后的原因作深入分析，但它的适用面比较广，预测结果也具有一定的客观性，因而在收益预测中被广泛采用。

2. 折现率

(1) 折现率的含义

折现率是一种期望投资报酬率，是投资者在投资风险一定的情形下，对投资所期望的回报率。折现率就其构成而言，包括无风险报酬率和风险报酬率。无风险报酬率，亦称安全利率，是指没有投资限制和障碍，任何投资者都可以投资并能够获得的投资报酬率。在具体实践中，无风险报酬率可以参照同期政府债券收益率。风险报酬率是对风险投资的一种补偿，在数量上是指超过无风险报酬率的那部分投资回报率。在资产评估中，因资产的行业分布、种类、市场条件等的不同，其折现率亦不相同。

(2) 折现率的确定

在收益法运用中，折现率的确定十分关键，确定折现率的方法有加和法、资本资产定价模型和资本成本加权法等。

①加和法，也称累加法，是以折现率包含无风险报酬率与风险报酬率两部分为计算基础的，通过分别求取每一部分的数值，然后相加，得到折现率。

无风险报酬率通常采用政府债券收益率。实务中一般采用与评估对象的预期收益期间相匹配的政府债券的到期收益率。

对于长期经营的企业，无风险报酬率一般采用中长期国债的到期收益率；对于经营期限比较短的项目公司，无风险报酬率则采用与其经营期限相匹配的国债的到期收益率。

折现率的风险报酬率溢价部分反映两种风险：一是资产投资市场风险，二是与特定的评估对象或企业相联系的风险。风险报酬率溢价的量化实际上是相当困难的，且对于每一个潜在的投资者而言都会有所不同，在评估实践中风险报酬率的确定方法有多种，需根据评估对象的具体状况选择。

②资本资产定价模型（Capital Asset Pricing Model，CAPM）。资本资产定价模型是通过β系数来量化折现率中的风险报酬率部分的常用方法。其计算公式为：

$$R = R_f + \beta (R_m - R_f)$$

式中：R为被评估企业所在行业（或被估企业自身）的风险报酬率；R_m为市场平均收益率；R_f为无风险报酬率；β为风险系数。

在上述公式中，无风险报酬率是投资无风险资产所获得的投资回报率。所谓无风险，是指没有违约风险。这一条件通常在一个国力雄厚的主权国家，只有中央政府信用才能保证，如国债资产。另外，国债资产也会承受市场利率波动风险，为了使市场利率波动风险可比，一般应该选择剩余年限与标的资产投资期匹配的国债。在我国企业价值评估实务中，无风险收益率数值通常取我国中长期国债的到期收益率平均值。

（$R_m - R_f$）表示市场平均风险报酬率，又称为系统性市场风险。它的本质是进行股权投资预期获得的超过无风险报酬率的收益率溢价。

③资本成本加权法。资本成本加权法是以企业的各种资本在企业全部资本中所占的比重为权数，对投入企业的权益资本和付息债务资金的资本成本加权平均计算出来的资本总成本。

当我们从长期负债和所有者权益两个方面来认识资产时，长期负债和所有者权益所表现出的利息率和投资收益率必然影响折现率的计算。对于这一问题，可以采用加权平均法来处理，其计算公式为：

$$\text{折现率} = \frac{\text{长期负债占}}{\text{资产总额的比重}} \times \frac{\text{长期负债}}{\text{利息率}} \times \left(1 - \frac{\text{所得税}}{\text{税率}}\right) + \frac{\text{所有者权益占}}{\text{资产总额的比重}} \times \frac{\text{投资}}{\text{报酬率}}$$

式中：投资报酬率 = 无风险报酬率 + 风险报酬率

在企业价值评估中一般使用股权资本报酬率，可以采用资本资产定价模型（CAPM）等进行计算。

【提示】这里所说的长期负债是指付息负债。

3. 收益期限

收益期限是指资产具有获利能力并产生净收益的持续时间。通常以年为单位。它由评估专业人员根据评估对象的自身效能、资产未来的获利能力、资产损耗情形及相关条件以及有关法律、法规、契约、合同等加以确定。收益期限分为有限期和无限期（永续）。

如无特殊情形，资产使用比较正常且没有对资产的使用年限进行限定，或者这种限定是可以解除的，并可以通过延续方式永续使用，则可假定收益期限为无限期。如果资产的收益期限受到法律、合同等规定的限制，则应以法律或合同规定的年限作为收益期限。当资产没有规定收益期限时，也可按其正常的经济寿命确定收益期限，即资产能够给其拥有者带来最大收益的年限。当继续持有资产对拥有者不再有利时，从经济上讲该资产的寿命也就结束了。

三、收益法在资产评估中的具体运用

收益法实际上是在预期收益还原思路下若干具体方法的集合。收益法在资产评估中的具体方法可以分为若干类：（1）针对评估对象未来预期收益有无限期的情形划分，可分为有限期和无限期的评估方法；（2）针对评估对象预期收益额的情形划分，又可分为等额收益评估方法、非等额收益评估方法等。

【学中做4-10】某企业尚能继续经营，现评估其3年经营收益的价值。经预测得出，3年内各年预期收益的数据见表4-1。

表4-1 某企业未来3年的预期收益

年份	收益额（万元）	折现率	折现系数	收益折现值（万元）
第1年	200	6%	0.9434	188.68
第2年	300	6%	0.8900	267.00
第3年	350	6%	0.8396	293.86

由此可以确定其折现额为：

资产评估价值 = 188.68 + 267.00 + 293.86 = 749.54（万元）

四、收益法的适用范围与局限性

（一）收益法的适用范围

1.单项资产评估中，收益法适用范围

在单项资产评估中，收益法通常被用于以下类型资产的评估：（1）无形资产，包括专利及专有技术、商标、著作权、客户关系、特许经营权等。（2）房地产，通常是具有收益性的房产类别，比如商铺、酒店、写字楼等。（3）机器设备。一般情形下，单台机器设备很难独立产生收益，因此该类型资产不宜采用收益法进行评估。对于可出租的机器设备或可独立产生现金流的生产线、成套设备，可以采用收益法进行评估。（4）其他资产。比如非上市交易的股票、债券、长期应收款、长期股权投资、投资性房地产等。

2.整体资产评估中，收益法适用范围

收益法在整体资产评估中的应用通常是对企业价值进行评估。企业经营的本质是获得收益，因此，收益法与其他评估方法相比更能体现企业存在和运营的本质特征，也是其价值更为直观的体现。通常情形下，评估专业人员依据收益口径的不同，选择不同的收益法具体方法进行评估。常见的方法有股利折现模型、现金流折现模型、经济利润模型，它们对应的收益口径分别为股利、自由现金流量以及经济利润。

对于轻资产类型的企业价值评估，收益法通常占据极为重要的地位。与传统生产型企业相比，轻资产类型的企业所拥有的固定资产、有形资产较少，其获利的主要来源是无法体现在企业财务报表中的大量的无形资产。因而，如果采用成本法对其进行评估，则其作为盈利主体而具有的价值可能无法全面体现出来，企业价值或被严重低估。在此状况下，收益法就成为更为合理的方法。

【提示】评估专业人员在运用收益法评估资产价值时，必须注意收益额与折现率之间的匹配和协调，以保证评估结果合理且有意义。

（二）收益法的局限性

收益法是从资产的获利能力角度来确定资产的价值的，较适宜于那些形成资产的成本费用与其获利能力不对称，成本费用无法或难以准确计算，存在无形资产以及具有收益能力的资产，如企业价值、无形资产、资源性资产等的价值评估。

但是收益法也具有一定的局限性。首先，收益法的应用需具备一定的前提条件，对于

没有收益或收益无法用货币计量以及风险报酬率无法计算的资产，该方法将无法使用。其次，收益法的操作含有一定程度的主观性，如对未来收益的预测，对风险报酬率的确定等，从而使评估结果较难把握。

虽然从理论上讲收益法的计算公式较完美，但是如果所使用的假设条件和基于假设条件选取的数据存在问题，那么由此进行的预测也不可能准确，评估结果也就没有意义。它既需要评估专业人员具有科学的态度，又需要其掌握预测收益和确定风险报酬率的正确方法。

任务三　成本法

任务描述

成本法是资产评估的基本评估方法之一，也是实现该评估技术思路的若干评估技术方法的集合，成本法是以再取得被评估资产的重置成本为基础的评估方法，通过资产的重置成本扣减各种贬值来反映资产价值。本任务主要介绍成本法的适用基本前提、适用范围、基本要素的估测、评估过程。通过学习，有助于我们全面认识、熟知成本法因素的估测，以便在具体资产评估中能正确、科学地选择评估方法，掌握评估技能。

相关知识

一、成本法认知

（一）成本法概述

1.成本法的概念

成本法，是指按照重建或者重置评估对象的思路，将评估对象的重建或者重置成本作为确定资产价值的基础，扣除相关贬值，以确定资产价值的评估方法的总称。成本法也是资产评估的基本方法之一。

成本法包括多种具体方法，如复原重置成本法、更新重置成本法、成本加和法（也称资产基础法）等。

成本法是以评估对象的重置成本为基础的评估方法。由于评估对象的再取得成本的有关数据和信息来源较广泛，并且资产的重置成本与资产的现行市价及收益现值也存在着内在联系和替代关系，因而，成本法也是一种被广泛应用的评估方法。

2.成本法的基本思路

成本法的基本思路是重建或重置评估对象。在条件允许的情形下，任何潜在的投资者在决定投资某项资产时，所愿意支付的价格都不会超过该项资产的现行购建成本。成本法是从成本的角度来衡量资产的价值。如果投资对象并非全新，投资者所愿支付的价格会在投资对象全新的购建成本的基础上扣除各种贬值。

3.成本法的理论依据

成本法的理论依据可以从卖方的角度或买方的角度来考虑。

(1) 从卖方的角度考虑，成本法的理论依据是生产费用价值论，是基于评估对象的“生产费用”，重在过去的投入，即卖方愿意接受的最低价格——卖价，不能低于他为开发或建造该评估对象已花费的代价，如果低于该代价，他就要亏本。

(2) 从买方的角度考虑，成本法的理论依据是替代原理，即买方愿意支付的最高价格，不能高于他所预计的重新建造该评估对象所需花费的代价，如果高于该代价，他还不如自己开发建造（或者委托另外的人开发建造）。

由上可见，一个是不低于开发建造已花费的代价，一个是不高于预计重新建造所需花费的代价，买卖双方可接受的共同点必然是等于正常的代价（包含正常的费用、税金和利润）。因此，我们就可以根据开发或建造评估对象所需的正常费用、税金和利润之和来估算其价格。

4.成本法的基本应用公式

$$\text{资产评估值}=\text{重置成本}-\text{实体性贬值}-\text{功能性贬值}-\text{经济性贬值}$$

5.成本法的基本要素

根据成本法的基本评估思路和基本计算公式，成本法的运用涉及以下四个基本要素，如图4-4所示（具体参照本任务二成本法的主要参数）。

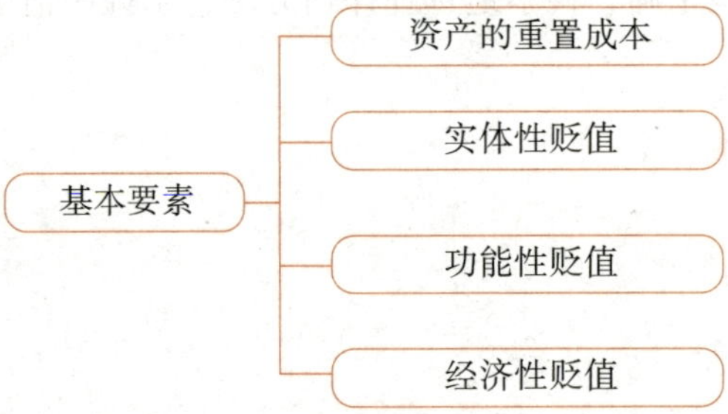

图4-4 成本法运用涉及的基本要素

（二）成本法的应用前提

成本法从再取得资产的角度反映资产价值，即通过资产的重置成本扣减各种贬值来反映资产价值。只有当评估对象处于继续使用的状态下，再取得评估对象的全部费用才能构成其价值的内容。因此，成本法主要适用于继续使用前提下的资产评估。

1.采用成本法评估资产的前提条件

(1) 评估对象能正常使用或者在用。即评估对象处于持续使用状态或被假定处于继续使用状态。持续使用假设又被分为现状续用、转用续用和移地续用假设。

【提示】资产的继续使用不仅仅是一个物理上的概念，还包含着有效使用资产的经济意义。只有当资产能够继续使用并且在持续使用中为潜在所有者或控制者带来经济利益时，资产的重置成本才能为潜在投资者和市场所承认和接受。从这个意义上讲，成本法主要适用于继续使用前提下的资产评估。对于非继续使用前提下的资产，如果运用成本法进行评估，需要对成本法的基本要素做必要的调整。

(2) 评估对象能够通过重置途径获得。否则从重置或者重建的角度计算成本就不具有理论上和现实上的意义。

(3) 评估对象的重置成本以及相关贬值能够合理估算。

【提示】当出现下列情况，一般不适用成本法：①因法律、行政法规或者产业政策的限制使重置评估对象的前提不存在；②不可以用重置途径获取的评估对象。

2.运用成本法评估时应注意的事项

(1) 形成资产价值的耗费是必需的。耗费是形成资产价值的基础，但耗费包括有效耗费和无效耗费。采用成本法评估资产，首先要确定这些耗费是必需的，而且应体现社会或行业平均水平，而不应是某项资产的个别成本耗费。

【提示】资产的损耗不同于会计规定的折旧。资产评估中的损耗，是通过实地勘查确定的，反映资产价值的现实损失额。会计上的折旧是依照会计核算要求和一般惯例来反映的，是根据历史成本对资产的原始价值损耗的折扣，不一定能够准确反映资产价值变化的现实状况。

(2) 最佳使用和强制变现情形。最佳使用是指市场参与者实现一项资产的价值最大化时该资产的用途。如果一项资产在法律允许、经济可行、技术可实现的条件下，有多种使用方式的选择，通常要求采用能使其价值最大化的用途。强制变现假设通常被用于由法院或者债权人等强制要求的情形。在这种情形下，资产变现的时间有限，因此，与正常的市场状况相比，强制变现前提下的资产价值通常较低。在实务中，对该前提下的资产进行评估通常会将正常市场条件下的资产价值乘以强制变现折扣，得到评估对象的价值。

二、成本法的基本步骤和基本参数

(一) 成本法的基本步骤

资产评估专业人员运用成本法对评估对象进行评估时，应当遵循以下步骤，如图4-5所示。

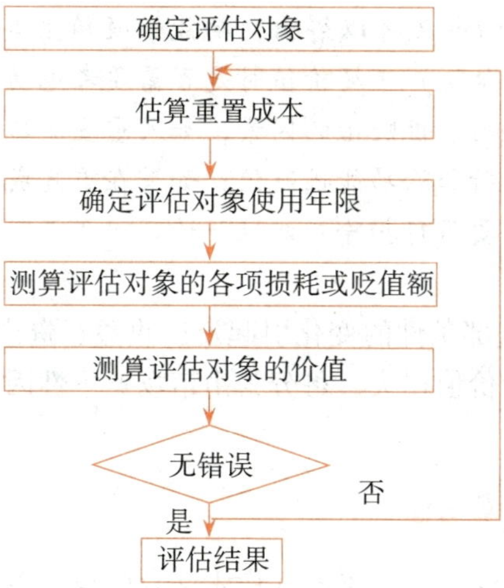

图4-5 成本法的基本步骤

（二）成本法的主要参数

1. 重置成本

重置成本，是指以现时价格水平重新购置或者重新建造与评估对象相同或者具有同等功能的全新资产所发生的全部成本。重置成本分为复原重置成本和更新重置成本。

【提示】重置成本是一个价格范畴，包含了取得资产所耗费的合理必要费用及合理必要的资金成本和利润。应当是社会一般生产力水平的客观必要成本，而不是个别成本。

（1）复原重置成本是指以现时价格水平重新购置或者重新建造与评估对象相同的全新资产所发生的全部成本。其中的相同，不仅包括在整体功能上相同，也包括在材料、建筑或者制造标准、设计、规格和技术等方面与评估对象相同或者基本相同。

复原重置成本法适用于评估对象的效用只能通过按原条件重新复制评估对象的方式提供。

（2）更新重置成本是指以现时价格水平重新购置或者重新建造与评估对象具有同等功能的全新资产所发生的全部成本。

更新重置成本法通常适用于使用当前条件所重置的资产可以提供与评估对象相似或者相同的功能，并且更新重置成本通常低于其复原重置成本。

【思考4-4】两种重置成本在运用中应注意哪些事项？

2. 实体性贬值

实体性贬值，亦称有形损耗，是指资产由于使用及自然力作用导致资产物理性能损耗或下降而引起的资产价值损失。

3. 功能性贬值

功能性贬值是指由于技术进步引起的资产功能相对落后而造成的资产价值损失。

功能性贬值主要体现在由于采用新工艺、新材料和新技术等，而使被评估资产在原有方式下的建造成本超过现行建造成本（也称超额投资成本）；或者被评估资产继续运营会出现超过现有技术进步的同类资产的运营成本等方面（也称超额运营成本）。

【提示】从功能性贬值的定义可以得出，功能性贬值主要体现在资产的市场价值中，因此，在采用重置成本法评估资产市场价值时是否需要考虑功能性贬值，应该主要看重置成本的确定中是否已经包含功能性贬值的因素，如果重置成本中已经包含了功能性贬值因素，则在评估中就不需要另行扣除功能性贬值；如果在重置成本中没有考虑或者没有充分考虑功能性贬值因素，则需要另行扣除功能性贬值。

4. 经济性贬值

经济性贬值是指由于外部条件的变化引起资产收益、资产利用率发生持续性的减少、下降或者闲置而造成的资产价值损失，可分为由市场竞争性因素引起的经济性贬值和由政策因素引起的经济性贬值。

三、成本法各参数的估算方法

成本法中的各种具体方法实际上都是在成本法总的评估思路基础上，围绕着成本法参数采用不同的方法测算形成的（如图4-6所示）。

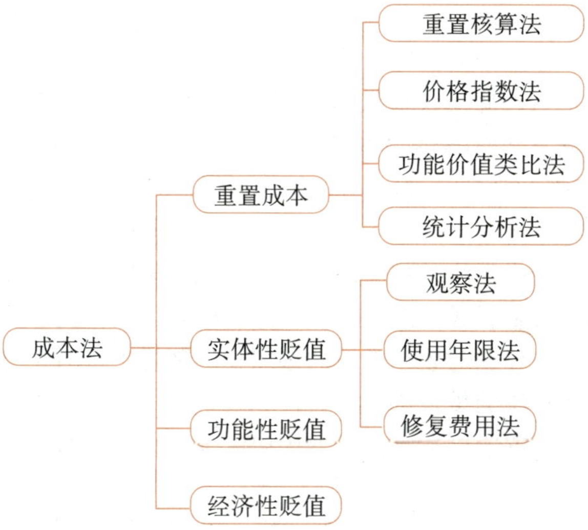

图4-6　成本法具体方法

（一）资产的重置成本的估算

资产的重置成本可以通过若干种方法进行估算，这里对在评估实务中应用较为广泛的几种方法介绍如下：

1. 重置核算法

重置核算法亦称细节分析法、核算法等，是利用成本核算的原理，根据重新取得资产所需的费用项目，逐项计算然后累加得到资产的重置成本的方法。用公式表示为：

$$重置成本 = 直接成本 + 间接成本$$

直接成本是指直接可以构成某项资产成本的支出部分，如机器设备的购置价、运杂费、安装调试费用、人工费等。

间接成本是指为了购建某项资产而发生的管理费、总体设计制图费等支出。由于间接成本服务于多项资产管理，需要采用一定的方法进行分摊。最常见的分摊方法为：

$$\begin{matrix}某项资产所承担\\的间接成本\end{matrix} = \begin{matrix}总间接\\成本\end{matrix} \times \begin{matrix}该项资产购建的人工成本\\占总人工成本核算的比例\end{matrix}$$

其实际测算过程又具体划分为两种类型，即购买型和自建型。购买型是以购买资产的方式作为资产的重置过程，购买的结果一般是资产的购置价，如果评估对象属于不需要运输、安装的资产，购置价就是资产的重置成本。如果评估对象属于需要运输、安装的资产，资产的重置成本由资产的现行购买价格、运杂费、安装调试费以及其他必要费用构成，将上述取得资产的必需费用累加起来，便可计算出资产的重置成本。

自建型资产是把自建作为资产重置方式，根据重新建造资产所需的料、工、费及必要的资金成本和开发者的合理收益等分析和计算出资产的重置成本。

【提示】资产的重置成本应包括开发者的合理收益。收益部分的确定，应以开发者或制造者所在行业平均资产收益水平为依据。

【学中做4-11】某企业需重置购建设备一台，运用成本法测试其重置成本。评估专业人员收集的成本资料有：该设备的现行市场价格每台180 000元，运杂费5 000元，直接安装成本为20 000元，其中原材料6 000元、人工成本13 000元、其他费用1 000元。经分析，该项安装成本中的间接成本为每人工成本 80%。

该设备重置成本计算方法如下：

直接成本 = 买价 + 运杂费 + 安装成本 = 180 000 + 5 000 + 20 000 = 205 000（元）

间接成本 = 人工成本总额 × 成本分配率 = 13 000 × 80% = 10 400（元）

重置成本合计 = 205 000 + 10 400 = 215 400（元）

2. 价格指数法

价格指数法也称物价指数法，是利用与资产有关的价格变动指数，将评估对象的历史成本（账面价值）调整为重置成本的一种方法。在既无法获得处于全新状态的评估对象的现行市价，也无法获得与评估对象相类似的参照物的现行市价时，可以利用与资产有关的价格变动指数计算评估对象的重置价值。其计算公式为：

$$重置成本 = 资产的历史成本 \times 价格指数$$

或：

$$重置成本 = 资产的历史成本 \times (1 + 价格变动指数)$$

式中：价格指数可以是定基价格指数或环比价格指数。定基价格指数是指在一定时期内对比基期固定不变的价格指数，即：

$$定基价格指数=（评估基准日定基价格指数÷资产购建时点的定基价格指数）\times 100\%$$

环比价格指数可考虑按下式求得：

$$X = (1 + a_1) \times (1 + a_2) \times (1 + a_3) \times \cdots \times (1 + a_n) \times 100\%$$

式中：X 为环比价格指数；a_n 为第 n 年环比价格变动指数，n=1，2，3，…，n。

【学中做 4-12】某评估对象购建于 2018 年，账面原值为 60 000 元，当时该类资产的定基价格指数为 95%，评估基准日该类资产的定基价格指数为 160%，则：

$$评估对象的重置成本 = 60\,000 \times \frac{160\%}{95\%} \times 100\% \approx 101\,053（元）$$

【学中做 4-13】评估对象的账面价值为 300 000 元，2018 年建成，2023 年 12 月 31 日进行评估。经调查已知同类资产环比价格变动指数分别是 2019 年为 11.7%、2020 年为 17%、2021 年为 30.5%、2022 年为 6.9%、2023 年为 4.8%，则：

$$\begin{aligned}重置成本 &= 300000 \times (1+11.7\%) \times (1+17\%) \times (1+30.5\%) \times (1+6.9\%) \times (1+4.8\%) \times 100\% \\ &= 300\,000 \times 191\% = 573\,000（元）\end{aligned}$$

【提示】价格指数法的相关知识还可以参见市场法中的价格指数法部分所介绍的内容。需要强调的是，该方法所依据的历史成本应当是原始购置所发生的支出，经评估调整后的价格以及二手交易价格均不能作为该方法使用的依据。

【提示】价格指数法与重置核算法是重置成本估算较常用的方法，但两者具有明显的区别：①价格指数法估算的重置成本仅考虑了价格变动因素，因而确定的是复原重置成本；而重置核算法既考虑了价格因素，也考虑了生产技术进步和劳动生产率的变化因素，因而可以用来估算更新重置成本。②价格指数法建立在不同时期的某一种或某类甚至全部资产的物价变动水平上；而重置核算法则建立在现行价格水平与购建成本费用核算的基础上。

明确价格指数法和重置核算法的区别，有助于在重置成本估算中对方法的判断和选择。一项科学技术进步较快的资产，采用价格指数法估算的重置成本往往会偏高。当然，价格指数法和重置核算法也有其相同点，即都是建立在利用历史资料基础之上的。因此，注意分析、判断资产评估时重置成本口径与委托人提供的历史资料（如财务资料）的口径差异，是上述两种方法应用时需注意的共同问题。

3. 功能价值类比法

功能价值类比法，是指利用某些资产的功能（生产能力）的变化与其全新状态下价格或重置成本的变化呈某种指数或线性的关系，通过参照物的价格或重置成本以及功能价值关系估测评估对象价格或重置成本的技术方法（该方法亦被称为类比估价法——指数估价法）。当资产的功能变化与其价格或重置成本的变化呈线性关系时，人们习惯把线性关系条件下的功能价值类比法称为生产能力比例法，而把非线性关系条件下的功能价值类比法称为规模经济效益指数法。

（1）生产能力比例法。生产能力比例法是寻找一个与评估对象相同或相似的资产为参照物，根据参照资产的重置成本及参照物与评估对象生产能力的比例，估算评估对象的重置成本。其计算公式为：

$$评估对象重置成本 = 参照物的重置成本 \times \frac{评估对象年产量}{参照物年产量}$$

【学中做 4-14】某重置全新的一台机器设备价格为6万元，年产量为6 000件。现已知评估对象年产量为5 000件，由此可以确定其重置成本为：

$$评估对象重置成本 = \frac{5\,000}{6\,000} \times 60\,000 = 50\,000（元）$$

【提示】生产能力比例法运用的前提条件和假设是资产的成本与其生产能力呈线性关系，生产能力越大，成本越高，而且呈正比例变化。应用这种方法估算重置成本时，首先应分析资产成本与生产能力之间是否存在这种线性关系，如果不存在这种关系，就不能采用这种方法。

（2）规模经济效益指数法。通过不同资产的生产能力与其成本之间关系的分析我们可以发现，许多资产的成本与其生产能力之间不存在线性关系。当资产A的生产能力比资产B的生产能力大1倍时，其成本却不一定大1倍。也就是说，资产生产能力和成本之间只呈同方向变化，而不是等比例变化，这是规模经济效益作用的结果。两项资产的重置成本和生产能力相比较，其关系可用下列公式来表示：

$$评估对象重置成本 = 参照物资产重置成本 \times \left(\frac{评估对象年产量}{参照物资产年产量}\right)^{x}$$

式中：x被称为规模经济效益指数，事实上它的取得是靠统计分析得到的。

目前在我国，这样的统计分析并不多见，实践中通常采用的是一个经验数据。在美国，这个经验数据一般在0.4～1.2，该数据也会随着社会经济的发展和行业发展等而发生变化。我国到目前为止尚未有统一的经验数据，评估过程要谨慎使用这种方法。公式中参照物一般可选择同类资产中的标准资产。

【学中做 4-15】资产评估资料如下：评估对象的年生产能力为1 000件，选择的参照资产的年生产能力为1 200件，重置成本为150 000元，经统计测算得到规模经济效益指数为0.6。则：

评估对象重置成本 $= 150\,000 \times \left(\frac{1\,000}{1\,200}\right)^{0.6} = 150\,000 \times 0.8963 = 134\,445$（元）

上述三种方法均可用于确定在成本法运用中的重置成本（估测资产重置成本的具体方法并不局限于上述几种方法）。至于选用哪种方法，应根据具体的评估对象和可以收集到的资料来确定。这些方法，对某项资产可能同时都能用，有的则不然，应用时必须注意分析方法运用的前提条件，否则将得出错误的结论。

4.统计分析法

在用成本法对企业整体资产及某一相同类型资产进行评估时，为简化评估业务，节省评估时间，可以采用统计分析法确定资产重置成本，运用这种方法的步骤是：

（1）在核实资产数量的基础上，把全部资产按照适当标准划分为若干类别，如房屋建筑物按结构划分为钢结构、钢筋混凝土结构等；机器设备按有关规定划分为专用设备、通用设备、运输设备、仪器、仪表等。

（2）在各类资产中抽样选择适量具有代表性的资产，应用功能价值类比法、价格指数法或重置核算法等方法估算其重置成本。

（3）依据分类抽样估算资产的重置成本与账面历史成本，计算出分类资产的调整系数。其计算公式为：

$$K = \frac{R'}{R}$$

式中：K为资产重置成本与历史成本的调整系数；R′为某类抽样资产的重置成本；R为某类抽样资产的历史成本。

（4）根据调整系数K估算被评估资产的重置成本，其计算公式为：

$$被评估资产的重置成本 = \sum（某类资产账面历史成本 \times K）$$

式中：某类资产账面历史成本可从会计记录取得。

【学中做4-16】评估某企业某类通用设备。经抽样选择具有代表性的通用设备5台，估算其重置成本之和为50万元，而该5台具有代表性的通用设备的历史成本之和为40万元，该类通用设备账面历史成本之和为600万元，则：

$K = 50 \div 40 = 1.25$

该类通用设备的重置成本 $= 600 \times 1.25 = 750$（万元）

（二）实体性贬值的估算

实体性贬值亦称有形损耗，是指资产由于使用及自然力的作用导致资产物理性能损耗或下降而引起的资产价值损失。资产的实体性贬值通常采用相对数计量，即实体性贬值率，用公式表示为：

$$实体性贬值率 = 资产实体性贬值 \div 资产重置价值 \times 100\%$$

资产的实体性贬值一般可以选择以下几种方法进行计量：

1.观察法

观察法是指由具有专业知识和丰富经验的工程技术人员，对评估对象的实体各主要部位进行现场勘查，并综合分析资产的设计、制造、使用、磨损、维护、修理、大修理、改造情形和物理寿命等因素，将评估对象与其全新状态相比较，考察使用磨损和自然损耗对资产的功能、使用效率带来的影响，判断评估对象的成新率，从而估算资产的实体性贬值的一种方法。其计算公式为：

$$资产的实体性贬值 = 重置成本 \times 实体性贬值率$$

或：

$$资产的实体性贬值 = 重置成本 \times（1 - 实体性成新率）$$

2.使用年限法（或称年限法）

使用年限法是利用评估对象的实际已使用年限与其总使用年限的比值来判断其实体性贬值率（程度），进而估测资产的实体性贬值的一种方法。

使用年限法的数学表达式为：

$$资产实体性贬值率 = \frac{实际已使用年限}{总使用年限} \times 100\%$$

$$资产的实体性贬值 = 重置成本 \times 资产实体性贬值率$$

$$资产的实体性贬值 = \frac{重置成本}{总使用年限} \times 实际已使用年限$$

式中：总使用年限指的是实际已使用年限与尚可使用年限之和。其计算公式为：

$$总使用年限 = 实际已使用年限 + 尚可使用年限$$

$$实际已使用年限 = 名义已使用年限 \times 资产利用率$$

由于资产在使用中负荷程度的影响，必须将资产的名义已使用年限调整为实际已使用年限。

尚可使用年限是根据资产的有形损耗因素，预计资产的继续使用年限。名义已使用年限是指资产从购进使用到评估时的年限。名义已使用年限可以通过会计记录、资产登记簿、登记卡片查询确定。实际已使用年限是指资产在使用中实际损耗的年限。实际已使用年限与名义已使用年限的差异，可以通过资产利用率来调整。

资产利用率的计算公式为：

$$资产利用率 = \frac{截至评估基准日资产累计实际使用时间}{截至评估基准日资产累计法定使用时间} \times 100\%$$

当资产利用率 $>$ 1时，表示资产超负荷运转，资产实际已使用年限比名义已使用年限要长；

当资产利用率 = 1时，表示资产满负荷运转，资产实际已使用年限等于名义已使用年限；

当资产利用率 $<$ 1时，表示开工不足，资产实际已使用年限小于名义已使用年限。

在评估实践中，资产利用率需要根据资产开工情形、修理间隔时间、工作班次等方面进行确定。

【学中做4-17】某机器设备购建于2017年10月30日，根据其技术经济指标，规定正常使用强度下每天的运转时间为8小时，由于其生产的产品自2017年年初至2021年年末期间在市场上供不应求，企业主在此期间一直超负荷使用该设备，每天实际运转时间为10小时，自2022年年初恢复正常使用，现以2023年10月30日为评估基准日，该设备的名义已使用年限为6年。则：

$$资产利用率 = \frac{50 \times 30 \times 10 + 22 \times 30 \times 8}{6 \times 360 \times 8} \times 100\% = 117\%$$

$$实际已使用年限 = 6 \times 117\% = 7.02（年）$$

在实际评估过程中，评估人员应综合分析资产的运转状态，诸如资产开工情形、大修间隔期、原材料供应情形、电力供应情形、是否为季节性生产等各方面因素确定资产利用率。

【提示】使用年限法所显示的评估技术思路是一种应用较为广泛的评估技术。在资产评估实际工作中，评估专业人员还可以利用使用年限法的原理，根据被评估资产设计的总的工作量和评估对象已经完成的工作量、评估对象设计行驶里程和已经行驶的里程等指标，利用使用年限法的技术思路测算资产的实体性贬值。因此，使用年限法可以利用许多指标评估资产的实体性贬值。在机器设备评估中称为使用寿命法。

3. 修复费用法

修复费用法是利用恢复资产功能所支出的费用金额来直接估算资产实体性贬值的一种方法。所谓修复费用包括资产主要零部件的更换或者修复、改造、停工损失等费用支出。如果资产可以通过修复恢复到其全新状态，可以认为资产的实体性损耗等于其修复费用。

微课

资产的实体性贬值估算

【提示】修复费用法具体应用参见项目五任务三修复费用法。

（三）功能性贬值的分类与估算

功能性贬值是由技术相对落后造成的贬值。估算功能性贬值时，主要根据资产的效用、生产加工能力、工耗、物耗、能耗水平等功能方面的差异造成的成本增加或效益降低，相应确定功能性贬值额。同时，还要重视技术进步因素，注意替代设备、替代技术、替代产品的影响以及行业技术装备水平现状和资产更新换代速度。

1. 功能性贬值的分类

功能性贬值主要体现在超额投资成本和超额运营成本两方面：

（1）超额投资成本。超额投资成本是指评估对象与当前全新资产相比，因资产的结构、设计和材料上的差异而产生的贬值。它是由于科技进步使得相同功能的全新资产的价格降低而引起的原有资产的贬值。因此，超额投资成本=复原重置成本-更新重置成本。

（2）超额运营成本。超额运营成本是指评估对象与新资产相比，原有资产完成相同的生产任务，相对增加的消耗。分析研究资产的超额运营成本，应考虑下列因素：新资产与老资产相比，生产效率是否提高；维修保养费用是否降低；材料消耗是否降低；能源消耗是否降低；操作工人数量是否减少等。

2. 功能性贬值的估算

（1）超额投资成本，计算公式为：

$$\text{功能性贬值} = \text{复原重置成本} - \text{更新重置成本}$$

（2）超额运营成本，计算公式为：

$$\text{功能性贬值} = \sum（\text{评估对象年净超额运营成本} \times \text{折现系数}）$$

或：

$$\text{功能性贬值} = \text{尚可使用年限内年净超额运营成本} \times \text{年金现值系数}$$

【提示】具体计算步骤参考项目五任务三功能性贬值的估算。

【学中做4-18】评估某种机器设备，技术先进的设备比被评估设备生产效率高，节约工资费用，评估基准日为2023年1月1日。

要求：根据表4-2的资料计算其功能性贬值额。

表4-2　相关资料

项　目	技术先进设备	被评估设备
月产量	10 000 件	10 000 件
单件工资	0.80 元	1.20 元
月工资成本	8 000 元	12 000 元
所得税税率		25%
资产剩余使用年限		5 年
假定折现率		10%

解析：(1) 根据以上资料，计算该设备年税后工资成本的净超额支出。

$$\text{年工资成本的净超额支出}=\left(\text{被评估设备月产量}\times\text{被评估设备单件工资}-\text{技术先进设备月产量}\times\text{技术先进设备单件工资}\right)\times 12\times\left(1-\text{所得税税率}\right)$$

$$=(10\,000\times 1.20-10\,000\times 0.80)\times 12\times(1-25\%)$$

$$=36\,000\ (\text{元})$$

(2) 计算资产剩余使用年限工资成本超额支出的折现值，即被评估设备的功能性贬值额。

$$\text{功能性贬值额}=\sum(\text{被评估资产年净超额运营成本}\times\text{折现系数})$$

$$=136\,469\ (\text{元})$$

应当指出，新老技术设备的对比，除生产效率影响工资成本超额支出以外，原材料消耗、能源消耗以及产品质量等指标都需全面关注，单因素的情形存在，多因素影响的情形也很多。

在实际评估工作中也有功能性溢价的情形，即当评估对象功能明显优于参照资产功能时，评估对象就可能存在功能性溢价。

微课

功能性贬值

（四）经济性贬值的估算

经济性贬值是指由外部经济条件的变化引起资产收益、资产利用率发生持续性的减少、下降或者闲置等而造成的资产价值损失，包括宏观经济政策、市场供求、市场竞争、通货膨胀、环境保护等变化引起的贬值，一般表现为运营中的资产利用率下降，甚至闲置，并因此引起资产的运营收益减少。所以，有两种表现形式：一是资产利用率下降，甚至闲置等；二是资产的运营收益减少。因此，经济性贬值的计算也存在两个途径。当有确切证据表明资产已经存在经济性贬值时，可参考下面两种方法估测其经济性贬值率或经济性贬值额。

【提示】当资产使用基本正常时不计算经济性贬值。

1. 间接计算法

该方法主要测算的是资产利用率下降所导致的经济性贬值。

$$\text{经济性贬值率}=\left[1-\left(\frac{\text{资产预计可被利用的生产能力}}{\text{资产原设计生产能力}}\right)^{x}\right]\times 100\%$$

式中：x为功能价值指数，评估中多采用经验数据，数值一般在0.6～0.7。

经济性贬值额的计算应以评估对象的重置成本或重置成本减去实体性贬值和功能性贬值后的结果为基数，按确定的经济性贬值率估测。

2.直接计算法

该方法主要测算的是因收益额减少所导致的经济性贬值。

经济性贬值额=资产年收益损失额×（1–所得税税率）×（P/A，r，n）

【学中做4-19】某被评估生产线设计生产能力为年产20 000台产品，因市场需求结构变化，在未来可使用年限内，每年产量估计要减少6 000台，该生产线的功能价值指数为0.6，根据上述条件，该生产线的经济性贬值率大约为：

$$经济性贬值率=\left[1-\left(\frac{20\,000-6\,000}{20\,000}\right)^{0.6}\right]\times100\%=19.27\%$$

假定每年减少6 000台产品，每台产品损失净利润150元，该生产线尚可继续使用3年，企业所在行业的投资回报率为10%，所得税税率为25%。该资产的经济性贬值额大约为：

经济性贬值额=（6 000×150）×（1–25%）×（P/A，10%，3）

=675 000×2.4869=1 678 657.5（元）

（五）综合成新率的估算

在资产评估实践中，综合成新率可以通过将年限成新率和勘查成新率加权平均得到。年限成新率的确定考虑了资产的经济寿命。在使用过程中资产的价值随着使用年限的消耗而降低。勘查成新率是评估师通过现场勘查、查阅资产的历史资料，向操作人员询问资产的使用情形、维修保养情形等，对所获得信息进行分析后综合确定的成新率。

四、成本法的适用范围与局限性

（一）成本法的一般适用范围

成本法既全面考虑资产的重置全价，又充分考虑了各种损耗，因而具有广泛的适用性，一般来说，成本法适用于资产的功能作用具有可替代性、资产重置没有法律和技术障碍、重置资产所需要的物化劳动易于计量的评估对象，如以资产重置、补偿为目的的资产业务，具有非经营性、专用性及没有获利能力等特性的资产。

（二）单项资产评估中成本法的适用范围

单项资产的价值不仅可以由成本部分反映，在使用过程中的消耗、磨损以及由于市场情形的变化而产生的价值减损都会影响单项资产的价值。因而，评估专业人员在使用成本法评估单项资产时，既要考虑重置成本，也要将由使用和其他因素所造成的实体性贬值、由技术落后带来的功能性贬值以及由市场状况、政治因素等外部因素造成的经济性贬值考虑在内。

（三）企业价值评估中成本法的适用范围

成本法运用于企业价值评估中，是将各项可以确认的资产、负债的现时价值逐项评估出来，最终确定企业价值。单项资产作为企业的一部分而存在，其发挥作用的价值与它作为一项单独的资产发挥作用的价值可能有所不同。比如，在一条生产线中，某单项设备对整个生产线产能的贡献程度很高，那么若将其放在该生产线中进行评估，则其价值有可能会高于单独对其进行评估时的价值。因此，要特别明晰这两种假设条件下的价值差异。

【提示】在采用成本法对企业价值进行评估时，可以根据不同资产的实际状态、使用方式等特殊性选用合适的评估方法进行评估。比如，对于某些二手办公设备，可采用市场法评估；对于自主研发的专利，则可以采用收益法评估等。因此，成本法作为企业价值评估的一种方法，更多地体现为一种加和的理念和方式，并不一定要求对其中各单项资产和负债均采用成本法进行评估。

（四）成本法的优势与局限性

1.优势

成本法是资产评估中最为基础的评估方法。它充分考虑了资产的损耗，使得评估结果更能反映市场对于获得某单项资产平均愿意付出的资金，有利于评估单项资产和具有特定用途的资产；另外，在无法预测资产未来收益和市场交易活动不频繁的情形下，成本法给出了比较客观和可行的测算思路和方法。

2.局限性

由于成本法的理论基础是成本价值论，因而使用该方法所测算出的企业价值无法从未来收益的角度反映企业真实能为其投资者或所有者带来的收益，未来收益与成本之间并没有直接和必然的联系，因此该方法所评估的企业价值很难直接为投资者提供价值参考。尤其是对于轻资产类型的企业而言，如果使用成本法进行评估，则通常很难将账面没有记载的各类无形资产算入被评估资产的价值之中，因此其成本法评估值与使用收益法或市场法得出的结果可能差异极大。

尽管如此，成本法在以企业并购为目的的评估中并非完全没有意义。收购方虽然重视被收购方未来的获利能力，但同时也关注收购行为真正所获得的实物资产价值。同时，成本法评估企业价值也为可能的破产清算、资产分割提供了一定的价值参考。

【学思践悟】国务院办公厅2022年10月印发《关于复制推广营商环境创新试点改革举措的通知》（以下简称《通知》），决定在全国范围内复制推广一批营商环境创新试点改革举措，共涉及9大方面50项具体措施。

优化营商环境是培育和激发市场主体活力、增强发展内生动力的关键之举。资产评估是现代高端服务业，是经济社会发展中的重要专业力量。在复制推广营商环境创新试点改革中，资产评估发挥着重要作用。

优化营商环境是保护产业链及供应链安全稳定，维护国家产业和经济安全，提升国际竞争力的需要。《通知》的发布是优化营商环境的一项重大举措。对于评估行业而言，有助于引导资产评估行业有序竞争、良性发展；有利于评估执法程序到位，进一步提高评估工作的科学化、规范化；有助于资产评估机构自觉加强内部治理结构及质控等方面要求；有助于相关部门加大自律管理，提升行业整体规范性。

良好的营商环境为评估行业发展奠定了良好的基础，推动行业在更加公平、公正、透明的市场秩序中发展。《通知》的发布为市场法的采用提供了更好的环境。市场法的前提是需要有充分发育、活跃的资产市场。改善营商环境能够消除地方保护、信息不对称等场外因素对市场法采用的影响。

面对国家的新政策和评估行业发展新动向，学生们要时刻保持与时俱进和开拓进取的精神，时刻保持积极向上的学习热情，深刻理解国家政策对评估方法的影响，从而，在评估实务中，才可以科学运用有利环境，进行科学评估。

资料来源：中国资产评估协会.在复制推广营商环境创新试点改革中发挥资产评估作用［EB/OL］.［2022-12-13］. http：//www.cas.org.cn.

项目小结

本项目是资产评估的重要内容之一，阐述了三种资产评估方法的概念、评估思路、理论依据、应用的前提条件、程序及具体的评估方法。

市场法是根据替代原则，采用比较和类比的思路及其方法判断资产价值的评估技术规程。运用市场法进行资产评估，关键是如何选择可比的参照物、根据不同种类资产价值形成特点选择对资产价值形成影响较大的因素作为对比指标、在参照物与评估对象之间进行比较并将两者的差异进行量化。

收益法是依据资产未来预期收益经折现或本金化处理来估测资产的价值，涉及三个基本要素：评估对象的预期收益、折现率或资本化率、评估对象取得预期收益的持续时间。因此能否清晰把握和深刻理解上述三个要素就成为能否运用收益法的关键。

成本法是从再取得资产的角度反映资产价值，运用的关键是重置成本、实体性贬值、功能性贬值和经济性贬值的计算。

本项目框架结构如图4-7所示。

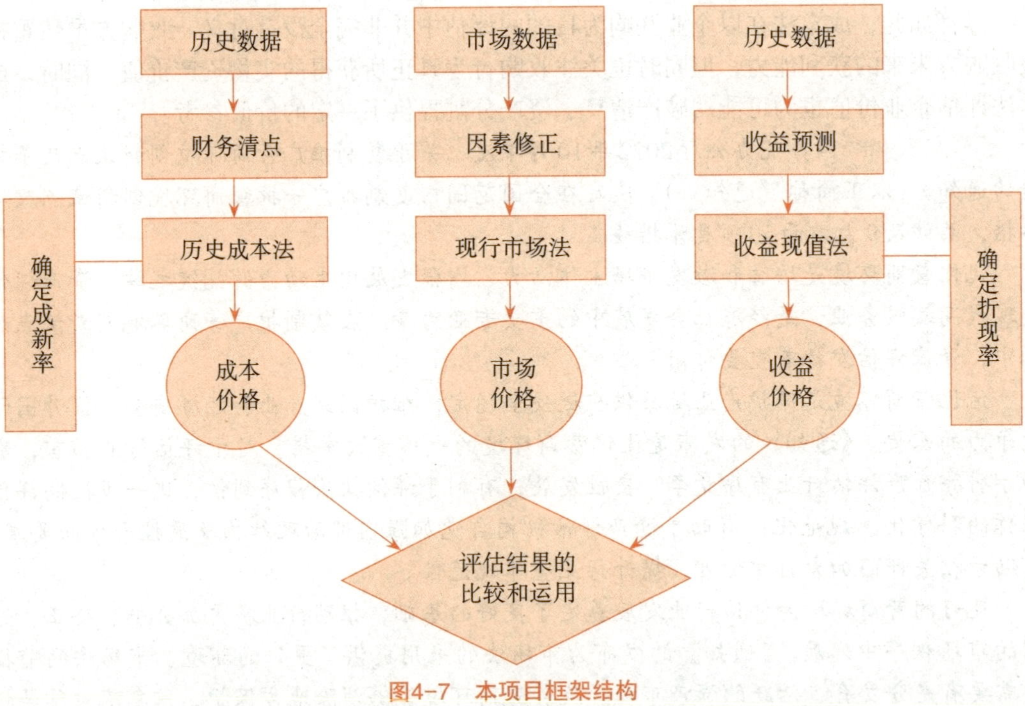

图4-7　本项目框架结构

实训设计

一、实训目标

通过对资产评估三大评估方法的实际操作训练，使同学们能够掌握三大评估方法计算公式、参数选取、评估值计算、基本步骤，在实践中针对不同的业务能准确选用合理的评估方法，并能独立运用。

二、实训项目与要求

1. 实训组织

首先，实训指导教师将学生分组，每组10人左右，指定组长负责，明确目标和任务；其次，分组开展业务训练，发挥小组的集体智慧和成员的主观能动性，写出实训过程和结果；最后，组长总结汇报实训活动。

2. 实训项目

评估某企业一套自制非标设备。该设备购建于2013年12月，评估基准日为2023年12月30日。根据设计图纸，该设备的主材为钢材，耗量共20吨，钢材利用率90%，评估基准日钢材的市价为4 000元/吨，主要外购件费用为75 000元，加工工程中发生人工费2 000元，冷加工费为10 000元，热加工费按钢材耗量净重每千克2元，其他费用为主材费的15%。成本利润率为15%，设计费率为14%，产量1台。另外，经工程技术人员现场鉴定，该设备还可使用10年。与该企业最近生产的同类设备相比，被评估设备每年多耗电600度，每度电0.5元，该企业适用的所得税税率为25%，该企业所在行业平均投资回报率为10%。不考虑增值税。

3. 实训要求

（1）计算该设备的重置成本。

（2）计算该设备的成新率和功能性贬值额。

（3）计算该设备的评估值。

（4）结合实训项目能独立、客观、准确地说出三大评估方法在资产评估应用中适用的范围、前提条件、评估步骤。

三、成果与检测

1. 同学自我总结在实训项目中选取评估方法的经验，并说明评估方法选择应考虑的主要因素。

2. 各组组长组织同学互相评价，提出实训建议成绩。组长撰写小组实训报告，在班级进行交流汇报。

3. 教师汇总实训所取得成绩和存在的问题，提出今后的改进措施，并根据学生自评、互评情况和组长的建议，确定学生的实训成绩。

项目五

机器设备评估

知识目标

1. 了解机器设备的概念和评估的特点；
2. 熟悉机器设备评估清查核实的内容；
3. 掌握机器设备评估的成本法及适用范围。

能力目标

1. 会对不同类型机器设备进行清查核实；
2. 能熟练掌握机器设备评估的成本法；
3. 能正确计算机器设备的重置成本和各种贬值。

素养目标

1. 树立爱国主义情怀，增强民族自信心；
2. 树立爱岗敬业、精益求精的职业精神，走技能成才、技能报国之路。

项目导入

如何评估B公司拥有的锻压设备价值

B公司因资产重组，拟将锻压车间的一台设备转让，现委托中青资产评估事务所对该设备的价值进行评估，评估基准日为2023年8月31日。经调查分析确定，该设备的价格每年比上一年增长10%，评估专业人员勘查估测认为，该设备还能使用6年。又知目前市场上出现了功能更先进的新型设备，并被普遍运用，新型设备与评估对象相比，可节省人员10人，人均月工资水平为8 650元，此外，由于市场竞争的加剧使该设备开工不足，由此而造成的收益年损失额为200万元（该企业所得税税率为25%，假定折现率为10%）。评估专业人员根据掌握的资料，经调查分析后，决定采用成本法评估。

思考：假如你是中青资产评估事务所的评估人员，你将如何对设备进行评估，得出使双方都满意的评估值？

启示：回顾我国制造业的发展历程，从自力更生、白手起家，到制造业大国，正在迈向制造业强国。对于机器设备的价值评估至关重要，需要评估师们树立远大理想，努力成为业务精湛、品德优良、作风过硬的执业人员。

任务一　机器设备评估认知

任务描述

资产评估中的机器设备泛指所有代替人类体力劳动和辅助人类智力劳动的人造物，是资产评估的重要对象之一。通过对机器设备的定义、机器设备评估特点及基本事项的学习，使我们了解机器设备的评估不同于其他资产的评估，为机器设备价值的估算做铺垫。

相关知识

一、认知机器设备

（一）机器设备的定义

《资产评估执业准则——机器设备》第二条对机器设备定义为：机器设备是指人类利用机械原理以及其他科学原理制造的、特定主体拥有或者控制的有形资产，包括机器、仪器、器械、装置、附属的特殊建筑物等。此定义包含了机器设备的自然属性和资产属性。自然属性是指机器设备是人类利用机械原理以及其他科学原理制造的装置；资产属性是指机器设备是被特定主体拥有或控制的，用于生产、经营或用于管理等目的的不动产以外的有形资产。

（二）机器设备的分类

根据资产评估的要求和企业管理的需要，对机器设备按照不同原则、标准进行分类：

1. 固定资产管理中机器设备的分类

固定资产分类代码的构成如图5-1所示。

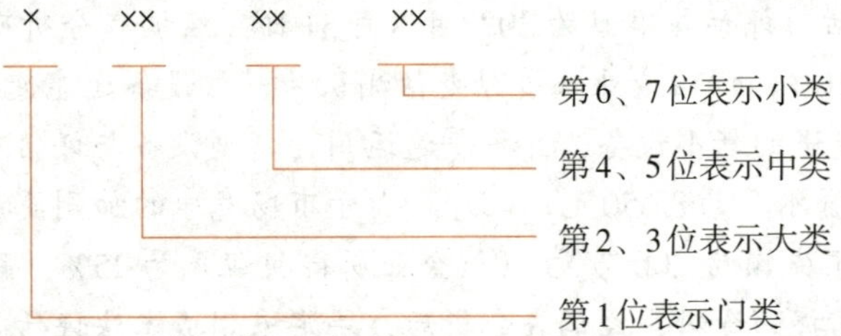

图5-1　固定资产分类代码的构成

固定资产分类代码的第1位所表示的6个门类如下：

（1）土地、房屋及构筑物；

（2）通用设备；

（3）专用设备；

（4）文物和陈列品；

（5）图书、档案；

（6）家具、用具、装具及动植物。

其中第（2）、（3）个门类是关于机器设备的。

2. 会计核算中机器设备的分类

机器设备按其使用性质分为6类，包括：

（1）生产用机器设备：指直接为生产经营服务的机器设备，包括生产工艺设备、辅助生产设备、动力能源设备等；

（2）非生产用机器设备：指在企业所属的福利部门、教育部门等使用的设备；

（3）租出机器设备：指企业出租给其他单位使用的机器设备；

（4）未使用机器设备：指企业尚未投入使用的新设备、库存的正常周转用设备、正在修理改造尚未投入使用的机器设备等；

（5）不需用机器设备：指已不适合本单位使用，待处理的机器设备；

（6）融资租入机器设备：指企业以融资租赁方式租入使用的机器设备。

二、机器设备评估的定义和特点

（一）机器设备评估的定义

机器设备评估是指资产评估机构及其资产评估专业人员遵守相关法律法规及资产评估准则的要求，根据委托对在评估基准日特定目的下单独的机器设备或者作为企业资产组成部分的机器设备的价值进行评定、估算，并出具评估报告的专业服务行为。

（二）机器设备评估的特点

机器设备自身所具有的特点决定了机器设备的评估不同于其他资产的评估，其评估特点有以下几个方面：

1. 存在形式的多样性

机器设备的存在形式，可以是独立实现某种功能的单台设备，也可以是由若干机器设备组成的有机整体，如一条生产线、一个生产车间、一家工厂等。评估应注意资产之间的有机联系对价值的影响，整体的价值不仅仅是单台设备的简单相加。

2. 一般不具备独立的获利能力

机器设备类资产一般是企业整体资产的一个组成部分，通常与企业的其他资产，如房屋建筑物、土地、流动资产、无形资产等，共同实现某项特定的生产经营目的，一般不具备独立的获利能力。所以在进行机器设备评估时，收益法的使用受到一定的限制，通常采用重置成本法和市场法。

3. 按其可移动性可分为动产和不动产

资产按其可移动性可分为动产和不动产。对于设备，一部分属于动产，不需安装，可以移动使用；一部分属于不动产或介于动产与不动产之间的固置物，需要永久地或在一段时间内以某种方式安装在土地或建筑物上，移动这些资产可能导致机器设备的部分损坏或完全失效。

4. 存在多项贬值

设备的贬值因素比较复杂，除实体性贬值外，往往还存在功能性贬值和经济性贬值。科学技术的发展，国家有关的能源政策、环保政策等，都可能对设备的评估价值产生影响。

三、机器设备评估基本事项

（一）明确评估目的

机器设备的评估目的通常有两种：一是机器设备是企业价值或其他整体资产组合评估的组成部分，在此种情况下，机器设备的评估目的需要服从于企业价值的评估目的，具体情形通常包括企业改制设立公司、企业股权转让或收购、兼并等。二是机器设备或机器设备组合出资、抵押、转让、保险、涉讼、涉税，以财务报告为目的的公允价值计量、资产减值测试等。

（二）确定价值类型

应当根据评估目的等相关条件选择恰当的价值类型。

1. 作为整体资产组成部分的机器设备

采用成本法评估整体企业价值，机器设备所能够实现的价值取决于它对整体企业价值的贡献程度，该价值一般不等于这些机器设备单台、独立销售时实现的市场价值。对机器设备的评估依据是替代原则，即以同等功能的替代产品的价格作为重置价，因为功能相同的机器设备对企业的贡献是相同的。机器设备的价值是指按原来的用途与其他资产一起持续使用条件下的使用价值，即续用价值。

2. 脱离整体资产而独立存在的机器设备

如果一台或几台机器设备与整体资产分割开，其所能实现的价值可能只是变现价值。在这种情况下，机器设备的市场价值一般是指其在二手机器设备市场所能实现的价值。

3. 交易受到限制的机器设备

清算是最常见的交易受到限制的情况之一。评估机器设备在清算条件下的价值一般会选择市场价值以外的价值类型，比如清算价值，清算价值包括快速清算价值、有序清算价值、原地复用清算价值。

（三）明确评估假设

在机器设备评估实践中，通常使用的评估假设包括继续使用或变现、现行用途使用或改变用途使用、原地使用或移地使用。

1.持续使用假设与变现假设

持续使用假设指机器设备未来将按某种特定的用途持续使用；变现假设指机器设备未来在二手机器设备市场出售或以其他方式出售。

在对一家持续经营的企业进行整体企业价值评估时，机器设备一般适用于持续使用假设。在对破产清算企业进行评估时，大多数情况下可能使用变现假设。

2.现行用途使用假设与改变用途使用假设

现行用途使用假设指被评估的机器设备按目前的用途持续使用；改变用途使用假设指被评估机器设备未来将改变用途持续使用。

机器设备是否按现行用途（原设计用途）继续使用，对机器设备的价值评估有很大影响。机器设备有时因所生产的产品、工艺等发生变化而需要改变用途的，工艺或产品的调整可能会导致一些专用机器设备报废，或者要对这些专用机器设备进行改造，以适应新产品或新工艺的要求。

3.原地使用假设与移地使用假设

原地使用假设指被评估的机器设备未来将在原来的使用地点持续使用；移地使用假设指被评估的机器设备未来将改变使用地点持续使用。

在评估中，很多时候需要判断资产的移动性以及可能产生的价值损失，如对面临搬迁企业的资产评估，或政府征收土地的拆迁企业损失评估。这时所评估的机器设备价值是它的移地使用价值，评估时必须考虑哪些设备可以移动，哪些设备不可以移动，哪些设备移动时会造成损坏，即设备的可移动性及移动损失。

（四）明确评估对象和评估范围

1.评估对象

机器设备评估的评估对象，有时是机器设备组合，有时则是单台机器设备。

单台机器设备，是指以独立形态存在、可以单独发挥作用或以单台的形式进行销售的机器设备，如船舶、汽车等。

机器设备组合，是指为了实现特定功能，由若干机器设备组成的有机整体，如车间、生产线、工厂等。除了少部分单台设备可以独立用于经营，具有独立获利能力外，在大多数情况下，一个具有特定功能的运营组合需要由多台机器设备，或机器设备与其他资产组成。

2.评估范围

机器设备评估的评估范围，除了机器设备本体，可能还包括机器设备基础、附属设施等。

【提示】评估对象与范围，应当由委托人根据拟实施的经济行为确定，并以评估业务委托合同的形式予以确定。

评估人员在明确评估对象与范围时，应该与委托人确认：

（1）对于已安装的在用机器设备，评估范围是否包含设备基础、附属设施等。

（2）是否包括操作软件、技术数据和专利等无形资产。

知识拓展

不同评估业务评估基本事项的确定

（五）确定评估方法

根据评估目的、评估对象、价值类型、资料收集情况等，分析成本法、市场法和收益法三种资产评估基本方法评估机器设备的适用性，恰当选择评估方法。

对某些机器设备的评估或者在某些评估前提下同时使用这三种方法是不切合实际的。例如，在评估机器设备的清算价值时一般不宜采用成本法和收益法；对于不具有独立获利能力，或获利能力无法量化的机器设备，一般不宜采用收益法；对于市场上独一无二的设备，或市场交易不够活跃的机器设备，一般不宜采用市场法。

微课

机器设备评估的基本程序

任务二　机器设备评估的清查核实

任务描述

机器设备的清查核实，是确定机器设备是否存在、明确机器设备的存在状态并对其法律权属资料进行核查的必要程序，为进行机器设备评估提供基础。通过对机器设备清查核实的学习，了解机器设备清查核实的要求、内容和方法。

相关知识

一、机器设备清查核实的目的与要求

（一）机器设备清查核实的目的

一般来说，机器设备清查核实的目的是为进行机器设备评估提供基础。具体目的有以下几个方面：

（1）确定机器设备是否存在。

（2）明确机器设备的技术及使用状态。

（3）查验机器设备的法律权属资料。

（二）机器设备清查核实的要求

根据《资产评估执业准则——机器设备》，执行机器设备评估业务，应当对机器设备进行现场逐项调查或者抽样调查，确定机器设备是否存在、明确机器设备存在状态并关注其权属。如果采用抽样的方法进行现场调查，应当充分考虑抽样风险。因客观原因等因素限制，无法实施现场调查的，应当采取措施加以判断，并予以披露。

执行机器设备评估业务应当根据评估对象的具体情况，确定现场调查内容。资产评估专业人员通常可以通过现场观察，利用机器设备使用单位所提供的技术档案、检测报告、运行记录等历史资料，利用专业机构的检测结果，对机器设备的技术状态做出判断。必要时可以聘请专业机构对机器设备进行技术鉴定。资产评估专业人员应当关注机器设备的权属，收集相关的权属证明文件，对于没有权属证明文件的机器设备应当要求委托人或者其他相关当事人对其权属做出承诺或者说明，并对相关资料进行核查验证。资产评估专业人员应当获得真实、可靠的机器设备的市场信息。

二、机器设备的清查核实的内容

机器设备的清查核实一般包括实物状况、使用状况、管理状况、会计核算、权属资料五个方面。

（一）实物状况

主要包括：

（1）机器设备的名称。

（2）制造厂家。

（3）品牌（商标）。

（4）规格型号。规格型号通常可能包含机器设备的类型、通用及结构特征、主参数及组系代号、重大改进等重要信息。比如，从M1432B×1500可以了解，这是一台最大磨削尺寸为ϕ320mm×1500mm的万能外圆磨床。

（5）序列号。序列号是厂家用来定义所生产机器设备的唯一代码。通过向厂家查询序列号，就可能获得该机器设备的生产年代、能力、规格等信息，甚至还可以了解到其最初拥有者。对于一些机械（如机床和建筑设备等），这些数据非常有用。

（6）主要技术参数。主要技术参数可以反映有关机器设备性能、规格、尺寸等数据指标。比如，起重设备的主要参数就包括起重量、起升高度、工作级别、幅度和起重力矩（臂架类起重机）、跨度（桥式起重机）等。收集主要技术参数对于了解被评估设备的性能和使用情况，查询和比较设备价格都具有帮助。

（7）出厂日期（役龄）。机器设备的役龄是指其从投入生产起计算的参与生产过程的年限。设备的役龄又有日历役龄和有效役龄之分，后者在前者的基础上又考虑了机器设备利用因素的影响，反映了机器设备的实际使用和损耗情况。出厂日期（役龄）是机器设备评估时估算评估对象实体性贬值的重要基础信息。

（8）购置日期。

（9）附件及软件。附件是具有增加功能的机器设备成品附带的零部件，或者是机器设备专用组成零部件，比如可以扩大数控机床的加工性能和使用范围的刀架、卡盘、自定心中心架等。

调查与机器设备相关的附件、专用工具及备件、无形资产（如软件、技术许可等），了解在机器设备采购时是否随机包含这些内容，有助于合理界定评估对象与范围，理解购置设备的交易条件和价格内涵。

（二）使用状况

主要包括：安装状态、使用情况和维护保养情况。

1. 安装状态

主要了解相关机器设备达到可使用状态时是否需要安装，要求安装地是否已被安装以及安装的方式、基础、调试及验收情况等。

2. 使用情况

主要了解产品生产能力、机器设备的使用方式、生产及工艺条件、工作负荷及利用水平等。对闲置机器设备应了解闲置的原因和时间，关注是否为不需用机器设备，是否需要进行处置或报废。

3. 维护保养情况

主要了解机器设备的外观、技术状态及运行环境，调查对机器设备的维护保养和专业检测情况，并对发现的残损现象或设备故障及时记录。

另外，需要了解企业的安全环保情况，如调查企业能源及燃料单耗水平，能源、环保和安全政策，是否受到政策限制或面临设备设施的升级改进等

（三）管理状况

主要包括：机器设备的维护、检查、修理、更新改造与报废。

1. 设备的维护

设备的维护是指为了保持设备处于良好工作状态，延长其使用寿命所进行的日常工作，包括清理擦拭、润滑涂油、检查调校，以及补充能源、燃料等消耗品等。设备维护分日常维护和定期维护两种。评估中，需要了解企业的设备维护制度，是定期制、预检修制，还是根据操作人员要求维护；哪些设备需要额外维护（需要额外维护的原因）；过去3~5年的维修费用，以及未来维修费用的预算等。

2. 设备的检查

设备的检查是指按规定的标准、周期和检查方法，对设备的运行情况、技术状况、工作精度、零部件老化程度等进行检查。设备检查分为日常检查、定期检查、精度检查和法定检查等。

3. 设备的修理

设备的修理是指通过修复或更换磨损零件，调整精度，排除故障，恢复设备原有功能而进行的技术活动。

按照设备的修理策略，可分为预防性修理、事后修理、改善修理和质量修理。其中，预防性修理是指按事先的计划和相应的技术要求所进行的修理活动，其目的是防止设备性能、精度的劣化，从而降低故障率。预防性修理可分为小修、中修、大修和项修。小修理（简称小修）通常只需修复、更换部分磨损较快和使用期限等于或小于修理间隔期的零件，调整设备的局部机构，以保证设备能正常运转到下一次计划修理前。中修理（简称中修）是对设备进行部分解体，修理或更换部分接近失效的主要零部件和其他磨损件，并校正机器设备的基准，使之恢复并达到技术要求。大修理（简称大修）是对设备进行全部拆卸和调整，更换或修复所有磨损零部件，全面恢复设备的原有精度、性能及效率，以达到设备出厂时的水平。

4. 设备的更新改造

设备更新，是指用技术性能更高、经济性更好的新型设备来代替原有的落后设备。设备的技术改造，是指应用现代科学技术的新成果，对旧设备的结构进行局部改革，如安装

新部件、新附件或新装置使设备的技术性能得到改进。

5.设备的淘汰报废

设备由于有形磨损、无形磨损或其他原因而不能继续使用并“退役”的，称为设备报废。设备报废绝大多数是由于长期使用造成设备的零部件变形、变质、减重、老化，使结构损坏，性能劣化，精度不能满足生产工艺的要求；有的是因为人为事故或自然灾害，使设备损坏而报废；有的是因为耗能高、污染严重，国家要求强制淘汰。

根据我国节约能源法和环境保护法的规定，国家实行淘汰能耗高的老旧技术、工艺、设备和材料的政策，不符合的机器设备应立即报废或限期报废。许多在用设备因不符合能源、环保要求而报废或在一定时间内退出使用，甚至包括一些没有出库的新设备。

（四）会计核算

主要包括：

（1）机器设备的账面价值。了解机器设备的账面原值、账面净值，以及是否进行过评估并调账。

（2）了解机器设备的会计分类及其折旧政策等。

（3）机器设备的报废清理制度及相关规定。

（4）机器设备购建与交易涉及的实际税种及其税率，税额的计算及征缴方式。

（5）了解进口设备的海关监管政策及相关费用核算。

（6）了解会计准则要求，对于涉及服务于财务报告目的的机器设备评估（如减值测试），评估人员需要熟悉相关会计准则的要求，理解会计核实方法。

（五）产权权属资料

1.不同的机器设备权属资料

（1）道路上行驶的车辆，铁路、空中、水上运行的运输设备，均有不同的权属证明资料。运输车辆是指设计和制造上用于载运人员、运送物品或者进行专项作业的车辆。机动车的权属资料，一般为《中华人民共和国机动车行驶证》。

知识拓展

运输车辆的分类

（2）工矿车辆，是指工矿企业用于矿石或半成品运输、堆放等生产性车辆，实践中，应关注收集相应的权属证明资料。

（3）船舶，船舶证书是根据联合国和其他国际组织的有关公约、规则、规定和协定来制定的，由船舶登记的国家当局或当局授权的机构签发。未获得必要的证书或证书过期或未进行检验并延期，有关港口当局可以进行强制检验或将船舶滞留。船舶所必须持有的证书大体上分为两大类：一类是由船旗国主管机关颁发的相关法律证书，一类是由各国政府授权的相关船舶检验机构颁发的技术证书。国际航运船舶证书多达30多种。与资产评估最为密切的是由船旗国政府颁发的《船舶登记证书》(Certificate of Registry，船舶国籍证书)。中国籍的船舶还应取得《船舶所有权证书》。上述证书均注明船舶的所有人。中国籍船舶的《船舶所有权证书》上会注明船舶的共有情况、他项权利情况。

（4）其他的机器、仪器、器械、装置以及附属的特殊建筑物等，一般没有产权证明文件来证明其法律权属。评估实践中，一般要求委托人和产权持有人等对机器设备的权属做出承诺。同时，也应对机器设备的权属资料进行必要的查验，并在评估报告中对评估对象法律权属及其证明资料来源予以必要说明。

2. 规范要求

资产评估专业人员应当向委托人、资产占有方或其他当事方收集机器设备的权属资料。委托人和相关当事方应当依法提供评估对象法律权属等基础资料，并对其真实性、合法性和完整性承担责任。

微课

机器设备清查核实的内容

在报告中对法律权属的披露并不意味着资产评估专业人员对评估对象的权属作出保证。但资产评估专业人员如果知道委托人和相关当事方提供虚假法律权属资料，则不得承接该项评估业务。

三、清查核实的方法、手段及信息渠道

（一）清查核实的方法

清查核实一般可以采用逐项调查或抽样调查的方法进行。

机器设备评估，应当对机器设备进行现场逐项调查或抽样调查，确定机器设备是否存在，明确机器设备存在状态并关注其权属。在评估实践中，对于数量较多的机器设备，当资产评估专业人员认为通过对样本的调查，可以推断整体设备的状态时，可以采用抽样调查的方法进行。采用抽样调查，需要根据具体观察到的评估对象状况，对所抽取样本以外的机器设备进行一定的假设和推断。评估专业人员应了解采用抽样调查方法的局限性，充分考虑抽样风险，在制订抽样方案时，应当对抽样风险进行测算。同时，也要在评估报告中进行恰当的披露。

此外，如果因客观原因等因素限制，无法实施现场调查，资产评估专业人员应当采取适当措施加以判断并予以恰当披露。

（二）清查核实的手段

对机器设备的清查核实通常采用现场观察手段，也可以采用远程视频手段实时观察；如需要，可以借鉴机器设备使用单位提供的设备档案资料，利用专业机构出具的检测或鉴定意见进行。

（三）清查核实的信息渠道

机器设备清查核实时，设备的出厂铭牌、设备卡片、台账、工厂及设备的原始设计及技术文件，设备的购置、安装调试、技术服务合同，设备的财务及预决算资料，设备的运行、维修保养记录等，都是清查核实获取信息的渠道。

设备的出厂铭牌、设备卡片、台账等通常记录了机器设备的基础信息，如机器设备的名称、型号、规格、主要技术参数、出厂编号、出厂日期、生产厂家名称、联系方式等。

工厂及机器设备的原始设计及技术文件通常包括主要及辅助设备的构成、机器设备的技术性能、设计生产能力、技术经济指标、工艺流程、运行班次、管道基础及附属设施等隐蔽工程等资料。

机器设备的购置、安装调试、技术服务合同通常能反映机器设备的供应或制造商、安装调试单位和技术服务商信息，所购置机器设备的组成、价格和交易条件信息，设备安装调试的工作内容、要求及合同额，保障机器设备使用的技术支持及服务内容等信息。

机器设备的财务及预决算资料等记录着机器设备投资所涉及的项目、实物及工程量和金额，是核查分析历史成本、测算重置成本的重要参考资料。

机器设备投资及技改工程的验收报告等可反映相关项目所涉及的内容、过程、工程质

量、验收或整改情况等信息。

机器设备的运行、维修保养记录等可以反映机器设备的运行质量和技术状态，有助于了解企业机器设备的维护、检查和修理的制度及执行情况，是了解机器设备的完损情况、测算成新率或贬值额的参考依据。

任务三　成本法在机器设备评估中的应用

任务描述

成本法是机器设备评估中最常用的方法，通过估算被评估机器设备的重置成本和各种贬值，用重置成本扣减各种贬值作为评估对象价值的一种方法。通过学习机器设备重置成本的构成及计算、机器设备实体性贬值的计算、机器设备功能性及经济性贬值的计算，来掌握运用成本法对机器设备价值的估算。

相关知识

机器设备评估的重置成本法，是指通过估算机器设备的重置成本，然后扣减其在使用过程中的自然磨损、技术进步或外部经济环境等导致的各种贬值，即设备的实体性贬值、功能性贬值、经济性贬值，估算机器设备评估值的方法。计算公式为：

机器设备评估值 = 重置成本 - 实体性贬值 - 功能性贬值 - 经济性贬值

重置成本划分为更新重置成本与复原重置成本。

【思考5-1】什么是重置成本？什么是复原重置成本？什么是更新重置成本？

一、机器设备重置成本的估算

（一）重置成本的构成

1.重置成本的基本构成

机器设备的重置成本包括设备的购置或购建设备所发生的必要的、合理的直接成本、间接成本和因资金占用所发生的资金成本。机器设备重置成本的基本构成见表5-1。

表5-1　机器设备重置成本的基本构成

项目	内　容
直接成本	设备本体的重置成本、设备运杂费、设备安装费、设备基础费及其他合理成本
间接成本	管理费用、设计费、工程监理费、保险费等
资金成本	资金占用费

《资产评估执业准则——机器设备》要求评估人员根据评估对象的具体情况、评估目

的等条件分析并合理确定重置成本的构成。

【提示】直接成本与每一台设备有直接对应关系；间接成本和资金成本有时不能对应到每一台设备上，是为整个项目发生的，在计算每一台设备的重置成本时一般按比例摊入。

2. 各类设备重置成本构成的基本内容

设备重置成本构成的具体内容，与设备类型、安装方式、评估目的、评估假设前提等因素有关。

（1）不需要安装的单台设备，其通用设备的重置成本一般包括设备购买价格以及运杂费等；自制设备的重置成本一般按照评估基准日价格标准计算建造成本，包括直接材料费、燃料动力费、直接人工费、制造费用、期间费用分摊、利润、税金以及设计费。

（2）已安装在用的单台通用设备的重置成本，除了设备购买价格以及运杂费外，还包括设备的安装费、基础费等。

（3）生产线以及工厂、车间等整体资产，其重置成本还包括将单项资产组合成整体资产所发生的调试费、工厂设计费、管理费等。

（4）进口设备的重置成本除运杂费、安装费、基础费外，还需要考虑从属费用，包括国外运费、国外运输保险费、关税、消费税、增值税、银行财务费、公司代理手续费。

（5）车辆等特殊设备，根据国家有关规定，在购买设备时还需要支付除设备价以外的税金或费用，如车辆购置税等。

（6）原地继续使用时，重置成本一般包括设备运杂费、安装费、基础费等；移地使用时，重置成本一般不包括上述费用。

（二）重置成本的估算

设备重置成本主要构成项目，即设备本体重置成本、运杂费、安装费、基础费、进口设备的从属费用（包括国外运费、国外运输保险费、关税、消费税、增值税、银行财务费、公司代理手续费）的计算与确定如下。

1. 设备本体重置成本的估算

设备本体重置成本是机器设备本身的价格，不包括运输、安装等费用。其主要计算方法有市场途径询价法、类比法——指数估价法、物价指数调整法、综合估价法、重量估价法、重置核算法六种。

（1）市场途径询价法

市场途径询价法是根据市场交易价格资料直接确定设备本体重置成本的方法，是一种最简单、有效并且可信的方法。运用的关键是获得市场价格资料。获得市场价格资料的渠道有市场询价和使用价格资料。

【提示】对于大部分的通用设备，市场价格资料的取得是比较容易的；而非标、专用设备的价格资料往往很难从市场直接取得。

①市场询价。有公开市场价格的机器设备，大多数可以通过市场询价直接来确定设备的现行价格，即评估师直接从市场了解相同产品的现行市场销售价格。

【提示】对于机器设备的市场价格，制造商与销售商或者不同的销售商的售价可能是不同的。根据替代性原则，在同等条件下，评估人员应该选择可能获得的最低售价。一些专用设备和特殊设备，一般没有公开的市场价格。这些设备往往只有少数厂家生产，市场交易很少，市场透明度较差。确定这些设备的现行市场价格，需要直接向生产厂家询价，所得到的价格称为报价。生产厂家的报价和实际成交价往往存在较大的差异。评估人员应特别慎重地对待这种报价，不可以直接使用。一般应向近期购买该厂同类产品的其他客户了解实际成交价。

②使用价格资料。价格资料是获得机器设备市场价格的重要渠道，它们包括生产厂家提供的产品目录或价格表、经销商提供的价格目录、报纸和杂志上的广告、出版的机电产品价格目录、机电产品价格数据库等。

【提示】在使用价格资料时，数据的有效性和可靠性是至关重要的。机器设备的更新换代速度较快，对于购买时间较长的设备，生产厂家可能已不再生产，市场也不再出售，评估人员很难找到与评估对象完全相同的市场参照物，往往使用它的替代产品的市场价格作为评估对象的更新重置成本。

【学中做5-1】某企业的一台机床设备购建于2018年，账面原值为210 000元，2024年6月10日进行评估，通过市场询价，该设备2024年5月30日的市场价格为150 000元，运杂费2 000元，安装调试费2 300元，则：

该机器设备的重置成本=150 000+2 000+2 300=154 300（元）

（2）类比法——指数估价法

类比法——指数估价法是根据相似设备的价格来确定重置成本的方法。对于某些特定的机器设备，如化工设备、石油设备等，同一系列不同生产能力设备的价格变化与生产能力变化呈某种指数关系（这种指数叫作规模经济效益指数），可以利用这种指数关系来估测其重置成本。其计算公式为：

$$\text{设备本体重置成本} = \text{参照物设备的价格} \times \left(\frac{\text{被估设备的生产能力}}{\text{参照物设备的生产能力}}\right)^{x}$$

式中：x为规模经济效益指数，是该方法的一个重要参数。

目前，x取值范围一般在0.40～1.20。评估人员使用该方法时，需要通过该类设备的价格资料分析测算。

【学中做5-2】某被评估的化工设备，生产能力为月产20吨化工产品，现在市场上已没有相同生产能力的设备。生产能力为月产50吨的同类型设备，市场价格为150万元。经测算，该类型生产设备的规模经济效益指数为0.7。

要求：计算该设备本体的重置成本。

解析：该设备本体的重置成本 $= 150 \times \left(\frac{20}{50}\right)^{0.7} = 79$（万元）

【提示】类比法——指数估价法具体参考项目四任务三功能价值类比法。

（3）物价指数调整法

物价指数调整法是以设备的历史成本为基础，根据同类设备的价格上涨指数，确定机器设备本体的重置成本的方法。对于二手设备，其历史成本是指设备最初使用者的账面原值，而非当前设备使用者的购置成本。

对于无法取得机器设备现行购置价格或建造成本，也无法取得同类机器设备重置成本的，可采用物价指数调整法估测被评估机器设备的重置成本。该方法适用于技术进步速度不快，技术进步因素对机器设备影响不大的设备的重置成本估测。物价指数可分为定基物价指数和环比物价指数。

【提示】用物价指数法调整得到的重置成本是复原重置成本，评估人员在使用此方法计算重置成本时，首先要确定，该设备是否存在因技术进步而引起的功能性贬值；若存在，应使用更新重置成本，或在贬值中考虑功能性贬值。

①定基物价指数调整法。以固定时期为基期的指数，通常用百分比来表示。以100%为基础，当物价指数大于100%时，表明物价上涨；物价指数在100%以下，表明物价下跌。其计算公式为：

设备本体重置成本 = 历史成本 × 当前年份指数 ÷ 基年指数

【学中做5-3】已知被评估设备购置于2019年12月，历史成本为58 000元，从2019年到2023年该类设备各年的定基物价指数分别为：110%、115%、120%、90%和125%。

要求：计算被评估设备本体在2023年12月的重置成本。

解析：设备本体重置成本 = 58 000 × 125% ÷ 110% = 65 909（元）

②环比物价指数调整法。如果环比期以年为单位，则环比物价指数表示该类产品当年较上年的价格变动幅度。其计算公式为：

$$重置成本 = 历史成本 \times (P_1^0 \times P_2^1 \times \cdots \times P_n^{n-1})$$

【学中做5-4】某设备2021年的历史成本为30 000元，环比物价指数见表5-2。

表5-2 环比物价指数

年份	指数
2021年	101.9%
2022年	101.9%
2023年	101.8%
2024年	102.7%

要求：计算2024年该设备本体重置成本。

解析：设备本体重置成本 = 30 000 ×（101.9% × 101.8% × 102.7%）= 31 961（元）

【提示】在机器设备评估中，对于一些难以获得市场价格的机器设备，经常采用物价指数调整法。使用时，评估专业人员应注意以下问题：①选取的物价指数应与评估对象相匹配，一般采用某一类产品的分类物价指数，不可采用综合物价指数。②应注意审查历史成本的真实性。③企业账面的机器设备历史成本一般包括运杂费、安装费、基础费以及其他费用。费用的物价指数往往是不同的，应该分别计算。④物价指数调整法只能测算复原重置成本，不能测算更新重置成本。⑤进口机器设备应使用进口机器设备生产国（或者机器设备出口国）的分类物价指数。⑥对于购买时间较长、采用综合物价指数或对高通货膨胀期设备采用物价指数法评估时，评估人员应相当谨慎，并尽可能用其他方法校核。

【提示】物价指数调整法具体参考项目四任务三价格指数法。

（4）综合估价法

综合估价法是根据设备的主材费和主要外购件费与设备成本费用之的一定比例关系，通过确定设备的主材费用和主要外购件费用，计算出设备的完全制造成本，并考虑企业利润和设计费用等费用，确定设备的重置成本的一种方法。其计算公式为：

$$\text{设备本体的重置成本} = \left(\frac{\text{主材费}}{\text{不含主要外购件费的成本主材费率}} + \text{主要外购件费}\right) \times (1 + \text{成本利润率}) \times (1 + \text{销售税金率}) \times \left(1 + \frac{\text{非标设备设计费率}}{\text{非标设备生产数量}}\right)$$

①主材费。主要材料是指在设备中所占的重量和价值比例大的一种或几种材料。主材费可按图纸分别计算出各种主材的净消耗量，然后根据各种主材的利用率求出它们的总消耗量，并按材料的不含税市场价格计算每一种主材的材料费用。其计算公式为：

$$\text{主材费} = \sum\left(\frac{\text{某主材净消耗量}}{\text{该主材利用率}} \times \frac{\text{含税市场价}}{1 + \text{增值税税率}}\right)$$

【学中做5-5】评估某企业自制设备，其中该设备的主材为不锈钢，净消耗量为20吨，评估基准日该种不锈钢的市场含税价格为2.8万元/吨，在制造过程中该钢材的利用率约为95%，该设备的主材费率为80%，适用的增值税税率为13%。

要求：计算该设备的主材费。

解析：该设备的主材费 $= \frac{20}{95\%} \times \frac{2.8}{1 + 13\%} = 52.17$（万元）

②主要外购件费。主要外购件如果价值比重很小，可以综合在主材费中考虑，而不再单列为主要外购件。外购件的价格按不含税市场价格计算。其计算公式为：

$$\text{主要外购件费} = \sum\left(\text{某主要外购件数量} \times \frac{\text{含税市场价}}{1 + \text{增值税税率}}\right)$$

③综合税率。综合税率包括增值税税率、城市维护建设税税率和教育费附加率等。其计算公式为：

综合税率 = 增值税税率 ×（1 + 城市维护建设税税率 + 教育费附加率）

该方法只需依据设备的总图，计算出主要材料消耗量，并根据主材费率即可估算设备的售价，是机械工业概算中估算通用非标设备价值时经常使用的方法。

（5）重量估价法

重量估价法，是假设人工费、车间经费、企业管理费及设计费是设备材料费的线性函数，根据相似设备的统计资料计算出单位重量的综合费率，以设备的重量乘以综合费率，并考虑利润和税金，根据设备的复杂系数进行适当调整后，确定设备本体的重置成本。其计算公式为：

机器设备重置成本 = 机器设备净重 × 综合费率 ×（1 + 利润率）/（1 − 综合税率）

该方法简单，估计速度快，适用于材料单一、制造简单、技术含量低的设备重置成本的估算，如结构件和比较简单的大型冲压模具等的估算。

（6）重置核算法

重置核算法是通过分别测算机器设备的各项成本费用来确定设备本体重置成本的方法。该方法常用于确定非标、自制机器设备的重置成本。

如果很难从公开市场获得机器设备的价格资料，如非标设备、自制设备和专用设备等，需要评估人员按评估基准日的价格标准重新估算建造该设备的成本。

【提示】机器设备重置核算法具体参考项目四任务三重置核算法。

2. 设备运杂费的确定

（1）国产设备运杂费

国产设备运杂费是指从厂家到安装使用地点所发生的装卸、运输、采购、保管、保险及其他有关费用。其计算方法有：

① 根据设备的生产地点、使用地点以及重量、体积、运输方式，根据相应部门的运输计费标准计算。

② 按设备本体重置成本的一定比率计算。其计算公式为：

国产设备运杂费 = 国产设备本体重置成本 × 国产设备运杂费率

（2）进口设备国内运杂费

进口设备国内运杂费是指进口设备从进口国运抵我国后，从所到达的港口、车站、机场等地将设备运至使用目的地现场所发生的港口费用、装卸费用、运输费用、保管费用、国内运输保险费用等有关费用，不包括在运输超限设备时发生的特殊措施费。

进口设备国内运杂费 = 进口设备到岸价 × 进口设备国内运杂费率

【提示】公式中的国内运杂费率分为海运方式和陆运方式两种。

3. 设备安装费的确定

设备安装费，是指为安装设备而发生的人工费、材料费、机械费及全部取费。设备安装费可以用设备的安装费率计算。

（1）国产设备安装费的计算公式：

国产设备安装费 = 设备原价 × 国产设备安装费率

式中：国产设备安装费率按所在行业概算指标中规定的费率计算。

（2）进口设备安装费的计算公式：

进口设备安装费 = 相似国产设备原价 × 国产设备安装费率

或：　　进口设备安装费 = 进口设备到岸价 × 进口设备安装费率

由于进口设备原价较高，进口设备的安装费率一般低于国产设备的安装费率。机械行业建设项目概算指标中规定：进口设备的安装费率可按相同类型国产设备的30% ~ 70%选取，进口设备的机械化、自动化程度越高，取值越低；反之越高。特殊情况，如设备的价格很高，而安装很简单，应低于该指标；设备的价格很低，而安装较复杂时，应高于该指标。

4. 设备基础费的确定

设备基础费是指建造设备基础所发生的人工费、材料费、机械费等。其中设备基础是为安装设备而建造的特殊构筑物。

【提示】有些特殊设备的基础是列入构筑物范围的，不按设备基础计算。

（1）国产设备基础费的计算。国产设备基础费的计算公式为：

国产设备基础费 = 国产设备原价 × 国产设备基础费率

式中：设备的基础费率按所在行业颁布的概算指标中规定的标准取值，行业标准中没有包括的特殊设备的基础费率，应自行测算。

（2）进口设备基础费的计算。进口设备基础费的计算公式为：

进口设备基础费 = 相似国产设备原价 × 国产设备基础费率

或：　　进口设备基础费 = 进口设备到岸价 × 进口设备基础费率

进口设备基础费率一般低于国产设备的基础费率。如机械行业建设项目概算指标中规定，进口设备的基础费率可按相同类型国产设备的30%~70%选取，进口设备的机械化、自动化程度越高，其基础费率取值越低；反之越高。

5.进口设备从属费用的估算

进口设备的从属费用包括：国外运费、国外运输保险费、关税、消费税、增值税、银行财务费、外贸手续费，如果是车辆还包括车辆购置税等。

(1) 国外运费。可按设备的重量、体积及海运公司的收费标准计算，也可按一定比例（海运费率）计取，取费基数为设备的离岸价（FOB）。其计算公式为：

$$海运费 = 设备离岸价 \times 海运费率$$

式中：海运费率，远洋一般取值5% ~ 8%，近洋一般取值3% ~ 4%。

(2) 国外运输保险费。按设备离岸价与海运费合计数的一定比例（保险费率）计算。其计算公式为：

$$国外运输保险费 = (设备离岸价 + 海运费) \times 保险费率$$

式中：保险费率，可根据保险公司费率表确定，一般在0.4%左右。

(3) 关税。其取费基数为设备到岸价（CIF）。其计算公式为：

$$关税 = 设备到岸价 \times 关税税率$$

式中：关税税率，按国家发布的进口关税税率表计算。

(4) 消费税。其计税基数为：关税完税价+关税。从价定率计算消费税公式为：

$$消费税 = \frac{(关税完税价 + 关税) \times 消费税税率}{1 - 消费税税率}$$

式中：消费税税率按国家发布的消费税税率表计算。

(5) 增值税。其取费基数为：关税完税价+关税+消费税。其计算公式为：

$$增值税 = (关税完税价 + 关税 + 消费税) \times 增值税税率$$

【提示】根据相关法规，减免关税，同时减免增值税。

(6) 银行财务费。按设备离岸价的一定比率计算。其计算公式为：

$$银行财务费 = 设备离岸价 \times 费率$$

我国现行银行财务费率一般为4‰ ~ 5‰。

(7) 外贸手续费，也称公司代理手续费。按设备到岸价的一定比率计算。其计算公式为：

$$外贸手续费 = 设备到岸价 \times 外贸手续费率$$

目前，我国进出口公司的进口费率一般在1% ~ 1.5%。

(8) 车辆购置税。其取费基数为：到岸价人民币数 + 关税 + 消费税。其计算公式为：

$$车辆购置税 = (到岸价人民币数 + 关税 + 消费税) \times 车辆购置税税率$$

【学中做5-6】对某企业一套从美国进口的设备进行评估，评估专业人员经过调查了解到，现在该设备从美国进口的离岸价为60万美元，海运费率为6%，保险费率为4‰，该设备现行进口关税税率为10%，增值税税率为13%，银行财务费率为0.5%，外贸手续费率为1.5%。国内运杂费率为1.5%，安装费率为0.8 %，基础费率为1.2%。评估基准日美元同人民币的比价为1∶6.7。

要求：计算该设备的重置成本。

解析：该进口设备重置成本计算如下：

国外运费 = 60 × 6% = 3.6（万美元）

保险费 =（60 + 3.6）× 4‰ = 0.25（万美元）

到岸价（外汇计价）= 60 + 3.6 + 0.25 = 63.85（万美元）

到岸价（人民币计价）= 63.85 × 6.7 = 427.80（万元人民币）

关税 = 427.80 × 10% = 42.78（万元人民币）

增值税 =（427.80 + 42.78）× 13% = 61.18（万元人民币）

银行财务费 = 60 × 6.7 × 0.5% = 2.01（万元人民币）

外贸手续费 = 427.80 × 1.5% = 6.42（万元人民币）

国内运杂费 = 427.80 × 1.5% = 6.42（万元人民币）

安装费 = 427.80 × 0.8% = 3.42（万元人民币）

基础费 = 427.80 × 1.2% = 5.13（万元人民币）

进口设备重置成本 = 427.80 + 42.78 + 61.18 + 2.01 + 6.42 + 6.42 + 3.42 + 5.13
= 555.16（万元人民币）

微课

进口设备重置成本的估算

二、机器设备贬值的估算

设备贬值是由于设备的各种磨损导致的。

（一）机器设备的磨损与补偿

1. 机器设备的磨损

机器设备在使用或闲置过程中，由于物理或技术进步，会逐渐发生磨损而降低价值。机器设备的磨损分为有形磨损和无形磨损两种形式。

（1）有形磨损。有形磨损（又称物质磨损），是指设备在实物形态上的磨损。按产生原因的不同，有形磨损可分为两种：

第Ⅰ种有形磨损：在使用过程中，设备的零件由于摩擦、振动、腐蚀和疲劳等产生磨损，这种有形磨损称为第Ⅰ种有形磨损。这种磨损通常表现为机器设备零部件的原始尺寸、形状发生变化，公差配合性质改变，精度降低以及零部件损坏等。

第Ⅱ种有形磨损：设备在闲置过程中，由于自然力的作用而被腐蚀，或由于管理不善和缺乏必要的维护而自然丧失精度和工作能力，使设备遭受有形磨损，这种有形磨损称为第Ⅱ种有形磨损。

第Ⅰ种有形磨损与使用时间和使用强度有关，而第Ⅱ种有形磨损在一定程度上与闲置时间和保管条件有关。

（2）无形磨损。无形磨损是指由于科学技术进步而不断出现性能更加完善、生产效率更高的设备，致使原有设备价值降低；或者是生产相同结构的设备，由于工艺改进或生产规模扩大等，其重置价值不断降低，导致原有设备贬值。无形磨损也可分为两种形式：

第Ⅰ种无形磨损：由于相同结构的设备的重置价值的降低而带来的原有设备价值的贬值，称为第Ⅰ种无形磨损。

第Ⅱ种无形磨损：由于不断出现性能更完善、效率更高的设备而使原有设备在技术上显得陈旧和落后所产生的无形磨损，称为第Ⅱ种无形磨损。

在第Ⅰ种无形磨损的情况下，设备技术结构和经济性能并未改变，设备尚可继续使用，一般不需要更新。在第Ⅱ种无形磨损的情况下，由于出现了生产效率更高、经济性能更好的设备，原设备经济效果降低。这种经济效果的降低，实际上反映了原设备使用价值的部分或全部丧失，当设备的贬值达到一定程度时，就需要用新设备来代替原有设备或对原有设备进行技术改造。第Ⅱ种无形磨损也称为功能性磨损。

2. 机器设备磨损的补偿

机器设备遭受磨损以后，应当进行补偿。设备磨损形式不同，补偿的方式也不一样。如果机器设备的有形磨损是由零件磨损造成的，一般可以通过修理和更换磨损零件，使磨损得到补偿；当设备产生了不可修复的磨损时，则需要进行更新；当设备遭受第Ⅱ种无形磨损时，可采用更新、更先进的设备，或对原有设备进行技术改造。

（二）设备贬值与磨损

设备贬值，包括实体性贬值、功能性贬值、经济性贬值。设备的有形磨损和无形磨损与设备的实体性贬值、功能性贬值、经济性贬值的对应关系见表5-3。

表5-3　设备的两种磨损与设备的三种贬值的对应关系

<table>
<tr><th colspan="3">三大贬值</th><th>类型</th><th>原因</th></tr>
<tr><td rowspan="2">实体性贬值</td><td>第Ⅰ种有形磨损</td><td>设备使用</td><td>设备在使用过程中，零部件受到摩擦、冲击、振动或交变载荷的作用，使得零件或部件产生磨损、疲劳等破坏，其结果是零部件的几何尺寸发生变化，精度降低，疲劳寿命缩短等</td><td>这种损耗与工作负荷、工作条件、维修保养状况有关</td></tr>
<tr><td>第Ⅱ种有形磨损</td><td>设备闲置</td><td>设备在闲置过程中，由于受自然界中的有害气体、雨水、射线、高温、低温等的侵蚀，也会出现腐蚀、老化、生锈、变质等现象</td><td>这种损耗与设备闲置和存放的时间、环境、条件有关</td></tr>
<tr><td rowspan="2">功能性贬值</td><td>第Ⅰ种功能性贬值</td><td>超额投资成本</td><td colspan="2">由于技术进步，新技术、新材料、新工艺出现，相同功能的新设备的制造成本比过去降低。反映为更新重置成本低于复原重置成本。复原重置成本与更新重置成本之差即为超额投资成本，即第Ⅰ种功能性贬值</td></tr>
<tr><td>第Ⅱ种功能性贬值</td><td>超额运营成本</td><td>由于新技术出现，新设备在运营费用上低于老设备。超额运营成本引起的功能性贬值就是设备未来超额运营成本的折现值</td><td>分析研究设备的超额运营成本，应考虑下列因素：新设备与老设备相比，生产效率是否提高，维修保养费用是否降低，材料消耗是否降低，能源消耗是否降低，操作工人数量是否降低等</td></tr>
<tr><td rowspan="3">经济性贬值</td><td>成本增加</td><td colspan="3">运营成本增加的外部因素包括原材料成本增加、能源成本增加等。其中，国家对超过排放标准排污的企业征收高额的环境保护税，设备能耗超过限额的，按超限额浪费的能源量加价收费，导致高污染、高能耗设备运营费用的提高</td></tr>
<tr><td>使用寿命缩短</td><td colspan="3">国家有关能源、环境保护等政策调整，设备强制报废</td></tr>
<tr><td>生产能力过剩</td><td colspan="3">市场竞争加剧、产品需求减少，导致设备开工不足，生产能力相对过剩</td></tr>
</table>

（三）机器设备实体性贬值的估算

微课

机器设备的磨损与补偿

【思考5-2】如何进行机器设备实体性贬值的计算？

实体性贬值的估测常采用观察法、使用寿命法和修复费用法等三种方法。

1.观察法

观察法是指评估专业人员通过观察，凭借视觉、听觉、触觉，或借助少量的检测工具对机器设备进行检查，在综合分析机器设备的已使用时间、使用状况、技术状态、维修保养状况、大修技改情况、工作环境和条件等因素的基础上，根据经验对评估对象的状态、损耗程度作出判断的一种方法。运用观察法估测机器设备的成新率，在具体操作中可采用以下方法：

（1）直接观测法。该方法首先确定和划分不同档次的成新率标准，然后根据评估对象的实际情况，经观测、分析、判断直接确定被评估机器设备的成新率。

这种办法的特点是相对简便、省时、易行，但主观性强，精确度较差。

【提示】直接观测法一般适用于单位价值小、数量多、技术性不是很强的机器设备成新率的确定。

（2）“德尔菲法”。“德尔菲法”是在个人判断和专家会议的基础上形成的一种直观判断方法，它采取匿名方式征求专家的意见，并将他们的意见综合、归纳、整理，然后反馈给专家，作为下一轮分析判断的依据。通过几轮反馈，直到意见趋于一致。

（3）“模糊综合判断法”。“模糊综合判断法”是利用模糊数学原理，对各种模糊信息进行处理，量化损耗状态的方法。

【提示】对于大型设备，为了避免个人主观判断的误差，可采用“德尔菲法”或“模糊综合判断法”。

2.使用寿命法

（1）机器设备寿命相关概念

机器设备寿命，是指机器设备从开始使用到被淘汰所经历的时间期限，分为自然寿命、经济寿命和技术寿命。

机器设备的自然寿命，是指机器设备从开始使用到因自然磨损不能正常使用所经历的时间。设备在存放和使用过程中，自然力侵蚀、摩擦、振动和疲劳等均可产生自然磨损。

机器设备的经济寿命，是指机器设备从开始使用到因遭受有形磨损和无形磨损，如继续使用在经济上已不合适而被淘汰所经历的时间期限。

机器设备的技术寿命，是指机器设备从开始使用到因技术进步导致其功能落后被淘汰所经历的时间期限。机器设备的技术寿命主要是由其无形磨损决定的，它一般要短于其自然寿命，而且科学技术进步越快，技术寿命越短。在经济可行的条件下，通过实施现代化改造也可延长设备的技术寿命。

（2）使用寿命法概述

使用寿命法是指从机器设备使用寿命的角度来估算其贬值的一种方法，这种方法是假设机器设备有一定的使用寿命，设备的价值与使用寿命成正比关系。设备在使用过程中，设备使用寿命逐步减少，直至寿命耗尽退出使用。因此设备的贬值可以用使用寿命减少量来表示，实体性贬值率也可以用使用寿命减少量与总使用寿命之比来表示。若不考虑设备的残值，其计算公式为：

$$\text{实体性贬值率}=\frac{\text{使用寿命减少量}}{\text{总使用寿命}}\times 100\%$$

使用寿命可以用时间单位表示，如汽油机、柴油机、机床、电子设备等一般用工作小时或年限来表示使用寿命；

使用寿命也可以用工作量（用设备加工工件的件数）、使用次数来表示，如模具的使用寿命一般按使用模具的次数来表示；

使用寿命也可以用其他单位表示，如汽车的使用寿命是用行驶里程来表示的。

【学中做5-7】某厂家用于汽车覆盖件生产的部分专用冲压模具，设计可使用50万冲次，已使用20万冲次，按目前的技术状态还可以正常使用30万冲次。按使用次数计算，该部分模具的实体性贬值率为：

实体性贬值率 = 20 ÷（20 + 30）×100% = 40%

【学中做5-8】某汽车按行驶里程设计的总使用寿命为50万千米，已行驶30万千米，其实体性贬值率为：

$$\text{实体性贬值率}=\frac{30}{50}\times 100\%=60\%$$

如果复杂机器设备的各个组成部分的使用寿命不同，且可独立更换，则整个机器设备的贬值率可以用公式表示为：

$$\alpha_p=\sum K_i\alpha_{pi}$$

式中：K_i为第i个部件所占的成本权重；α_{pi}为第i个部件的实体性贬值率。

3. 修复费用法

修复费用法是假设设备所发生的实体性损耗是可补偿的，则设备的实体性贬值就应该等于补偿实体性损耗所发生的费用。所用的补偿手段一般是修理或更换损坏部分。比如，一台机床的电机损坏，如要修复该机床，必须更换电机，如果这台机床不存在其他贬值，则更换电机的费用即为机床的实体性贬值。修复费用法确定实体性贬值率的公式为：

$$\text{实体性贬值率}=\frac{\text{修复费用}}{\text{重置成本}}\times 100\%$$

【提示】评估人员在使用修复费用法时应注意区分可修复性损耗（可补偿性损耗）和不可修复性损耗（不可补偿性损耗）。可修复性损耗是指可以用经济上可行的方法修复的损耗，不仅在技术上具有修复的可能性，而且修复这些损耗在经济上是合理的；不可修复性损耗是指那些损耗尽管在技术上可以修复，但在经济上不合理。不可修复性损耗不能用修复费用法计算贬值。大多数情况下，设备的可修复性损耗和不可修复性损耗是并存的，评估专业人员应分别计算它们的贬值。

【学中做5-9】对某企业的一台加工炉进行评估，该加工炉每周7天，每天24小时连续运转。经现场观察并与操作人员和技术人员交谈，了解到这台设备是8年前安装的，现在需要对炉内的耐火材料、一部分管道及外围设备更换。

如果更换耐火材料、管道和外围设备，该加工炉就能再运转15年。经与设备维修和技术部门讨论，可知更换耐火材料需投资15万元，更换管道及外围设备需投资7万元，共22万元。采用成本法求得该加工炉的重置成本为160万元。

要求：估测该加工炉的成新率。

解析：（1）估测不可修复部分的重置成本：

用加工炉的重置成本扣减可修复的实体性贬值：

不可修复部分的重置成本 = 160 − 22 = 138（万元）

（2）计算不可修复部分的贬值率和贬值额：

不可修复部分的贬值率 = 8 ÷（8 + 15）× 100% = 34.78%

不可修复部分的贬值额 = 138 × 34.78% = 48（万元）

（3）计算实体性贬值及成新率：

实体性贬值 = 22 + 48 = 70（万元）

成新率 = 1−（22 + 48）÷ 160 × 100% = 56.25%

（四）机器设备功能性贬值的估算

机器设备的功能性贬值包括第Ⅰ种功能性贬值和第Ⅱ种功能性贬值。

1. 第Ⅰ种功能性贬值的估算

第Ⅰ种功能性贬值，反映为超额投资成本，用复原重置成本与更新重置成本之差表示。用公式表示为：

功能性贬值 = 设备复原重置成本 − 设备更新重置成本

【学中做5-10】某锅炉设备，2020年建造，建造成本项目及原始成本见表5-4。

表5-4　原始成本表

序号	成本项目	原始成本（元）	备注
1	主材	60 000	钢材30吨
2	辅材	12 000	铝、橡胶、聚乙烯、铜等
3	外购件	20 000	电机、阀
4	人工费	40 000	800工时×50元
5	机械费	15 000	150工时×100元
	成本小计	147 000	
6	利润	22 050	15%
7	税金	31 612	14.3%
	含税完全成本	200 662	

在评估基准日发生以下事项：

（1）钢材价格上涨了27%，人工费上涨了35%，机械费上涨了17%，辅材现行市场价合计为15 000元，电机、阀等外购件现行市场价为28 000元，假设利润、税金水平不变。

（2）由于制造工艺的进步，导致主材利用率提高，钢材的用量比过去节约了20%，人工工时和机械工时也分别节约15%和8%。

要求：计算该设备超额投资成本引起的功能性贬值。

解析：（1）该设备复原重置成本计算见表5-5。

表5-5 设备复原重置成本

序号	成本项目	原始成本（元）	复原重置成本
1	主材	60 000	76 200（60 000×（1+27%））
2	辅材	12 000	15 000
3	外购件	20 000	28 000
4	人工费	40 000	54 000（40 000×（1+35%））
5	机械费	15 000	17 550（15 000×（1+17%））
	成本小计	147 000	190 750
6	利润	22 050	28 613（190 750×15%）
7	税金	31 612	31 369（190 750×（1+15%）×14.3%）
	含税完全成本	200 662	250 732

（2）该设备更新重置成本计算见表5-6。

表5-6 设备更新重置成本

序号	成本项目	计算过程	更新重置成本（元）
1	主材	30×0.8×2 000×1.27	60 960
2	辅材		15 000
3	外购件		28 000
4	人工费	800×0.85×50×1.35	45 900
5	机械费	150×0.92×100×1.17	16 146
	成本小计		166 006
6	利润		24 901（166 006×15%）
7	税金		27 300［166 006×（1+15%）×14.3%］
	含税完全成本		218 207

（3）超额投资成本引起的功能性贬值 = 复原重置成本 − 更新重置成本

= 250 732 − 218 207 = 32 525（元）

【提示】在评估实践中，如果可以直接确定设备的更新重置成本，就不必再计算设备的复原重置成本，此时不需单独计算超额投资成本引起的功能性贬值。因为更新重置成本已把被评估设备价值中所包含的超额投资成本部分剔除了。因此，在选择重置成本时，在同时可得复原重置成本和更新重置成本的情况下，应选用更新重置成本。

2.第Ⅱ种功能性贬值的估算

第Ⅱ种功能性贬值，反映为超额运营成本。计算超额运营成本引起的功能性贬值的具体步骤如下：

（1）分析比较机器设备的超额运营成本因素。

（2）确定被评估机器设备的尚可使用寿命，计算每年的超额运营成本。

（3）计算被评估机器设备的年净超额运营成本。

（4）确定折现率，计算年净超额运营成本的折现值。

【提示】分析研究机器设备的超额运营成本，应考虑下列因素：新设备与老设备相比，生产效率是否提高；操作工人数量是否降低；维修保养费用是否降低；材料消耗是否降低；能源消耗是否降低等。

【学中做5-11】某厂的一台设备仍有10年使用寿命，但由于技术进步出现了一种新型设备，其功能相同，但每生产100件产品可节约A材料2千克，预计该厂未来10年内每年生产该产品20万件，A材料的价格将保持在20元/千克。

要求：根据上述条件确定该设备的功能性贬值。（适用的折现率为10%，所得税税率为25%）

解析：（1）被评估设备每年超额运营成本 = 2 ×（200 000 ÷ 100）× 20 = 80 000（元）

（2）被评估设备每年净超额运营成本 = 80 000 ×（1−25%）= 60 000（元）

（3）被评估设备的功能性贬值额 = 60 000 ×（P/A，10%，10）= 368 674（元）

（五）机器设备经济性贬值的估算

1. 市场竞争加剧引起的经济性贬值

市场竞争的加剧，或其他原因引起需求量大幅减少导致产品销售数量减少，从而引起设备开工不足，生产能力相对过剩，是引起经济性贬值的主要原因。

微课

机器设备的经济性贬值

【提示】市场竞争加剧引起的经济性贬值额或贬值率的计算可以通过前面介绍的类比法——指数估价法间接获得。具体参见项目四任务三资产经济性贬值的估算。

2. 使用寿命缩短引起的经济性贬值

引起机器设备使用寿命缩短的外部因素主要是国家有关能源、环境保护等方面的法律、法规。例如，近年来由于环境保护方面的问题日益严重，国家对机器的环保要求越来越高，对落后的、高能耗的机电产品实行强制淘汰制度，缩短了设备的正常使用寿命。

【学中做5-12】沿用【学中做5-7】的资料，由于市场竞争加剧，相关车型急剧缩减生产规模，在相关车型全部退出市场之前，某厂家用于汽车覆盖件生产的部分专用冲压模具只能再使用5万冲次，因此该部分模具将比设计使用次数减少25万冲次。在这种情况下，该部分模具的经济性贬值率为：

经济性贬值率 = 25 ÷（20 + 30）× 100% = 50%

假设该部分模具的重置成本为100万元，经济性贬值额 = 100 × 50% = 50（万元）。

3. 运营费用增加引起的经济性贬值

引起机器设备运营费用增加的外部因素包括原材料成本增加、能源成本增加等。其中，国家对超过排放标准排污的企业要征收高额的环境保护税，设备能耗超过限额的，按超额浪费的能源量加价收费，导致高污染、高能耗设备运营费用的提高。例如，北京市关于超限额耗能加价收费标准规定：企业产值综合能耗、产品单位能耗和主要用能设备能耗指标超限额10%（含10%）以内的加价1倍；超限额10%~20%（含20%）的加价2倍；超限额20%~30%（含30%）的加价3倍；超限额30%~40%（含40%）的加价4倍；超限额

40%以上的加价5倍。

【学中做5-13】北京某企业台车式电阻炉，尚可使用5年，政府规定的可比单耗指标为650千瓦时/吨，该炉的实际可比单耗为750千瓦时/吨，该电阻炉年产量为1 000吨，电单价为1.2元/千瓦时。根据北京市政府规定超限额10%~20%(含20%)的加价2倍。

要求：计算因政府对超限额耗能加价收费所引起的经济性贬值额（假设折现率为10%，考虑资金的时间价值）。

解析：每年因政府对超限额耗能加价收费而增加的运营成本计算如下：

$Y = Y_1 \times$（实测单耗 − 限额单耗）$\times G \times C$

式中：Y为年加价收费总金额（元）；Y_1为电单价（元/千瓦时）；G为年产量（吨/年）；C为加价倍数。

$$\text{超限额的百分比} = \frac{\text{实测单耗} - \text{限额单耗}}{\text{限额单耗}} \times 100\% = \frac{750 - 650}{650} \times 100\% = 15.38\%$$

超限额在10%和20%之间，应加价2倍收费。据此，计算每年因政府对超限额耗能加价收费而增加的运营成本为：

$Y = 1.2 \times (750 - 650) \times 1\,000 \times 2 = 240\,000$（元）

经济性贬值额 = 240 000 ×（P/A，10%，5）= 909 600（元）

电阻炉因超限额加价收费引起的经济性贬值，使该电阻炉未来5年使用寿命期内，要多支出的运营成本为909 600元。

三、机器设备评估值的估算

计算出设备的重置成本与各种贬值，就可以通过下列公式计算评估价值。

机器设备评估值 = 重置成本 − 实体性贬值 − 功能性贬值 − 经济性贬值

或：

$$\text{机器设备评估值} = \text{重置成本} - \text{重置成本} \times \text{实体性贬值率} - \text{重置成本} \times \text{功能性贬值率} - \text{重置成本} \times \text{经济性贬值率}$$

$$= \text{重置成本} \times [1 - (\text{实体性贬值率} - \text{功能性贬值率} - \text{经济性贬值率})]$$

【学中做5-14】某被评估设备购建于2019年6月，账面原值100万元，2022年6月对该设备进行了技术改造，以使用某种专利技术。改造费用为10万元。2023年6月对该设备进行评估，评估基准日为2023年6月30日。现得到以下数据：

（1）2019年至2023年该类设备的定基价格指数分别为105%、110%、110%、115%、120%;

（2）被评估设备的月人工成本比同类设备节约1 000元；

（3）被评估设备所在企业的正常投资报酬率为10%，规模经济效益指数为0.7，该企业为正常纳税企业（企业所得税税率为25%）；

（4）经过了解，得知该设备在评估使用期间因技术改造等原因，其实际利用率为正常利用率的60%，经过评估专业人员鉴定分析认为，被评估设备尚可使用6年，预计评估基准日后其利用率可以达到设计标准的80%。

要求：根据上述条件估算该设备的有关技术经济参数和评估价值。

解析：（1）估算重置成本。

重置成本=100×120%÷105%+10×120%÷115%=124.72（万元）

（2）估算加权投资年限。

$$加权投资年限=4\times\frac{120\%}{105\%}\times100\%\div124.72+1\times\frac{120\%}{115\%}\times100\%\div124.72=3.75（年）$$

（3）估算实体性贬值率。

实体性贬值率=3.75÷（3.75+6）×100%=38.46%

（4）估算实体性贬值。

实体性贬值=重置成本×实体性贬值率=124.72×38.46%=47.97（万元）

（5）估算功能性贬值。

①计算被评估设备的年超额运营成本。

1 000×12=12 000（元）

②计算被评估设备的年净超额运营成本。

12 000×（1−25%）=9 000（元）

③将被评估设备的年净超额运营成本，在其剩余使用年限内折现求和，以确定其功能性贬值额。

9 000×（P/A，10%，6）=9 000×4.3553=39 197.7（元）=3.9（万元）

（6）估算经济性贬值率。

经济性贬值率=［$1-(60\%\div80\%)^{X}$］×100%=［$1-(60\%\div80\%)^{0.7}$］×100%=18.24%

（7）估算经济性贬值。

经济性贬值=（重置成本−实体性贬值−功能性贬值）×经济性贬值率

=（124.72−47.97−3.9）×18.24%=13.29（万元）

（8）计算资产价值。

待评估资产的价值=重置成本−实体性贬值−功能性贬值−经济性贬值

=124.72−47.97−3.9−13.29=59.56（万元）

【学思践悟】随着全球汽车保有量的迅速增长，我国面临的能源、环境和安全的压力日益加大。发展新能源汽车是我国从汽车大国迈向汽车强国的必由之路，是应对气候变化、推动绿色发展的战略举措。适应产业升级趋势和绿色消费新需求，我国新能源汽车产业进入加速发展阶段。中国汽车工业协会数据显示，2021年1—6月，新能源汽车产销双双超过120万辆，分别达到121.5万辆和120.6万辆，同比增长均为2倍。经过多年持续努力，我国新能源汽车产业技术水平显著提升、产业体系日趋完善、企业竞争力大幅增强，产业进入叠加交汇、融合发展新阶段。随着新能源汽车交易的频繁发生，对其进行价值界定将是评估师今后工作的重点。

资料来源：工信部装备工业司.《中国制造2025》解读之：推动节能与新能源汽车发展［EB/OL］.［2024-04-01］. https：//www.gov.cn/zhuanti/2016-05/12/content_5072762.htm.

项目小结

机器设备是企业固定资产的重要组成部分，涉及的种类多，技术性能和个体差异较大，因此，做好机器设备的技术鉴定和检测是机器设备评估的基础。评估方法一般有成本法、市场法、收益法三种，熟练掌握评估方法是科学估测机器设备价值的保证。

本项目框架结构如图5-2所示。

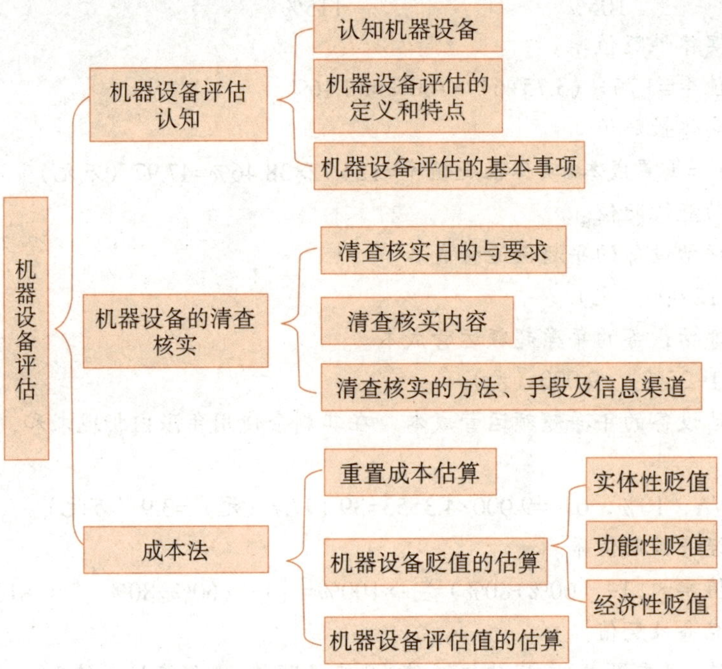

图5-2　本项目框架结构

实训设计

一、实训目标

成本法是机器设备评估中常用的一种方法。通过对机器设备评估价值进行评估的实际操作训练，使同学们能够掌握机器设备价值评估的理论方法和技能技巧，能独立运用成本法对机器设备价值进行评估。

二、实训项目与要求

1. 实训组织

首先，实训指导教师将学生分组，每组10人左右，指定组长负责，明确目标和任务；其次，分组开展业务训练，发挥小组的集体智慧和成员的主观能动性，写出实训过程和结果；最后，组长总结汇报实训活动。

2. 实训项目

某企业委托某评估事务所对其拥有的空调生产线进行评估。评估基准日为2023年12月31日。要求评估该空调生产线的价值。具体评估资料如下：

（1）该生产线于2016年12月31日购置，账面原值为150万元，账面净值为85万元，年生产能力为5 000台，并在当年全部销售。评估专业人员在市场上寻找到与被评估生产线相类似的生产线，参照生产线的年生产能力为4 500台，参照生产线的全新购建成本为180万元。

（2）由于自动化控制装置损坏，将予以更换，预计更换费用为6.8万元。

（3）评估专业人员发现与市场上新型空调生产线相比，被评估生产线耗电量比较高，每年比新型生产线多耗电12 000度。预计评估基准日后前3年电价将保持为0.6元/度，第4年开始电价将保持在0.9元/度。

（4）自该空调生产线购置以来，其空调产品每台销售价格为3 500元，评估专业人员预测评估基准日后由于空调业市场竞争加剧，前4年还能维持现价销售，从第5年开始，为维持市场占有率，预计每台空调将降价100元进行销售。

（5）经评估专业人员测定，该生产线还能够使用6年，规模经济效益指数为0.6，假定所得税税率为25%，折现率为10%。

3. 实训要求

（1）该被评估生产线的评估程序和鉴定的基本内容是什么？

（2）该被评估生产线的重置成本如何计算？

（3）估测该被评估生产线成新率的主要方法有哪些？如何使用？

（4）请计算该被评估生产线的价值。

（5）要求熟练掌握评估机器设备价值的成本法。

（6）要求执行规范的机器设备价值评估程序。

三、成果与检测

1. 同学自我总结机器设备价值评估的经验，并说明在机器设备评估中遵循的评估程序。

2. 各组组长组织同学互相评价，提出实训建议成绩。组长撰写小组实训报告，在班级进行交流汇报。

3. 教师汇总实训所取得成绩和存在的问题，提出今后的改进措施，并根据学生自评、互评情况和组长的建议，确定学生的实训成绩。

项目六

不动产评估

知识目标

1. 了解不动产的概念、特征；
2. 理解影响不动产价值的因素；
3. 掌握不动产价值评估的程序；
4. 掌握不动产价值评估的方法。

能力目标

熟练运用收益法、市场法和成本法评估不动产价值。

素养目标

1. 遵循独立、客观公正和科学的原则进行不动产评估；
2. 树立正确的价值观，坚守职业道德。

项目导入

怎样评估办公楼的价值？

某市经济技术开发区内有一栋6层砖混结构办公楼，土地总面积500平方米，房屋建筑面积1 500平方米，月租金4.5万元，假设建筑物的资本化率为10%，耐用年限为60年，土地资本化率为8%，管理费以年租金的3%计算，房产税为租金收入的12%，城镇土地使用税每年每平方米2元，建筑物尚可使用年限为50年，土地使用权年限为40年。

思考：假如你是山西中青资产评估事务所的评估人员，你将怎样评估这栋办公楼的价值？

启示：在“碳达峰碳中和”背景下，评估师应树立可持续发展理念，积极探讨可持续发展对建筑物价值的影响及其在建筑物价值上的表现，科学客观地评估更新改造前后的建筑物价值，为优化城市更新改造贡献能量。

任务一　不动产评估概述

任务描述

不动产评估是资产评估的主要内容之一，主要在于了解不动产价格的种类，理解不动产评估的原则，熟练掌握影响不动产价值的主要因素和不动产评估的主要方法。

相关知识

一、不动产概述

（一）不动产的概念

《资产评估执业准则——不动产》将不动产定义为“土地、建筑物及其他附着于土地上的定着物，包括物质实体及其相关权益”，“不包含海域、林木等”。

（1）土地。土地是地球的陆地（包括内陆水域、海涂）表层范围内，由土壤、岩石、矿藏、水、气候、地质、地貌，以及人类活动对上述要素产生的种种结果所组成的自然经济综合体。

土地按照自然形态可以分为山地、丘陵地、台地、平原等，按照用途可以分为商业金融业用地、工业及仓储用地、市政用地、公共建筑用地、住宅用地、交通用地、农用地、水域用地、特殊（军事、宗教、监狱等）用地、未利用空闲地等。中国土地利用现状分类（GB/T 21010—2017）将土地分为耕地、园地、林地、草地、商服用地、工矿仓储用地、住宅用地、公共管理与公共服务用地、特殊用地、交通运输用地、水域及水利设施用地、其他土地等12个级类。

（2）建筑物。广义的建筑物是指人工建造的所有建造物，包括房屋和构筑物；狭义的建筑物仅指房屋，不包括构筑物。房屋指由围护结构组成的能够遮风挡雨，供人们在其中居住、工作、生产、生活、娱乐、储藏物品或进行其他活动的空间场所，如住宅、公寓、宿舍、办公场所、商场、宾馆、酒店、影剧院等。构筑物是指房屋以外的建造物，人们一般不在其中进行生产生活活动，如烟囱、水井、道路、桥梁、隧道、水坝等。

（二）不动产的特征

1. 自然特性

（1）不可移动性，又称位置固定性，实体的唯一性，即地理位置是固定的，实体是唯一的。不可移动性是不动产最重要的一个特性，也是不动产不同于其他财产的主要之处。每一块土地的绝对位置（经纬度）都是固定的，包括地面及其以上和以下的空间。土地上的土壤、沙石等虽然可以移动、搬走，但是作为立体空间、完整意义上的土地，其位置是固定的，不能移动。建筑物由于“扎根”在土地之中，其位置通常也是固定的，不能移动。各块土地之间的相对位置（距离）也是固定的。当然，交通条件可在一定程度上改变这种相对固定性，但交通条件改变后土地又表现出新的相对固定性。每一块土地所处的环境及其物质构成，一般来讲，在一定时空范围内基本上也是固定的。

（2）耐久性，又称不可隐匿性。土地寿命长久，不因使用或放置而损耗、毁灭。耐久性是不动产的基础特性，包括自然寿命与经济寿命。耐久性体现在土壤、建筑设计、主体结构、机电设施以及建筑材料、建造工艺、施工质量等方面。

（3）数量有限性，又称供给有限，土地总量固定有限，经济供给有弹性。土地数量的有限性决定了土地供给的稀缺性。土地面积的供给在一定时期和一定范围内是有限的，是无弹性的；特定地区不同用途的土地面积也是有限的。

【思考6-1】如何理解土地供给的稀缺性？

2. 经济特性

（1）价值量大。与一般物品相比，不动产不仅单价高，而且总价大。

（2）用途多样性，即用途的竞争、转化及并存的可能性。土地具有养育功能、承载功能、仓储功能、景观功能。因此，从经济角度，土地具有多种用途。一般情况下，土地利用的优先顺序是：商业、办公、居住、工业、耕地、牧场、放牧地、森林、不毛荒地。由此，不动产也存在用途的多样性，以及不同用途间的可转化性，如工业、居住、商业、军事、办公等。对一宗不动产的利用，常常同时产生两个以上用途的竞争，并可以从一种用途转换到另一种用途。

（3）涉及广泛性，又称相互影响性。不动产涉及社会多方面，容易对外界产生影响，在经济学中称为外部性，分为正外部性、负外部性。

【思考6-2】如何理解正外部性和负外部性？

（4）难以变现性，也称变现能力弱、流动性差。这个经济特性主要是由不动产的价值高、不可移动、易受限制等特性决定的。影响不动产变现的因素主要有不动产的通用性、独立使用性、价值量、可分割性、开发程度、区位市场状况等。

（5）保值增值性。保值是指不动产能抵御通货膨胀。不动产具有保值功能，是因为它能抵御通货膨胀。增值性指不动产在面积不增加的情况下，因城市基础设施不断完善、人口聚集、经济发展等因素，其价值随着时间推移而增加。

（6）资产组合性。不动产可以理解为是由土地和房产组成的一个资产组，通常情况下，这个资产组可以独立于其他资产创造现金流。土地作为承载体在一定条件下可以作为单独的资产使用、处置并产生现金流，但房屋建筑物离开土地则难以实现其功能，因此，不动产评估中应特别注意根据不动产的资产组合特性，做好房地匹配，合理把握房地合估或房地分估。

（三）不动产的分类

按照不同的标准，不动产有不同的分类。常见的分类有：

1. 按照不动产的物质形态划分

按照物质形态，不动产可划分为土地（空地及有建筑物的土地）、房屋（含土地的房屋、不含土地的房屋，房屋整体、房屋局部）、构筑物、土地定着物、在建工程、不动产开发项目等。

2. 按照用途划分

按照用途，不动产可划分为居住、商业、工业、农业、综合、特殊不动产等。

（1）居住不动产是指用于居住的不动产，包括普通住宅、高档住宅、公寓式住宅、联排式住宅、别墅等。

（2）商业不动产是指用于从事各种非生产性经营活动，以及商贸服务活动，并由此获得收益的不动产，包括办公、酒店、商贸、娱乐休闲、停车场等。

（3）工业不动产是指用于从事各种工业生产性经营活动，并由此获得收益的不动产，包括工业厂房、仓储、堆场、交通运输等。

（4）农业不动产是指用于从事各类农业生产性经营活动，并由此获得收益的不动产，包括农田、草场、养殖场、放牧场、灌溉设施、大棚、温室、鱼塘等。

（5）综合不动产是指同一宗不动产包含两种或两种以上不同用途的不动产，如商住不动产、居住办公不动产等。

（6）特殊不动产是指用于特殊用途的物业，如学校、医院、寺院、墓地、赛马场、高尔夫球场、加油站、飞机场、车站、码头、高速公路、桥梁、隧道等。

3. 按照开发程度划分

按照开发程度，不动产可划分为生地、毛地、熟地（通平）、在建工程、现房等。

（1）生地是指完成土地征用，未经开发，不可直接作为建筑用地的农用地或荒地等。

（2）毛地是指在城市旧区范围内，具有一定基础设施条件，但未经过拆迁安置补偿等土地开发过程，不具备基本建设条件的土地。

（3）熟地是指经过开发，具备基础设施条件且场地平整，已经拆迁完毕，可供直接建设的土地。按照开发程度，熟地又可分为“三通一平”“五通一平”“七通一平”等。

（4）在建工程是指正在建设，尚未竣工投入使用的建设工程。

（5）现房是指已经竣工并投入使用的房屋建筑物。

4. 按照使用方式划分

按照使用方式，不动产可划分为自用、出租、销售、承租、投资等。

（1）自用不动产是指投资建设或购置并用于自身居住或生产经营的不动产。

（2）出租不动产是指将自有或承租的不动产租予他人使用的不动产。

（3）销售不动产是指投资建设并用于销售给他人的不动产。

（4）承租不动产是指租用他人的不动产。

（5）投资性不动产是指为赚取租金或资本增值，或两者兼有而持有的不动产。

二、不动产评估

《资产评估执业准则——不动产》将不动产评估定义为：不动产评估是指资产评估机构及其资产评估专业人员遵守法律、行政法规和资产评估准则，根据委托对评估基准日特定目的下的不动产价值进行评定和估算，并出具资产评估报告的专业服务行为。

不动产评估包括单独的不动产评估和企业价值评估中的不动产评估。

（一）不动产价格的基本类型

1. 按不动产权利类型分类

（1）不动产所有权价格。不动产所有权价格是指房屋所有权价格、土地所有权价格，或者房屋和土地所有权价格。目前，我国的土地只能为国家所有或集体所有，土地的国家所有权和集体所有权不允许出让和转让，仅存在以征收方式将集体土地变为国有土地。

（2）不动产使用权价格。不动产使用权价格主要是指土地使用权价格。由于土地使用权有建设用地使用权（其中又有出让的建设用地使用权、划拨的建设用地使用权和其他建设用地使用权）、宅基地使用权、土地承包经营权，所以土地使用权价格又有相应的使用权价格。我国目前有偿出让和转让土地的价格主要是建设用地使用权价格。

（3）抵押权价格。抵押权价格是为不动产抵押而评估的不动产价格，一般低于市场交易价格。

（4）租赁价格。租赁价格是承租方为取得不动产租赁权而向出租方支付的价格。

2. 按不动产的实物形态分类

（1）土地价格。单纯的土地及附有建筑物的不动产中的土地的价格都属于土地的价格。

土地价格会因土地开发条件和开发程度的不同，产生不同的价格，如生地价格、毛地价格和熟地价格。

土地价格因价格形成机制的不同划分为一级市场地价和二级市场地价。一级市场地价是由政府制定的，具体包括基准地价和标定地价等。基准地价是按照城市土地级别或均质地域分别评定的商业、住宅、工业等各类用地和综合土地级别的一定使用年期内的土地使用权的平均价格。基准地价评估以城市为单位进行。标定地价是具体宗地在一定使用年期内的价格。标定地价可以以基准地价为依据，根据土地使用年限、地块大小、土地形状、容积率、微观区位等条件，通过系数修正进行评定，也可以参照市场交易资料直接进行评定。二级市场地价是由市场形成的，包括正常市场条件下形成的各种地价，如公开市场交易地价和非正常条件下形成的各种地价，如拍卖地价等。

（2）房屋建筑物价格。建筑物价格即纯建筑物部分的价格，不包含其占用的土地的价格。

（3）房地合一价格。不动产价格即建筑物连同其占用的土地的价格。

3. 按不动产计价单位分类

土地有两种单价形式：一是根据单位土地面积确定的单价，称为“土地单价”；二是根据单位建筑面积确定的单价，即土地总价除以总建筑面积，称为“楼面地价”。楼面地价与土地单价的换算关系是：

$$楼面地价 = 土地总价格 \div 建筑总面积$$

$$建筑总面积 \div 土地总面积 = 容积率$$

$$楼面地价 = 土地单价 \div 容积率$$

4. 按不动产价格形成方式分类

（1）不动产成交价格。不动产成交价格即不动产在市场交易中实际成交的价格。其作为一个已完成的事实，通常随着交易者的财力、动机、对交易对象和市场的了解程度、购买或出售的急迫程度、讨价还价能力、交易双方之间的关系等的不同而不同。该价格一般用作交易双方收支价款的依据、缴纳契税和管理费的依据等。因易受个别因素的影响，不动产的实际价格可能公平，也可能不公平。

（2）不动产评估价格。不动产评估价格又称为评估价值、估计值，是在不动产未真正进入市场之前，由评估专业人员模拟市场分析判断出来的。它一方面掺杂着评估专业人员的主观因素，另一方面不动产的评估价值也不是一个事实，只是评估专业人员对待评估不动产正常价格的一种估计值。尽管如此，从不动产评估的角度，以及从评估师的角度看，不动产评估值必须是公允的。由于引起不动产评估的经济行为是多种多样的，既包括了正常条件，也包括了非正常条件，所以，不动产评估价值既包括了正常条件下的公允价值，也包括了非正常条件下的公允价值，即不动产的市场价值和不动产的非市场价值。

5. 按照交易标的存在形态不同分类

按照交易标的存在形态分类，不动产价格可以分为现房价格和期房价格。

6. 按照交易价格表现形式的不同分类

按照交易价格表现形式的分类，不动产价格可以分为名义价格和实际价格。

【思考6-3】一宗不动产买卖交易，买卖双方约定的成交价格为100万元，双方同时约定由买方缴纳本应由卖方承担的税费，你能说出名义总价和实际总价是多少吗？

知识拓展

不动产价格的特征

（二）不动产价格的影响因素

1. 自身因素

影响不动产价格的自身因素包括区位因素、实物因素和权益因素。

（1）区位因素。区位因素是指某一特定的区域内的自然条件与社会、经济、行政、技术等因素相结合所产生的区域性特性，对该区域内的各块土地的价格水平产生影响的因素。

① 位置。不动产的位置有自然地理位置与社会经济位置之别。不动产的不可移动性决定了不动产的自然地理位置是固定不变的，但是其社会经济位置则可能发生变化。不动产的社会经济位置会随经济建设、周边环境的改善而变化，随着交通条件的改善、城市规划布局的调整，城市区位价值的格局也在悄然发生改变。决定不动产价值高低的关键在于其位置的优劣。

② 坐落，指不动产是在哪个城市、哪个行政区、哪条街道，具体的门牌号。

③ 临街状况，指不动产临街的等级、数量，临街方位等。

④ 方位，指不动产的方向和位置，通常用东西南北来表示。

⑤ 距离，指不动产距交通枢纽、重要标志性建筑、商业中心、原料生产地等的距离。

⑥ 交通，指从事旅客和货物运输及语言和图文传递的行业，包括运输和邮电两个方面，在国民经济中属于第三产业。运输有铁路、公路、水路、航空、管道五种方式；邮电包括邮政和电信两方面内容。

⑦ 配套，是指城镇道路、市场、供水、排水、供电、邮政、卫生、环保等设施。

⑧ 景观，指某地区或某种类型的自然景色，也指人工创造的景色、景观，泛指自然景色、景象。

⑨ 环境，既包括以大气、光照、水、土壤、植物、动物、微生物等为内容的物质因素，也包括以观念、制度、行为准则等为内容的非物质因素；既包括自然因素，也包括社会因素；既包括非生命体形式，也包括生命体形式。

知识拓展

聚落环境和区域环境

【提示】不动产评估中所指的环境主要是聚落环境和区域环境。

（2）实物因素。

①土地的实物因素：面积、形状、地形、地势、土壤、地质、四至、建筑覆盖率等。一般来说，土地面积过大或过小，对土地的价值都存在不利影响；土地形状规整，价值较高；地形平整，土地价值较高；地势平缓，土地价值较高；土壤水肥条件好，土地价值较高；土地承载力好，土地价值较高；建筑覆盖率过大或过小，对土地的价值都存在不利影响。

②建筑物的实物因素：体量（面积、体积）、质量、高度、楼层、层高、檐高、地基、结构、公摊、外观、设备设施、装修、布局、朝向、进深、间距、光照、建筑年代、使用维护保养、容积率等。

体量（面积、体积）过大或过小，都会降低其价值；建筑物质量越好，价值较高；层高和净高越低，价值一般越低；地基、结构的稳固性和耐久性越强，价值越高；公摊越小，价值越高；外观优美、布局合理、装修豪华、设备设施先进完备，价值较高；朝阳面、无遮挡、光照充足的建筑物的价值会高于背阴面、有遮挡、光照不足的建筑物的价值；进深过小或过大，对不动产的价值都存在不利影响；建筑物间距越大，不动产价值越高；建筑年代越久，不动产价值越低（文物古迹除外）；使用维护保养越好，不动产价值越高；容积率过高或过低，对不动产的价值都存在不利影响。

③不动产的通用性：即不动产在不同用途间转化的能力和使用利用过程中的便利程度，也即不动产的适用范围是否广泛，能否产生较多的有效需求。不动产在不同用途间转化越容易、使用利用过程中的便利程度越高，不动产的价值越高。

（3）权益因素。

①土地的权益因素：土地所有权、土地使用权取得方式（划拨、出让、租赁）、权证（合同）、剩余年限、土地管制（规划设计条件、用途管制）。

②不动产的权益因素：权证（合同）、规划、查封、保全、征收、相邻关系。

一般来说，不动产权属越完整，价值越高；不动产权属瑕疵越多，价值越低；不动产（土地）规划、用途管制的限制越多，价值越低；设定了他项权利的不动产价值低于未设定他项权利的不动产。

2. 外部因素

影响不动产价格的外部因素包括政治因素、政策因素、经济因素、社会因素等。

（1）政治因素。国家在国际上的政治地位，与他国的经济贸易往来，汇率，战争等；国家领导人更替，重大政治事件；产权制度、法治环境等。

（2）政策因素。对不动产价格具有影响的主要政策因素有区域发展政策、住房政策、土地开发政策、信贷政策、货币政策、税收政策等。

（3）经济因素，包括国民经济发展状况、经济结构、居民收入、城市化水平、消费结构等。

（4）社会因素，包括人口、教育、科技、文艺、道德、宗教、价值观念、风俗习惯、社会治安、媒体讯息等。

3. 交易因素

影响不动产价格的交易因素包括不动产的供求关系、变现因素、心理因素、其他因素等。

知识拓展

引起不动产价格上涨的原因

（1）供求关系。不动产需求是指在一定时期内，在不同的价格水平下，需求者愿意并且能够购买的不动产商品数量，包括生产性需求、消费性需求和投资性需求。影响不动产需求的因素有人口、就业及收入水平、抵押贷款条件、税负等。不动产供给是指在一定时期内，在不同价格水平下，供给者愿意并且能够提供的不动产商品数量。影响不动产供给的因素有土地利用控制、开发成本、建筑技术变化、开发融资条件等。

（2）变现因素。变现能力指不动产在一定时间内实现交易，转换为现金的能力。不动产的变现能力包括变现价格的高低和变现时间的长短。

不动产的变现能力高低取决于多方面因素：

① 用途的专业化：用途越单一的不动产，使用者的范围越窄，越不容易找到买家，变现能力越弱。

② 结构质式与房屋质量：从结构上说，砖混结构的变现能力不如钢混结构；以住宅为例，点状布置的不如条状布置的，一梯多户的不如一梯两户的；房屋质量除了本体的质量外还包括小区环境、物业管理等。

③ 不动产的价值大小：一般来说，价值越大的不动产，所需的资金越多，越不容易找到买家，其变现能力就越弱。

④ 不动产的开发程度：一般来说，开发程度低的不动产，其不确定性因素多，其变现能力也就越弱。

⑤ 不动产的区位条件：所处区位越偏僻、越不成熟的区域的不动产，变现能力越弱。

⑥ 不动产的市场状况：不动产市场越不景气，出售越困难，其变现能力也就越弱。

（3）心理因素。比如：购买或出售心态、对居住环境的认同感、欣赏趣味及时尚风气、个人偏好等。

知识拓展

不动产评估的程序

（4）其他因素。如不动产投机，即利用不动产价格的涨落变化，瞅准时机，通过在不同时期买卖不动产，从价差中获取利润。

一般来说，不动产投机对不动产价格的影响可能出现下列三种情况：①引起不动产价格上涨；②引起不动产价格下跌；③起着稳定不动产价格的作用。

任务二　不动产评估的清查核实

任务描述

不动产评估的基本事项包括评估目的、价值类型、评估假设、评估对象及评估范围、评估方法等。通过对不动产评估的清查核实的学习，了解不动产评估与其他类资产评估的不同之处。

相关知识

一、清查核实的目的与内容

（一）清查核实的目的

不动产的实物状态和权利状态，是不动产价值估算的基础。在对不动产价值估算前，按照事前制订的计划，对待估不动产进行清查核实，是不动产评估工作的重要组成部分。《资产评估执业准则——不动产》规定，执行不动产评估业务，应当全面了解不动产的实物状况、权益状况和区位状况，掌握评估对象的主要特征。执行不动产评估业务，一般情况下，应当对所评估的不动产进行现场调查，明确不动产存在状态并关注其权属状况。因此，对待估不动产进行清查核实，也是资产评估准则的规范要求。

（二）清查核实的内容

一般情况下，不动产清查核实的内容有实物状态、权利状态、区位及交易状况、会计核算情况等四个方面。

1. 实物状态

土地使用权评估现场调查的主要内容包括：评估对象名称；土地坐落、四至、面积、用途、形状；土地所在地的地形、地势、地质、土壤；土地的开发程度、基础设施、公共配套；土地周围环境、景观、距离；临街状况。

建筑物、构筑物及地上物现场调查的主要内容包括：建筑规模、外观、建筑结构、建筑年代、楼层、层高（净高）、新旧程度（楼龄）、平面布置、朝向；防水、保温、隔热、隔音、采光、通风、日照；估价对象内外部装修（装饰）、设施设备、利用现状、维护保养、物业管理。

2. 权利状态

（1）不动产权证类型。在我国，不动产统一登记后，存在各种有效的权证类型，如不动产权证书、国有土地使用证、集体土地所有证、集体土地使用证、土地他项权利证明书、房屋所有权证、房屋他项权证、土地房屋权证、房地产权证、在建工程抵押登记证明、不动产抵押登记证明。

（2）不动产权属证明的查验。根据《不动产登记资料查询暂行办法》，不动产权利人、利害关系人可到不动产所在地的市、县人民政府不动产登记机构查询不动产登记资料，权利人可以查询包括不动产登记簿和原始资料在内的不动产登记资料，利害关系人仅可以查询登记簿。单位查询的，由单位经办人持单位介绍信申请查询；不动产权利人查询的，持房屋所有权证、本人有效身份证件申请查询；其他利害关系人查询的，持授权委托书、亲属关系证明等申请查询。

3. 区位及交易状况

（1）区位特性分析。所在区域：行政区、功能区；所处地段：微观坐落，临街状况；周边环境：邻里、污染、商业氛围、产业聚集等。

（2）交易状况分析。已建成同类物业的租售情况；现有及在建同类物业情况；空置率、交易结构、交易趋势。

（3）功能价格分析。基础设施及配套（交通、通信、供暖、燃气）；房型、朝向；多途径分析。

4. 会计核算情况

（1）账面价值。要了解不动产的入账原值、历史成本、账面净值等情况；要了解往来科目中涉及不动产的核算情况，如应收应付（应付未付工程款、续建成本、欠缴税费）等；要注意不动产在不同会计科目中的核算情况，如固定资产、投资、无形资产、存货等。

（2）损益情况。要了解与不动产经营相关的收入、成本、费用情况；要了解与不动产经营相关的利润情况。

（3）纳税情况。要了解与不动产相关的情况，如所得税、增值税、土地增值税等。

（4）企业会计准则要求。涉及财务报告的不动产评估，如投资性房地产公允价值、房地产减值测试评估等，评估专业人员还要熟悉相关企业会计准则的要求，理解会计核算的方法。

二、清查核实的方法和手段

（一）清查核实的方法

现场调查一般可以采用逐项调查或抽样调查的方式进行。

不动产评估，应当对不动产进行现场逐项调查，确定不动产是否存在，明确不动产存在状态并关注其权属。

【提示】在评估实践中，对于数量较大的不动产，当资产评估专业人员认为通过对样本的调查，可以推断整体不动产的状态时，可以采用抽样方法进行现场调查。采用抽样调查，需要根据具体观察到的评估对象状况，对所抽取样本以外的不动产进行一定的假设和推断，并在评估报告中进行恰当的披露。如果因客观原因等因素限制，无法实施现场调查，资产评估专业人员应当采取适当措施加以判断并予以恰当披露。

（二）清查核实的手段

通常可以采用目测、询问、查阅档案、专业机构鉴定意见等方式，对不动产进行清查核实。

在评估实践中，一般通过目测现场了解不动产的外观、使用状态。通常在现场勘查时资产评估专业人员很少使用专业的不动产鉴定，特别是对基础和结构等。当资产评估专业人员认为不能确定不动产状态时，应考虑进行不动产的专业鉴定，但需要聘请专业机构对评估对象进行技术鉴定。

在不动产清查核实中，资产评估专业人员可以利用专家及其工作成果（如专业机构出具的技术鉴定报告、检测报告、律师出具的法律意见书等），也可以要求相关当事人提供保证书或承诺函等。

三、需要收集的资料

评估资料内容涉及选用评估方法和撰写评估报告所需的资料数据，包括实物状况资料、权利状况资料、区位状况资料、交易情况及周边同类不动产租售情况资料、财务状况资料等。具体如下：

（1）评估对象的基本情况，如产权、平面图、照片等；

（2）有关评估对象所在地段的环境因素和区域因素资料；

（3）与评估对象有关的不动产市场资料，如市场供需状况、建造成本、租售价格等；

（4）国家和地方涉及不动产评估的政策、法规和定额指标。

任务三 市场法在不动产评估中的应用

任务描述

市场法是不动产评估的主要方法之一，本任务主要介绍市场法在不动产评估中的基本思路、适用范围、计算公式和操作步骤，通过学习，熟练掌握市场法的修正因素，在评估中进行交易情况、交易日期和不动产状况等因素的修正。

相关知识

一、市场法的基本思路和适用范围

（一）市场法的基本思路

市场法是通过对与评估对象类似不动产的交易价格的调整，得出评估对象在评估基准日的价值的间接评估方法。

（二）市场法的适用范围

市场法适用于居住、商业、工业、综合、特殊等各类不动产的评估。在同一地区或同一供求范围内的类似地区中，与被评估不动产相类似的不动产交易越多，市场法应用越有效。而在下列情况下，市场法往往难以适用：

（1）不发生交易或发生较少交易地区的不动产；

（2）特殊类型的不动产，如风景名胜区土地、古建筑；

（3）很难成为交易对象的不动产，如教堂、寺庙等；

（4）很少发生交易的不动产，如图书馆、体育馆、学校用地等。

（三）前提条件

市场法适用的前提条件包括：

（1）具有充分发育的、活跃的、公平的不动产交易市场；

（2）可以收集到被评估不动产的市场参照物及其相比较的指标、技术参数等资料。

二、市场法的计算公式

市场法就是通过对可比交易价格的一系列因素进行调整，而得到待估不动产的价值。通常，调整修正的因素有：（1）交易情况；（2）交易日期；（3）区域因素；（4）个别因素；（5）权益状况。其中，（3）、（4）、（5）属于不动产状况因素。这些因素还可以细分为若干因素。据此，五个调整修正因素的计算公式是：

$$P = P' \times A \times B \times C \times D \times E = P' \times \frac{100}{()} \times \frac{()}{100} \times \frac{100}{()} \times \frac{100}{()} \times \frac{100}{()}$$

如果土地容积率、土地使用年期单独修正，则计算公式为：

$$P = P' \times A \times B \times C \times \text{容积率修正系数} \times \text{土地使用年期修正系数}$$

式中：P为被评估不动产的评估价值；P′为可比交易实例价值；A为交易情况修正系数；B为交易日期修正系数；C为不动产状况修正系数；D为实物因素修正系数；E为权益状况修正系数。

$$A = \frac{100}{()} = \frac{\text{正常交易情况指数}}{\text{可比交易实例交易情况指数}}$$

$$B = \frac{()}{100} = \frac{\text{评估基准日价格指数}}{\text{可比交易实例交易时价格指数}}$$

$$C = \frac{100}{()} = \frac{\text{待估对象区位因素指数}}{\text{可比交易实例区位因素指数}}$$

$$D = \frac{100}{()} = \frac{\text{待估对象实物状况指数}}{\text{可比交易实例实物状况指数}}$$

$$E = \frac{100}{()} = \frac{\text{待估对象权益状况指数}}{\text{可比交易实例权益状况指数}}$$

在上列各式中，交易情况修正系数A中的分子100表示以正常交易情况下的价格为基准而确定可比交易实例交易情况的价格修正参数；交易日期修正系数B中的分母100表示以可比交易实例交易时的价格指数为基准而确定评估基准日的价格指数；区位因素修正系数C中的分子100表示以待估对象不动产为基准而确定可比交易实例不动产的修正系数；实物状况修正系数D中的分子100表示以待估对象不动产为基准而确定可比交易实例不动产的修正系数；权益状况因素修正系数E中的分子100表示以待估对象不动产为基准而确定可比交易实例不动产的修正系数。

需要说明的是，组成不动产修正因素的各个因子都可以独立地扩展出来进行单独修正。通过交易情况修正，将可比交易实例修正为正常交易情况下的价格；通过交易日期因素修正，将可比交易实例价格修正为评估基准日下的价格；通过不动产状况因素修正，将可比交易实例价格修正为待估不动产状况下的价格。

三、市场法的修正因素

（一）交易情况修正

不动产市场受政策因素、人为因素影响很大，决定了不动产市场不能成为完全竞争市场，市场交易情况千差万别。因此，运用市场法进行不动产评估，需要对选取的可比交易实例进行交易情况修正，将交易中由于具体交易情况所产生的价格偏差予以剔除，使其成为正常价格。不动产交易中的特殊情况较为复杂，主要有以下几种：

（1）有特殊利害关系的经济主体间的交易，如亲友之间、有利害关系的公司之间、公司与本单位职工之间，通常都会以低于市价的价格进行交易。

（2）交易时有特别的动机，这以急于脱售或急于购买最为典型。如按照相关政策，限期处置低效闲置不动产，往往会使交易价格降低。

（3）采取拍卖、挂牌、协议等不同交易方式，往往使不动产交易表现出不同的价格。

（4）其他特殊交易的情形。如不动产开发土地出让中，包含保障性住房的相关条款。

通过交易情况修正，将可比实例价格修正为正常交易情况下的价格，其计算公式为：

$$\text{交易情况修正后的正常价格}=\text{可比交易实例价格}\times\frac{\text{正常情况指数}}{\text{可比交易实例情况指数}}=P'\times\frac{100}{(\ )}$$

这表示以正常交易情况为基准100，可比交易实例情况指数可表示为（1 ± X%），如果可比交易实例交易时的价格低于正常情况下的交易价格，则分母小于100，反之，则分母大于100。

【学中做6-1】对某不动产进行评估，在市场上找到一类似不动产，它的交易价格为170万元，由于不动产所有人急需一笔钱，因而类似不动产的成交价格要比正常价格偏低3%。

要求：评估该不动产的价格。

解析：交易情况修正后的正常价格 $=170\times\frac{100}{1-3\%}=175$（万元）

（二）交易日期修正

微课

运用市场法评估建筑物价格——交易情况修正的方法

可比交易实例的交易日期与待评估不动产的评估基准日往往有一个时间差。在这一期间，不动产市场价格可能升高或降低。因此，需要根据不动产价格的变动率，将交易实例不动产价格修正为评估基准日的不动产价格。

不动产价格的变动率一般用不动产价格指数来表示。利用价格指数进行修正的公式为：

$$\frac{\text{评估基准日价格}}{\text{可比交易实例价格}}=\frac{\text{评估基准日价格指数}}{\text{可比交易实例交易时价格指数}}$$

利用价格指数进行交易日期修正的公式为：

$$\text{评估基准日价格}=\text{可比交易实例价格}\times\frac{\text{评估基准日价格指数}}{\text{可比交易实例交易时价格指数}}$$

$$=P'\times\frac{(\ )}{100}$$

式中：以可比实例成交日的价格为基准100来确定。假设从成交日到估价时点，可比实例价格涨跌的百分率为±T%（从成交日到估价时点，当可比实例的价格上涨为+T%；下跌为-T%时），则：可比实例在评估基准日的价格 = 100 ×（1 ± T%）。

【学中做6-2】某类不动产价格指数以2023年1月为100，2023年4月至10月的价格指数分别为101、103、104、106、109、110和113。其中某宗不动产2023年7月的价格为6 000元/平方米。

要求：计算该宗不动产在2023年10月的价格。

微课

运用市场法评估建筑物价格——交易日期调整的方法

解析：对该宗不动产进行交易日期修正，修正后的价格就是该不动产在2023年10月的价格。

$$P = 6\,000 \times \frac{113}{106} = 6\,396.23（元/平方米）$$

（三）区位状况修正

区位因素修正，是将可比交易实例区位状况下的价格调整为评估对象区位状况下的价格。区位因素修正的主要因子有位置、交通条件、公用设施及基础设施水平、周围环境等。不同用途的不动产，影响其价格的区位因素是不同的。

（1）确定影响因素，即确定对估价不动产价格有影响的区位因素。

（2）判定区位因素状况，对评估对象不动产和可比交易实例不动产的区位因素状况进行判定。

（3）逐项比较并确定差异程度，将可比交易实例不动产与评估对象不动产的区位因素状况逐项进行比较，并确定区位因素的差别所造成的价格差异程度。

（4）根据差异程度对可比交易实例的成交价格进行修正。一般而言，如果可比交易实例优于评估对象，则对可比交易实例的价格作减价修正；反之，应对可比交易实例的价格作增价修正。

区位因素对价格影响程度的判定比较困难，往往依赖于评估人员的经验与判断。区位因素修正的公式为：

区位因素修正后的可比交易实例价格=可比交易实例价格×区位因素修正系数

【学中做6-3】某评估对象不动产和参照物不动产的区位因素见表6-1。

表6-1　区位因素对比

区位因素	评估对象	参照物A	参照物B	参照物C
商服繁华度	一般	较好	较好	稍好
离市中心距离	相同	相同	稍近	相同
交通便捷度	较好	较好	一般	好
道路通达度	较好	较好	一般	好
土地级别	6	5	6	6
环境质量优劣度	好	较好	好	好
绿地覆盖度	较好	一般	好	较好
基础设施完善度	较好	一般	较好	一般
公共设施完备度	较好	较好	好	较好
规划限制	无	无	无	无

将参照物A、参照物B和参照物C的各区位因素分别与评估对象不动产进行比较，然后打分，并通过加权平均分别得到综合得分（见表6-2）。

表6-2 区域因素比较表

区位因素	权重	评估对象	参照物A	参照物B	参照物C
商服繁华度	0.15	100	105	105	103
离市中心距离	0.13	100	100	101	100
交通便捷度	0.12	100	100	93	105
道路通达度	0.11	100	100	95	105
土地级别	0.07	100	95	100	100
环境质量优劣度	0.10	100	94	100	100
绿地覆盖度	0.08	100	96	103	100
基础设施完善度	0.10	100	87	100	92
公共设施完备度	0.09	100	100	102	100
规划限制	0.05	100	100	100	100
比较结果	1	100	98.2	99.9	100.8

（四）权益状况修正

权益状况修正，包括土地使用权性质、土地使用权年限、城市规划限制条件、土地使用管制、其他权利设立情况、其他特殊情况等方面。由于土地使用年期因素和容积率因素的重要性对评估值的影响程度较大，因此通常要单独进行修正。

1.容积率修正

容积率是影响土地价格的重要因素之一，对于同一宗土地来说，不同的容积率会产生较大的地价差异。一般来说，容积率越高，土地利用效率就越高，从而地价也就相应地提高。通过容积率修正，可以消除由于容积率的不同而造成的地价水平的差异。容积率与地价的关系并非呈线性关系，须根据具体区域的情况具体分析。其修正公式为：

$$\text{经容积率修正后的可比实例价格}=\text{可比实例价格}\times\frac{\text{被估宗地容积率修正系数}}{\text{可比实例容积率修正系数}}$$

【学中做6-4】现有一被估宗地，容积率为3，寻找到一可比案例宗地，地价为2 000元/平方米，容积率为2.5，另已知当地城市用地容积率修正系数表见表6-3。

表6-3 容积率修正系数表

容积率	≤0.9	1.0	1.5	2.0	2.5	≥3.0
修正系数	0.9	0.95	1.0	1.8	2.2	2.5

该被估宗地的容积率修正计算如下：

$$\text{经容积率修正后的可比实例价格}=2\,000\times\frac{2.5}{2.2}=2\,273\text{（元/平方米）}$$

2. 土地使用年期修正

我国实行有限年期的土地使用权有偿使用制度，土地使用年期的长短，直接影响土地收益的多少。如果土地的年收益确定后，土地的使用年期越长，土地的总收益就越多，土地的价格也会因此越高。

通过使用年期的修正，可以消除由于使用年期不同而对不动产价格造成的影响。其土地使用年期修正系数公式为：

$$K=\frac{1-\frac{1}{(1+r)^{m}}}{1-\frac{1}{(1+r)^{n}}}$$

式中：K为将可比实例年期修正到评估对象使用年期的年期修正系数；r为还原率；m为评估对象的使用年期；n为可比实例的使用年期。

【学中做6-5】某可比实例宗地于2016年6月经出让获得土地使用权；被估宗地是于2018年6月出让获得使用权，土地年限均为50年，土地还原率均为8%。假设其他条件相同，则被估宗地在2022年6月的土地使用年期修正系数为：

$$土地使用年期修正系数=\frac{1-\frac{1}{(1+8\%)^{46}}}{1-\frac{1}{(1+8\%)^{44}}}=1.005$$

微课

运用市场法评估建筑物价格——房地产状况调整的方法

（五）实物状况修正

实物状况修正，是将可比交易实例相对于评估不动产因自身实物状况条件差别所造成的交易价格的差异部分剔除，得到评估不动产所具有的实物状况条件下的价格。将可比交易实例与评估不动产的实物状况加以比较，根据两者差异，修正可比交易实例价格。修正的公式为：

实物状况修正后的可比交易实例价格 = 可比交易实例价格 × 实物状况修正系数

知识拓展

市场法在不动产评估中的操作步骤

【学中做6-6】有一块待估宗地。评估师通过市场调查，收集了大量的相关资料，从中选择了3个交易实例作为参照物，具体情况见表6-4。

表6-4 被估宗地和交易实例资料

项目	交易实例A	交易实例B	交易实例C	被估宗地
所处区域	2 500元/m²	2 450元/m²	2 800元/m²	
面积	300m²	280m²	350m²	600m²
容积率	6	5	7	6
剩余使用年限	35年	30年	35年	30年
交易日期	2022年1月	2022年3月	2022年5月	2022年6月
所处区域	同一个区域	类似	类似	一般市区
交易情况	正常交易	比正常价格低2%	比正常价格高1%	正常交易

要求：评估该宗地2018年10月的市场价值。

解析：根据调查可知，2022年1月以来土地价格平均每月上涨1%，土地还原率为8%。

（1）选择评估方法。该种类型的土地有较多的交易实例，故采用市场法进行评估。

（2）进行因素修正。

①进行交易情况修正。经分析，交易实例A为正常买卖，无须进行交易情况修正；交易实例B较正常买卖价格偏低2%；交易实例C较正常买卖价格高1%。则各交易实例的交易情况修正率为：交易实例A为0；交易实例B为+2%；交易实例C为-1%。

②进行交易日期修正。根据调查，2022年1月以来土地价格平均每月上涨1%，则各参照物交易实例的交易日期修正率为：交易实例A：5%；交易实例B：3%；交易实例C：1%。

③进行区位因素修正（见表6-5）。

表6-5 区位因素比较表

区位因素	交易实例A	交易实例B	交易实例C
自然条件	（相同）10	（相同）10	（相同）10
社会环境	（相同）10	（稍差）7	（相同）10
街道条件	（相同）10	（相同）10	（相同）10
交通便捷度	（相同）10	（稍差）8	（稍好）12
通车站点距离	（相同）10	（稍远）7	（稍近）12
离市中心距离	（相同）10	（相同）10	（稍近）12
基础设施状况	（稍好）12	（稍差）8	（相同）10
公共设施完备状况	（相同）10	（相同）10	（较好）12
水、大气、噪声污染状况	（相同）10	（相同）10	（相同）10
周围环境及状况	（稍差）8	（稍差）8	（相同）10
综合打分	100	88	108

④进行个别因素修正（见表6-6）。

表6-6 该城市容积率修正系数表

容积率	1	2	3	4	5	6	7	8
修正系数	1.00	1.91	2.74	3.50	4.20	4.90	5.60	6.30

经比较分析，待估土地的面积较大，有利于充分利用，另外环境条件也比较好，故判定比各交易实例土地价格高2%。

土地使用年期因素的修正。交易实例B与待估土地的剩余使用年限相同，无须修正。交易实例A、C均须进行使用年期因素的修正，修正系数测算如下：

$$\text{实例A、C使用年期修正系数}=\left[1-\frac{1}{(1+8\%)^{30}}\right]\div\left[1-\frac{1}{(1+8\%)^{35}}\right]$$

$$=(1-0.9006)\div(1-0.9324)=0.9659$$

⑤计算交易实例修正后的价格。

交易实例A修正后的单价为：

$$2\,500\times\frac{100}{100}\times\frac{105}{100}\times\frac{100}{100}\times\frac{102}{100}\times\frac{4.90}{4.90}\times 0.9659=2\,686（元/㎡）$$

交易实例B修正后的单价为：

$$2\,450\times\frac{102}{100}\times\frac{103}{100}\times\frac{100}{88}\times\frac{102}{100}\times\frac{4.90}{4.20}\times 1=3\,481（元/㎡）$$

交易实例C修正后的单价为：

$$2\,800\times\frac{99}{100}\times\frac{101}{100}\times\frac{100}{108}\times\frac{102}{100}\times\frac{4.90}{5.60}\times 0.9659=2\,235（元/㎡）$$

⑥采用简单算术平均法求取评估结果。

被估宗地单价=（2 686 + 3 481 + 2 235）÷ 3 = 2 800（元/㎡）

被估宗地总价格 = 600 × 2 800 = 1 680 000（元）

任务四　收益法在不动产评估中的应用

任务描述

收益法是不动产评估的主要方法之一，本任务主要介绍收益法在不动产评估中的基本思路、适用范围和计算公式，通过学习，使学生明确运用收益法评估不动产价值的基本思路，熟练掌握收益法下有关参数的确定方法以及如何运用收益法评估不动产的价值。

相关知识

一、收益法的基本思路和适用范围

（一）收益法的基本思路

收益法，是不动产最常用的评估方法之一，是根据评估对象的预期收益来求取评估对象价值的方法。具体而言，收益法是预测评估对象未来收益，利用合适的资本化率或折现率，将未来收益转换为价值来求取评估对象价值的方法。

（二）收益法的适用范围

收益法适用于经营性且有稳定收益的不动产价值评估，如商场、写字楼、旅馆、公寓等，对于政府机关、学校、公园等非经营性不动产价值评估大多不适用。

二、收益法的计算公式

（一）全剩余寿命模式

选用全剩余寿命模式评估时，收益法公式为：

$$V=\sum_{i=1}^{n}\frac{a_i}{(1+r)^i}$$

式中：V为不动产评估价值；a_i为未来第i年的净收益；r为折现率；n为收益期。

当净收益a每年不变，折现率r固定且大于零，收益年期n有限时，不动产评估价值为：

$$V=\frac{a}{r}\left[1-\frac{1}{(1+r)^n}\right]$$

（二）持有加转售模式

选用持有加转售模式进行评估时，评估公式为：

$$V=\sum_{i=1}^{t}\frac{a_i}{(1+r)^i}+\frac{V_t}{(1+r)^t}$$

式中：V为不动产评估价值；a_i为未来第i年的净收益；r为折现率；t为持有期；V为期末转售收益。

当净收益a每年不变，折现率r固定且大于零，持有期为n时，评估公式为：

$$V=\frac{a}{r}\left[1-\frac{1}{(1+r)^n}\right]+\frac{V_n}{(1+r)^n}$$

（三）直接资本化法

选用直接资本化法进行评估时，评估公式为：

$$V=\frac{a_1}{R}$$

式中：a_1为未来第一年的净收益；R为资本化率。

三、收益法评估不动产的基本参数

（一）收益期限

不动产收益期限应根据具体的评估对象的寿命及评估时采用的假设条件等来确定。

单独的土地和单纯的建筑物作为评估对象，应分别根据土地使用权年限和建筑物经济寿命，扣减不动产开发建设及装修等期限，确定未来可获收益的期限。

土地与建筑物合成体作为评估对象，如果建筑物的经济寿命与土地使用权年限相同，则根据土地使用权年限确定未来可获收益的期限。如果建筑物的经济寿命长于土地使用权年限，若土地使用权年限到期地上物随同无偿收回，则根据土地使用权年限确定未来可获收益的期限；若土地使用权年限到期地上物残余价值给予合理补偿，则在根据土地使用权年限确定未来可获收益期限的基础上，考虑将土地年限到期时地上物残余价值折现到评估基准日的价值。如果建筑物的经济寿命短于土地使用权年限，可先根据建筑物的经济寿命，扣减不动产开发建设及装修等期限，确定未来可获收益的期限；然后加上土地使用权年限超出建筑物经济寿命的土地剩余使用年限价值的折现值。

（二）年总收入

总收入是指以收益为目的的不动产和与之有关的各种设施、劳动力及经营管理者要素结合产生的收入，计算公式如下：

总收入=潜在毛租金收入+其他收入−空置和收租损失

潜在毛租金收入，是在不动产得到充分利用、没有空置和收租损失的情况下，所能获得的归因于不动产的总收入。住宅、写字楼、商铺等出租型不动产的潜在毛租金收入为潜在毛租金收入加上各种其他收入。潜在毛租金收入等于全部可出租面积与最可能的租金水平的乘积。

其他收入，是指租赁保证金或押金的利息收入，以及洗衣房、自动售货机、投币电话等的收入。

空置的面积没有收入，也是一种损失。收租损失是指因承租人拖欠租金等造成的收入损失，包括延迟支付租金、少付租金、不付租金、免租期造成的收入损失。空置和收租损失通常按照潜在毛租金收入的一定比例估算。

在计算以客观收益为基础的总收入时，不动产所产生的正常收入必须是其处于最佳利用状态下的结果。最佳利用状态是指该不动产处于最佳利用方向和最佳利用程度。在现实经济中，应为正常使用下的正常收入。

（三）年总费用

总费用是指取得该收益所必需的各项支出，如维修费、管理费等，就是为创造总收益 所必须投入的正常支出。

总费用所应包含的项目，随待估不动产的状态不同而有所区别。费用支出有些是正常支出，有些是非正常支出。对从总收入中扣除的总费用，要认真分析，剔除不正常的费用支出，选择正常支出作为费用。

求取不动产净收益时的不动产总费用不包含折旧费，通常包括管理费、维修费、保险费、房产税等。

【学中做6–7】某商场共有两层，每层可出租面积均为200平方米。一层于2018年10月1日全部租出，租赁期限为5年，可出租面积的月租金为180元/平方米，且每年不变；二层暂时空置。附近类似商场一、二层可出租面积的正常月租金为200元/平方米和120元/平方米，运营费用率为25%。该类不动产的正常空置率为5%。

要求：估算该商场2023年9月30日前后不同阶段的年客观净收益。

解析：商场一层5年租赁期限内年净收益 = 200 × 180 ×（1 − 25%）× 12 ÷ 10 000
= 32.4（万元）

商场一层5年租赁期限外年净收益 = 200 ×（1 − 5%）× 200 ×（1 − 25%）× 12 ÷ 10 000
= 34.2（万元）

商场二层年净收益 = 200 ×（1 − 5%）× 120 ×（1 − 25%）× 12 ÷ 10 000 = 20.52（万元）

则该商场2023年9月30日前后不同阶段的年客观净收益分别为52.92万元和54.72万元。

（四）折现率和资本化率

折现率和资本化率，都是将不动产的预期收益转换为价值的比率。求取方法有以下三种：

1. 市场提取法

评估人员收集市场上近期交易的与待估不动产相同或相似的不动产的净收益、价格、收益期等资料，计算出它们各自的折现率。根据实际情况，采取简单算术平均值或加权算术平均值。这种方法要求不动产市场发育比较充分、交易案例比较多。评估人员必须拥有充分的资料，并尽可能采用与待估不动产情况接近的资料作为参照。这种方法计算出来的折现率基本上能够反映投资该不动产的回报率。市场提取法求取折现率见表6-7。

表6-7　　市场提取法求取折现率

项目	实例1	实例2	实例3	实例4
潜在总收入（元）	30 000	20 000	28 000	26 000
空置及坏账损失（元）	1 500	1 000	1 400	1 300
经营费用（元）	15 000	10 000	14 000	13 000
净收益（元）	13 500	9 000	12 600	11 700
出售价格（元）	94 900	57 400	81 800	79 300
年限（年）	32	28	26	30
可比交易实例折现率（%）	14	15.4	15	14.5
折现率取值（%）	14.7			

2. 安全利率加风险调整值法

通常选择银行中长期利率作为安全利率，然后根据影响待估不动产的社会经济环境状况，估计投资风险程度，确定一个调整值，把它与安全利率相加或在安全利率基础上加风险调整值。这种方法简便易行，对市场要求不高，应用比较广泛，但是风险调整值的确定主观性较强，不容易掌握。

3. 各种投资收益率排序插入法

微课

运用收益法评估建筑物价格——报酬率（或资本化率）的确定方法

收集市场上各种投资的收益率资料，将各种投资收益率大小排队，再将待估不动产投资与上述各项投资比较，按照投资风险的大小排序，判断待估不动产在该风险排序中的位置，然后根据风险排序并结合相邻投资的收益率确定待估不动产资本化率的大小。

【学中做6-8】甲公司因融资需要将其拥有的一商业房产（2016年建成）抵押给某商业银行，中青资产评估有限公司接受银行委托，对甲公司拥有的总建筑面积为5 400平方米的一商业房地产在2023年12月31日的市场价值进行评估。

根据权利人提供的资料，评估人员本着独立、客观、公正的原则，在对估价对象进行了实地查勘、了解评估对象的位置状况、权益状况、实物状况、基础设施状况等（略），认真分析现有资料和对周边房地产市场调查的基础上，全面分析了影响估价对象市场价格的因素，根据当地房地产市场状况及估价对象的具体情况，本次评估选用收益法进行估价。

具体测算过程如下：

（1）计算年有效毛收入

①客观租金的确定。估价对象所处区域较为成熟，类似物业的出租交易实例较多，根据估价对象所处区域的同类型房屋的租金平均水平，考虑房屋实际状况及委托方提供的经营资料，确定标的物的租金为3元/m^2·天。

②有效出租面积的确定。根据同类住房租赁市场惯例，租金的收取是按房屋建筑面积收取的，本次所收集租金资料也是以建筑面积为单位，本次估价中估价对象建筑面积5 400m^2即为有效出租面积。

③空置率。根据对附近同类型物业调查，空置率为1%～10%，本次估价对象周边经营氛围较好，人流量较大，本次评估空置率确定为5%。

④单位面积年有效毛收入。

单位面积年有效毛收入＝客观日租金×365×（1－空置率）＝3×365×（1－5%）

＝1 040（元/m^2）

（2）年运营费用的确定

对目前不动产租赁市场的成本因素进行分析，主要包括管理费用、维修费用、保险费用、房产税、租赁税费等，具体如下：

①管理费。根据评估机构调查和掌握的资料，估价对象需要投入的管理费用较少，本次估价按年有效收入的1%计算。

评估对象年管理费＝年有效毛收入×1%＝10.4（元/m^2）

②维修费。维修费以房屋重置价为基数乘以年维修费率（一般为1%～2%）。参考评估对象的实际状况，维修费按房屋重置价的1%计算。评估对象主体结构为钢混结构，参照当地各类结构房屋重置价及耐用年限等标准，结合评估人员实地踏勘调查，确定评估对象的房屋重置成本为2 600元/m^2（具体测算过程略，可参考本项目任务五）。

维修费＝重置成本×维修费率＝2 600×1%＝26（元/m^2）

③保险费。我国房屋的保险费率按0.1%～0.2%计取，本次取0.2%。保险费一般按房屋重置价格乘以保险费率计算。

保险费＝重置成本×保险费率＝2 600×0.2%＝5.2（元/m^2）

④税金。税金按国家税法规定执行，房屋出租税金包括房产税、增值税及附加，其中房产税税率为12%，本次估价设定出租房屋增值税采用简易计税方法，征收率为5%，在增值税基础上征收城市维护建设税（税率为7%）、教育费附加（征收率为3%）、地方教育附加（征收率为2%），税金按租金收入计征。

年税金＝年有效毛收入÷（1＋5%）×17.6%＝174.32（元/m^2）

（注：本案例只是说明税费的计算思路，实务中通常需要根据房产所在地政策，计取税金附加。）

⑤年运营总费用。综上，评估对象年运营总费用如下：

年运营总费用＝管理费＋维修费＋保险费＋税金

＝10.4＋26＋5.2＋174.32＝215.92（元/m^2）

（3）确定未来年净收益

评估对象年净收益＝年有效毛收入－年运营费用＝1 040－215.92＝824.08（元/m^2）

（4）净收益变化趋势分析及年净收益递增率的确定

评估对象所在区域类似房产市场已经成熟，租金长时间保持平稳增长，净收益的涨幅需要考虑租赁运营成本费用的逐年提升、通货膨胀等因素。

经过评估人员市场调研，不动产持有者期望租金的增长率要高于运营费用的增长率，随着同类型不动产租赁市场的进一步成熟完善及评估对象的良好维护利用，预计其净收益逐年递增。综合考虑租金递增率、CPI物价指数增长率以及房地产的抗通胀功能，经评估人员分析，确定其在收益期内净收益年增长率为2%。

（5）确定不动产收益的折现率

折现率可以按安全利率加风险调整值法确定，折现率=安全利率+风险调整值。安全利率按中国人民银行在评估时点公布的一年期存款利率1.5%确定。考虑目前不动产租赁的平均收益状况、评估对象的地理位置、评估对象的用途等因素，结合对评估对象所在区域不动产市场的调查了解，当前不动产政策变动较快，不动产投资存在一定的风险，综合分析商业用途不动产风险调整值在3%～5%之间，本次评估风险调整值取4.5%，因此，折现率为6%（1.5%＋4.5%）。

（6）确定收益期限

估价对象为钢混结构，建成日为2016年，建筑物耐用年限为60年，剩余耐用年限为53年。估价对象《不动产权证书》复印件记载，估价对象土地使用年限自2013年12月31日起2053年12月30日止，土地剩余使用年限为28.83年，根据建筑物剩余耐用年限与土地剩余使用年限孰短原则，确定剩余收益年限为30年。

（7）计算评估值

根据上述计算运用下列公式，计算出被评估不动产单位价值和总价。

$$V = \frac{A}{Y - g} \times \left[1 - \left(\frac{1 + g}{1 + Y}\right)^n\right]$$

具体见表6-8。

表6-8 估价对象评估单价和评估总价计算表

建筑面积（m²）	年净收益A（元）	持有期n（年）	报酬率Y	年租金增长比率g	评估单价（元/m²）	评估总价（元）
5 400	824.08	30	6%	2%	14 100	76 140 000

（8）评估结果

评估专业人员经过评定估算，评估对象甲公司商业用不动产于评估基准日2023年12月31日的价值为76 140 000元。

任务五 成本法在不动产评估中的应用

任务描述

成本法是不动产评估的主要方法之一，本任务主要介绍成本法在不动产评估中的基本思路、适用范围、计算公式和操作步骤，通过学习，正确认识成本法下不动产价值的构成，熟练运用成本法评估不动产的价值。

相关知识

一、成本法的基本思路及适用范围

（一）成本法的基本思路

不动产评估成本法，分为房屋建筑物的成本法和土地使用权的成本法。

房屋建筑物的成本法是以假设重新建造待估不动产所需要的成本为依据评估房屋建筑物价值的一种方法，即以重置或重建可以产生同等效用的房屋建筑物所需投入的各项费用之和为依据，再加上一定的利润和应纳税金，并扣除贬值来确定待估不动产价值。

土地使用权的成本法，也称成本逼近法，是以取得和开发土地所耗费的各项费用之和为主要依据，再加上一定的利润、利息、应缴纳的税金和土地所有权收益来确定土地使用权价值的评估方法。

（二）成本法的适用范围

成本法与其他评估方法相比具有特殊用途，一般适用于不动产市场发育不成熟，成交实例不多，无法利用市场法、收益法等方法进行评估的情况，对于既无收益又很少有交易情况的政府办公楼、学校、医院、图书馆、军队营房、机场、博物馆、纪念馆、公园、新开发地等特殊性的不动产评估比较适用。

由于土地的价格大部分取决于它的效用，并非仅仅是它所花费的成本，也就是说，土地成本的增加并不一定会增加它的使用价值，所以成本法在土地评估中的应用范围受到一定限制。

（三）成本法的前提条件

不动产成本的增加并不一定能增加其价值，花费的成本不多也不一定说明其价值不高。价值等于“成本加平均利润”是在较长时期内平均来看的，并且需要具备两个条件：一是自由竞争（即可以自由进出市场）；二是该种商品本身可以大量重复生产。因此，运用成本法评估时，要求被评估不动产具备以下前提条件：

（1）被评估不动产处于继续使用状态或被假定处于继续使用状态，被评估不动产的实体特征、内部结构及其功能必须与假设的重置全新房地产具有可比性。

（2）被评估不动产应当具有可利用的历史资料。成本法的应用是建立在历史资料基础上的，许多信息资料、指标需要通过历史资料获得；同时，现时不动产与历史资料要具有相同性或可比性。

（3）不动产建造过程中的工程量是可以计量的，且该类不动产可以大量重复“生产”。

（4）随着时间的推移，不动产具有一定损耗特性。

二、成本法在土地使用权评估中的应用

成本逼近法的基本公式为：

土地使用权价值 = 土地取得费用 + 土地开发费用 + 税费 + 利息 + 利润 + 土地增值收益

（一）土地取得费用的估算

土地取得费用是为取得土地而向原土地使用者支付的费用。结合我国土地制度及评估实践，有两种取得土地的方式，即征收集体土地和取得已利用城市土地，这两种取得方式的成本费用构成及估算方法不同。

（1）国家征收集体土地而支付给集体土地所有者的费用估算。《土地管理法》规定，征收土地应当依法及时足额支付土地补偿费、安置补助费以及农村村民住宅、其他地上附着物和青苗等的补偿费用，并安排被征地农民的社会保障费用。征收农用地的土地补偿费、安置补助费标准由省、自治区、直辖市通过制定公布区片综合地价确定。制定区片综合地价应当综合考虑土地原用途、土地资源条件、土地产值、土地区位、土地供求关系、人口以及经济社会发展水平等因素，并至少每三年调整或者重新公布一次。对其中的农村村民住宅，应当按照先补偿后搬迁、居住条件有改善的原则，尊重农村村民意愿，采取重新安排宅基地建房、提供安置房或者货币补偿等方式给予公平、合理的补偿，并对因征收造成的搬迁、临时安置等费用予以补偿，保障农村村民居住的权利和合法的住房财产权益。县级以上地方人民政府应当将被征地农民纳入相应的养老等社会保障体系。被征地农民的社会保障费用主要用于符合条件的被征地农民的养老保险等社会保险缴费补贴。被征地农民社会保障费用的筹集、管理和使用办法，由省、自治区、直辖市制定。

（2）为取得已利用城市土地而向原土地使用者支付拆迁补偿费用，这是对原城市土地使用者在经济上的补偿，补偿标准各地有具体规定。

（二）土地开发费用的估算

土地开发费用按待估宗地设定开发程度下应投入的各项客观费用估算。

宗地红线外的土地开发费为达到设定开发程度所需投入的各项开发费用，宗地红线内的土地开发费一般包括土地平整费。根据评估目的和投资主体不同，确定是否计入宗地红线内各类开发费用。

按照待估宗地的条件、评估目的和实际已开发程度，确定待估宗地的开发程度。属建成区内已开发完成的宗地，评估设定的开发程度最少应为宗地红线外通路、通上水、通电和宗地红线内土地平整。

（三）税费计算

税费是指土地取得和开发过程中所必须支付的税负和费用。土地取得应向政府缴纳的税费一般包括耕地占用税、耕地开垦费、新菜地开发建设基金、征地管理费、教育费附加等。

（四）利息计算

土地开发总投资包括土地取得费用、土地开发费用和各项税费。按照设定的土地开发程度的正常开发周期、各项费用的投入期限和贷款年利率，分别测算各期投入应支付的利息。土地取得费用及土地取得应缴纳的税费在土地开发动工前要全部付清，在开发完成销售后方能收回，因此，计息期应为整个开发期和销售期。土地开发费用在开发过程中逐步投入，销售后收回。若土地开发费是均匀投入的，则计息期按开发期除以2计算。

（五）利润计算

投资的目的是获取相应的利润。作为投资的回报，对土地投资，当然也要获取相应的利润。该利润计算的关键是确定利润率或投资回报率。利润率计算的基数可以是土地取得费用和土地开发费用，也可以是开发后土地的地价，计算时，要注意所用利润率的内涵。

（六）确定土地增值

土地增值依据土地所在区域内，因土地用途等土地使用条件改变或进行土地开发而产生的价值增加额或比率测算。

（七）修正确定土地使用权价值

按上述步骤初步测算土地价值后，应根据待估宗地在区域内的位置和宗地条件，考虑是否需进行其他因素修正。经过年期修正和其他因素修正，最终得出土地使用权评估值。

三、成本法在房屋建筑物中的应用

重置成本法是房屋建筑物评估实践中的常用评估方法之一，它是以现时条件下被评估房屋建筑物全新状态的重置成本，减去房屋建筑物的实体性贬值、功能性贬值和经济性贬值，据以估算房屋建筑物价值的一种评估方法。计算公式为：

房屋建筑物评估值=重置成本−实体性贬值−功能性贬值−经济性贬值

或：

房屋建筑物评估值=单位面积重置成本×建筑面积×综合成新率

=重置成本×综合成新率

（一）重置成本的计算与确定

重置成本=建安工程综合造价+前期费用及其他费用+利息+合理利润

1. 建安工程综合造价的确定

房屋建筑物的建安工程综合造价包括土建工程造价和安装工程造价。评估实践中，一般根据现场调查情况和工程竣工图纸、工程结算资料收集齐全情况，采用重编预算法、决算调整法、类比系数调整法、单方造价指标法等方法中的一种或同时运用几种方法，确定房屋建筑物建安工程综合造价。

对于大型、价值高、重要的房屋建筑物，采用决算调整法确定其建安工程综合造价，即以待估房屋建筑物决算中的工程量为基础，按现行工程预算价格、费率，将其调整为按现行市场价格计算的建安工程综合造价。

对于价值量小、结构简单的房屋建筑物，采用单方造价指标法确定其建安工程综合造价。

查阅建筑物完整竣工资料，核实结算造价采用的定额价格与评估时点应采用的定额基价是否一致。

知识拓展

房屋建筑物建安工程综合造价确定的方法

2. 前期费用及其他费用的计算与确定

前期费用主要包括筹建费、可行性研究费、规划费、设计费、地质勘查费、场地平整费、水电气费、临时设施费用等。其他费用主要包括工程建设监理费，建设单位管理费，城市基础设施配套费，人防工程易地建设费，文物调查、勘探、发掘费，拆迁管理费，新型墙体材料专项基金，建筑垃圾处置费，临时占道费和其他相关验收检测费等。

国家及当地政府相关文件规定，这些费用有的是按照工程费的一定比例收取的，有的是按照建筑面积收取的。评估时应认真查询核对取费项目和费率。国家已对部分建设项目服务收费放开定价管理，如根据《国家发展改革委关于放开部分建设项目服务收费标准有关问题的通知》(发改价格〔2014〕1573号),可行性研究费、勘察设计费等实行市场调节价。对于此类费用,不宜直接套用收费标准,可结合评估对象实际情况,参照原行业标准和目前市场收费确定。

计算前期费用及其他费用应避免与土地使用权评估费用重复,如拆迁管理费等。

3.利息计算

微课

运用成本法评估建筑物价格——投资利息的计算方法

评估实践中的一般做法是,假定建安工程投资及销售成本为均匀投入,利息根据项目的正常、合理建设工期,按照评估基准日相应期限的年贷款利率(复利)4.75%,以建安工程造价(含税)与前期及其他费用(含税)之和为基数确定。

4.确定合理利润

关于利润的评估处理,应当根据拟实现的经济行为及其对应的评估目的、房屋建筑物的持有目的等确定。通常情况下,自用的生产型房屋建筑物不计算利润,房地产开发和商业经营性房地产则考虑计算合理利润。而建筑安装造价计算过程中的利润项目,是站在施工企业角度或者施工环节的施工利润。

(二)综合成新率的计算与确定

评估实践中,房屋建筑物评估,可以单独计算实体性贬值额、功能性贬值额和经济性贬值额,也可以采用综合成新率计算各种贬值扣除,进而对房屋建筑物进行评估。实践中通常采用使用寿命法和观察法两种方法分别得出成新率,采用加权平均法计算得到综合成新率。其中,使用寿命法中的使用寿命的单位通常为年。

观察法成新率,是通过现场勘察,结合有关工程资料结构部分(地基基础、承重结构、非承重结构,屋面、楼地面)、装修部分(门窗、内粉饰、外粉饰、顶棚等)、设备部分(水卫、电气、消防设施、通风、通暖),对房屋建筑物的结构、装修、设备等部分的新旧程度打分,参考国家有关鉴定房屋新旧程度的评分标准,给出反映各部分的新旧程度分值,并对各部分赋予权重,计算得出建筑物的观察法成新率(见表6-13)。计算公式如下:

$$成新率=\left(\begin{matrix}结构\\分值\end{matrix}\times\begin{matrix}权重\\系数\end{matrix}+\begin{matrix}装修\\分值\end{matrix}\times\begin{matrix}权重\\系数\end{matrix}+\begin{matrix}设备\\分值\end{matrix}\times\begin{matrix}权重\\系数\end{matrix}\right)\times100\%$$

然后,将使用寿命法成新率与观察法成新率加权平均,得出综合成新率。权重,一般观察法取60%,使用寿命法取40%,即综合成新率=使用寿命法成新率×40%+观察法成新率×60%。

(三)评估价值的计算

计算出房屋建筑物的重置成本与综合成新率,通过前列公式得出房屋建筑物的评估价值。

【学中做6-9】采用重置成本法对某建筑物进行评估。

1.重置成本的确定

(1)建安工程综合造价的确定。下面以重编预算法为例说明建安工程综合造价的测算过程。

① 土建工程人工、材料、机械使用费统计表见表6-9(表中数据若无特别说明,均为不含增值税价格)。

表6-9　　　　土建工程人工、材料、机械使用费统计表

序号	名称	计量单位	数量	单价（元）	费用（元）
1	人工	工日	14 254.76	147.59	2 103 860.03
	人工费合计				2 103 860.03
2	机械费	元			129 516.44
	机械费合计				129 516.44
3	水泥	千克	69 264.17	0.30	20 709.99
4	钢材	千克	313 133.12	2.41	754 650.82
5	木材	立方米	11.53	2 213.40	25 520.50
6	中砂	吨	851.22	81.80	69 629.80
7	碎石	吨	222.73	78.70	17 528.85
8	商品混凝土	立方米	1 893.56	359.90	681 492.24
9	标准砖	块	1 753.33	0.45	789.00
10	八五砖216×105×43	块	20 115.63	0.34	6 839.31
11	砂加气砼砌块 600×250×100	立方米	12.88	307.70	3 963.18
12	砂加气砼砌块 600×250×200	立方米	727.25	307.70	223.774.83
13	混凝土砌块	块	19 774.25	0.45	8 898.41
14	防水卷材	平方米	3 448.45	38.87	134 041.25
15	门窗	平方米	887.26	873.53	775.048，23
16	外墙涂料	千克	9.79	29.90	292.72
17	真石漆墙面	平方米	2 813.97	104.66	294 510.10
18	300×600白色墙砖	百块	103.93	2 093.15	217 541.08
19	600×600白色墙砖	块	9 913.58	41.86	414 982.46
20	乳胶漆	千克	3 466.01	19.93	69 077.58
材料费合计				3 719 290.34	
合计				5 952 666.81	

②土建工程造价测算。按照工料分析确认其人工费为2 103 860.03元，材料费为3 719 290.34元，机械费为129 516.44元，故其分部分项费为6 836 288.02元。具体测算见表6-10。

表6-10 土建工程造价测算

序号	费用名称		计算公式	费率	金额（元）
一	分部分项费用		工程量×综合单价		6 836 288.02
	其中	1.人工费	计价表人工消耗量×人工单价		2 103 860.03
		2.材料费	计价表材料消耗量×材料单价		3 719 290.34
		3.机械费	计价表机械消耗量×机械单价		129 516.44
		4.管理费	1×费率	28%	589 080.81
		5.利润	1×费率	14%	294 540.40
二	措施项目清单费用		分部分项费×费率	17.54%	1 199 084.92
三	其他项目费用				0
四	规费		1+2		281 238.05
	其中	1.社会保障费	（一+二+三）×费率	3%	241 061.19
		2.住房公积金	（一+二+三）×费率	0.50%	40 176.86
五	税金		（一+二+三+四）×费率	9%	748 494.99
六	工程造价（含税）		一+二+三+四+五		9 065 105.98
七	工程造价（不含税）		一+二+三+四		8 316 610.99

③安装工程人工、材料、机械使用费统计表（见表6-11）。

表6-11 安装工程人工、材料、机械使用统计表

序号	名称	计量单位	数量	单价（元）	费用（元）
1	人工	工日	2 007.31	148.01	297 101.95
人工费合计					297 101.95
2	机械费	元			3 511.19
机械费合计					3 511.19
3	电线	米	36 975.78	2.13	78 758.41
4	电缆	米	649.8	50.87	33 055.33
5	电气管	米	10 167.79	4.09	41 586.26
6	给水管	米	620.33	16.31	10 117.58
7	排水管	米	495.48	23.38	11 584.32
8	消防管	米	530.08	34.95	18 526.30
材料费合计					193 628.20

④安装工程造价测算。根据该工程的安装工程量，确认其人工费为297 101.95元，材料费为193 628.20元，机械使用费为3 511.19元。具体测算见表6-12。

表6-12 安装工程造价测算

序号	费用名称		计算公式	费率	金额（元）
一	分部分项费用		工程量×综合单价		654 676.40
	其中	1.人工费	计价表人工消耗量×人工单价		297 101.95
		2.材料费	计价表材料消耗量×材料单价		193 628.20
		3.机械费	计价表机械消耗量×机械单价		3 511.19
		4.管理费	1×费率	40%	118 840.75
		5.利润	1×费率	14%	41 594.27
二	措施项目清单费用		分部分项费×费率	3.70%	24 223.03
三	其他项目费用				0
四	规费		1+2		23 761.48
	1.社会保障费		（一+二+三）×费率	3%	20 366.98
	2.住房公积金		（一+二+三）×费率	0.50%	3 394.50
五	税金		（一+二+三+四）×费率	9%	63 239.48
六	工程造价（含税）		一+二+三+四+五		765 900.34
七	工程造价（不含税）		一+二+三+四		702 660.86

⑤建安工程综合造价＝土建工程造价（不含税）＋安装工程造价（不含税）

＝8 316 610.99＋702 660.86＝9 019 271.85（元）

（2）前期费用及其他费用的确定。假定该项目的前期费用为建安工程综合造价的6%，其他费用为建安工程综合造价的2%，则前期费用为541 156.31元，含税（税率为6%）的前期费用为573 625.69元，其他费用为180 385.44元。

管理费用，本次取建安工程综合造价、前期费用和其他费用之和的2%。

管理费用＝（9 019 271.85＋541 156.31＋180 385.44）×2%＝194 816.27（元）

销售费用估算为551 400元。

（3）利息。假定项目建安工程投资及销售成本为均匀投入，利息根据本项目的正常建设工期1.5年，按照评估基准日相应期限的年贷款利率（复利）4.75%，以建安工程综合造价（含税）与前期及其他费用（含税）之和为基数确定。

$$利息=\left[\begin{matrix}建安工程综合\\造价(含税)\end{matrix}+\begin{matrix}其他\\费用\end{matrix}+\begin{matrix}管理\\费用\end{matrix}+\begin{matrix}销售\\费用\end{matrix}\right]\times\left[\left(1+\begin{matrix}正常建设工\\期贷款利率\end{matrix}\right)^{\frac{正常建设工期}{2}}-1\right]+$$

$$前期费用(含税)\times\left[\left(1+\begin{matrix}正常建设工\\期贷款利率\end{matrix}\right)^{正常建设工期}-1\right]$$

$$=(9\ 831\ 006.32+180\ 385.44+194\ 816.27+551\ 400)\times[(1+4.75\%)^{1.5/2}-1]+573\ 625.69\times[(1+4.75\%)^{1.5}-1]$$

$$=381\ 008.17+41\ 352.4$$

$$=422\ 360.57\text{（元）}$$

（4）确定合理利润。假定该项目的合理投资利润率为20%，则：

$$合理利润=\left[\begin{matrix}建安综合\\造价(含税)\end{matrix}+\begin{matrix}前期费用\\(含税)\end{matrix}+\begin{matrix}其他\\费用\end{matrix}+\begin{matrix}管理\\费用\end{matrix}+\begin{matrix}销售\\费用\end{matrix}\right]\times20\%$$

$$=2\ 266\ 246.76\text{（元）}$$

（5）销售税费。这里考虑增值税税率9%，城市维护建设税税率5%，教育费附加率3%，地方教育附加率2%，印花税税率0.5‰。

$$销售税费=重置成本\times\frac{1}{1+9\%}\times[9\%\times(1+5\%+3\%+2\%)+0.5‰]$$

$$=0.091284\times重置成本$$

$$重置成本=\begin{matrix}建安\\综合造价\end{matrix}+\begin{matrix}前期费用\\及其他费用\end{matrix}+\begin{matrix}管理\\费用\end{matrix}+\begin{matrix}销售\\费用\end{matrix}+\begin{matrix}投资\\利息\end{matrix}+\begin{matrix}合理\\利润\end{matrix}+\begin{matrix}销售\\税费\end{matrix}$$

$$=9\ 019\ 271.85+541\ 156.31+180\ 385.44+194\ 816.27+551\ 400+422\ 360.57+2\ 266\ 246.76+0.091284\times重置成本$$

可求得该项目的重置成本或新建筑物的市场价值为14 499 180.36元。

根据具体的评估目的要求，若需要估算不含税的建筑物价值，则可以针对不同产权人的纳税人资格，在估算其不动产转让中应纳增值税额的基础上，从市场价值中扣除应纳税额。

2.确定成新率

（1）使用寿命法成新率的确定。评估实践中，常常对于单价较小、结构相对简单的房屋建筑物采用年限法，计算公式如下：

$$成新率=\frac{尚可使用年限}{已使用年限+尚可使用年限}\times100\%$$

已使用年限：根据房屋建筑物建造年、月，计算得出已使用年限为2年。

尚可使用年限：按有关部门关于房屋建筑物经济耐用年限标准，确定尚可使用年限为68年。

$$成新率=68\div70\times100\%=97\%$$

（2）观察法成新率的确定。根据对该建筑物现场勘察情况，采用观察法确定其成新率（见表6-13）。

表6-13 现场勘察打分情况表

部分	名称	标准	实例状况	打分	合计	修正系数
结构部分	基础	25	有足够承载能力，无不均匀下沉	25	98	0.80
	承重构件	25	完好牢固	25		
	非承重墙	15	砖墙完好坚固，预制板墙板节点牢固，拼缝处 密实	15		
	屋面	20	不渗漏，防水层、隔热层、保温层完好，排水 畅通	19		
	楼地面	15	整体面层完好平整，硬木楼地面平整坚固，油漆完好，块料面层完整牢固	14		
装修部分	门窗	28	完好无损，开关灵活，油漆完好	28	98	0.10
	外装饰	24	完整无损	24		
	内装饰	24	完整无损	23		
	顶棚	24	完好牢固，无变形	23		
设备部分	给水	25	上水管畅通无阻	25	98	0.10
	排水	25	下水管畅通无阻，各种卫生器具完好，零件齐全	25		
	电力	31	设备装置完好	30		
	照明	19	线路各种照明装置完整牢固，绝缘良好	18		

根据评估人员的经验判断该类房屋，评分权重系数为：结构部分0.80，装修部分0.10，设备部分0.10。则成新率为：

$$成新率=\left[\begin{matrix}结构\\打分\end{matrix}\times\begin{matrix}权重\\系数\end{matrix}+\begin{matrix}装修\\打分\end{matrix}\times\begin{matrix}权重\\系数\end{matrix}\right]\times 100\%$$

$$=(98\times 0.80+98\times 0.10+98\times 0.10)\times 100\%$$

$$=98\%$$

（3）综合成新率的确定。综合成新率采用加权平均法，计算公式为：

综合成新率＝（使用寿命法成新率×权数＋观察法成新率×权数）÷总权数

一般地，使用寿命法权数取0.4，观察法权数取0.6。

综合成新率＝（97%×0.4＋98%×0.6）÷100%＝97.6%

该建筑物的价值＝14 499 180.36×97.6%＝14 151 200.03（元）

【学思践悟】近年来，全球荒漠化加剧、极端气候事件频发，给人类生存和发展带来严峻挑战，人类正站在可持续发展的十字路口。面对全球环境治理前所未有的困难，我国贯彻新发展理念，以经济社会发展全面绿色转型为引领，以能源绿色低碳发展为关键，坚持走生态优先、绿色低碳的可持续发展之路，并明确提出“力争2030年前实现碳达峰、2060年前实现碳中和”的愿景和目标。

柴强会长在第五届中韩日房地产估价论坛开幕式致辞中指出，在“碳达峰碳中和”背景下，估价师应树立可持续发展理念，积极探讨可持续发展对不动产价值的影响及其在不动产价值上的表现，积极参与探索完善绿色低碳发展投资回收回报和绿色生态产品价值实现机制。在城市更新和老旧小区改造中，估价师应科学客观地评估更新改造前后的不动产价值，向更新改造范围内的每户居民展示更新改造给其不动产带来的增值，并利用不动产估价特有的最高最佳利用分析，参与编制和优化城市更新改造方案。希望中韩日三国在新的估价领域不断深入探索、积极实践，继续加强沟通联系，推动交流合作，促进共同发展，实现互利共赢。

梁吉秀会长、吉村真行会长在致辞中对本次论坛的召开表示衷心的祝贺，并指出环境、人口、能源问题是当今世界共同面临的重大课题，可持续发展是各国的必然选择，三国房地产估价机构和估价师应把握发展机遇，在实际估价中考虑和体现相关要求。本次论坛的召开有助于估价行业深刻认识可持续发展背景下存在的问题与不足，把握未来发展趋势和要求。

资料来源：佚名.共话“可持续发展”共享估价服务新机遇——第五届中韩日房地产估价论坛成功举办［EB/OL］.［2024-04-02］. https：//www.cirea.org.cn/content/7850.

项目小结

本项目是资产评估的重要内容之一，涉及范围广，种类多。本项目主要包括影响不动产价值的因素、不动产价值评估程序、不动产评估方法等。

本项目框架结构如图6-1所示。

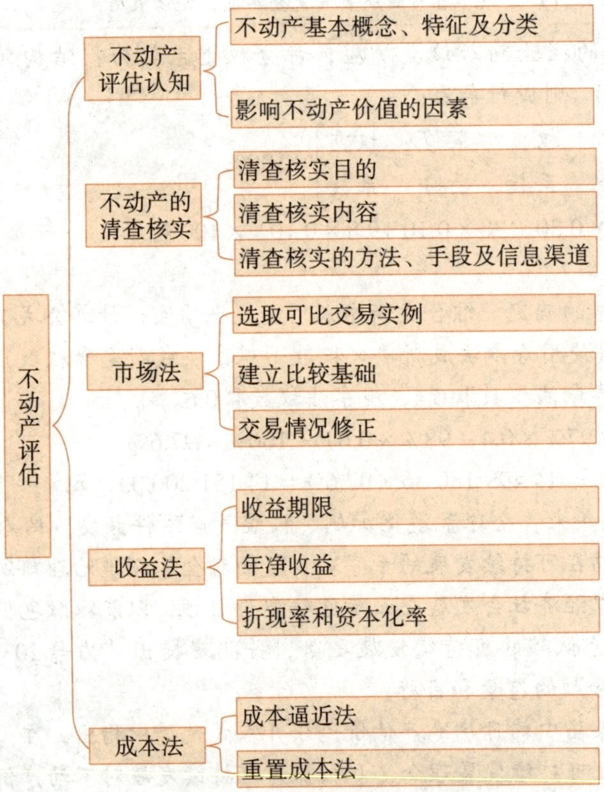

图6-1 本项目框架结构

实训设计

一、实训目标

通过对不动产价值进行评估的实际操作训练，使同学们能够掌握不动产价值评估的理论方法和技能技巧，能独立对不动产价值进行评估。

二、实训项目与要求

1. 实训组织

首先，实训指导教师将学生分组，每组10人左右，指定组长负责，明确目标和任务；其次，分组开展业务训练，发挥小组的集体智慧和成员的主观能动性，写出实训过程和结果；最后，组长总结汇报实训活动。

2. 实训项目

中青资产评估有限公司接受委托，评估某出租商铺于2023年12月31日的价值，为确定商铺的转让价格提供依据。评估对象商铺位于城市中心商务区，土地性质为商业用地，土地面积350平方米，房屋建筑面积1200平方米。

评估对象房地产用于出租，其预期收入表现为租金收入。假设目前商铺的出租资料显示，租金标准为每月150元／平方米建筑面积，空置率为10%。评估专业人员经过市场调查与预测，2023年该区域商铺正常的租金标准为每月160元／平方米建筑面积，空置率为6%。

3. 实训要求

（1）根据上述评估项目，估算出该商铺的价值需要收集哪些资料？

（2）自拟收集的资料数据，写出不动产价值评估程序，并评定估算出该商铺的市场价值。说明该项目运用的评估方法的基本原理和适用条件。

（3）写出净收益计算过程。

（4）试分析实际收益与客观收益的区别与联系。

三、成果与检测

1. 同学自我总结不动产价值评估的经验，并说明在不动产评估中遵循的评估程序。

2. 各组组长组织同学互相评价，提出实训建议成绩。组长撰写小组实训报告，在班级进行交流汇报。

3. 教师汇总实训所取得成绩和存在的问题，提出今后的改进措施，并根据学生自评、互评情况和组长的建议，确定学生的实训成绩。

项目七

长期投资性资产评估

知识目标

1. 明确长期股权投资及其评估的原理；
2. 正确理解影响股票和债券价值的主要因素；
3. 熟悉股权投资评估的概念，掌握上市和非上市股权投资评估的差异；
4. 了解股票的票面价格、发行价格、账面价格、清算价格、内在价格和市场价格的关系。

能力目标

1. 熟练掌握股票和债券的价值评估方法；
2. 掌握非上市交易股票的价值评估方法；
3. 熟悉长期股权投资评估的处理方法。

素养目标

1. 树立正确的价值观；
2. 树立风险意识；
3. 培育精益求精的专业匠心精神。

项目导入

如何评估该企业拥有的股票资产价值？

山西中青资产评估事务所受托对A企业进行资产评估。A企业拥有某非上市公司的普通股股票150万股，每股面值4.5元，在持有股票期间，每年股票收益率（每股股利/每股面值）在15%左右。股票发行企业每年以净利润的60%发放股利，其余40%用于追加投资。根据评估专业人员对企业经营状况的调查分析，认为该行业具有发展前途，该企业具有较强的发展潜力。

思考：假如你是山西中青资产评估事务所的评估人员，你将对A企业股票资产如何进行评估？

启示：通过项目导入案例，使学生不仅掌握资产评估的专业知识，还能够开展实践调查，将理论与实践有机统一，知行合一。

任务一 长期投资性资产评估概述

任务描述

投资是经济主体为了获得预期的、不确定的收益而将现在的收入转化为资本的一种活动。投资具有明确的产权关系。资本的产权关系在所有权和经营权相分离的前提条件下，形成各种金融产品。本任务主要介绍长期投资性资产的基本概念、基本特点和长期投资性资产评估的程序。通过学习使大家明确长期投资性资产评估的对象和评估操作程序。

相关知识

一、长期投资的概念及分类

（一）长期投资的概念

就投资者角度而言，长期投资是指不准备随时变现，持有期超过一年的投资。从资产评估视角来看，长期投资是反映在企业长期投资账户上的、向并非直接为本企业使用的项目投入相关资产的特定活动或经济行为，包括股票投资、债券投资和其他对外投资等形式。企业持有这些资产的目的是获取投资收益或投资资本增值，持有时间一般超过一年。长期投资的存续基于对其他企业所享有的权益，因此对长期投资的评估实际上也是对长期投资所代表的权益进行评估。

（二）长期投资的分类

投资者进行长期投资的根本目的是获取投资收益及资本增值。然而，长期投资会在不同条件下表现为不同形式或阶段性的投资目的。

1. 股权投资

股权投资又称权益投资，是指投资者为获取其他企业的权益或净资产收益所进行的投资。

通常而言，权益投资属于永久性的长期投资。股权投资的内容见表7-1。

表7-1 股权投资的内容

股权投资分类	股权投资方式	股权投资内容
直接投资	以实物投资	以厂房、机器设备、材料等作为资本投入或以实物资产投资参与其他企业运营或组成联营企业
	以无形资产投资	如以专利技术、商标、土地使用权等无形资产投入其他企业或组成联营企业
	以现金投资	以现金或现金等价物方式进行股权投资
间接投资	投资证券资产	通过证券市场购买其他企业的股票或债券，以期达到投资于其他企业的目的

2. 债权投资

债权投资是指企业通过债券市场购买各种中长期债券而进行的投资。如通过债券市场购买企业债券、购买政府债券、购买金融机构债券等。债券投资一般属于长期的确定性收益投资（永久性债券和可转换债券除外）。

3. 混合性投资

混合性投资是指持有股权和债权双重性质的投资。这种投资通常表现为混合性证券投资，如购买优先股、可转换公司债券、混合型投资基金等。

二、长期投资评估的特点

长期投资评估的特点取决于长期投资自身的特点，主要表现为以下两个方面。

（一）长期投资评估是对资本的评估

从出资形式来看，用于长期投资的资产可以是货币资金、实物资产和无形资产等。但无论其出资形式如何，投资者都是将其作为资本投入到另一企业或特殊项目中。而且长期投资从其所发挥的作用来看，都具有资本的功能。因而，长期投资的评估实际上是对某项资本的评估，这是长期投资的一个显著特点。

（二）长期投资评估是对被投资企业偿债能力和获利能力的评估

长期投资的根本目的是获取投资收益，因此收益就成为资本价值的决定因素，其价值主要体现为其获利能力的大小。长期投资获利能力的大小，同时取决于其投资数量和投资风险。偿债能力是衡量其投资风险的重要指标。因此，对长期投资的评估，实际上是对被投资企业获利能力和偿债能力的评估。

三、长期投资评估程序

长期投资评估的程序通常为：

（1）明确长期投资项目的相关详细内容，如投资类型、原始投资额、评估基准日余额、投资比重、投资双方相关会计核算方式等。

（2）判断长期投资投入和回收金额计算的精确性与合理性，判断被投资企业财务报表的真实性。

（3）根据长期投资的特点选择适用的评估方法。上市交易的债券和股票一般采用市场法进行评估，按评估基准日的收盘价确定评估值；非上市交易的债券和股票不能采用市场法评估，一般采用收益法，根据综合因素确定合理的折现率，确定评估值。

（4）在以上步骤的基础上，获取合理评估结论。

任务二 债券投资评估

任务描述

债券投资评估是长期投资性资产评估的重要内容之一，任务二主要介绍债券的概念及分类、债券价值影响因素、债券投资的特点及评估方法。通过学习使我们掌握债券投资评估的主要评估方法。

相关知识

一、债券概念及分类

（一）债券概念

债券是指政府、企业、银行等债务人为了筹集资金，按照法定程序发行的向债权人承诺于指定日期还本付息的有价证券。

（二）债券分类

根据发行主体的不同，债券可以分为政府债券、金融债券和公司债券。

1. 政府债券

政府债券又分为中央政府债券和地方政府债券。其中，中央政府债券，即通常说的国债券或公债券。它是中央政府发行的，利用国家信用方式筹集资金的一种形式，由国家承担还本付息的义务，具有最高的信用度。

地方政府债券，即地方政府为当地开发公共设施建设、救灾等的资金需要而发行的债券。地方政府债券信用度接近国家债券，发行风险较小，一般不上市流通。

2. 金融债券

金融债券是由银行等金融机构发行的债券。由于金融债券信用度较高，利率也高于存款利率，具有存款不能取代的优点，所以商业银行等金融机构除了通过发行股票、吸收存款发行大额可转让存单等方式吸收资金外，还通过发行金融债券筹集资金以扩展业务。

3.公司债券

公司债券又称企业债券，是公司为筹措资金而公开发行的一种债券。由于公司自身的风险相对较大，因此利率一般高于同期限的政府债券和金融债券。

（三）债券一般需具备的要素

1.票面价值

票面价值也称到期价值或面值。它是债券上所记载的金额，也是发行人同意在到期日支付的金额。

2.债券到期日或到期期限

债券发行人按约定支付最后一笔款项的日期称为债券到期日，简称到期日。到期期限是指距到期日的年数。

3.票面利率

债券利息是指债务人在发行日和到期日之间进行的有规律的现金支付。票面利率又称计息利率，指债券上标明的利率。例如，票面利率为10%表示发行人每年要向债券持有人支付的利息额等于债券面值的10%。

【思考7-1】长期债券投资有哪些特点?

二、债券投资评估

债券作为一种有价证券，从理论上讲，它的市场价格是收益现值的市场反映。当债券可以在市场上自由买卖、变现时，债券的现行市价就是债券的评估值。但是，如果企业购买的是不能在证券市场自由交易的债券，其价值就需要通过一定的方法进行评估。

（一）上市交易债券的评估

上市交易债券是指可以在证券市场上交易、自由买卖的债券，对此类债券一般采用市场法（现行市价）进行评估，按照评估基准日的收盘价确定评估值。如果在特殊情况下，某种可上市交易的债券市场价格严重扭曲，不能代表实际价格，就应该采用其他的评估方法进行评估。

运用市场法评估债券，债券价值的计算公式为：

债券评估价值 = 债券数量 × 评估基准日债券的市价（收盘价）

需要特别说明的是，采用市场法评估债券价值，应在评估报告书中说明所用评估方法和结论与评估基准日的关系，并说明该评估结果应随市场价格的变化而适当地调整。

（二）非上市交易债券的评估

非上市交易债券不能直接采用市场法评估，应该采取相应的评估方法进行价值评估。

1.对距评估基准日1年内到期的债券评估

对距评估基准日1年内到期的债券评估，可以根据本金加上持有期间的利息确定评估值。

2.超过1年到期的债券评估

超过1年到期的债券，可以根据本利和的现值确定评估值。对于不能按期收回本金和利息的债券，评估专业人员应在调查取证的基础上，通过分析预测，合理确定评估值。通过本利和的现值确定评估值的债券，宜采用收益法进行评估。

根据债券付息方法，债券可分为到期一次还本付息债券和分次付息、一次还本债券两种。评估时应采用不同的方法计算。

（1）到期一次还本付息债券的价值评估

对于一次还本付息的债券，其评估价值的计算公式为：

$$P = \frac{F}{(1+r)^n}$$

式中：P为债券的评估值；F为债券到期时的本利和；r为折现率；n为评估基准日到债券到期日的间隔（以年或月为单位）。

本利和F的计算还可区分单利和复利两种计算方式。

债券本利和采用单利计算。在采用单利计算时：

$$F = A(1 + m \times r)$$

债券本利和采用复利计算。在采用复利计算时：

$$F = A(1 + r)^m$$

式中：A为债券面值；m为计息期限；r为债券利率。

债券利率、计息期限、债券面值在债券上均有明确记载，而折现率是评估专业人员根据评估时的实际情况分析确定的。

【思考7–2】如何确定债券资产的折现率？

【学中做7–1】某评估公司受托对B企业拥有的A公司债券进行评估，被评估债券面值50 000元，系A公司发行的3年期一次还本付息债券，年利率5%，单利计息，评估基准日距离到期日2年，当时国债利率为4%。经评估专业人员分析调查，发行企业经营业绩尚好，财务状况稳健。两年后具有还本付息的能力，投资风险较低，取2%的风险报酬率，以国债利率作为无风险报酬率，故折现率为6%。

要求：计算该债券的评估价值。

解析：$F = A(1 + m_1 \times r_1) = 50\,000 \times (1 + 3 \times 5\%) = 57\,500$（元）

$$P = F \div (1 + r_2)^{m_2} = 57\,500 \div (1 + 6\%)^2 = 57\,500 \times 0.8900 = 51\,175 \text{（元）}$$

（2）分次付息、到期一次还本债券的评估

微课

债券投资的评估

对分次付息、到期一次还本债券的价值评估一般采用收益法，其计算公式为：

$$P = \sum_{i=1}^{n} [R_i(1+r)^{-i}] + A(1+r)^{-n}$$

式中：P为债券的评估值；R_i为第i年的预期利息收益；r为折现率；A为债券面值；i为评估基准日距收取利息日的期限；n为评估基准日距到期还本日的期限。

【学中做7–2】沿用【学中做7–1】的资料，假定该债券每年付一次息，到期一次还本。其评估值为：

$$P = \sum_{i=1}^{n} [R_i(1+r)^{-i}] + A(1+r)^{-n}$$

$$= 50\,000 \times 5\% \times (1 + 6\%)^{-1} + 50\,000 \times 5\% \times (1 + 6\%)^{-2} + 50\,000 \times (1 + 6\%)^{-2}$$

$$= 2\,500 \times 0.9430 + 2\,500 \times 0.8900 + 50\,000 \times 0.8900 = 49\,083.50 \text{（元）}$$

任务三　股票投资的评估

任务描述

微课

股票投资的评估

股票评估是长期投资性资产评估的重要内容之一，本任务主要介绍股票特点、价值种类，影响股票价值的主要因素，通过学习，使我们熟练运用相关方法评估上市普通股股票和非上市普通股股票的价值。

相关知识

一、股票的概念及分类

（一）股票的概念

股票是股份证书的简称，是股份公司发给出资人的股份所有权的书面凭证，每股股票都代表股东对企业拥有一个基本单位的所有权。股票是股份公司资本的构成部分，可以转让、买卖或作价抵押，是资金市场的主要长期信用工具。股票表明公司与股东的约定关系，实质上是一种特殊的信用工具。

（二）股票的分类

股票按不同的分类标准，可分为不同的种类（见表7-2）。

表7-2　　股票的划分标准及种类

分类标准	股票分类
票面是否记名	记名股票和无记名股票
有无票面金额	面值股票和无面值股票
股利分配和剩余财产分配顺序	普通股优先股和后配股
股票是否上市	上市股票和未上市股票
投资主体	国家股、法人股、个人股和外资股

知识拓展

股票的七大类

【思考7-3】股票投资具有哪些特点？

【思考7-4】什么是收入收益和资本利得？

（三）股票价值的表现形式

股票不仅种类多，而且有多种价值表现形式。

1. 票面价格

票面价格是指股份公司在所发行的股票票面上标明的票面金额。通常以元/股为单位，其作用是用来表明每张股票所包含的资本数额。

2. 发行价格

发行价格是指在股份公司发行股票时股票的出售价格，主要有面额发行、溢价发行和折价发行。一般同一种股票只能有一种发行价格。

3. 账面价格

账面价格又称股票净值，也称每股净资产，是指股东持有的每单位股票在公司财务账单上所表现出来的净值，是证券分析师和财会人员通常关注的概念。用公司的净资产（包括注册资金、各种公积金、累积盈余等，不包括债务）除以总股本，得到的就是每股的净值。股份公司的账面价值越高，股东实际拥有的资产就越多。由于账面价值是财务统计、计算的结果，数据较精确且可信度较高，因此其成为股票投资者评估和分析上市公司实力的重要依据之一。

4. 清算价格

清算价格是指股份公司清算时，每股股票所代表的实际价格。清算价格是公司净资产与公司股票总数的比值。股票的清算价格取决于其账面价格资产出售损益、清算费用高低等因素。

5. 内在价格

内在价格的主要理论依据是根据证券分析人员对未来收益的预测而折算出来的股票现时价格。股票内在价格的高低，主要取决于公司的发展前景、财务状况、管理水平以及获利风险等因素。

6. 市场价格

市场价格是指证券市场上股票的买卖价格。在证券市场发育完善的条件下，股票市场价格是市场对各种股票的一种客观评价。

股票的评估值与上述前三种股票价格关系不大，只与股票的内在价格、清算价格和市场价格有关。由于股票有上市股票和非上市股票之分，股票评估也可按上述两类进行。

二、上市交易股票的价值评估

上市交易股票是指企业公开发行的、可以在证券市场自由交易的股票。对上市交易股票的价值评估，正常情况下，可以采用现行市价法，即按照评估基准日的收盘价确定被评估股票的价值。其计算公式为：

$$上市股票评估值 = 股票数量 \times 评估基准日股票收盘价$$

所谓正常情况是指股票市场发育正常，股票自由交易，不存在非法炒作的现象。此时，股票的市场价格可以代表评估时点被评估股票的价值；否则，股票的市场价格就不能完全作为评估的依据，而应以股票的内在价格作为评估股票价值的依据。通过对股票发行企业的经营业绩、财务状况及获利能力等因素的分析，综合判断股票内在价格。除此之外，以控股为目的而长期持有的上市公司的股票，一般可采用收益法评估其内在价格。

依据股票市场价格进行评估，应在评估报告中说明所用的方法，并说明该评估结果应随市场价格的变化而予以适当的调整。

【学中做7-3】某企业持有公司A的上市股票10 000股，评估基准日该股票的收盘价为每股7元。则：股票评估值 = 10 000 × 7 = 70 000（元）。

三、非上市交易股票的价值评估

非上市交易的股票，一般应采用收益法评估，即综合分析股票发行企业的经营状况及风险、历史利润水平和分红情况、行业收益等因素，合理预测股票投资的未来收益，并选择合理的折现率确定评估值。非上市交易股票按普通股和优先股的不同而采用不同的评估方法。

（一）普通股的价值评估

1.非上市普通股股票的评估前期准备

对非上市普通股的价值评估，实际是对普通股预期收益的预测，并折算成评估基准日的价值，因此，在评估之前应对股票发行企业进行全面、客观的了解与分析。

（1）了解被评估企业历史上的利润水平；

（2）了解企业的发展前景，其所处行业的前景、盈利能力，企业管理人员的素质和创新能力等因素；

（3）分析被评估公司的股利（利润）分配政策，因为公司的股利分配政策直接影响着被评估股票价值。股份公司的股利分配政策，通常可以划分为固定红利型、红利增长型和分段型三种类型。在不同类型的股利分配政策下，股票价值的评估方法也不完全相同。

2.不同类型的股票价值评估

（1）固定红利型股利分配政策下的股票价值评估

固定红利型是假设企业经营稳定，分配红利固定，并且今后也能保持固定水平。在这种假设条件下，普通股股票评估值的计算公式为：

$$P = \frac{R}{r}$$

式中：P为股票评估值；R为股票未来收益额；r为折现率。

【学中做7-4】假设被评估企业拥有C公司的非上市普通股10 000股，每股面值1元。在持有期间，每年的收益率一直保持在20%左右。经评估专业人员了解分析，股票发行企业经营比较稳定，管理人员素质高、管理能力强。在预测该公司以后的收益能力时，评估专业人员稳健估计今后若干年内，其最低的收益率仍然可以保持在16%。评估专业人员根据该企业的行业特点及当时宏观经济运行情况，确定无风险报酬率为4%（国债利率），风险报酬率为4%，则确定的折现率为8%。根据上述资料，计算评估值为：

$$P = \frac{R}{r} = \frac{10\,000 \times 16\%}{8\%} = 20\,000\text{（元）}$$

（2）红利增长型股利分配政策下的股票价值评估

红利增长型适用于成长型股票的评估。成长型企业发展潜力大，收益率会逐步提高。该类型的假设条件是发行企业并未将全部剩余收益分配给股东，而是用于追加投资扩大再生产，因此，红利呈增长趋势。在这种假设前提下，普通股股票评估值公式为：

$$P = \frac{R}{r-g}\quad (r>g)$$

式中：P为股票评估值；R为股票未来收益额；r为折现率；g为股利增长率。

股利增长率g的计算方法：一是统计分析法，即根据过去股利的实际数据，利用统计学的方法计算出平均增长率，作为股利增长率；二是趋势分析法，即根据被评估企业的股利分配政策，以企业剩余收益中用于再投资的比率与企业净资产利润率相乘，确定股利增长率。

【学中做7–5】某评估公司受托对D企业进行资产评估。D企业拥有某非上市公司的普通股股票20万股，每股面值1元，在持有股票期间，每年股票收益率在12%左右。股票发行企业每年以净利润的60%发放股利，以其余40%追加投资。根据评估专业人员对企业经营状况的调查分析，该行业具有发展前途，该企业具有较强的发展潜力。经过分析后认为，股票发行企业至少可保持3%的发展速度，净资产收益率将保持在16%的水平，无风险报酬率为4%（国债利率），风险报酬率为4%，则确定的折现率为8%。该股票评估值为：

$$P=\frac{R}{r-g}=\frac{200\,000\times 12\%}{(4\%+4\%)-40\%\times 16\%}=\frac{24\,000}{8\%-6.4\%}=1\,500\,000\text{（元）}$$

（3）分段型股利分配政策下的股票价值评估

前两种股利分配政策一种是股利固定，另一种是增长率固定，过于模式化，很难适用于所有的股票评估。针对实际情况，采用分段型股利分配政策模型对股票的价值评估更具客观性。分段型股利分配政策模型可采用两段式或多段式模型，下面以两段式为例说明分段型方法的原理：

第一段，指能够较为客观地预测股票的收益期间或股票发行企业某一经营周期；

第二段，以不易预测收益的时间为起点，以企业持续经营到永续为第二段。

将两段收益现值相加，得出评估值。在实际计算时，第一段以预测收益直接折现；第二段可以采用固定红利型或红利增长型，收益额采用趋势分析法或其他方法确定，先资本化再折现。

【学中做7–6】某资产评估公司受托对E公司的资产进行评估。E公司拥有某一公司非上市交易的普通股股票10万股，每股面值1元。在持有期间，每年股利收益率均在15%左右。评估专业人员对发行股票公司进行调查分析后认为，前3年可保持15%的收益率；从第4年起，一套大型先进生产线交付使用后，可使收益率提高5个百分点，并将持续下去。评估时国债利率为4%，假定该股份公司是公用事业企业，其风险报酬率确定为2%，折现率为6%，则该股票评估值为：

股票的评估价值 = 前3年收益的折现值+第4年后收益的折现值

$$=100\,000\times 15\%\times(P/A,\ 6\%,\ 3)+(100\,000\times 20\%\div 6\%)\times(1+6\%)^{-3}$$

$$=15\,000\times 2.6730+20\,000\div 6\%\times 0.8396$$

$$=40\,095+279\,867$$

$$=319\,962\text{（元）}$$

（二）优先股的价值评估

在正常情况下，优先股在发行时就已被规定了股息率。评估优先股主要是判断股票发行主体是否有足够的税后利润用于优先股的股息分配。这种判断是建立在对股票发行企业的全面了解和分析的基础上的，包括股票发行企业的生产经营情况、利润实现情况、股本构成中优先股所占的比重、股息率的高低以及股票发行企业的负债状况等。如果股票发行企业资本构成合理，企业盈利能力强，那么企业就具有很强的支付能力。评估专业人员可以根据事先确定的股息率，计算出优先股的年收益额，然后进行折现计算，即可得出评估值。其计算公式为：

$$P = \sum_{i=1}^{\infty} [R_i(1+r)^{-i}]$$
$$= \frac{A}{r}$$

式中：P为优先股的评估值；R_i为第i年的优先股的收益；r为折现率；A为优先股的年等额股息收益。

【学中做7-7】新华纺织厂拥有长兴染料厂100股累积性、非参加分配优先股，每股面值100元，年股息率为11%。评估时，长兴染料厂的资本构成不尽合理，负债率较高，可能会对优先股股息的分配产生消极影响。因此，评估专业人员将新华纺织厂拥有的长兴染料厂的优先股股票的风险报酬率定为5%，加上无风险报酬率4%，该优先股的折现率为9%。根据上述数据，该优先股评估值如下：

$$P = \frac{A}{r} = \frac{100 \times 100 \times 11\%}{4\% + 5\%} = \frac{1\,100}{9\%} = 12\,222\text{（元）}$$

如果非上市优先股有上市的可能，持有人又有转售的意向，这类优先股可参照下列公式评估：

$$P=\sum_{i=1}^{n} [R_i \cdot (1+r)^{-i}] + F \cdot (1+r)^{-n}$$

式中：F为优先股的预期变现价格；n为优先股的持有年限；其他符号的含义同上述公式。

微课

股票价值评估

【提示】普通股没有固定的股利，其收益大小完全取决于企业的经营状况和盈利水平；优先股是在股利分配和剩余财产分配上优先于普通股的股票。优先股的股利是固定的，一般情况下，都要按事先确定的股利率支付股利。在这方面，优先股与债券很相似，两者的区别在于：债券的利息是在所得税前支付的，而优先股的股利是在所得税后支付的。

任务四 长期股权投资的评估

任务描述

长期股权投资评估是长期投资性资产评估的重要内容之一，本任务主要介绍长期股权投资评估的基本概念、基本特点和应注意的问题，以及具有控制权股权的评估和缺乏控制权股权的评估。通过学习使我们明确长期股权投资评估应注意的问题，了解长期股权投资评估的特点，掌握长期股权投资的主要评估方法。

相关知识

一、长期股权投资及其评估的基本概念

（一）长期股权投资的基本概念

1.长期股权投资的概念

股权即股东权益，是指投资人因投资而享有的权利。股权投资，是指投资主体将现金资产、实物资产或无形资产等直接投入到被投资企业，取得被投资企业的股权，从而通过控制被投资企业来获取利益。

长期股权投资是指投资方对被投资单位实施控制、重大影响的权益性投资，以及对其合营企业的权益性投资。把握此概念需要理解以下三方面：

（1）投资企业能够对被投资单位实施控制的，即对子公司投资；

（2）重大影响，是指投资方对被投资单位的财务和经营政策有参与决策的权力，但并不能够控制或者与其他方一起共同控制政策的制定。在确定能否对被投资单位施加重大影响时，应当考虑投资方和其他方持有的被投资单位当期可转换债券、当期可执行认股权证等潜在表决权因素。投资方能够对投资单位施加重大影响的，被投资单位为其联营企业；

（3）合营企业，在确定被投资单位是否为合营企业时，应当满足合营安排的认定及分类，合营安排指一项由两个或两个以上的参与方共同控制的安排。合营安排具有以下特征：各参与方均受到该安排的约束；两个或两个以上的参与方对该安排实施共同控制。

2.长期股权投资的特点

长期股权投资通常具有投资大、投资期限长、风险大以及能为企业带来较大的利益等特点。

（二）长期股权投资评估的基本概念

微课

长期股权投资的概念及特点

长期股权投资评估，是指采用企业价值评估方法对被投资企业在某一时点的股东权益价值所作的评判和估算。不同于对某单项或某几项资产的评估，长期股权投资评估是从价值形态上以法定货币尺度测定长期股权投资公允价值的手段。

母公司的资产负债表中长期股权投资往往金额相对较大，重要性毋庸置疑，因母公司发生经济行为需确定其股东权益价值时必然要评估其长期股权投资的价值。此外，在新企业会计准则引入公允价值计量属性之后，长期股权投资的初始确认和后续计量中的减值测试等，均需要评估机构给予专业意见，作为会计入账及调整的依据。因此，长期股权投资评估不仅是交易定价及投资决策的基础，也有助于对被评估企业的长期股权投资的内在价值进行正确评价。

长期股权投资评估，包括对具有控制权的股权评估及对缺乏控制权的股权评估。

二、长期股权投资评估的基本特点

（一）长期股权投资评估是对资本或权益的评估

长期股权投资是投资方在被投资单位所享有的权益，投资方出资形式可能包括货币资金、实物资产及无形资产等，自被投资单位接受之日起即转换为资本或权益，投资方不能再去自由支配出资的资产。因此，长期股权投资评估实质上是对被投资单位资本或权益的评估。

（二）长期股权投资评估可能是对被投资企业获利能力的评估，也可能是对间接提高投资方自身盈利能力的战略投资价值的评估

长期股权的投资方作为被投资企业的股东，不准备随时变现，投资不单是为了获取投资收益，还可能是为了影响、控制或迫使被投资企业采取有利于投资方利益的经营方针和利润分配方案。因此，被投资单位的获利能力或其战略投资价值成为长期股权投资评估的关键因素。

（三）长期股权投资评估通常建立在被投资企业持续经营的基础上

被投资企业在评估基准日净资产为负值，通常是因为资本结构不合理，如股东投入资本金过低而靠借款开展经营活动等。因此，持续经营是长期股权投资评估重要的评估假设。

（四）长期股权投资评估通常是基于被投资企业权益的可分性

权益的可分性即企业的权益可分为股东全部权益和股东部分权益，不同的权益份额可能有不同的价值内涵。当评估对象为同一标的企业的不同权益时，评估方法、模型、影响因素等均有可能不同，股东部分权益不必然等于股东全部权益与股权比例的乘积。

三、长期股权投资评估应注意的问题

（一）应当把被投资单位作为一个有机整体

在进行长期股权投资评估时，不仅要关注企业财务账内的资产和负债，也要关注重要的可识别的账外资产和负债，如无形资产、或有负债等。

（二）应关注公司章程或投资协议

在进行长期股权投资评估时，应关注公司的章程或投资协议，了解股东在利益分配、股权转让等方面的权利和义务是否存在特殊的约定，如分红限制、清算约定和存在限售期等，考虑其对评估的影响。

（三）应关注公司最新的工商登记情况和近期的董事会决议等材料

在进行长期股权投资评估时，应关注公司最新的工商登记情况和近期的董事会决议等材料，了解被评估单位股权结构及股东权益。

（四）应关注评估范围内的重要资产和负债

在进行长期股权投资评估时，应关注评估范围内的重要资产和负债，通过实施询问、函证、核对、监盘、勘查、检查等必要的程序，了解其经济、技术和法律权属状况及其对评估的影响。

（五）应关注可能影响评估结论的重要事项

在进行长期股权投资评估时，应关注可能影响评估结论的重要事项，要求委托人或被

评估企业就该事项出具承诺等内部证明材料和律师函等第三方证明材料，作为评估依据。

（六）应关注关联方交易的影响

在进行长期股权投资评估时，应关注关联方交易的影响，根据《企业会计准则第33号——合并财务报表》，母公司编制合并财务报表时应当将整个企业集团视为一个会计主体，依据相关企业会计准则的确认、计量和列报要求，按照统一的会计政策，反映企业集团整体财务状况、经营成果和现金流量。当采用母公司报表口径单独对其长期股权投资单位评估时，应关注评估基准日母子公司间的产品（或服务）销售等关联方交易及合并会计分录。内部关联销售产生的利润可能导致虚增净资产，而低于市场价格的内部关联销售可能导致虚减净资产。

（七）应关注亏损企业采用收益法评估的适用性

在进行长期股权投资评估时，应关注亏损企业采用收益法评估的适用性。不能简单理解为亏损企业采用收益法评估不适用，因为导致亏损的因素是多方面的，有可能是经营决策失误等主观因素，也有可能是突发事件等客观因素，应剔除非正常因素影响。

知识拓展

控股权

四、具有控制权股权的评估

（一）具有控制权股权评估的特点

1.评估程序及评估方法不受限制

对于具有控制权股权的评估，被投资单位在配合实施评估程序方面与母公司基本相同，有利于评估工作的开展。因而在评估方法选择上，通常可结合被投资单位所处行业及自身特点，全面考虑评估方法的适用性，从而作出合理选择。

2.关注资产权属资料完善情况

对于具有控制权股权的评估，需关注被投资单位土地、房屋建筑物及无形资产等重要资产的权属和使用状况。对重要资产权属资料不全面的，应关注企业是否已经妥善解决。关注是否有账外资产、或有负债，资产（土地、车辆等）权利人与实际使用人是否一致，是否存在隐匿或遗漏等。

3.可能存在控制权溢价因素

控制权溢价通常是指一个投资者为了获得公司普通股的控股权益而愿意付出比市场流通的少数权益价值更高价格的附加价值。控制权被认为比少数股权有更多价值，因为公司控制权享有许多非控制权没有的非常有价值的权利，如控股方能够控制公司董事会，任命关键管理人员，决定公司发展战略、发展方向、重大投资决策、股利分配政策等。通过并购案例总结，控制权溢价往往与被收购企业管理层的管理水平成反比。被收购企业的管理水平越差，控制权的价值越高；被收购企业的管理水平越高，控制权的价值就越低。

（二）评估程序

1.明确评估范围

明确评估范围是对长期股权投资实施评估程序的首要步骤。评估范围通常为被投资单位法人全部资产，包括企业拥有的权属清晰并投入经营或未投入经营的资产，企业实际拥有但尚未办理产权登记的资产。

对于股权投资单位持有的长期股权投资中具有控制权的被投资单位，仍需用同样的评估程序“向下”延伸。

2.核实投资（并购）协议、账面记录

收集股权投资的初始协议，了解长期股权投资的取得方式和初始计量方法，核对会计核算是否正确，核实长期股权投资企业在评估基准日近期的信息，包括企业名称，注册地，业务性质，当期的主要财务信息，与子公司、合营企业及联营企业投资相关的或有负债等。

3.核对持股比例

收集股权投资企业在工商登记部门备案的公司章程，核对注册资本、出资额、母公司对该企业的持股比例和表决权比例。

4.选择评估方法，编制评估计划

对被投资企业的会计信息进行全面了解与分析，与委托人商谈评估程序实施是否受限等，根据评估目的、评估对象、价值类型、资料收集情况等相关条件，分析收益法、市场法和资产基础法三种资产评估基本方法的适用性，综合判断，恰当选择评估方法。

编制评估计划需充分考虑评估对象的性质、所处行业的特点及发展趋势、资产规模及分布、评估所需资料的收集状况、评估专业人员的独立性及专业胜任能力、与其他专业机构的工作衔接配合等诸多因素，明确评估过程的主要工作步骤、预计时间、人员安排、配合要求等，恰当编制评估计划。

5.确定（计算）股权评估值

选择确定基本评估方法，确定相关评估参数，开展评定估算工作。在所采用评估方法形成的初步结果的基础上，对各种方法使用的信息资料及参数的数量和质量进行比对分析，最终确定股权评估值。

（三）清查核实方法

1.核对

核对方法主要用于对被投资企业法人的资产数量、使用状态、法律权属状态及其他影响评估作价的重要因素的核对，针对不同的资产类型应分别采取不同的核对方法。

2.抽查（会计凭证）

随机抽查。在实施评估程序时，从被评估的长期股权投资单位总体会计凭证中，根据重要程度，随机选取一定数量的样本进行抽查，以便核实其历史成本或核算入账的背景。

重点抽查。发现资产权责不对应、资产权属或边界不清晰，如母公司已将某项资产作价投入子公司（但仍将其在母公司账上核算，而子公司账上未核算该项资产或核算内容为对该资产的追加投资）、母公司将为子公司对外垫付费用等款项核算在对子公司投资中而子公司未入账、母公司替子公司购买资产支付款项记入长期股权投资而子公司未将资产入账、母子公司往来账余额不一致等情形，需抽取母子公司相关会计凭证，查证问题。

处理方式。将抽查发现的问题提交企业会计负责人及审计师，共同商讨解决办法，将处理结果归纳整理到工作底稿。

3.尽职调查

对被投资单位的评估尽职调查通常包括两个方面：

（1）对企业的历史数据和文档资料、管理层背景、市场风险、管理风险、技术风险和资金风险等作全面调查，对企业作初步定性评价。具体方式包括调查问卷及独立调查。

调查问卷的主要内容包括公司及股东各方的基本情况、公司组织结构、采购供应、业务和产品、销售、研发、固定资产、财务核算体系、债权和债务、投资项目、涉诉事项、行业背景资料等部分，每部分结合企业情况提出若干具体问题，向企业相关管理职能部门发放和回收问卷，将回收的问卷及调查记录归纳整理到工作底稿。

独立调查的内容包括直接从市场等渠道独立获取的资料，从委托方、产权持有者等相关当事方获取的资料以及从政府部门、各类专业机构和其他相关部门获取的资料。具体包括查询记录、询价结果、检查记录、行业资讯、分析资料、鉴定报告、专业报告及政府文件等。

（2）对评估基准日企业各项资产、负债进行全面清查。

对各项资产、负债的清查。通常通过获取资料、询问、函证、核对、监盘、勘查、检查等方式对各项资产及负债进行清查核实，重点关注影响资产价值的各项因素，并对资产的权属状况、使用状况等进行调查。

4. 访谈

访谈对象：企业高管、财务/企划/供应/销售/人力/技术/研发等职能部门负责人。

访谈内容：企业的总体概况、经营状况、生产能力、收益能力、市场状况和发展规划等基本情况。侧重于主要产品或服务的应用领域、市场环境、生命周期、先进性、竞争优势及风险、采购销售渠道、知识产权及研发能力、管理层及员工薪酬计划、各部门的管控目标等。

完成目标：通过访谈了解企业的基本信息，对财务数据和经营参数具体分析，通过了解企业历史经营状况及未来发展趋势对其作出总体评价，就盈利预测相关知识与管理人员讨论。

（四）评估结论的确定

根据现行评估执业准则的规定，企业价值评估通常需要采用两种以上的评估方法，并得出不同评估方法下的初步评估结果，进而对形成的初步评估结果进行分析，确定最终的评估结论。下面讨论如何将两种评估方法下的初步评估结果确定为最终评估结论的问题。

1. 评估结论确定的基本思路

国外评估准则的基本精神是，只要是采用一种以上的评估方法并形成不同的初步评估结果，就应当对各种评估结果所依据的资料数据的质量和数量进行考虑分析。评估专业人员在确定评估结论时，应当提供合乎逻辑的依据。

评估专业人员在评价各种评估方法所得出的初步评估结果时，应重点考虑以下方面：

（1）各种方法的评估范围及价值内涵是否一致；

（2）不同方法与评估目的及评估结果的用途是否匹配；

（3）不同的企业特点与资产使用状况对不同方法评估结果的影响，如被评估企业是直接进行生产经营的企业还是投资公司或不动产经营企业，是否处于正常经营状态，是否拥有大量非经营性或溢余资产等；

（4）不同方法初步评估结果所依据的信息资料的质量和可靠性是否满足要求。

2. 采用不同方法需要考虑的具体问题

（1）资产基础法和收益法

第一，应考虑两者的评估对象与评估范围的一致性。资产基础法是以被评估企业资产负债表为基础，合理评估企业表内及表外各项资产、负债价值，确定评估对象价值的评估方法。有一个必须考虑的重要因素，就是企业表内及表外的资产和负债，是否列为资产负债表表内资产和负债，取决于企业会计准则的规定，即符合资产定义并同时满足两个条件：与该资源有关的经济利益很可能流入企业；该资源的成本或者价值能够可靠计量。对于企业改制、上市公司重大资产重组等评估项目，通常还涉及改制重组协议中重大事项安排等决定和影响评估范围的问题。因此，收益法对被评估企业预期收益资本化或折现所得出的评估结果有时并不完全对应于账面资产，可能还包含了表外资产的贡献，特别是轻资产类型的公司。

第二，当收益法的评估结果高于资产基础法的评估结果时，应关注资产基础法的评估结果是否涵盖了企业全部有形资产和无形资产的价值。如果资产基础法未考虑无形资产，则可能导致两种评估方法评估结果的差异。处于成长期或预期业绩将出现高增长的企业，资产基础法的评估结果通常无法充分体现其价值，而收益法的评估结果必然会高于资产基础法的评估结果。

第三，当收益法的评估结果低于资产基础法的评估结果时，应关注企业的收益和资产的使用状况，判断持续经营前提下企业经营性资产是否存在经济性贬值。对评估基准日前后资产价格处于较大波动中的企业，应关注该波动对评估结果的影响程度。对长期处于亏损状态的企业，或者现金流为负数的企业，预期的未来亏损也无法客观地体现在资产基础法的评估结果中，其收益法的评估结果必然会低于资产基础法的评估结果。

【学中做7-8】甲公司为一中等规模电气制造企业，截至评估基准日2023年6月30日，账面总资产5 000万元，其中流动资产1 000万元，固定资产3 000万元，无形资产1 000万元。负债合计2 000万元。企业在2020年、2021年、2022年分别实现主营业务收入12 000万元、10 000万元、9 000万元，净利润分别为600万元、500万元、400万元。分别采用资产基础法及收益法评估，资产基础法的评估结果为5 500万元，收益法的评估结果为5 000万元。

经分析，资产基础法中固定资产评估值为4 000万元，评估增值1 000万元；无形资产评估值2 500万元，评估增值1 500万元。

在企业持续经营的前提下，若评估对象为甲公司具有控制权的股权，则应选择资产基础法的评估结果，因为控股股东可以实现股东权益最大化为目标分享资产处置收益。若评估对象为甲公司缺乏控制权的股权，则应选择收益法的评估结果，因为处置公司资产要获得多数股东同意，在不出售该资产的前提下少数股东无法分享评估增值，无实际控制权的投资者无法分享各类资产的市场价值，能够收获的仅仅是利润分配。

如果一家企业的生产力要素配置不够合理，尽管其拥有优质的资产，但未必能取得相应的收益。因此，相对于资产基础法而言，收益法的评估结果会更合理地体现非控股股权的价值。美国评估师认为资产基础法获得的是100%股权的价值，评估少数股东权益时该方法可能不合适，或需考虑少数股权折扣以及缺乏流动性折扣。

（2）市场法和收益法

第一，市场法的价值比率体现了市场对风险波动的敏感性所作出的反应，与收益法折现率同样基于期望回报率。应当关注收益法估算折现率时对风险的评估与市场法调整价值比率所隐含的风险评估是否相匹配。

第二，关注收益法预测的明确增长假设与市场法中的隐含增长假设是否一致。特别要关注收益法中对于中小企业明确预测期后的永续价值的合理性问题。

第三，关注两种方法对非经营性、溢余资产和负债的判断是否一致，如不一致是否符合各自方法对经营趋势判断的影响，并能合理反映企业的财务状况和盈利能力。

第四，市场法中上市公司比较法应关注流动性对价值的影响，当某些股票市场交易价格严重偏离价值或合理回报时可能不被理性投资者接受，应充分考虑将其作为可比企业是否合适。

第五，市场法中交易案例比较法应关注可比案例与评估对象的实际相似性、会计政策及税收差异、二手数据的可靠性、特殊交易背景或动机、交易价格中的协同效应、差异因素修正等对价值的影响。

第六，关注收益法对存在明显周期性波动的企业，是否只采用了波峰或波谷价格和销量等不具有代表性的指标来预测长期收入水平。关注历史上采用关联方销售定价的企业，是否分析确认定价的公允性及可持续性。考虑对享有税收优惠政策的企业进行持续性预测是否合适等。

（3）市场法和资产基础法

市场法的价值比率选取了市净率时，与资产基础法如何衔接的问题就更加突出。

第一，应当关注资产基础法中的溢余/闲置资产、非经营性资产、存在经济性贬值的经营性资产等，在市场法中是否直接作为企业净资产乘以市净率价值比率或单独处理。

第二，应当关注市场法选取的可比交易案例中，是否存在被评估企业同类资产，在调整修正过程中是否合理考虑，并形成最终的价值比率。

（五）几种特殊情形对股权评估的影响

1. 股东出资不同步

因股东出资不同步，确定评估范围及股权比例就成了评估的难点之一。依据公司章程，股东采取分期出资方式的，评估基准日在股东承诺出资期限之前，因此出现各股东出资不一致、个别股东出资不到位的现象，也存在个别股东承诺以知识产权等非货币性资产出资但因故未到位的现象。

根据《公司法》第三条第二款的规定，“有限责任公司的股东以其认缴的出资额为限对公司承担责任；股份有限公司的股东以其认购的股份为限对公司承担责任”。同时，在第三十四条又明确规定，“股东按照实缴的出资比例分取红利；公司新增资本时，股东有权优先按照实缴的出资比例认缴出资。但是，全体股东约定不按照出资比例分取红利或者不按照出资比例优先认缴出资的除外”。

因此，评估中，资产评估专业人员首先应当获取长期投资单位的公司章程、投资协议等相关资料，了解公司章程、协议就股东的出资方式、出资额、出资时间，以及按实缴还是认缴的出资比例享有分取红利等权利、义务所作出的约定。

一般而言，针对被投资单位实缴和认缴出资比例不一致的情况，章程、协议有约定的，从其约定，即按照约定的出资比例（实缴或认缴）确定长期股权投资的评估值，章程、协议无约定的，则资产评估专业人员根据以上《公司法》的相关规定，按照以下方式确定长期股权投资的评估值，并在评估报告中作出必要的披露。

$$\text{长期股权投资的评估值}=\left(\text{被投资单位股东全部权益价值评估值}+\text{应缴未缴出资额}\right)\times\text{该股东认缴的出资比例}-\text{该股东应缴未缴出资额}$$

此外，资产评估专业人员需要与被评估单位管理层、股东方、委托人等相关人员沟通，结合企业历史分红的实际情况，综合考虑各方意见后，确定被投资单位评估基准日未分配利润的归属，进而确定是否需要考虑未分配利润对长期股权投资价值的影响，并就该事项在评估报告中作出相应披露。

【学中做7-9】甲、乙双方于2023年6月签署协议承诺分别以现金102万元、98万元按分期出资方式组建有限责任公司丙，约定首期出资比例不低于50%，最晚出资期限为2023年6月30日。截至2023年12月31日，公司丙实收资本151万元，未分配利润-10万元，净资产141万元，甲出资102万元（承诺出资100%），乙出资49万元（承诺出资50%）。甲拟转让部分股权，乙同意放弃优先购买权并表示将继续履行承诺，完成出资义务。以2023年12月31日为评估基准日对甲持有丙的股权价值进行评估。

按照基准日净资产计算丙公司的股东全部权益为141万元，其中甲实际出资比例为102÷（102+49）×100%=67.5%，而不是章程约定的51%。理论上也可将乙承诺未出资的49万元列为基准日丙公司的应收款项，但因与会计核算不一致通常不会采用这样的处理方式。

2. 股东独享权益

国资委曾在《国有资产变动情况表及编制说明》（国资委〔2012〕211号）中规定，属于合资、合作、股份制等多元投资主体性质的企业，国有资本享有的权益年初、年末余额及本年发生额按以下公式计算填列：

$$\left(\text{资本公积}+\text{盈余公积}+\text{未分配利润}-\text{国有独享部分}\right)\times\frac{\text{国有实收资本}}{\text{实收资本}}+\text{国有独享部分}$$

国家独享部分包括国家专项拨款、各项基金转入、土地估价入账、税收返还或专项减免、国家拨付流动资本等政策因素形成的国家独享权益数额。

在一些地方国有企业改制中，企业享受了地方财政某项优惠政策，如减免缴纳土地出让金、矿业权价款等，地方财政或国资部门成为改制后企业的股东，在引进新投资者时主张将此优惠计为原股东独享权益。对于有明确证据表明的股东独享权益，凡可在评估结果中体现的应单独列示，无法在评估结果中体现的应在特别事项说明中充分披露可能对评估结果造成的影响。

3. 分红与股比不一致

知识拓展

《公司法》对股东出资分红的相关规定

有些投资是按约定取得固定分红，与股权及利润比例无关。法律界认为在公司注册资本符合法定要求的情况下，有限责任公司的全体股东内部也可以约定不按实际出资比例持有股权，这并不影响公司资本对公司债权进行担保等对外基本功能的实现。如该约定是各方当事人的真实意思表示，且未损害他人的利益，不违反法律和行政法规的规定，应属有效，股东按照约定持有的股权应当受到法律的保护。

4. 名股实债

名股实债是指名义上是以股权方式投资但实质上签署了具有刚性兑付的保本约定。该投资方式已被私募基金和信托公司广泛运用于房地产开发或其他现金流短缺的行业。国家税务总局公告2013年第41号《关于企业混合性投资业务企业所得税处理问题的公告》对符合“混合性投资”条件的“名股实债”税务处理问题作出了规定。在名股实债的投资业务中，如约定利息由被投资方的原始股东以溢价收购的方式在期限届满时支付，而非由被投资企业支付，在评估核实过程中应特别关注。对于评估基准日已收到但未确认收入的利息原则上应视同预收账款评估。当约定利息由被投资方的原始股东以溢价收购的方式在期限届满时支付而非由被投资企业支付时，应判断其可实现性和风险，在特别事项说明中充分披露。

【学中做7-10】甲公司于2023年3月入股乙公司，为其第二大股东，采用乙公司股东全部权益价值评估值作为对价基础，甲公司以现金出资并记录长期股权投资5 000万元，持股比例为30%。甲、乙除签署增资协议外还另行签署了一份协议，约定两年后甲公司将退出并由乙公司大股东保证其年投资回报率不低于10%。

（1）以2024年12月31日为评估基准日评估甲公司股东权益价值，假设甲对乙投资后尚未获取股利，评估时应取得乙公司评估基准日的会计报表，分别计算其净资产乘以股权比例的结果及承诺投资回报加本金的结果，分析乙公司ROA/ROE指标与所承诺的年投资回报率的可实现性，谨慎确定该股权评估值。

（2）以2023年4月30日为评估基准日评估甲公司股东权益价值，假设甲对乙投资后尚未获取股利并正在商洽股权退出事宜，乙公司经营业绩较差，大股东现金流吃紧，暂时无力回购甲的股权。此时评估该股权价值时不能采用上述所承诺的年投资回报率的债权评估方式，而应对乙公司采用企业价值评估方法单独评估后确定其价值。

5. 被投资企业资不抵债

资不抵债，指个人或企业的全部债务超过其资产总值以致不足以清偿债权人的财务状况。其着眼点是资债比例关系及因此而产生的风险，其偿债能力仅以实有财产为限，不考虑信用、能力等其他的偿债能力。计算债务的数额，不考虑是否到期，均纳入总额之内。被投资的企业出现资不抵债，在评估其价值时，要看评估基准日是否持续经营，持续经营是重要的评估假设，对待清算企业和持续经营企业会采用不同的评估方法，在评估报告中应充分披露。

6. 被投资企业经营不独立

在母公司为非投资性主体，且母、子公司主营业务相同或相近，或存在较多关联方交易，或子公司经营活动完全受制于母公司而缺乏决策的独立性等情形下，采用合并报表口径评估母公司的股东权益价值，较分别采用母、子公司报表口径更能客观真实地反映其公允价值，避免对子公司股权价值的错误估计。

采用合并报表口径评估所使用的评估方法通常为收益法和市场法，资产基础法应用的前提通常是以母公司报表为基础的。

7. 被投资单位股东全部权益价值评估值为负数时

资产评估专业人员需要分析该被投资单位股东全部权益价值为负数的原因，分析与被投资单位之间的债权债务关系，以及对被投资单位的债务是否承担不可撤销的担保责任，对被投资单位的出资是否到位等情况，在此基础上作出相应的评估处理。通常情况下，在被投资单位评估值为负数时，了解管理层对投资单位的持有计划。例如，对亏损的投资单位按持续经营长期持有、短期持有待售或拟进行清算注销，进行综合分析后，可按以下方式确定评估值：

（1）在持续经营前提下，当存在对被投资单位以“承债式”或“负全责”的情况下，对长期股权投资以评估后的负数确定评估值，不再考虑调整对应的债权债务评估值。

（2）在清算假设前提下，当对被投资企业出资已全部到位时，则该长期股权投资以零为限确定评估值；当对被投资企业出资未到位时，以其未出资金额为限的负值确定评估值。在清算假设前提下，需合理考虑调整与被投资企业之间债权债务评估值。

（3）当管理层无法合理判断对投资单位未来持有方式时，可参照上述（2）项方式进行处理。

【学中做7-11】A公司长期股权投资单位B公司，A公司直接持有B公司90%的股权，B公司的注册资本为1 000万元，在对A公司的股东全部权益价值进行评估时，评估师对其长期投资单位采用了成本法、收益法进行了整体评估。B公司系船运企业，2017年订购了5艘远洋散货船，全部造船款20亿元人民币由A企业代付，2020年至2021年陆续交船，由于航运市场低迷公司经营亏损，评估基准日账面净资产为负数，在采用成本法对散货船进行市场询价时发现评估基准造船价格及二手船市场价格都大幅度下跌，经评估每艘船的市场价值都低于账面价值约1亿元人民币，加之B公司经营亏损，B公司股权价值成本法评估结果为-5.5亿元。A公司长期股权投资中对B公司的账面成本仅为900万元，如果按照通常的做法，以B公司评估结果乘以A企业对其持股比例确认评估结果，当子公司评估结果小于零时长期股权投资评估结果减至零为止的话，B公司经营损失加资产评估减值引起的净资产减少5.5亿元将无处反映，此时就要分析A公司与B公司的往来以及B公司与其他股东之间的往来，经分析B公司与其他股东无往来款项，也就是说B公司的其他股东除了以出资额承担责任外，额外的损失再无承担的余地，那么B公司因经营损失和资产评估减值引起的净资产减少5.5亿元最终应全额反映在A公司股东全部权益价值当中。实际操作中参照《企业会计准则第2号——长期股权投资》，B公司成本法评估结果为-5.5亿元，全部冲减A公司对B公司的长期应收款。B公司评估价值对A公司全部股东权益价值的影响合计为5.59亿元。具体见表7-3。

表7-3 资产评估明细表

科目	账面价值	评估值	增减值额
长期股权投资——B公司	9 000 000.00	0	-9 000 000.00
长期应收款——B公司造船款	200 000 000.00	1 450 000 000.00	-550 000 000.00

五、缺乏控制权股权的评估

（一）缺乏控制权股权评估的特点

1.评估程序及评估方法选择可能受到限制

对于缺乏控制权股权的评估，在实务中，被评估单位配合实施评估程序会受到限制，不利于评估工作的开展。因此，评估程序的实施及评估方法的选择均具有局限性。

2.应关注流动性的影响

流动性是指在市场上快速买卖一项物品，而不导致价格大幅波动的能力。如何评估不具有活跃市场或流动性受限制的股权价值，如处于IPO限售期内的股权，以及产业投资基金投入到拟上市公司中的股权价值，是评估实践中的难点之一。随着期权估值模型的应用推广，结合影响期权价值的因素分析及对不同模型的计算结果进行比较，期权估值模型近年来在评估实践中有了较快发展。

（二）评估程序

缺乏控制权的股权投资单位能否单独评估，取决于该投资的重要程度、委托人的管控程度、被评估投资单位的配合意愿等。

1.确定评估范围

在单独评估时，评估范围通常为被投资单位产权涉及的全部资产和负债，包括企业拥有的权属清晰并投入经营或未投入经营的资产，企业实际拥有但尚未办理产权登记的资产。

在非单独评估时，评估范围可以是被投资单位的全部资产和负债，也可以是长期股权投资本身。

2.核实投资（并购）协议、账面记录

在单独评估时，核实内容与具有控制权的股权评估一致。

在非单独评估时，应向母公司取得股权投资的初始协议，了解长期股权投资的取得方式和初始计量方法，核对会计核算是否准确无误，核实长期股权投资企业在评估基准日近期的会计信息，包括企业名称、注册地、业务性质、当期的主要财务信息。

3.核实持股比例

一般应向母公司取得股权投资企业在工商登记部门备案的公司章程，核实母公司对其的持股比例和表决权比例。评估专业人员对执业中使用的有关文件、证明、资料等，应当采取必要措施确信其合理性。被投资企业的注册资金、地址、法人、经营范围、投资人信息、企业变更情况、有无违法记录等均可通过国家企业信用信息公示系统（gsxt.saic.gov.cn）或天眼查全国企业信息查询（tianyancha.com）等系统查询。

4.选择评估方法

单独评估，首先对其会计信息作了解分析，考虑评估程序实施是否受限等，根据评估目的、评估对象、价值类型、资料收集情况等相关条件，分析收益法、市场法和资产基础法三种资产评估基本方法的适用性，综合判断，恰当选取评估方法。

通常需结合评估对象的性质、所处行业的特点及发展趋势、资产规模及分布、评估所需资料的收集状况、评估专业人员的独立性及专业胜任能力、与其他专业机构工作的衔接配合等因素，合理确定评估过程的主要工作步骤、预计时间、人员安排、配合要求等。

非单独评估，主要根据被投资企业所处细分行业市场及竞争态势、业绩表现、股利分配、近期规划，判断市场法及收益法的适用性，合理选择评估方法。

5.确定（计算）股权评估值

在选择确定评估方法后，依据评估执业准则的相关规定，合理采用评估依据及评估假设，确定相关评估参数，开展评定估算工作。在所采用评估方法形成的初步结果的基础上，对各种方法使用的信息资料及参数的数量和质量进行比对分析，最终确定股权评估值。

（三）清查核实方法

1.核对

在单独评估时，核对工作主要针对被投资企业。主要核对企业的资产数量、使用状态、法律权属状态及其他影响评估作价的重要因素。针对不同的资产性质及特点分别采取不同的核实方法。对于实物资产，主要依据资产清查评估明细表，通过现场盘点、勘查方式进行清查核实，同时收集被评估资产的产权证明文件和反映性能、状态、经济技术指标等情况的文件资料，进一步完善资产清查评估明细表，以做到表、实相符，对评估范围内评估对象法律权属资料和来源进行必要的查验。对于非实物资产，主要通过查阅企业的原始会计凭证、函证和核实有关经济行为证明文件的方式核查，关注债权债务的形成过程和账面数字的准确性。

在非单独评估时，核对工作主要针对母公司核算及管控长期股权投资的全部档案资料及被投资单位的近期财务报告，必要时也可向被投资企业发函确认。

2.抽查（会计凭证）

在单独评估时，抽查方法与具有控制权的股权评估相同。

在非单独评估时，抽查主要针对母公司核算长期股权投资的各期会计凭证，以及母子公司关联往来科目的会计凭证，核实其历史成本或核算入账的背景以及关联往来情况。发现母公司权益法核算问题、母子公司往来账余额不一致等，将问题提交企业会计负责人及审计师，共同商讨解决办法。将处理结果归纳整理到工作底稿。

3.尽职调查

在单独评估时，与具有控制权股权评估相同，可向被评估企业发放和回收调查问卷，同时开展独立调查工作以及各项资产负债清查核实工作。

在非单独评估时，考虑被评估企业配合意愿较低，很难完成调查问卷的回收，通常以独立调查为主、调查问卷为辅的方式进行清查核实工作。

对于境外投资企业，在获取公司审计报告和必要的评估资料的基础上，考虑不同国家会计政策的差异和母公司报表核算方式，关注报表是否为公允价值计量，以电子邮件问卷等替代程序完成该工作。

4.访谈

在单独评估时，访谈内容与具有控制权的股权评估相同。

在非单独评估时，访谈对象主要为母公司负责该长期股权投资核算的财务人员及母公司派驻投资单位任职的高管。访谈内容及完成目标与具有控制权的股权评估相同。

（四）评估方法

如果采用资产基础法，需要被投资企业配合实施的评估程序较复杂，因此，对于缺乏控制权的股权的评估通常不将其作为首选方法，但对已停业或拟清算的长期股权投资企业仅能采用资产基础法评估，此时要关注债权申报和税务清算等进程，合理确认负债。对评估现场核查受限的长期股权投资评估，评估专业人员应当根据被投资单位的经营状况、资产负债对评估对象价值的影响程度等因素做出合理判断，采用恰当的方法进行评估；当因核查条件受限，无法获取被投资单位相关资料，且该股权投资对整体评估结论影响重大时，则不应出具资产评估报告。

采用收益法中的现金流量折现法，除必要的财务尽职调查工作外，还需了解企业发展定位、战略规划、管理层应对市场制定的对策等，在很大程度上需要企业管理层对企业未来盈利预测提供必要配合。收益法中的股利折现法是将预期股利进行折现以确定评估对象价值的具体方法，通常适用于缺乏控制权的股东部分权益价值的评估。采用市场法与采用收益法评估的基础工作有很多相同之处，除上述必要的工作内容外，还需在市场上找到与被评估企业类似的可比交易案例或可比上市公司。

对于缺乏控制权的股权无法单独评估时，可使用被投资企业评估基准日财务报表净资产数据确定长期股权投资评估价值。此时应说明不能单独评估的理由和使用财务报表分析确定股东权益价值的过程。

【学中做7-12】现因经济行为需要评估G公司股东权益价值，截至评估基准日G公司长期股权投资企业共4家（见表7-4）。

表7-4　G公司长期股权投资企业概况

长期股权投资企业	所属行业	持股比例	账面值（万元）
L	金属冶炼	20%	800
M	物流运输	30%	300
N	电子信息	25%	250
P	高新技术	18%	180

经G公司相关人员协调确认，上述被投资单位均不能配合进行单独评估。评估专业人员通过调查获取被投资单位的基本信息，现汇总如下：

（1）L公司近年主营业务连续亏损，截至评估基准日账面资产合计4 000万元，其中流动资产800万元，固定资产2 400万元（冶炼厂房及生产装置），无形资产800万元（土地使用权）。负债合计3 000万元，实收资本4 000万元，未分配利润-3 000万元。

（2）M公司业务稳定且用户满意度高，截至评估基准日账面资产合计2 000万元，其中流动资产1 400万元，固定资产200万元（车辆及办公设备），其他长期资产400万元（经营场所预缴租金）。负债400万元。实收资本1 000万元，未分配利润600万元。近三年主营业务净利润分别为280万元、320万元、300万元。

（3）N公司设立不足一年，截至评估基准日账面资产合计900万元，其中流动资产800万元，固定资产100万元。无负债，无收入。实收资本1 000万元，未分配利润-100万元。

（4）P公司为高新技术企业，由初创期过渡至成长期。截至评估基准日资产合计5 000万元，其中流动资产4 600万元，固定资产150万元，无形资产及其他长期资产250万元。流动负债4 100万元，总股本1 000万股，实收资本1 000万元，未分配利润-100万元。近三年净利润分别为-400万元、100万元、400万元。

要求：根据上述资料分析采取的评估方法。

解析：在获取评估所需信息后，分别采取如下方法评估：

（1）对L公司采用资产负债表分析法。据估算，因技术更新及钢材降价，结合固定资产计提折旧情况，评估基本无增减值变化。土地使用权评估可增值约200万元。评估基准日净资产账面价值1 000万元，评估价值约1 200万元。因而其20%股权的评估价值为240万元。评估减值560万元，增值率为-70%。

（2）对M公司结合其历年财务报表及尽职调查情况采用简单收益法。预期未来年均收益为300万元，折现率取12%，M公司股东权益价值为2 500万元（300÷12%）。其30%股权的评估价值为750万元，评估增值450万元，增值率为150%。

（3）N公司设立较短且尚未开展业务，如简单按其账面净资产计算股权价值则会有约10%的减值，不符合对处于开办期内的新公司股权价值的公允判断，因此G公司持有的25%股权，按其实收资本计算，股权价值为250万元，评估无增减值变化。

（4）P公司处于成长期，假设P公司预期现金流9 000万元，可比上市公司收益波动率为0.4，无风险收益率0.03，早期成长阶段投资1 800万元，加速成长阶段投资3 000万元，稳定阶段投资2 000万元，成熟阶段投资1 600万元，每阶段间隔1年，发行总股本3 000万股。采用实物期权模型评估P公司未来上市股票发行价格现值为1.328元/股，故该股权投资评估价值为239万元（1 800 000×1.328），评估增值59万元，增值率为33%。

微课

长期股权投资评估方法

【学思践悟】绿色债券已成为国内债券市场的重要组成部分。数据显示，2023年1月至5月，国内共发行绿债3784亿元，存量规模达1.7万亿元，居全球前列。同时，绿债交投活跃，全市场绿债参与交投754只、规模5 800亿元，市场积极性持续提升。

2022年9月，绿色债券标准委员会发布市场化评议结果。18家绿色债务融资工具评估认证机构获注册，可对境内发行的绿色债券开展“绿色认证”，对推动绿债市场行业自律和规范发展起到重要作用。

绿色债务融资工具评估认证机构的注册成立，能够督促市场形成一批独立、专业、有市场声誉的第三方评估机构，充分发挥绿色债券市场的自律管理机制作用，规范绿色债券评估认证行为，对绿色债券市场行业自律和规范发展发挥了积极的推动作用，有利于绿色债券市场高质量发展。

资料来源：上海证券报.做好评估认证“看门人” 助推绿色债券市场蓬勃发展［EB/OL］.［2023-07-10］. https：//fund.eastmoney.com/a/202307102774941517.html.

项目小结

长期投资性资产评估包括企业持有的以获取投资收益为目的的长期资本投资，长期投资评估是对资本的评估，同时也是对被投资企业偿债能力和获利能力的评估。

长期投资性资产评估主要分为债券投资、股票投资和股权投资。

债券投资具有投资风险较小，安全性较强；到期还本付息，收益相对稳定；流动性较强的特点。上市债券评估采用比较法，非上市债券根据收益情况选择合适的评估方法评估。

股票投资具有收益不确定性、风险性较大的特点，上市股票评估采用比较法，非上市股票根据收益情况选择合适的评估方法评估。

具有控制权和非控制权的长期股权投资评估程序主要包括明确评估范围、核实投资

（并购）协议、账面记录、核对持股比例、选择评估方法，编制评估计划和确定（计算）股权评估值5个步骤。可以采用核对、抽查（会计凭证）、尽职调查、访谈等清查核实方法。

控制性股权评估实践中需要重点关注股东出资不同步、股东独享权益、分红与股比不一致、名股实债、被投资企业资不抵债、被投资企业经营不独立和被投资单位股东全部权益价值评估值为负数时等特殊情况。

本项目框架结构如图7-1所示。

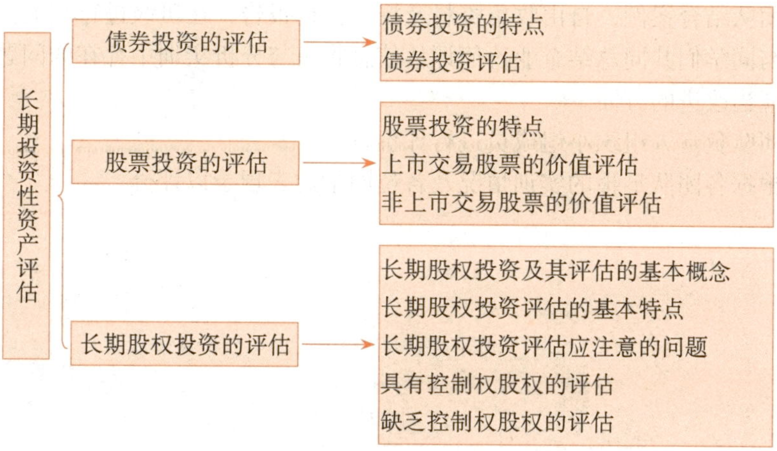

图7-1　本项目框架结构

实训设计

一、实训目标

长期股权投资是资产评估实践中的难点和痛点，实践中对控制权溢价的处理方法不一，如何统一控制权溢价的计算是本次实训的目标。

二、实训项目与要求

1.实训组织

控制性长期股权溢价处理实训以学生为中心，分组训练，集中交流，集体总结。教师主要担任辅导者、具体组织者和观察员，向学生布置任务，进行必要指导；解答有关问题；进行进度控制与质量监督。学生按每组6～8人分为若干小组，每组为一个实训团队开展实际操作训练，每个团队分别确定一位负责人，具体组织和管理实训活动。

2.实训项目

重庆某国有企业集团拟进行混合所有制改革，需对集团公司及13家子公司进行长期股权评估。集团公司及子公司涉及航运、仓储、旅游等多个板块。以此为例，如何对该项目不同长期股权选择合适的评估方法，详细列出并分析合理性。

3.实训要求

(1) 掌握长期股权评估类型。

(2) 掌握长期股权评估中控股权分析的具体内容。

(3) 掌握长期股权评估中控股权和非控股权处理的不同方法。

(4) 熟悉长期股权评估的基本程序。

三、成果与检测

1. 每个团队结合案例，自由收集资料及撰写分析报告，在班级进行交流。

2. 教师与同学们共同总结企业价值评估信息收集与分析实训中存在的问题，明确今后教学过程中应当改进的方面。

3. 由各团队负责人组织小组成员进行评价打分。

4. 教师根据各团队汇报的实训情况及各位同学的表现予以评分。

项目八
无形资产评估

知识目标

1. 了解无形资产的基本概念、特征、分类；
2. 掌握无形资产评估的基本概念、特征、评估程序；
3. 掌握评估无形资产的三种收益方法（节省许可费法、增量收益法、超额收益法）；
4. 掌握割差法在商誉评估中的应用。

能力目标

1. 能运用节省许可费法、增量收益法、超额收益法对无形资产进行评估；
2. 能运用割差法对商誉价值进行评估。

素养目标

1. 树立创新意识、具备保护知识产权责任；
2. 培养合作与共赢、坚韧与乐观的品质；
3. 认真学习《资产评估法》《专利法》《知识产权保护法》等法律文件，树立法律意识，依法评估，不从事损害职业形象的活动。

项目导入

如何评估专利资产价值

AB科技发展公司自行开发了一项技术，于2018年10月10日获得专利证书，专利保护期为20年。该公司准备将该专利资产的所有权出售给甲企业，现委托中青资产评估事务所对该项专利资产在2023年12月31日的市场价值进行评估。该项专利资产所具备的基本功能可以从专利说明书以及有关专家鉴定书中得到。此外，该项专利资产已在AB科技发展公司使用了5年，产品已进入市场，并深受消费者欢迎，市场潜力较大。因此，该项专利资产的有效功能较好，具有较强的获利能力。根据对该类专利技术的更新周期以及市场上产品更新周期的分析，确定该专利技术的剩余使用期限为6年。

思考：知识产权资产包括的内容有哪些。什么是专利资产，专利资产具有哪些特征。假如你是中青资产评估事务所的评估人员，你将选取什么评估方法对该专利资产的价值进行评估。

启示：党的二十大报告指出“加快实施创新驱动发展战略”，“强化企业科技创新主体地位”。在实现科技强国的新时代，知识产权无疑是企业实力和竞争力的重要组成部分。知识产权资产评估可以使知识产权资产具有市场价值定位并使其价值不断得以发掘和提升，进而在资本扩张中成为旗帜并参与经营。如何科学合理地依法进行评估其价值，是每个资产评估人研究的重要课题。

任务一　无形资产评估认知

任务描述

知识创新和技术创新已成为当今世界经济增长的关键因素。伴随着无形资产的广泛利用，无形资产评估的重要性日益凸显。通过对无形资产评估认知，使大家熟悉无形资产的特征和种类，掌握无形资产评估特征，为科学合理评估无形资产价值打基础。

相关知识

一、无形资产认知

（一）无形资产的定义

无形资产是一个在会计学、经济学、资产评估等学科和专业领域均被广泛使用的概念。不同专业领域对无形资产有不同的说明和范围界定。

我国资产评估准则《资产评估执业准则——无形资产》(中评协〔2017〕37号)将无形资产定义为：特定主体拥有或控制的，不具有实物形态，能持续发挥作用并且能带来经济利益的资源。包括专利权、商标权、著作权、专有技术、销售网络、客户关系、特许经营权、合同权益、域名等可辨认无形资产和商誉这一不可辨认无形资产。

知识拓展

会计准则对无形资产的定义及《国际评估准则》对无形资产的定义

【提示】本书采用了这一无形资产概念，主要介绍专利权、商标权和商誉等无形资产。

（二）无形资产的特征

无形资产作为一类专门的资产形式，有其自身的特征，具体体现为无形资产的形式特征和无形资产的功能特征。具体见表8-1。

表8-1 无形资产的特征

类 别	具体特征	含义
形式特征	非实体性	最显著的基本特征。一是没有物质实体，不存在实体性贬值。二是无形资产的价值取决于无形要素的贡献，有形资产的价值主要取决于有形要素的贡献，这是两者的根本区别
	排他性	也称垄断性或独占性，是指无形资产特定权利只与特定主体有关。特定主体对无形资产排他性独占
	效益性	效益性是无形资产最本质的特征，在于其能够以一定方式，直接或间接地为其控制主体（所有者、使用者或投资者）创造效益，并且必须能够在较长时间内持续产生经济效益
	成本的不完整性	目前我国会计准则把无形资产在研究阶段的支出作为生产经营费用处理，由当期的经营收益直接补偿；而开发阶段的支出实行有条件的资本化处理，并且与无形资产研发有关的许多费用如培训费、试验费以及企业基础设施的利用等，很难准确计入和分摊到某项无形资产中。这使得无形资产的购建成本在会计账目不完整
	成本与价值的弱对应性	无形资产属于创造性劳动成果，研究成果的出现带有很大的不确定性。这种不确定性，一方面表现为研发投入与研发成果之间的投入产出关系的不确定性，另一方面表现为研发数量与研发成果质量之间的不确定性
功能特征	依附性	无形资产没有实物主体，所以必须依附于一定的实物载体才能够存在并发挥作用。无形资产所依附的载体主要分为直接载体和间接载体。直接载体包括专利证书、商标标记、注册商标、图纸资料、工艺文件、软盘、标牌等实物载体，间接载体是与此项无形资产相关的有形资产及其他资产，主要通过内容和价格来表现整体的价值
	共益性	无形资产有别于有形资产主要体现在它可能作为共同财产存在，即一项无形资产可以在不同地点、同一时间、由不同的主体所使用
	积累性	主要体现在两个方面：一是无形资产总是在生产经营的一定范围内发挥作用，其形成在一定程度上基于其他无形资产的发展；二是无形资产的形成不是一蹴而就的，而是展现出一个动态的发展过程。无形资产的成熟程度、影响范围和获利能力也处在变化之中，不断积累和演进
	替代性	表现为一项技术取代另一项技术，一种工艺取代另一种工艺等。无形资产的创造和产生是替代性和积累性共同作用的结果

微课

无形资产的特征

（三）无形资产的分类

无形资产种类很多，可以从不同角度按不同标准进行分类。

1.按取得无形资产的方式分类

按取得无形资产的方式分类，可分为自创无形资产和外购无形资产。

（1）自创无形资产，是指企业通过自行研究、开发、设计或在生产经营活动过程中形成的无形资产，如自创的专利权、自创商标、自创技术秘密及客户关系等。

（2）外购无形资产，是指企业从外部购入或接受投资形成的无形资产。

【思考8-1】什么是企业外购的无形资产和接受投资的无形资产？

【提示】企业接受的捐赠无形资产也归并到外部取得无形资产之中。

2.按无形资产能否辨认分类

按无形资产能否辨认，可分为可辨认无形资产和不可辨认无形资产。

（1）可辨认无形资产。是指能够独立存在，并可以单独对外出租、出售、授予许可、交换的无形资产，如专利权、非专利技术、商标权、著作权等。此类无形资产一般具有专门名称，来源于合同性权利或其他法律权利，受专门法律保护。

（2）不可辨认无形资产。是指不能独立存在，且与企业整体或者经营实体不可分割的无形资产。例如，商誉的价值包含在企业整体价值之中，其评估通常需基于企业整体价值评估而进行，不能脱离企业整体而单独进行。

3.按无形资产是否有专门法律保护分类

按无形资产是否有专门法律保护分类，可分为有专门法律保护的无形资产和无专门法律保护或法律不保护的无形资产。

（1）有专门法律保护即法定无形资产，一般需要按照一定的法定程序才能取得，在一定期限内受到国家法律的保护。例如，专利权、商标权，它们分别受《中华人民共和国专利法》和《中华人民共和国商标法》保护。此类资产主要依托法律发挥作用，一旦失去法律保护，就将失去其资产属性和价值。

知识拓展

无形资产按其性质和属性分类

（2）无专门法律保护或法律不保护的无形资产，一般不受专门法律保护，主要受企业自身保密原则的保护，一旦被公开，便失去原有的价值，如专有技术（非专利技术）、经营秘密等。

二、无形资产评估

（一）无形资产评估的概念

无形资产评估是指资产评估机构及其资产评估专业人员遵守法律、行政法规和资产评估准则，根据委托对评估基准日特定目的下的无形资产价值进行评定和估算，并出具评估报告的专业服务行为。无形资产评估具体需关注以下两个要点。

1.无形资产评估必须基于无形资产的具体属性

无形资产具有物理属性、功能属性、经济属性等多种属性，资产评估中主要考虑的是无形资产经济属性中的价值属性。

2.确定无形资产的价值量必须基于特定时间点

资产评估是在特定评估基准日对某项资产进行的评估。不同的时间节点，无形资产的价值不同。

（二）无形资产评估的特征

无形资产评估与有形资产评估存在市场性、公正性、专业性、咨询性等共性，但无形资产的自身属性决定了无形资产评估独有的特征。

1. 复杂性

从无形资产的属性来看，种类繁多，可比性差，需要结合每项无形资产的特征确定其最终价值。从无形资产的评估方法来看，无形资产大多采用收益法进行评估。收益法评估涉及多种参数的确定，每一个参数的微小偏差都可能造成最终结果的巨大差异。因此，在进行评估工作时要做大量精细复杂的研究才能保证最终结果的准确度。除此之外，无形资产发挥作用与否与宏观经济环境有着较为密切的联系，需要大量数据和资料作为支撑，计算工作量大，耗费时间长。

2. 动态性和预测性

由于市场更新换代较快，无形资产所能带来的超额收益也在不断变化之中。除宏观经济环境以外，政策因素也有可能对该项无形资产的收益时间和收益额造成影响。在这种情况下，利用收益途径进行无形资产评估，需要准确预测无形资产的未来预测收益时间和收益额，根据宏观政策环境调整无形资产的属性参数，所以无形资产评估具有明显的预测性和动态性。

3. 需要结合无形资产的载体和作用空间进行评估

无形资产若想发挥作用，必须依附于有形资产或者相关载体。而且无形资产作用的大小与其依附的有形资产及相关载体的质量、规模等都有着密切的联系，无形资产价值与其附着载体以及无形资产发挥作用的空间具有较强的对应性。如专利权作用的发挥需要借助于专用设备、特殊的工艺和特定的企业，而这些载体的数量、质量、工艺、先进水平都会影响专利权作用的发挥和价值的实现。

4. 需结合法律保护状况进行评估

无形资产中大部分都是受专门法律保护的，其权利的存在与维持都需要法律作为支撑和保护。如专利权，根据其权利状态与法律保护之间的关系可以分为专利权、申请专利和申请中的专利，分别对应专利权的不同进程。从资产评估的角度，上述三种不同法律状态下的专利都可以作为评估对象，但其对应的价值却存在非常大的差异，评估过程中其权益的确定程度、受法律保护程度，都会对无形资产的价值确定有影响。

【思考 8-2】专利权、申请专利和申请中的专利有哪些区别？

5. 需结合无形资产所属行业性质进行评估

无形资产所属行业性质不同，它对产品和服务收益的贡献程度也会产生差异。如文化企业无形资产评估，评估专业人员需要了解文化企业是提供精神产品、传播思想信息、担负文化传承使命的特殊企业，必须始终坚持把社会效益放在首位、实现社会效益和经济效益相统一，关注文化企业社会效益对文化企业无形资产价值的影响，这就需要在评估时关注不同类型的文化企业在政治导向、文化创作生产和服务、受众反应、社会影响、内部制度和队伍建设等方面产生的社会效益对其无形资产价值的影响。

知识拓展

影响无形资产评估价值的因素

6.广泛应用收益法

微课

无形资产成本特性

从无形资产的特征来看，每一项无形资产都是独特的，所以无法简单复制或者批量生产，导致市场法评估受到较大限制。由于无形资产成本具有的特性，使成本法的适用性也大幅降低。而对于收益法来说，其估算原理与无形资产的特征相吻合，收益法能够适当度量无形资产所贡献的经济收益。因此，收益法成为评估无形资产最为重要的技术方法，也是使用频率最高的技术方法。

【提示】根据无形资产评估的这一特点，本项目只介绍无形资产评估的收益法。

任务二　无形资产评估基本要素及清查核实

任务描述

资产评估基本要素包括评估主体、评估对象和范围、评估目的、评估程序、评估方法、评估基准日、价值类型及评估假设等，对于无形资产评估，其在评估目的、评估对象和范围、评估假设等要素方面也表现出一定的特殊性，评估程序与其他资产评估程序就工作环节而言基本相同，本任务将根据无形资产本身的特征着重介绍无形资产评估目的、评估对象和范围、评估假设及无形资产清查核实。通过学习，明确无形资产评估的评估对象和范围及清查核实，规范执行无形资产评估，提高无形资产评估业务质量。

相关知识

一、无形资产评估基本要素

无形资产评估要素和资产评估要素包含的内容基本相同，但在评估目的、评估对象和范围、评估假设等要素方面有一定的特殊性。

（一）评估目的

评估目的是无形资产评估的关键要素。主要包括无形资产出资、交易、质押、法律诉讼、财务报告、税收、保险、管理、租赁等。

1.出资

无形资产出资即出资人根据《公司法》规定将无形资产作为非货币性资产出资设立公司或向公司增资。在实务中可以作为出资的无形资产主要有专利资产、专有技术资产、商标资产、著作权资产等。

2.交易

以交易为目的的无形资产评估主要表现为单项无形资产或无形资产组合的所有权或使用权转让。其中，无形资产的使用权转让还可进一步细分为独占使用权、排他使用权、普通使用权等不同类型的使用权转让。

3. 质押

企业在利用知识产权无形资产质押向金融机构贷款时需要对其价值进行评估。一般情况下，以质押为目的的无形资产评估选用市场价值作为价值类型，同时结合质押率进行无形资产价值确定。

4. 法律诉讼

以法律诉讼为目的而涉及无形资产评估的情形主要包括以下几种：一是因无形资产侵权损害而导致的无形资产纠纷；二是因违约导致的无形资产损失纠纷；三是因无形资产买卖交易等引起的仲裁；四是因公司、合伙关系解散或者股东不满管理层的经营、决策等而涉及的无形资产纠纷等。

5. 财务报告

以财务报告为目的的无形资产评估主要涉及商誉减值测试、可辨认无形资产减值测试、合并对价分摊等业务情形。

6. 税收

以税收为目的的无形资产评估主要适用于企业重组涉税、内部无形资产转移等情形。

7. 保险

以保险为目的的无形资产评估主要包括两种情形：一是在投保前，对被保险无形资产的价值进行评估，可以为投保人确定投保额；二是一旦发生损失，通过评估被毁损无形资产的价值，可以确定赔偿额，为保险机构保险理赔提供依据。

8. 管理

以管理为目的的无形资产评估主要服务于政府部门和企业主体。前者体现为政府部门基于行政事业单位资产管理、国有资产保值增值等需要所产生的无形资产评估需求；后者体现为企业基于资产经营管理、实现价值提升等需要所产生的无形资产评估需求。

9. 租赁

租赁根据具体目的可分为融资租赁和经营租赁两种类型。

以融资租赁为目的的无形资产评估主要有两种情形：一种是在承租期满后，无形资产所有者将无形资产所有权转给承租方；另一种是在租赁期满后，无形资产出租方将无形资产收回。

以经营租赁为目的的无形资产评估，主要是为出租方将无形资产使用权租赁给承租方时提供价值参考。

在评估实务中，评估专业人员须区分具体租赁形式，并根据具体形式判断无形资产状态和选择合适的评估方法。

（二）评估对象和范围

1. 评估对象

（1）无形资产评估对象的界定标准。无形资产评估对象界定标准主要有经济学、法律、市场三种。

① 界定的经济学标准。重点体现为无形资产的获利能力与获利方式等经济属性。如果无形资产不能带来显著、持续的可辨识经济利益，则其不能被认定为无形资产。

② 界定的法律依据。主要体现在法律法规对无形资产的认定和保护上。对于处于法

律法规保护范围内的无形资产，法律所规定的保护范围则是界定无形资产的基本条件之一。一旦这类无形资产失去法律保护及认可，通常就不再被认定为无形资产。

③ 界定的市场标准。市场界定依据，体现了市场对无形资产的认可和接受程度，属于对经济、法律方面的扩展和补充，能够使我们更好地认识无形资产，并且扩大我们对无形资产认识的视野。

（2）无形资产的性质和特征

综合以上三种界定标准，在实际操作中，可以从以下三个方面综合分析判断无形资产的性质、特征：

① 从无形资产目前和历史上的发展状况以及无形资产实施的地域范围、领域范围、获利能力与获利方式，判断无形资产是否能带来显著、持续的可辨识经济利益。

② 从委托人提供的法律文件、权属有效性文件或者其他证明资料，来判断无形资产的存在、剩余经济寿命和法定寿命。

③ 从无形资产以往的评估及交易情况或相关无形资产的市场转让、出资、质押等情况，判断市场对被评估无形资产的认可程度。

2. 评估范围

根据无形资产的类型可以分为单项无形资产的评估范围、可辨认无形资产组的评估范围和其他无形资产组的评估范围。

（1）单项无形资产的评估范围

单项无形资产主要指单项可辨认无形资产，其评估范围包括该无形资产权属的不同种类、同种权属的不同限制条件下的权利以及该无形资产使用所受到的具体限制等内容。

（2）可辨认无形资产组的评估范围

可辨认无形资产组的评估范围除了含有与单项无形资产评估一致的评估范围之外，还需要考虑其包含的单项无形资产的种类和数量。

（3）其他无形资产组的评估范围

其他无形资产组的评估范围除包含不同单项无形资产的种类和数量外，还包括不可辨认无形资产——商誉的有关内容，同时也可能涉及所依托的有形资产的种类、数量等具体内容。

（三）评估假设

无形资产的最终估算价值会因经营环境和评估条件的变化而改变，需要建立一系列评估假设作为评估结果合理的前提条件。一般分为基本假设和具体假设。

1. 基本假设

目前与无形资产相关的常见的评估基本假设主要包括持续使用假设、公开市场假设和清算假设等。

【思考 8-3】什么是持续使用假设、公开市场假设和清算假设？

2. 具体假设

与无形资产相关的评估具体假设是针对具体的无形资产评估项目和评估对象进行价值判断时所做的假设。例如，与被评估无形资产相关的国家法律法规和政策在预测期无重大变化；国家现行银行信贷利率、外汇汇率无重大不可预见变化；国家目前的税收制度除社会公众已知变化外，无其他重大变化；被评估无形资产所在企业的经营模式、盈利模式在预测期内无重大变化；被评估单位会计政策与核算方法在评估基准日后无重大变化。

二、无形资产清查核实

（一）无形资产清查核实的目的

对于没有实物形态的无形资产，清查核实的目的主要有以下3个方面：

1.明确评估对象和评估范围

无形资产评估对象比较复杂，一般可以从三个层次来识别：

第一个层次是无形资产评估对象所属的类型，如专利资产、专有技术资产、著作权资产等。对于专利资产，需要明确是属于实用新型、外观设计还是发明专利等。

第二个层次是被评估的无形资产是单项无形资产，还是两个或者多个无形资产的组合。

第三个层次是被评估无形资产的权属状态，如所有权、使用权（独占、非独占等）以及其他权利等。

2.了解评估对象特征

明确无形资产评估对象后，评估专业人员还需要进一步了解评估对象特征，这也是无形资产清查核实的重要环节。

（1）确认无形资产的存在。首先应验证无形资产来源是否合理，产权是否明确，关注其经济行为是否合法、有效。具体可以从以下几个方面入手：①查询被评估资产的内容、国家有关规定、专业人员评价情况、法律文书（如专利证书、商标注册证、著作权登记证书等），核实有关资产的真实性和可靠性。②分析无形资产的使用要求及与之相适应的特定技术条件和经济条件，鉴定其应用能力。③核查无形资产的归属是否为委托人所拥有或为他人所有。④分析评估委托的资产是否形成了无形资产。当商标没有被使用时，即并没有在消费者之间产生影响力时，不可认定为无形资产。

（2）确认无形资产的种类。在确认无形资产真实存在性之后，应对其种类、具体名称、存在形式加以明确。有些无形资产由若干项无形资产组合而成，应通过合并或分离的形式进行资产确认，避免重复评估和遗漏评估。

（3）确认无形资产的有效期限。无形资产存在时效性，只在有效期限内发挥作用。有的未交专利年费，被视为撤回，专利权失效。有效期限对无形资产评估值有很大影响，比如有的商标，历史越悠久，价值越高；当然有的商标时间长，但不一定有较高的价值。

3.验证收集信息资料的支持性

清查核实的过程，也是对所收集的无形资产评估信息进行分析和验证的过程。比如经过清查核实，可以验证委托人提供的无形资产对应产品销售量、销售收入数据的真实性。

（二）无形资产清查核实的主要方法

无形资产清查核实的主要方法包括查验资料、访谈、函证、现场调查等，方法本身与其他资产没有差别，只是在方法的具体应用过程中要符合无形资产特征。如对权属证明查验除采用通常的核对原件外，还可以充分利用政府网络平台，通过查询知识产权局、商标局、版权局的信息等进行。

任务三　收益法在无形资产评估中的应用

任务描述

采用收益法评估无形资产一般是通过测算该无形资产所产生的未来预期收益并折算成现值，借以确定被评估无形资产的价值的。本任务主要介绍了节省许可费法、增量收益法和超额收益法等收益法的具体应用和各项参数的测算。

相关知识

一、收益法的评估技术思路

无形资产收益法也称收益现值法或收益还原法，是指通过估算被评估无形资产所产生的未来预期收益并将其折算成现值，借以确定被评估无形资产价值的一种资产评估方法总称。收益法评估无形资产的具体方法包括节省许可费法、增量收益法和超额收益法。

（一）节省许可费法

1.节省许可费法概念

节省许可费法即节省许可费折现法是指基于拥有无形资产等评估对象可以产生未来节省许可费的预期，并对所节省许可费采用适当的折现率折现后累加从而确定评估对象价值的一种评估方法，又称收益分成许可法。其计算公式为：

$$\text{无形资产评估价值}=Y+\sum_{t=1}^{n}\frac{KR_t}{(1+r)^t}$$

式中：Y为最低收费额/入门费；K为无形资产分成率，即许可费率；R_t为第t年分成基数（可以是销售收入或销售利润或超额收益，考虑税收影响）；n为许可期限；r为折现率。

【提示】节省许可费通常是由与无形资产等评估对象类似或者相近的无形资产的平均许可费水平或者一般许可费取费率水平决定的。

2.节省许可费法操作步骤

（1）确定入门费。

入门费即最低收费额，是指在无形资产转让中，根据购买方实际生产和销售情况收取转让费时所确定的一笔可能的“旱涝保收”收入，并在确定比例收费时预先扣除，一般也称之为“保底费”。由重置成本净值和机会成本两部分构成。

最低收费额的计算公式为：

$$\text{无形资产最低收费额}=\text{重置成本净值}\times\text{转让成本分摊率}+\text{无形资产转让的机会成本}$$

$$\text{转让成本分摊率} = \frac{\text{购买方运用无形资产的设计能力}}{\text{运用无形资产的总设计能力}} \times 100\%$$

$$\text{无形资产转让的机会成本} = \text{无形资产转出的净减收益} + \text{无形资产再开发净增费用}$$

式中："购买方运用无形资产的设计能力"，可以根据设计产量或按设计产量计算的销售收入确定。"运用无形资产的总设计能力"，是指运用无形资产的各方汇总的设计能力。由于分摊的是无形资产的重置成本，因此不应按照实际运用无形资产的规模确定权重，而应按照设计规模来确定。当购买方独家使用该无形资产时，转让成本分摊率为1。"无形资产转出的净减收益"，一般是指在无形资产尚能发挥作用期间减少的净现金流量。"无形资产再开发净增费用"，包括保护无形资产追加的科研费用和其他费用、员工再培训费用等。

【思考8-4】重置成本净值和机会成本的含义是什么？

【学中做8-1】A公司拟转让一项专利技术给B企业，经双方商议利用该专利技术设计的生产能力分别是：A公司生产600万件产品，B企业生产300万件产品。该专利技术的开发成本为450万元，已使用3年，3年累计上涨5%，剩余经济使用年限为5年。该专利技术转让后对A公司的生产影响较大，由于市场竞争使得产品销售额下降，减少净收入的现值为60万元，增加技术开发成本为20万元。

要求：评估该无形资产转让的最低收费额。

解析：第一步，计算该专利技术的重置成本净值。

$$\text{重置成本净值} = 450 \times (1 + 5\%) \times \frac{5}{3 + 5} = 295.31\text{（万元）}$$

第二步，计算转让成本分摊率。

$$\text{分摊率} = \frac{300}{300 + 600} \times 100\% = 33.33\%$$

第三步，计算该专利技术转让的机会成本。

机会成本=60+20=80（万元）

第四步，计算该专利技术转让的最低收费额。

最低收费额=295.31×33.33%+80=178.43（万元）

（2）确定许可费率。许可费率即虚拟的许可费比率。许可费率的取得一般有两种方式：一种方式是以市场上可比的或相似的许可费率为基础确定；另一种方式是基于收益的分成确定，通常包括约当投资分成法、经验数据法、要素贡献法等不同确定方法。

（3）确定许可年限。在资产评估实践中，通常依据与被评估无形资产相同或相近无形资产在法律或合同、企业申请书中规定的许可使用期限确定被评估无形资产的许可期限。

（4）确定折现率。采用节省许可费法评估无形资产价值时，折现率就是用以将该项资产假定的许可费转换成现值的比率，通常采用风险累加法、回报率拆分法等方法测算折现率。同时，折现率与预期收益须保持一致的口径。

（5）节省许可费折现。节省许可费法的上述公式隐含着这样一个假设：建立在每年经营业绩基础上的分成费是在各年年末产生的，即进行年末折现。在具体评估实务中，如果被评估无形资产建立在每年经营业绩基础上的分成费并非在每年年末产生，则应当对上述具体模型中的折现年期进行调整。

【提示】本书如无特别说明均采用年末折现法。

3. 节省许可费法的适用情形

节省许可费法多用于无形资产使用权转让、出租的评估，主要包括商标、专利以及技术特许。节省许可费法在可比资产存在、经济行为双方独立、熟悉情况并自愿的情形下适用。

【提示】采用节省许可费法评估一项无形资产的所有权价值，比无形资产的所有权价值低。

（二）增量收益法

1. 增量收益法相关概念

增量收益法即增量收益折现法是指基于对使用无形资产等评估对象所获得未来增量收益的预期并对增量收益采用适当的折现率折现后确定评估对象价值的一种评估方法。其计算公式为：

$$无形资产评估价值 = \sum_{t=1}^{n} \frac{R_t}{(1+r)^t}$$

式中：R_t为第t年无形资产预期增量收益；n为收益期限；r为折现率或资本化率。

2. 增量收益法操作步骤

（1）确定增量收益。增量收益通常是指使用无形资产等评估对象比不使用该评估对象而增加的收益。评估专业人员应根据情况，明晰无形资产形成增量收益的来源情况，对其进行综合性运用和测算。

（2）确定收益期限。采用增量收益法评估无形资产价值时，无形资产具有获得增量收益能力的期限才是真正的无形资产收益期限。在资产评估实践中，通常依据法律或合同、企业申请书的规定来确定无形资产的有效期限。对无形资产收益期限可以采用法定年限法、更新周期法以及剩余经济寿命预测法等具体方法进行确定。

（3）确定折现率或资本化率。采用增量收益法评估无形资产价值时，折现率或资本化率就是将该项资产的未来增量收益转换成现值或进行资本化的比率，用以衡量获得增量收益所需承担的风险大小，可以采用风险累加法、回报率拆分法等方法进行测算，同时须注意保持预期收益口径与折现率或资本化率的口径一致。

【学中做8-2】AB公司有一种已经使用了15年的LY注册商标。根据历史资料，该公司近5年使用这一商标的产品比同类产品的价格每件高0.8元，该公司每年生产100万件产品。该商标目前在市场上有良好趋势，产品供不应求。根据预测统计，如果在生产能力足够的情况下，这种商标产品每年生产120万件，每件可获得增量利润0.75元，预计该商标能够继续获取增量利润的时间是10年。前5年保持目前增量利润水平，后5年每年可获取的增量利润为50万元。

要求：评估该商标权的价值。

解析：第一步，计算其预测期内前5年每年的增量利润。

前5年的增量利润 = 120 × 0.75 = 90（万元）

第二步，根据公司的资本成本及相应的风险率，确定其折现率为10%。

第三步，确定该商标权的价值。

商标权的价值 = 90 ×（P/A，10%，5）+ 50 ×（P/A，10%，5）×（P/F，10%，5）

= 90 × 3.7903 + 50 × 3.7903 × 0.6209 = 341.13 + 117.67 = 458.80（万元）

如果不考虑税收的影响，由此确定商标权转让评估值为458.80万元。

3.增量收益法适用情形

增量收益法多用于评估两种情形下无形资产的价值，即可以使企业产生额外的现金流量或利润的无形资产，以及可以使企业获得成本节约的无形资产。

（三）超额收益法

1.超额收益法概念

超额收益法是用归属于目标无形资产预期超额收益的折现值来确定该项无形资产价值的评估方法。其计算公式为：

$$无形资产评估价值 = \sum_{t=1}^{n}\frac{R_t}{(1+r)^t}$$

式中：R_t为第t年无形资产预期超额收益；n为收益年限；r为折现率或资本化率。

2.超额收益法的操作步骤

（1）确定超额收益。超额收益通常是指从无形资产等评估对象与其他资产共同创造的各期整体收益中扣减其他资产贡献的收益后的余额。确定超额收益需要将被评估无形资产与其他共同发挥作用的相关资产组成资产组，然后调整溢余资产（包括资产能力溢余），完成后对资产组的预期经营业绩进行估计，并且剔除非正常项目的收益及费用，调整经营业绩预期，以便预测固定资产折旧及无形资产摊销并预测未来资本性支出，从而确定贡献资产、贡献资产贡献率，并估计贡献资产的全部合理贡献，最后从经营收益中扣除全部贡献资产的贡献，得出超额收益。

（2）确定收益期限。与增量收益法中对收益期限的确定相同。

（3）确定折现率或资本化率。与增量收益法中对折现率的确定相同。

【提示】采用节省许可费法、增量收益法、超额收益法评估无形资产的折现率有别于企业价值评估中的折现率。注意保持预期收益口径与折现率或资本化率口径一致。

3.超额收益法适用情形

超额收益法一般适用于特许经营权、公路收费权、矿产等无形资产的评估，也用于企业合并对价分摊、商誉减值测试、可辨认无形资产减值测试等以财务报告为目的的无形资产评估。

二、收益法应用中主要参数指标的确定

收益法在无形资产评估中会涉及三大主要参数即收益额、折现率和收益期限的确定。

（一）无形资产收益额的确定

在无形资产评估收益法中，无形资产收益额的确定是采用收益法评估无形资产的关键步骤。目前，确定收益额时，主要是以净利润和现金净流量两个指标作为计算收益额的基本参数。常用的测算方法主要有增量收益估算法、超额收益估算法和收益分成估算法，见表8-2。

表8-2 无形资产收益法简介

序号	测算无形资产收益额的方法	思路	方法细分
1	增量收益估算法	直接估算无形资产带来的收益	收入增加型 费用节约型 与行业平均水平比较
2	超额收益估算法	先估算总资产净收益，再求出总资产的社会平均净收益，将两者做差，最后，间接估算无形资产收益额	
3	收益分成估算法	先估算总的纯收益，然后计算无形资产贡献的比重——分成率，间接估算无形资产收益额	要素贡献法 约当投资分成法 边际分析法

1. 增量收益估算法

增量收益估算法，主要是指通过对未使用无形资产与使用无形资产的前后收益情况对比分析，确定无形资产带来的增量收益额的无形资产评估方法。一般情况下，可以把无形资产按产生的收益形式不同划分为收入增长型和费用节约型。

（1）收入增长型。收入增长型无形资产是指无形资产应用于生产经营过程，能够使得产品的销售收入有较大幅度增加。其具体包括两种情况：

①运用无形资产生产的产品的销售价格高于同类产品的销售价格形成增量收益。在销量不变、单位成本不变的情况下，无形资产的增量收益额计算公式为：

$$R=(P_2-P_1)Q$$

式中：R为增量收益额；P_2为使用被评估无形资产后单位产品的价格；P_1为使用被评估无形资产前单位产品的价格；Q为产品销售量（假定销售量不变）。

②运用无形资产生产的产品采用与同类产品相同价格的情况下，销量大幅度增加，市场占有率扩大，在单位价格和单位成本不变的情况下，获得增量收益。计算公式为：

$$R=(Q_2-Q_1)(P-C)$$

式中：R为增量收益；Q_2为使用被评估无形资产后产品的销售量；Q_1为使用被评估无形资产前产品的销售量；P为产品价格（假定价格不变）；C为产品的单位成本。

运用此方法时应该注意：销售收入增加可以引起收益的增加，它们是同方向变动的，由于存在经营杠杆和财务杠杆效应，销售收入和收益一般不是同比例变动，这在计算中应予以考虑。

（2）费用节约型。费用节约型无形资产是指无形资产的应用，使得生产产品中的成本费用降低，从而形成增量收益。假定销量不变、价格不变，其计算公式为：

$$R=(C_1-C_2)Q$$

式中：R为增量收益额；C_1为使用被评估无形资产前的产品单位成本；C_2为使用被评估无形资产后产品的单位成本；Q为产品销售量（假定销售量不变）。

无形资产的增量收益，有时可能是收入增加和成本节约共同形成的，应根据实际分析结果，对上述三种情况进行不同组合，合理预测无形资产的综合增量收益。

【提示】当无法对使用无形资产和未使用无形资产的收益情况进行对比时，将无形资产和其他类型资产在经济活动中的综合收益与行业平均水平进行比较，得到无形资产的增量收益。可用下列公式计算：无形资产增量收益额=企业收益额–净资产总额×行业平均利润率。

2.超额收益估算法

超额收益估算法，主要是指通过在企业的全部收益中，扣除归属于企业有形资产带来的收益，以确定企业无形资产带来的超额收益的无形资产评估方法。其计算公式为：

$$R = P - T$$

式中：R为企业无形资产的超额收益额；P为企业的全部收益；T为企业有形资产的收益。

企业的全部收益可以通过计算企业的息税前利润或现金流而获得，有形资产收益则是用相应有形资产价值乘以该类有形资产在经济社会中使用的投资回报率而得到。

在计算出企业无形资产的超额收益额R后，还需要判断该超额收益额是否完全由被评估无形资产带来，如果被评估企业还存在其他无形资产，则需要进一步分离出被评估企业的无其他形资产的收益额。

【学中做8–3】甲企业因投资需要，拟评估其拥有的无形资产的价值，评估基准日为2022年12月31日。经审计，甲企业2022年剔除非正常因素后的收益合计为500万元，拥有流动资产和固定资产等有形资产的价值合计为3 500万元。已知甲企业有形资产回报率的加权平均值为9%。

要求：估算无形资产为企业带来的超额收益额。

解析：企业有形资产的收益 = 3 500 × 9% = 315（万元）

企业无形资产的超额收益额 = 500 − 315 = 185（万元）

微课

无形资产超额收益估算介绍

3.收益分成估算法

无形资产收益通过分成率来获得，是目前国际和国内技术交易中常用的一种方法。

（1）分成率法相关概念。分成率法是指无形资产的收益是通过分成率获得的。分成率法首先计算使用无形资产的总收益，然后将其在目标无形资产和产生总收益过程中作出贡献的所有有形资产和其他无形资产之间进行分成。分成率包括销售利润分成率和销售收入分成率两种。

收益分成可以采用分成率法进行估算。

（2）分成率法的基本公式为：

$$无形资产收益额 = 销售收入（利润）\times 销售收入（利润）分成率$$

则：

$$销售收入（利润）分成率 = 销售利润分成率 \times 销售利润率$$

在无形资产转让的实务中，一般是确定一定的销售收入分成率，俗称“抽头”。例如，在国际市场上一般技术转让费通常不超过销售收入的1% ~ 10%，如果我们按照10%的社会平均销售利润率推算，当技术转让费为销售收入的3%时，则利润分成率为30%（3%÷10%×100%）。从销售收入分成率中很难判断出转让价格是否合理，故在转让评估实务操作中一般以利润分成率为基础计算判断，当然也可以换算成销售收入分成率。

（3）分成率的计算方法。常用分成率的计算方法主要有：约当投资分成法、经验数据法、要素贡献法等。

①约当投资分成法。约当投资分成法是指根据等量资本获得等量报酬的原则，将共同发挥作用的有形资产和无形资产换算成相应的投资量，将无形资产的折合约当投资量与总约当投资量的比例作为无形资产利润分成率的方法。

约当投资分成法的具体步骤为：

第一，计算无形资产约当投资量。其公式为：

$$无形资产约当投资量 = 无形资产重置成本 \times（1 + 适用的成本利润率）$$

第二，计算无形资产购买方约当投资量。其公式为：

$$购买方约当投资量 = 购买方投入总资产的重置成本 \times（1 + 适用的成本利润率）$$

第三，计算无形资产的利润分成率。无形资产的利润分成率按无形资产的折合约当投资量与购买方投入总资产的约当投资量的比例确定。其计算公式为：

$$无形资产利润分成率 = \frac{无形资产约当投资量}{购买方约当投资量 + 无形资产约当投资量} \times 100\%$$

【学中做8-4】甲企业以一项专利技术使用权向乙企业投资，该技术的重置成本为100万元，乙企业拟投入合营的资产重置成本为8 000万元，甲企业的无形资产成本利润率为500%，乙企业拟合营的资产原利润率为12.5%。

要求：试评估无形资产投资的利润分成率。

解析：（1）计算无形资产的约当投资量。

无形资产约当投资量 = 100 ×（1 + 500%）= 600（万元）

（2）计算乙企业约当投资量。

乙企业约当投资量 = 8 000 ×（1 + 12.5%）= 9 000（万元）

（3）计算甲企业无形资产投资的利润分成率。

无形资产利润分成率 = 600 ÷（9 000 + 600）× 100% = 6.25%

②经验数据法。经验数据法一般根据“三分”分成法、“四分”分成法或其他经验比例等原则估计无形资产的利润分成率，也是经常被采用的一种利润分成法。

“三分”分成法是假设企业的总收益是资金、劳动力和技术三项因素共同创造的，技术占比33%，因此分成率为33%；“四分”分成法是假设企业的总收益是资金、劳动力、技术和管理四项因素共同创造的，技术占比25%，因此分成率为25%。

经验数据法的优势在于测算简单，容易理解，比较适合对传统行业无形资产的评估；劣势则在于方法的理论基础薄弱，在对部分单项无形资产进行评估时需要进行修正。

③要素贡献法。要素贡献法可视为经验数据法的一种特殊表现形式。与经验数据法的适用情形类似，有些无形资产已经成为生产经营的必要条件，因某些原因不可能或很难确定其带来的超额收益，这时可以根据构成生产经营的要素在生产经营活动中的贡献，利用经验数据从正常的利润中估计出无形资产带来的超额收益。

我国理论界通常将企业生产经营活动分成资金、技术和管理三大要素的贡献，企业总收益由资金收益、技术收益和管理收益组成。一般认为技术收益是由企业无形资产的运用产生的，在确定无形资产收益额时作为参考，见表8-3。

表8-3 划分无形资产收益额的三分法

行业	资金比例	技术比例	管理比例
资金密集型行业	50%	30%	20%
技术密集型行业	40%	40%	20%
一般行业	30%	40%	30%
高科技行业	30%	50%	20%

三者对于利润贡献的比例，基本就是三者利润的分成比例。这种方法基本参照各个要素对利润的贡献确定利润分成率和收入分成率。

（二）无形资产评估折现率的确定

折现率是无形资产收益法中的一个重要参数，折现率的较小差异都会对评估结果产生较大的影响，也是无形资产评估结果最为敏感的因素。常用测算方法包括风险累加法和回报率拆分法。

1. 风险累加法

风险累加法是指将无形资产的无风险报酬率和风险报酬率量化并累加，进而确定无形资产折现率的一种方法。其基本计算公式为：

$$无形资产折现率 = 无风险报酬率 + 风险报酬率$$

【提示】在计算风险报酬率时，评估专业人员应特别注意分析无形资产所面临的具体风险。特别是对无形资产可能面临的政策风险、法律风险、市场风险、技术（替代）风险等宏观风险以及研发风险、资产管理风险、财务风险和商业化风险等微观风险，评估专业人员应进行逐项分析并通过经验判断予以量化。

2. 回报率拆分法

（1）回报率拆分法的含义。回报率拆分法采用逆向研究的方式，从企业整体回报率出发，对其他有形资产、无形资产的回报率逐一量化，从而倒推出被评估无形资产的回报率，以此测算无形资产折现率的方法。这一逆向分析方法在对一些特定的无形资产进行评估分析时具有较好的适用性。

（2）回报率拆分法的公式。

$$R_i = \frac{全部资产}{无形资产} \times (WACC - R_c \times \frac{营运资金}{全部资产} - R_f \times \frac{固定资产}{全部资产})$$

式中：R_i 为无形资产的投资回报率；WACC为企业整体的投资回报率；R_c 为营运资金的投资回报率；R_f 为固定资产的投资回报率。

【提示】折现率确定应注意事项：一是无形资产评估中的折现率一般高于有形资产评估中的折现率；二是无形资产评估中的折现率有别于企业价值评估中的折现率；三是折现率口径应与收益口径一致。

【思考8-5】无形资产的折现率与有形资产的折现率相比，哪个更高？为什么？

（三）无形资产评估收益期限的确定

无形资产收益期限或称有效期限，是在寿命年限内持续发挥作用并产生经济利益流入的期限。与无形资产寿命年限密切相关。

1. 无形资产收益期限的类型

（1）法定寿命。法定寿命即法定有效期限，是指无形资产受法律保护的有效期限。许多无形资产都具有明确的法定寿命。这类无形资产主要包括商标、专利、著作权等。

（2）合同有效期限。合同有效期限是指通过合同规定无形资产的收益期限。与无形资产相关的商业合同期限可能会影响其经济寿命。这些商业合同包括使用、开发利用合同，境内和境外的许可证合同及转让价格协议。此外，已公开合同更新条款及历史更新情况都应纳入决定合同有效期的影响因素中。

（3）经济寿命。经济寿命是指无形资产处于尚可取得利润的期间，由无形资产产生经济收入的能力决定。在实务操作中，无形资产的经济寿命和法定寿命两者关系密切，经济寿命决定无形资产的获利期限，法定寿命决定无形资产的有效期限。无形资产的经济寿命可能比法定或合同寿命短。

（4）其他类型寿命。其他类型寿命主要包括司法寿命、技术寿命、功能寿命等。

司法寿命是指由法院或类似的权力机构判决的经济损失期限。

技术寿命是指一项无形资产所承载的技术被新技术替代过程中所经历的期间。

功能寿命是指一项无形资产发挥其功能的期间。相比其他类型的寿命，无形资产的功能寿命受到的限制较少。

2. 确定无形资产收益期限的依据

无形资产在发挥作用的过程中，其损耗是客观存在的。无形资产损耗的价值量，是确定无形资产有效期限的前提。无形资产不存在物质实体，所以不存在有形损耗，它的价值降低是由无形损耗形成的，即由于科学技术进步而引起的价值减少。所以，从理论上讲确定无形资产有效期限的依据主要有以下三种情况。

第一，新的、更为先进、更经济的无形资产出现，这种新的无形资产可以替代旧的无形资产，使采用原无形资产无利可图，这样，原有无形资产价值就丧失了。

第二，因为无形资产传播面扩大，其他企业普遍合法掌握这种无形资产，使拥有这种无形资产的企业获取超额收益的能力降低，它的价值也就减少了。

第三，企业拥有的某项无形资产所决定的产品需求大幅度下降时，这种无形资产价值就会减少，以致完全丧失。

3. 无形资产收益期限的确定原则

无形资产具有获得超额收益能力的时间才是真正的无形资产有效期限。在预计和确定无形资产有效期限时，可依据下列原则：

（1）法律或合同、企业申请书分别规定法定有效期限和收益年限的，可按照法定有效期限与收益年限孰短的原则确定。

知识拓展

无形资产收益期限的确定方法

（2）法律未规定有效期限，企业合同或企业申请书中规定收益年限的，可按照规定的收益年限确定。

（3）法律和企业合同或申请书均未规定有效期限和收益年限的，按预计收益期限确定。预计收益期限可以采用统计分析或与同类资产比较的方法得出。

【提示】无形资产的有效期限可能比其法定保护期限短，因为它们要受许多因素的影响，如废弃不用、人们爱好的转变以及经济形势变化等，特别是在科学技术发达的条件下，无形资产更新速度加快，使得其经济寿命缩短。评估时，对这种情况应予足够的重视。

任务四　主要类型无形资产评估

任务描述

根据《资产评估执业准则——无形资产》的规定，无形资产包括可辨认无形资产和不可辨认无形资产。可辨认无形资产包括专利权、商标权、著作权、专有技术、销售网络、客户关系、特许经营权、合同权益、域名等。不可辨认无形资产是指商誉。本任务主要介绍专利权、商标权、商誉的特征及评估对象的界定。通过学习，认识辨别无形资产的主要种类，以判断确认无形资产的存在，准确界定评估对象，为科学、合理评估其价值奠定基础。

相关知识

一、专利资产评估

（一）专利权

专利权简称为专利，是指由国家专利局或代表几个国家的地区机构认定，根据法律批准授予专利所有人在一定期限内对其发明创造享有的独占使用权、转让权、许可权等权利。在我国，专利权由申请人向国家知识产权局提出申请，经国家知识产权局依法定程序审查批准后获得。根据《中华人民共和国专利法》的规定，专利可分为发明专利、实用新型专利和外观设计专利。

（二）专利资产的概念及特征

1.专利资产的概念

专利资产是专利权资产的简称，是指专利权人所拥有或者控制的，能持续发挥作用且能带来经济利益的专利权益。

专利权成为专利资产需满足以下三个条件：

（1）能持续发挥作用。即该项专利在经营活动中可以在专利权有效保护期内持续发挥作用，而不是偶然一次或几次发挥作用、其他时间内闲置不发挥作用。

（2）能带来经济利益。即该项专利在发挥作用的过程中可以为专利权人带来经济利益。

（3）专利的获利能力是通过法律保护获得的。法律在对专利提供保护的同时，也对专利获得保护的条件、范围及时限作出了明确的规定，因此，专利资产一定是已经经过法定程序审查批准并在专利权保护有效期内的一项专利权。

2. 专利资产的特征

专利资产具有法律特征、技术特征、经济特征等。

（1）法律特征

①专利资产的时效性。专利资产的时效性是指其权利的时限是由法律确定的。《专利法》规定，发明专利权的保护期限为20年，实用新型专利权的保护期限为10年，外观设计专利权的保护期限为15年，均自申请日开始计算。

知识拓展

发明专利、实用新型专利和外观设计专利的含义及特点

②专利资产的地域性。专利资产的地域性是指一项技术仅在其获得专利权的国家或地区，依当地专利法的规定获得保护。专利资产的地域性特征对国外专利技术及国内专利技术在国际市场的价值有决定性作用。

③专利资产的约束性。根据我国《专利法》的规定，专利权垄断的法定边界是“专利权利要求书”记载的范围，即专利资产的范围是由“权利要求书”确定的。因此确定专利资产范围需要通过对专利文件——“权利要求书”进行分析。

（2）技术特征

专利法保护的对象是具有新颖性、创造性和实用性的技术方案，因此专利资产也相应地具有技术特征。具体包括以下几种：

① 专利资产的技术公开性。专利法的实质是以给予专利权人一段时间的技术垄断换取技术的公开，从而促进技术进步及科技创新，因此专利资产具有技术公开性。

② 专利资产的技术可能存在着不完整性。专利资产的技术不完整性主要是由于企业及个人在申请专利过程中，会或多或少保留一些技术诀窍。这种技术诀窍可能不会妨碍该项专利权的获得，但对专利资产的技术完整性产生影响，从而影响技术的价值。

③ 专利资产的技术可能存在不成熟性。根据《专利法》的规定，每项专利的批准均需要相当一段时间，如我国发明专利的获得一般需要2~3年时间，因此企业及个人在申请专利时，技术方案可能并不完善、不成熟。另外，随着专利战略日益获得各个国家及企业的重视，“产品未到，专利先行”已成为当今各企业的基本战略之一，这也使得很多专利技术在申请时并不成熟。

（3）经济特征

① 专利资产具有垄断收益。专利权是一种法定的垄断权，其他企业及个人未经专利权人的许可，不能使用该专利技术，这是该专利获得超额经济收益的保证，专利权人因此享有相应的垄断收益权。

② 专利资产收益的不稳定性。技术资产与有形资产相比，其收益能力的确定具有一定的难度，这种难度主要体现在技术资产在应用过程中存在的风险，包括：技术风险、市场风险、资金风险及管理风险。另外，技术资产在交易过程中存在一定的困难，增加了技术价值实现的难度。这些困难包括：专利技术交易价格的不确定性、专利技术移植的难度及专利技术交易的多样性。

③ 专利资产的研发成本不易界定。一般而言，技术研制开发的成本往往与技术价值没有直接的对应关系，而且研制的成本难以核算。根据我国的财务制度，专利资产的研究

开发成本不能完全资本化，各个企业一般将其中部分成本费用化，已计入历史各期损益，很难重新剥离。另外，由于各个企业往往从事多项研究，难以分离某一特定专利资产的成本，从而导致专利资产的研发成本较难界定。

④ 专利资产之间的可比性弱。专利资产作为一项无形资产，通常很难找到相同或类似的可比对象。因为专利资产应具有新颖性、创造性和实用性，每项专利均具有独特性，通常不同专利资产之间的可比性不强。

（三）专利资产评估对象的界定

专利资产评估，是指资产评估机构及其资产评估专业人员遵守法律、行政法规和资产评估准则，根据委托对评估基准日特定目的下的专利资产价值进行评定和估算，并出具资产评估报告的专业服务行为。

专利资产评估业务的评估对象是指专利资产权益。评估对象的确认需要明确专利资产的基本情况及核实专利权的有效性。

1.明确专利资产的基本情况

明确专利资产的基本情况通常包括以下内容：

（1）专利种类及名称。专利的种类包括发明、实用新型和外观设计三种。专利的名称是指专利申请保护的主题名称，即被评估专利的名称。

（2）专利申请号或专利号。专利申请号或专利号是指专利申请经国务院专利行政部门受理后，授予其的申请号，即在提交专利申请时给出的编号。专利申请审查没有发现驳回理由的，作出授予专利的决定，同时授予专利号，即在授予专利权时给出的编号，其专利号沿用其申请号。

（3）专利的法律状态。专利的法律状态通常包括所有权人（在申请阶段为专利申请人，授权后为专利权人）及其变更情况、专利所处的专利审批阶段、年费缴纳情况、专利权的终止、专利权的恢复、专利权的质押，以及是否涉及法律诉讼或者处于复审、宣告无效状态。

（4）专利权利要求书所记载的权利要求。发明或者实用新型专利权的保护范围以其权利要求的内容为准，说明书及附图可以用于解释权利要求，因此权利要求是发明和实用新型专利权保护范围的依据。专利权利要求书所记载的权利要求包括产品权利要求和方法权利要求。外观设计专利权的保护范围以表示在图片或者照片中的该外观设计专利产品为准。

（5）专利资产的权利形式。专利资产的权利形式一般包括所有权和许可使用权。

①所有权。根据《中华人民共和国民法典》第二百四十条的规定，所有权是所有权人对自己的不动产或者动产，依法享有占有、使用、收益和处分的权利。专利资产属于无形资产，一般不涉及占有的权利，但是会涉及使用、收益和处分的权利。

【思考8-6】什么是专利的使用权、收益权和处分权？

②许可使用权。根据我国《专利法》的相关规定，专利的许可使用权可以分为授权许可和特别许可两部分（见表8-4）。其中，授权许可是指专利所有权人通过合同、协议授权许可他人使用专利。特别许可又可分为开放许可和强制许可。

表8-4 许可使用权的种类

许可使用权的分类	具体使用权类型	含义
授权许可	独占使用权	在双方合同规定的时间和地域范围内，专利权人只把专利转让给某一特定受让方，受让方不得再转让，转让方也不得在合同规定范围内使用该专利和销售该专利生产的产品
	排他使用权（也称独家使用权）	转让方在合同规定的时间和地域范围内只把专利授予受让方使用，同时转让方自己保留使用权和该专利产品销售权，但不再将该专利转让给其他人使用
	一般使用权	转让方在合同规定的时间和地域范围内向受让方转让专利，转让方自己也保留专利使用权和产品销售权，同时，转让方还可以将专利权许可给其他人使用
特别许可	开放许可	权利人在获得专利权后自愿向国务院专利行政部门提出开放许可声明，明确许可使用费，由国务院专利行政部门予以公告，在专利开放许可期内，任何单位或个人都可以按照该专利开放许可的条件实施专利技术成果
	强制许可	根据《专利法》的相关规定，在某种特定前提下，国家可以对某些专利进行强制许可，取得实施强制许可的单位或者个人不享有独占的实施权，并且无权允许他人实施，被许可方还需要向专利权人支付许可使用费

（6）专利申请日和专利授权日。专利申请日指国务院专利行政部门收到专利申请的请求书、说明书（实用新型必须包括附图）和权利要求书的日期，该日期记录在专利申请受理通知书和专利证书上。专利授权日是指实用新型专利申请和外观设计专利申请经过初步审查合格后，国务院专利行政部门所指定的法定公告的日期，以及发明专利申请根据发明专利申请人的请求，经过实质审查合格后，国务院专利行政部门所指定的法定公告的日期，是专利权（发明专利权、实用新型专利权、外观设计专利权）的生效日。

（7）单项专利或专利资产组合。在评估实务中会出现单项专利资产的情况，但是更经常出现的是多种、多项专利资产组合成一个功能资产组的情况，有些时候甚至是部分专利资产与部分其他类型的无形资产，如专有技术、软件著作权、商标权等共同组合的资产组，这些资产组不可分割或者没有必要分割，可以合并在一起组成一个评估对象。在这种情况下，需要说明评估对象的具体组成内容和形式。

2.核实专利权的有效性

对专利技术有效性的判断包括以下两个层次：

（1）核实该专利是否为有效专利，著录项目是否属实。对专利权的核实，不能仅凭“专利证书”确认该专利的有效性，还必须要求委托人提供有关省、自治区、直辖市、国务院有关部委专利管理机关出具的确权证明，或通过检索，确认该专利权的法律状态是否有效。

对于已向专利部门提出专利申请并正在受理中的专利申请权，要核实专利部门发出的“受理通知书”和缴费凭证等。

（2）核实该专利是否具有专利性。由于我国对实用新型专利实行初步审查制度，很多已授权的实用新型专利是不符合专利法的实质性要求的。因此，即使是有效的实用新型专利，仍可能因不具备“三性”（新颖性、创造性和实用性），经过无效程序而丧失专利权。

（四）专利资产评估案例

【学中做8-5】S科技有限公司在借鉴国内外先进技术的基础上，运用多学科、多领域前沿技术的交叉综合，于2018年12月10日成功研制了高品质钢金粉的生产技术，并获得发明专利证书，专利保护期为20年。现在，该公司准备将该专利资产出售给X企业，现委托评估机构对该项专利资产2023年12月10日的市场价值进行评估，并说明该专利资产评估程序。

知识拓展

专利资产价值影响因素

评估分析和计算过程如下：

（1）确定评估对象和评估目的。由于S科技有限公司系出售该项专利，因此，转让的是专利技术的所有权。

（2）确认专利资产。权威部门检测报告表明，S科技有限公司研制的高品质钢金粉的生产技术属于国家高新技术超微功能粉体材料领域，该产品具有分散性好、附着力强、稳定性好、色泽逼真，酷似黄金，且光亮持久等特点，产品各项性能远优于国内低品质产品，可与国外进口产品相比，已成为高档金色包装印刷廉价代金最理想的材料。

此外，该项技术已在S科技有限公司使用了5年，产品深受用户欢迎，市场潜力较大。因此，该项专利技术的有效功能较好。

（3）选择评估方法。该项专利技术具有较强的获利能力，而且，同类型技术在市场上的被授权使用情况较多，分成率容易获得，从而为测算收益额提供了保证。因此，决定采用收益法进行评估。

（4）判断确定评估参数。根据对该类专利技术的更新周期以及市场上产品更新周期的分析，确定该专利技术的剩余使用期限为4年。根据对该类技术的交易实例分析，以及该技术对产品生产的贡献性分析，采用销售收入的分成率为3%（假定该收入免税）。

根据过去经营绩效以及对未来市场需求的分析，评估专业人员对未来4年的销售收入进行预测，结果见表8-5。

表8-5 预期销售收入测算结果

年度	销售收入（万元）
2024	600
2025	750
2026	900
2027	900

根据当前的市场投资收益率，确定该专利资产评估采用的折现率为10%。

（5）计算评估值。得出结论见表8-6。

表8-6 评估值计算结果 单位：万元

年度	销售收入①	分成额=①×3%	②收益现值（r=10%）
2024	600	18	16.36
2025	750	22.5	18.60
2026	900	27	20.29
2027	900	27	18.44
合计			73.69

因此，该专利资产转让的评估值为73.69万元。

二、商标资产评估

（一）商标及商标权

1. 商标

（1）商标概念

商标是商品或服务的标记，是生产者或经营者为了把自己的商品或服务区别于他人的同类商品或服务，在商品上或服务中使用的一种特殊标记。根据《中华人民共和国商标法》（以下简称《商标法》）的规定，这种标记一般包括文字、图形、字母、数字、三维标志、颜色组合和声音等，以及上述要素的组合。商标主要有商品商标、服务商标、集体商标和证明商标等。

（2）商标分类

商标可以根据其构成、作用、功能、享誉程度以及是否享受法律保护等标准划分为以下种类。具体分类见表8-7。

表8-7 商标的分类

分类依据	种类
按商标的构成要素分类	文字商标、图形商标、符号商标、文字图形组合商标、色彩商标、三维标志商标、声音商标等
按商标的作用分类	商品商标、服务商标、集体商标和证明商标等
按商标的功能分类	经常使用的商标、防御商标、联合商标、扩展商标、备用商标
按商标的享誉程度分类	普通商标、驰名商标
按商标是否受专门的法律保护分类	注册商标、未注册商标

2. 商标权

商标权是指商标经注册或被认定为驰名商标而获得法律保护，形成了排他使用等的权利。它受到法律保护。未注册的非驰名商标不受法律保护。商标权具有地域性、时间性、排他性、可转让性等特点。

3. 商标权中的经济权利

商标权中的经济权利，一般包括排他专用权（独占权）、转让权、许可使用权、继承权等。

（1）排他专用权。排他专用权是指注册商标的所有者享有禁止他人未经其许可而在同一种商品服务或类似商品服务上使用其商标或近似商标的权利。

（2）转让权。转让权是商标所有者作为商标权人，享有将其拥有的商标转让给他人的权利。

（3）许可使用权。许可使用权是指商标权人依法通过商标使用许可合同允许他人使用其注册商标。商标权人通过使用许可合同，转让的是注册商标的使用权。

（4）继承权。继承权是指商标权人将自己的注册商标交给指定的继承人继承的权利，但这种继承必须依法办理有关手续。

微课

商标权中的经济权利

（二）商标资产的概念与特征

1. 商标资产的概念

商标资产是指商标权利人拥有或者控制的，能够持续发挥作用并且能带来经济利益的注册商标权益。

商标需要满足以下两个关键要素才能成为商标资产：

（1）商标区别企业商品或服务的功能及作用能够通过营销在消费者意识中形成独特的联想并产生经济利益；

（2）以法律保护的形式将商标标识作用所带来的经济利益赋予了商标权利人。

2. 商标资产的特征

商标资产具有形式特征、价值特征、法律特征等特征。

（1）形式特征

① 商标资产通常为商品商标权和服务商标权。当商品商标和服务商标得到消费者的认可，并在经济上有所体现时，商品商标和服务商标转化为商标资产，具有专有性和排他性的特征。

② 商标资产通常为驰名商标。商标资产必须同时具备区别商品或服务提供者的功能，以及因其使用能够带来超额收益的能力。

③ 商标资产可以是独立的商标权或以商标权为核心的资产组合。

（2）价值特征

① 对商标标识的商品或服务的数量和质量具有相对依附性。商标的知名度、信誉度及市场影响力是通过所标识的特定商品或服务的质量逐步实现的。大部分商标资产的价值在很大程度上与其所标识的商品或服务的质量与数量水平存在着紧密的关系或依附关系。

② 商标资产需要相关技术和管理支撑。商标资产的价值在很大程度上是由其所标识的商品或服务的品质决定的。而商品或服务的品质与其生产技术和管理紧密相关，尤其是商品商标资产，表现得更为明显。许多商标资产并不单单是一个商标权，往往是若干技术和管理围绕着一个商标权形成的商标资产组合。商标权是一种法律概念，而商标资产是一种无形资产。商标权可以通过设计和申请注册实现，而商标资产必须通过经营管理实现。

③ 广告宣传和营销管理对商标资产的价值具有维持和助推作用。商标在很大程度上发挥着广告的功能。商标资产的价值虽然不是由广告和营销决定的，但是，好的广告宣传

和好的营销管理对于商标的市场影响力的形成是有推动作用的，进而会对商标资产的价值具有维持和助推作用。

④ 商标资产具有扩展能力。商标资产的扩展是指将现有商品或服务的商标应用在与其具有直接联系的其他商品或服务上。对于具有良好市场认可和品牌忠诚度的商标而言，商标可以延伸到相关商品或服务上。

（3）法律特征

商标资产在法律的层面上主要表现为注册商标，其特性主要包括以下几个方面：

① 商标资产的时效性。在我国，注册商标的有效期为10年。有效期满需要继续使用的，商标注册人应当在期满前12个月内按照规定办理续展手续；在此期间未能办理的，可以给予6个月的宽展期。每次续展注册的有效期为10年，自该商标上一届有效期满次日起计算。10年届满如果没有申请续展，则商标的注册将被注销，商标权失效，不再具有经济价值。

② 商标资产的地域性。商标资产具有严格的地域性，商标权只有在法律认可的一定地域范围内受到保护。由于不同国家存在着不同的商标保护原则，商标权并不是在任何地方都受到保护。如果需要得到其他国家的法律保护，必须按照该国的法律规定，在该国申请注册，或向世界知识产权组织国际局申请商标国际注册。

③ 商标资产的约束性。注册商标的专用权以核准注册的商标和核定使用的商品为限。因此，评估商标资产价值时，要注意商标注册的商品种类及范围，要考虑商品使用范围是否与注册范围相符合，商标权只有在核定的商品上使用时才受法律保护，对超出注册范围部分所带来的收益不应计入商标资产的预期收益中。

（三）商标资产评估对象的界定

商标资产评估，是指资产评估机构及其资产评估专业人员遵守法律、行政法规和资产评估准则，根据委托对评估基准日特定目的下的商标资产价值进行评定和估算，并出具资产评估报告的专业服务行为。

商标资产评估对象是指受法律保护的注册商标权益。其经济价值体现为它能否获得超额收益，不能带来超额收益的商标权难以成为商标资产，也难以成为评估对象。

商标资产评估对象界定涉及评估客体的界定和评估客体约束条件的界定两个方面。

1.评估客体的界定

评估客体的界定是指针对商标权本身特征进行的调查分析。评估客体的界定主要包括以下内容：

（1）核实商标的法律状态

核实商标的法律状态，主要包括判断商标是否已经注册，以及注册商标是否有效两个方面。由于非注册商标不受法律保护，一般不能成为评估客体。如果已经注册的商标长时期不使用也会失效而不受法律保护，不能成为评估客体。因此，核实商标的注册情况、商标权的使用情况以及商标权的续展续权情况，是核实标的商标的法律状态的基本工作。

（2）明确注册商标是普通商标还是驰名商标

由于普通商标与驰名商标的市场影响力存在较大的差异，两者的价值影响因素也不完全相同，因而在评估客体界定的时候，就需要明确被评估商标是普通商标还是驰名商标，以便按照不同的评估思路、考虑不同市场影响力因素进行评估。

（3）明确商标的盈利模式

商标的盈利模式有多种，包括因驰名商标的使用而形成商品或服务价格溢价或因商标的使用致使商标商品或服务的销量增加等。因为商标盈利模式的不同，商标在增加商品或服务超额收益中的作用也不完全相同，在某些情况下，商标自身的作用更为明显和突出；而在另外一些情况下，商标需要借助于某种技术或某些技术才能发挥作用，以及商标需要借助于其他相关资产的辅助才能发挥作用。明确被评估商标的盈利模式不仅有助于恰当选择评估技术方法评估商标资产价值，而且有助于合理界定商标资产评估中的评估对象。换一个角度说，在某些情况下，商标资产评估对象就是商标资产本身；而在另外一些情况下，商标资产的评估对象可能是以商标资产为核心辅以与其共同发挥作用而又难以分割的相关资产组成的资产组，或组合无形资产。

2. 评估客体约束条件的界定

评估客体的约束条件是指引起评估的经济事项以及这些经济事项涉及的相关法律法规、制度规定等对商标评估的条件限定或约束。评估客体的约束条件主要形成于引起商标资产评估的特定经济事项或经济行为，需要从引起商标资产评估的特定经济事项涉及的相关法律法规等对商标资产权属、评估结果用途和使用者等的约束方面，来分析确定其对评估客体的约束。评估客体约束条件的界定主要包括以下工作：

（1）明确评估特定目的

根据引起商标资产评估的经济事项，分析评估结果的期望用途和评估报告的期望使用者以及与该经济事项有关的法律法规对评估客体和评估过程的总体约束。不同的评估结果期望用途会导致相同评估客体的不同评估视角和评估价值水平。不同的评估结果期望使用者可能会对相同评估客体提出不同的评估要求。与引起商标权评估经济事项有关的法律法规，也会直接或间接地约束评估的价值水平以及评估值的影响因素。引起商标资产评估的经济事项包括但并不限于以下各项：转让、投资、质押融资、侵权赔偿、财务核算等。

（2）明确被评估商标权利形式

根据引起商标权评估的经济事项和相关委托协议，进一步明确评估客体的具体权属是商标所有权还是商标使用权。商标权权属转让内容不同，评估值也不同。一般来说，商标所有权转让的评估值高于商标权许可使用的评估值。如果评估客体的权属是商标的使用权，其权属界定还需要进一步明确使用权特许的程度，如是独家许可还是普通许可。

【思考8-7】什么是商标所有权转让和商标权许可使用？

（3）明确被评估商标使用对象范围与空间范围

被评估商标的使用对象范围和空间范围也是约束评估对象商标的条件之一。被评估商标的价值高低与其标识的商品或服务的范围以及在多大空间范围内使用有着极为密切的关系。界定商标权标识的商品范围或服务范围以及地域空间范围等是界定商标评估对象的重要工作之一。

知识拓展

商标资产价值影响的因素

（四）商标资产评估案例

1. 商标资产转让的评估

【学中做8-6】某企业拟将一注册商标转让。根据历史资料，该企业近5年使用这一商标的产品比同类产品的价格每件高0.7元，该企业每年生产100万件产品，该商标目前在市场上发展良好。根据预测估计，在生产能力足够的情况下，该商标产品每年生产200万件，每件可获得超额利润0.4元，预计该商标能够继续获取超额利润的时间是8年。前5年保持目前的超额利润水平，后3年每年可获取的超额利润为90万元，所得税税率为25%。

要求：评估该商标权的价值。

解析：（1）预期前5年每年的超额净利润=200×0.4×（1−25%）=60（万元）

（2）后3年每年超额净利润=90×（1−25%）=67.5（万元）

（3）确定折现率为10%。

（4）该商标权的价值=60×（P/A，10%，5）+67.5×（P/A，10%，3）×（P/F，10%，5）

=60×3.7908+67.5×2.4869×0.6209=331.68（万元）

2. 商标许可价值的评估

【学中做8-7】甲企业出让其商标使用权给乙企业，两方合同规定出让期为5年，每年乙方按使用甲方商标的产品的销售收入的3%支付给甲方商标特许使用费。评估时该合同已执行了1年时间，从这1年乙方的销售情况来看，今后4年每年1 500万元的销售收入是有保证的，假设折现率设定为10%，则：商标权评估值=1 500×3%×（P/A，10%，4）=142.65（万元）。

三、商誉评估

（一）商誉的概念与特征

1. 商誉的概念

商誉是企业整体声誉的体现，是不可辨认无形资产，不能离开企业单独存在。在不同的财务报告或者税收制度下，商誉可能被赋予不同的概念。商誉通常表现为一家企业预期将来的利润超过同行业正常利润的超额利润的价值。这种价值的预期是企业所处的地理位置优势，或历史悠久、经营效率高、管理水平高、人员素质高、良好的客户关系等多种因素综合作用带来的。

2. 商誉特征

商誉与有形资产和可辨认的无形资产相比，具有如下特征：

（1）依附性。企业是商誉及其价值的载体，商誉不能离开企业而单独存在，不能与企业可辨认的资产分开出售，不存在独立的转让价值，也不能以独立的一项资产作为投资。

（2）整体性。商誉本身不是一项单独的、能产生收益的无形资产，是多方面因素共同作用的结果，形成商誉的个别因素，不能以任何方法单独计价，只有通过企业整体收益水平才能体现出来，并通过企业的收益水平与同行业平均水平的比较才能判断和测定。因此，要从企业整体获利能力的角度来评估商誉价值。

（3）累积性。商誉是企业长期积累起来的一项价值。

【提示】商誉价值只有在企业整体出售成交或整体合并成功后，才能得到体现。

（4）持续性。不同于其他无形资产，商誉存续期间没有法定限制，它只依赖于企业的经营状况。只要企业遵守诚实守信的原则，不断提高产品质量，改善服务态度，商誉就能持续下去。

（5）动态性。商誉的动态性表现为两方面：一方面表现为种类的变化。由于商誉是无形资产当中不可辨认的部分，因此，它的范围也会随着可辨认的无形资产的变化而变化，即为商誉的动态性。另一方面表现为价值量的变化。商誉价值会随着时间的推移或增或减，随着企业经营情况、外界环境、企业文化的整合及技术创新能力等条件发生变化而变动，即商誉是动态的，任何企业都不可能无代价地永远享用这一无形资产。

（二）商誉评估的概念与特点

1. 商誉评估的概念

商誉评估是指评估专业人员根据特定目的，遵循公允的原则和标准，按照法定的程序，运用科学的方法，以企业整体资产在某一时点的状况为基础，对企业的超额收益能力进行评定和估算的过程。

2. 商誉评估的特点

与其他无形资产评估相比较，商誉的评估具有自身的特性，主要有以下几点：

（1）整体性

商誉评估的整体性依据的是商誉的非独立性。商誉的评估以企业整体的资产为基础，是所有企业资产和要素共同作用的结果。离开了企业，商誉就会失去载体，也就不存在对商誉的评估。

（2）综合性

商誉评估的综合性依据的是商誉构成要素的多元性。形成商誉的因素很多，我们很难用任何方法或公式，对各项个别因素单独加以确认和评估。因此，要对商誉进行准确有效的评估，只有将构成商誉的各项因素综合起来，作为依附于企业整体的一项综合资产来看待。

（3）持续性

对于一家企业而言，商誉的形成具有时间上的连续性和累积性，商誉的形成与发展贯穿于企业生存与发展的全过程。因此，对商誉的评估要保持连续性，尤其是在企业进行并购和资产重组等产权交易时，更是如此。

（4）单一性

单一性是由商誉的实质决定的。目前，商誉存在的判断标准以及商誉的评估都是以企业整体资产未来的超额收益这一具体指标来反映的。换句话说，商誉评估的基础是单一的，这样可以保证评估工作的顺利进行。

（5）双重性

商誉的价值是由企业整体收益水平体现的，其价值量的大小取决于企业整体收益水平和行业平均收益水平的比较，当企业的收益水平高于行业平均水平时，商誉的价值为正值，反之则为负值。由于商誉具有正负性，因此，对它的评估对企业获利能力也具有积极或消极影响。商誉的评估值，既可能使企业资产出现增值，也可能使其出现贬值，这一点在具体实践中尤其需要注意。

（三）商誉评估案例

商誉常用的评估方法是割差法。割差法是指根据企业整体评估价值与可辨认的各单项资产评估值之和进行比较，确定商誉评估值的方法，又称残值法或倒挤法。其评估思路是用企业的总体价值扣除各单项有形资产价值之和及可辨认无形资产价值后的差额，是企业实际已拥有但尚未入账的资产，确认为商誉价值。基本公式是：

$$\text{商誉的评估值} = \text{企业整体评估值} - \text{企业的各单项资产评估值之和(含可辨认无形资产)}$$

【提示】企业整体资产评估值可以通过预测企业未来预期收益并进行折现或资本化获取；对于上市公司，也可以按股票市价总额确定。采取上述评估方法的理论依据是，企业价值与企业可辨认的各单项资产价值之和是不同的。

【学中做8-8】某企业进行股份制改造需要进行评估。根据企业过去经营情况和未来市场预测，预测其未来5年的净利润分别是15万元、16万元、17万元、16万元和17万元，并假定从第6年开始，以后各年净利润将保持在17万元的水平上。根据行业利率和经营风险情况确定的折现率和资本化率均为10%，并且采用单项评估方法，评估确定该企业各单项资产评估值之和为120万元。

要求：确定该企业商誉的评估值。

解析：(1) 确定该企业的整体评估值。

$$\frac{15}{1+10\%}+\frac{16}{(1+10\%)^2}+\frac{17}{(1+10\%)^3}+\frac{16}{(1+10\%)^4}+\frac{17}{(1+10\%)^5}+\frac{17}{10\%}\times\frac{1}{(1+10\%)^5}$$

$$=13.6365+13.2224+12.7721+10.928+10.5553+105.553=166.67(\text{万元})$$

(2) 计算商誉的评估值。

$$\text{企业整体评估值} - \text{企业的各单项资产评估值之和} = 166.67-120=46.67\ (\text{万元})$$

微课 商誉评估的割差法

【提示】商誉评估需要注意的几个问题：①不是所有企业都有商誉，商誉只存在于那些长期具有超额收益的少数企业之中。一家企业在同类型企业中超额收益越高，商誉评估值越大。②商誉评估必须坚持预期原则。企业是否拥有超额收益是判断企业有无商誉和商誉大小的标志。③商誉的价值形成既然是建立在企业预期超额收益基础之上的，那么，商誉评估值与企业中为形成商誉投入的费用和劳务没有直接联系，因此，商誉评估不能采用投入费用累加的方法进行。④商誉是由众多因素共同作用形成的，但由于形成商誉的个别因素不能够单独计量的特征，决定了商誉评估也不能采用市场类比的方法进行。⑤企业负债与否、负债规模大小与企业商誉没有直接关系。

从财务学原理分析，企业负债不影响资产收益率，而影响投资收益率，即资本收益率。资本收益率与资产收益率的关系可以表述为：

$$\text{资本收益率} = \text{资产收益率} \div (1-\text{资产负债率})$$

在资产收益率一定且超过负债资本成本的条件下，增大负债比率，可以增加资本收益率，并不直接影响资产收益率。

商誉评估值取决于预期资产收益率，而非资本收益率。当然，资产负债率应保持一定的限度，负债比例增大会增大企业风险，最终会对资产收益率产生影响。这在商誉评估时应有所考虑，但不能因此得出负债企业就没有商誉的结论。

四、数据资产评估

习近平总书记强调，发挥数据的基础资源作用和创新引擎作用，加快形成以创新为主要引领和支撑的数字经济。党的二十大报告指出，“加快建设数字中国，加快发展数字经济，促进数字经济和实体经济深度融合，打造具有国际竞争力的数字产业集群”。当前，数据要素正成为劳动力、土地、资本、技术之外最先进、最活跃的新生产要素，其对GDP的贡献率逐年递增，逐渐成为社会经济发展的核心力量，数据资产评估为政府、企业、投资者、使用者等了解数据资产价值提供参考。

（一）数据及数据资源

1.数据

数据是指任何以电子或者其他方式对信息的记录。

2.数据资源

数据资源是指经过加工后，在现时或者未来具有经济价值的数据。

在经济业务活动中，特定主体可通过生产、采集、加工、购买等方式拥有并控制数据资源，并且可以通过出让数据、加工数据或提供数据服务来获取利益。数据资源是能给特定主体带来预期经济利益或产生服务潜力的资源。

【提示】不是所有的数据都能够带来利益，垃圾数据就不能带来经济利益，所以不是数据资源。

（二）数据资产

1.数据资产概念

数据资产是指特定主体合法拥有或者控制的，能进行货币计量的，且能带来直接或者间接经济利益的数据资源。

数据作为一种重要的战略资源，其价值被不断挖掘和创造，数据正在成为一种新的资产。在大数据时代，数据是人们关注的资源，能让机器读取的数据才有可能读出有价值的信息，成为数据资产。并非所有的数据都构成数据资产，数据资产的形成需要对数据资源进行主动管理并形成有效控制。

【提示】数据资产是拥有数据权属、有价值、可计量、可读取的网络空间中的数据资源，数据资产兼有无形资产和流动资产的特征，是一种新的资产类别。根据《企业数据资源相关会计处理暂行规定》（财会〔2023〕11号）及数据资产的特点，数据资产具有无形资产特性，我们将数据资产归类为无形资产。

知识拓展

《企业数据资源相关会计处理暂行规定》（财会〔2023〕11号）

2.数据资产属性

数据资产具有物理属性、存在属性、信息属性、价值属性、法律属性等。

（1）物理属性

物理属性体现在其在存储介质中以二进制形式存在，占有物理空间。数据资产本身无实物形态，但数据资产是需要进行存储的，数据存储介质包括纸、光盘、DVD、硬盘、闪存、U盘、CF卡、SD卡、MMC卡。

（2）存在属性

存在属性指其可读取性。数据资产只有可被读取，才有可能对其价值进行挖掘和实现，如果不可读就意味着资产不可见，其价值就不能实现。因此，当数据资产的物理属性和存在属性相结合就形成了数据资产的物理存在，是可以看得见、可加工的，具有了有形资产的特征，这是数据资产区别于传统无形资产的一个明显特征。

（3）信息属性

数据资产的信息属性是其价值所在。信息属性主要包括数据名称、数据结构、数据字典、数据规模、数据周期、产生频率及存储方式等。

数据资产包含的信息的价值取决于挖掘、使用信息的人，几乎不可能有统一的价值标准。因此，对数据资产包含的信息价值只能采用评估的方式。

（4）价值属性

价值属性主要包括数据覆盖地域、数据所属行业、数据成本信息、数据应用场景、数据质量、数据稀缺性及可替代性等。

数据资产的价值，实质上来自其财产权利，而这种财产权利都是无形的。数据资产的可加工性、可视性等因素赋予其价值。

（5）法律属性

法律属性主要包括授权主体信息、产权持有人信息，以及权利路径、权利类型、权利范围、权利期限、权利限制等权利信息。

3.数据资产的基本特征

（1）非实体性

数据资产无实物形态，虽然需要依托实物载体，但决定数据资产价值的是数据本身。数据资产的非实体性也衍生出数据资产的无消耗性，即数据不会因为使用频率的增加而磨损、消耗。

（2）依托性

数据资产不能独立发挥作用，其发挥作用和效应必须依附于相应的载体。即数据必须存储在一定的介质里，同一数据可以以不同形式同时存在于多种介质。

（3）可共享性

可共享性是指在权限可控的前提下，数据资产可以被复制，能够被多个主体共享和应用。

（4）可加工性

可加工性是指数据资产可以通过更新、分析、挖掘等处理方式，改变其状态及形态。数据可以被维护、更新、补充，增加数据量；也可以被删除、合并、归集，消除冗余，还可以被分析、提炼、挖掘，加工得到更深层次的数据资源。

（5）价值易变性

价值易变性是指数据资产的价值随应用场景、用户数量、使用频率等的变化而变化。

数据资产会受数据容量、数据时效程度、应用场景等多种因素影响，与其他无形资产相比，其价值更易发生变化。此外，这些因素随时间的推移不断变化，某些数据当前看来可能没有价值，但随着时代进步可能会产生更大的价值，另外，技术的进步或者同类数据库的发展，可能会导致数据资产出现无形损耗，表现为价值降低。

4.数据资产的分类

（1）按数据资源的结构分类

① 结构化数据：结构化数据也称作行数据，是由二维表结构来逻辑表达和实现的数据，严格地遵循数据格式与长度规范，主要通过关系型数据库进行存储和管理。

② 非结构化数据：不适于由数据库二维表来表现的非结构化数据，包括所有格式的

办公文档、HTML、各类报表文件、图片和音频、视频信息等。支持非结构化数据的数据库采用多值字段、子字段和变长字段机制进行数据项的创建和管理，广泛应用于全文检索和各种多媒体信息处理领域。

③ 半结构化数据：介于结构化数据与非结构化数据之间，局部具有结构化数据的特性，局部具有非结构化数据的特性，如XML格式的数据。

（2）按照取得来源分类

① 企业生产经营中产生、记录的自身数据，如营业收入数据、营业成本数据、不同生产条件下的良品率、研发试验中记录的数据等；

② 企业采取特定的方式方法合法地从外部收集的数据，如市场调研中的消费者偏好数据、新用户注册时提交的信息、用户使用产品过程中的操作痕迹数据、地质勘探中的地质数据等；

③ 企业通过合法的渠道从外部交易取得的数据。

（3）按照交易限制分类

① 可以直接交易的数据，如企业生产经营中产生并记录的自身数据、公开渠道收集整理的行业数据、通过合法的渠道从外部交易取得的数据等；

② 经过处理后可以交易的数据，如脱敏处理的用户画像数据等；

③ 不可以交易的数据，如涉及个人隐私、著作权、公共利益、国家安全的数据。

（4）按照数据用途分类

① 交通数据：如交通流量数据、GPS轨迹数据、地图数据等，这些数据可以用于城市交通管理、导航服务、智能驾驶等应用。

② 医疗数据：如病例数据、医疗影像数据、药物研究数据等，这些数据可以用于医疗诊断、治疗建议、药物研发等应用。

③ 金融数据：如股票交易数据、货币汇率数据、债券数据等，这些数据可以用于金融分析、投资决策、风险管理等应用。

④ 科研数据：如天文数据、地理数据、生物数据等，这些数据可以用于科学研究、学术研究等应用。

⑤ 社交数据：如社交媒体数据、用户行为数据、社交关系数据等，这些数据可以用于用户画像、精准营销、社交网络分析等应用。

⑥ 产业数据：如制造业数据、农业数据、服务业数据等，这些数据可以用于企业决策、市场分析、产业升级等应用。

⑦ 政府数据。

（5）按照数据产生的主体分类

① 个人数据，包括个人独有的特征数据和参与社会经济活动的行为数据等，如性别、年龄、身高、体重、兴趣爱好等，个人数据属于个人隐私，分析个人数据有利于刻画用户画像，从而有的放矢，提供精准的服务；

② 企业数据，为企业生产经营中产生并记录的自身数据，如营业收入数据、营业成本数据、不同生产条件下的良品率、研发试验中记录的数据等；

③ 政府数据，包含政府部门因开展工作而产生、收集，或因管理服务需求采集的外部数据，由政府管理或面向政府的数据，如人口数据、土地数据、住宅建设数据、水电燃

气数据、地理资源数据等。

其中，企业通过外购方式取得确认为无形资产的数据资源，其成本包括购买价款、相关税费，直接归属于使该项无形资产达到预定用途所发生的数据脱敏、清洗、标注、整合、分析、可视化等加工过程所发生的有关支出，以及数据权属鉴证、质量评估、登记结算、安全管理等费用。企业通过外购方式取得数据采集、脱敏、清洗、标注、整合、分析、可视化等服务所发生的有关支出，不符合无形资产准则规定的无形资产定义和确认条件的，应当根据用途计入当期损益。

企业内部数据资源研究开发项目的支出，应当区分研究阶段支出与开发阶段支出。研究阶段的支出，应当于发生时计入当期损益。开发阶段的支出，满足无形资产准则第九条规定的有关条件的，才能确认为无形资产。

企业在对确认为无形资产的数据资源的使用寿命进行估计时，应当考虑无形资产准则应用指南规定的因素，并重点关注数据资源相关业务模式、权利限制、更新频率和时效性、有关产品或技术迭代、同类竞品等因素。

（三）数据资产评估

1.数据资产评估的概念

数据资产评估，是指资产评估机构及其资产评估专业人员遵守法律、行政法规和资产评估准则，根据委托对评估基准日特定目的下的数据资产价值进行评定和估算并出具资产评估报告的专业服务行为。

2.数据资产评估主要操作要求

（1）执行数据资产评估业务，资产评估专业人员应当关注评估对象的权利属性、权利限制、数据资产的保护方式等法律因素，还需要重点关注数据资产的质量评价情况及数据资产的数据质量测度结果。

（2）执行数据资产评估业务，应当关注数据资产的安全性和合法性，并遵守保密原则。

（3）执行企业价值评估中的数据资产评估业务，应当了解数据资产作为企业资产组成部分的价值可能有别于作为单项资产的价值，其价值取决于它对企业价值的贡献程度。数据资产与其他资产共同发挥作用时，需要采用适当方法区分数据资产和其他资产的贡献，合理评估数据资产价值。

（4）执行数据资产评估业务，应当根据评估业务具体情况和数据资产的特性，对评估对象进行针对性的现场调查，收集数据资产基本信息、权利信息、相关财务会计信息和其他资料，并进行核查验证、分析整理和记录。核查数据资产基本信息可以利用数据领域专家工作成果及相关专业报告等。资产评估专业人员自行履行数据资产基本信息相关的现场核查程序时，应当确保具备相应专业知识、技术手段和经验。

（5）执行数据资产评估业务，应当合理使用评估假设和限制条件。

3.明确数据资产评估对象和范围

（1）明确评估对象

数据资产是一种以数据形式表现的资产，在评估时要明确数据资产的种类：①与专利、专有技术相关的数据资产，如产品生产过程的各种配方数据、加工环境条件数据等；②与客户关系相关的数据资产，如客户注册数据、历史消费数据等；③数据库相关资产。

（2）确定评估范围

① 单一数据资产。通常指有数据形式的资产。

② 融合形态数据资产。融合形态数据资产除了包含数据资产外，还包括数据库软件资产以及将数据组合成融合形态数据资产的成本。数据库技术与数据、数字媒体与数字制作特技等融合产生的数据资产。

（3）数据资产作为评估对象的关注要点

①了解数据资产的基本情况。执行数据资产评估业务，应当了解和关注被评估数据资产的基本情况和基本属性。

数据资产的基本状况通常包括：数据名称、数据来源、数据规模、产生时间、更新时间、数据类型、呈现形式、时效性、应用范围等。执行数据资产评估业务时，资产评估专业人员可以通过委托人提供、相关当事人提供、自主收集等方式获取数据资产的基本状况。

数据资产的基本属性主要包括：数据资产的信息属性、法律属性、价值属性等。

②了解数据资产特征对评估对象的影响。执行数据资产评估业务，应当知晓数据资产具有非实体性、依托性、可共享性、可加工性、价值易变性等特征，关注数据资产特征对评估对象的影响。

③了解数据资产的权利类型。执行数据资产评估业务，应当根据数据来源和数据生成特征，关注数据资源持有权、数据加工使用权、数据产品经营权等数据产权，并根据评估目的、权利证明材料等，确定评估对象的权利类型。

数据资产评估目的：数据资产交易、出资、融资。

4.数据资产价值影响因素

（1）基本因素

基本因素主要包括技术因素、数据容量、数据价值密度、数据规模等。

其中：技术因素通常包括数据获取、数据存储、数据加工、数据挖掘、数据保护、数据共享等。

数据规模通常包含数据量、增长率和更新率等指标。数据量是指数据集元素的总数量；增长率是指数据集元素增加量与原数据集元素总数量之比；更新率是指单位时间内数据集的变更元素数量。

（2）成本因素

成本因素包括形成数据资产所涉及的前期费用、直接成本、间接成本、机会成本和相关税费等。数据资产的成本主要来源于数据收集、储存、处理系统的建设费用和运维费用建设费用，一般包括人工费用、材料费用、间接费用等；运维费用包括业务操作费和技术运维费。

（3）场景因素

场景因素包括数据资产相应的使用范围、应用场景、商业模式、市场前景、财务预测和应用风险等。

（4）市场因素

市场因素包括数据资产相关的主要交易市场、市场活跃程度市场参与者和市场供求关系等。

（5）质量因素

数据质量是指数据在指定条件下使用时，其特性能够满足明确的或者隐含的要求的程度。

质量因素包括数据的准确性、一致性、完整性、规范性、时效性和可访问性等。

（6）其他因素

除了上述数据资产价值影响因素外，还有经济因素和法律因素。

（四）数据资产评估案例

【学中做8-9】AB财富有限公司以“AB财富网”为核心，集互联网财经门户平台、金融电子商务平台、金融终端平台及移动端平台等于一体的互联网服务大平台，拥有金融数据资产登记凭证，因和MN证券公司建立共享平台，经董事会决议通过以金融数据资产投资入股，现委托中青资产评估有限公司评估其在2023年12月31日的市场价值。

评估过程如下：

（1）确认金融数据资产，委托某信息中心进行数据质量评价。

该金融数据资产有登记凭证，产生方式是自行收集，数值类型为INT，更新频率为每小时，数据规模为0.28亿条（截至2023年12月31日），字典文档有数据表15张，其字段228个，元素5.02亿，应用场景为金融数据服务。金融数据资产的高效性体现在能够提高金融系统运行效率，降低系统运行成本和维护成本，为数据库终端拥有人带来超额利润。

（2）确定评估目的、评估对象和评估基准日。

AB财富有限公司以投资为评估目的，评估对象为AB财富有限公司的金融数据资产。评估基准日：2023年12月31日。

（3）选择评估方法。

收益法：网络信息企业主要通过互联网服务大平台，向海量用户提供产品和服务。因此，数据资产产生的收益较易界定且具有合理性。

市场法：数据资产由于自身的特殊性质，目前没有活跃的公开市场，可比案例极少，并且由于数据的个性化特点，缺乏可比资产。

重置成本法：网络信息企业所拥有的数据资产是通过收集购买，经过技术人员加工整理后从而产生收益的。数据资产具有及时性、动态性的特点。无形资产的成本法评估结果相比其公允价值会偏低。因此，重置成本法不适用。

本次采用收益法评估。

（4）判断评估参数。

①超额收益。

从AB财富公司近4年年报中的营业收入总构成分为四大板块，其中金融数据服务收入属于数据资产收入，经整理可直接得出数据资产的收入，见表8-8。

表8-8 金融数据服务收入、金融数据成本、收益额 金额单位：万元

项目	2020年	2021年	2022年	2023年
金融数据服务收入	16 915.59	15 968.25	15 779.55	18 799.98
网络技术及信息数据费	23 838.29	19 868.38	19 269.25	22 686.69
数据运营维护成本（70%）	16 686.80	13 907.87	13 488.47	15 880.68
收益额	228.79	2 060.38	2 291.28	2 919.30

由于该公司年报中已经列出营业成本——网络技术及信息数据费，因此使用该项目作为成本。假设数据资产的运营维护成本占网络技术及信息数据成本的70%，超额收益=金融数据服务收入-数据运营维护成本。

②确定折现率。

折现率的确定采用成本资产定价模型$R=R_f+\beta\cdot ERP$。其中，R：折现率；R_f：无风险利率；β：市场风险系数；ERP：市场风险溢价。

无风险利率：选取代偿期为10年的国债收益率，为3.1298%（数据来源：中国债券信息网）；β采用该行业内上市企业的无财务杠杆β值，得到行业平均β值为0.5759。ERP参照金融学家Damodanran的计算方式，成熟股票市场的基本补偿额取美国1928—2018年股票与国债的算术平均收益差6.26%。2020年1月美国穆迪投资服务公司公布我国的债务评级为A1，转换得出我国的国家补偿额为0.98%。

综上所述，折现率$R = 3.1298\% + 0.5759 \times (6.26\% + 0.98\%) = 7.30\%$

③确定使用年限。

由于公司的数据库具有动态特征，在不断维护更新的前提下，假设数据资产的使用期限为无限期。

④计算评估值。

假设该公司未来年度盈利预测见表8-9，可计算出金融数据资产评估值。

表8-9　超额收益预测　金额单位：万元

项目	2024年	2025年	2026年	2027年	2028年	2029年及以后
金融数据服务收入	23 198.13	26 445.87	27 635.93	27 566.84	26 974.15	26 974.15
数据运营维护成本	19 612.64	22 358.41	23 364.54	23 306.13	22 805.04	22 805.04
收益额	3 585.49	4 087.46	4 271.39	4 260.71	4 169.11	4 169.11
折现率	7.30%					
折现期（月）	6.00	18.00	30.00	42.00	54.00	
收益现值	3 461.38	3 677.51	3 581.54	3 329.53	3 036.30	41 593.10
评估值	58 679.36					

由此可得，AB财富数据资产的评估值为58 679.36万元。

知识拓展

《数据资产评估指导意见》

项目小结

本项目主要介绍了无形资产评估的基本理论和方法，重点是收益法在无形资产评估中的应用，具体运用形式包括节省许可费法、增量收益法和超额收益法。在此基础上进一步介绍了几种主要的无形资产——专利、商标、商誉及数据资产等的评估。具体内容包括：无形资产的含义、分类及特征；专利、商标、商誉及数据资产等无形资产的特点、评估对象的确定、价值影响因素及评估案例。

本项目框架结构如图8-1所示。

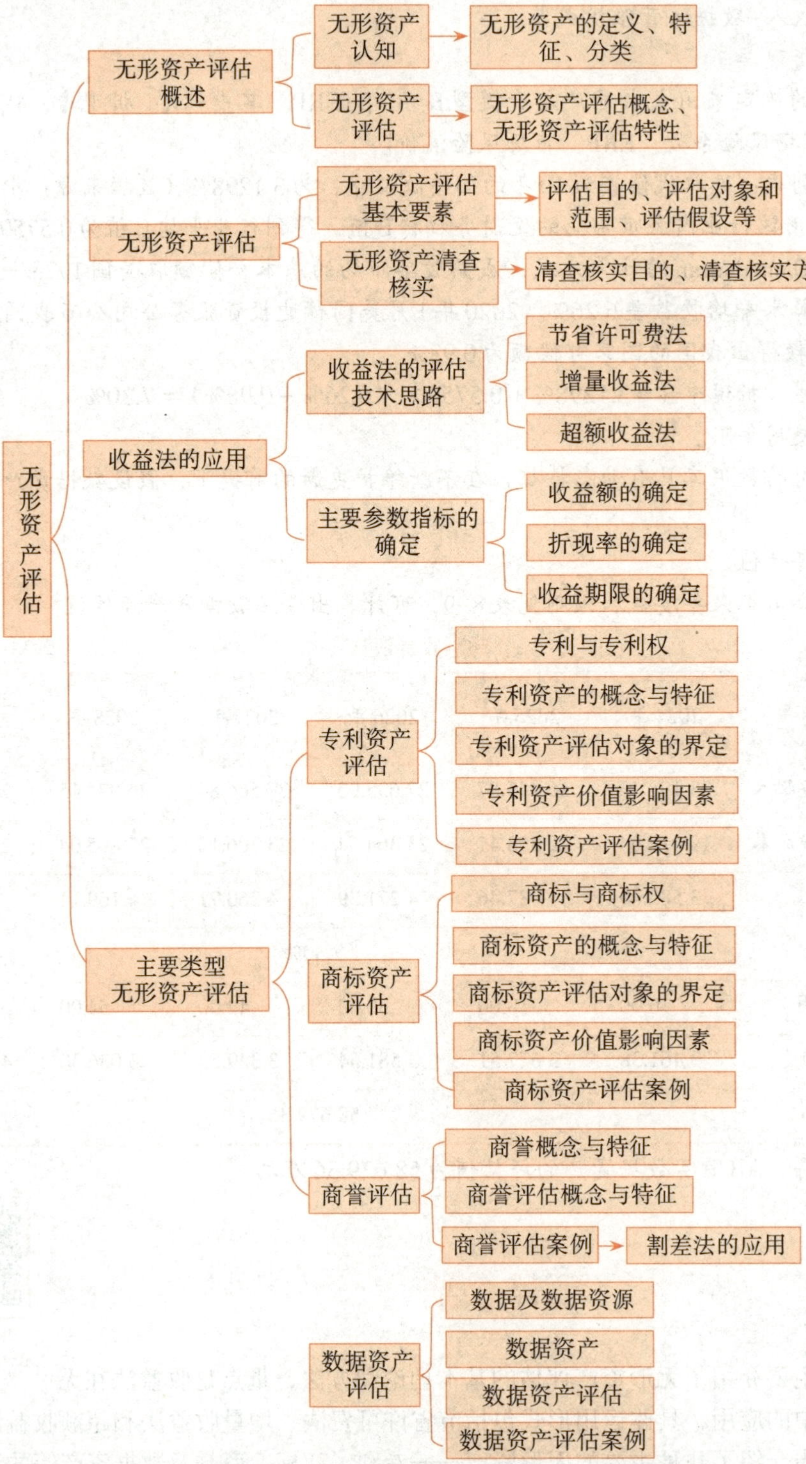

图8-1　本项目框架结构

实训设计

一、实训目标

通过对无形资产评估节省许可费法、增量收益法、超额收益法在无形资产评估中的实际操作训练，使同学们能够熟练掌握收益法在无形资产评估中的应用。

二、实训项目与要求

1. 实训组织

首先，实训指导教师将学生分组，每组10人左右，指定组长负责，明确目标和任务；然后，分组开展业务训练，写出训练心得；最后，组长总结汇报实训活动。

2. 实训项目

（1）节省许可费法在专利资产评估中的应用；

（2）超额（增量）收益法在商标资产评估中的应用；

（3）割差法在商誉评估中的应用。

3. 实训要求

（1）依据《专利法》熟悉专利权的种类、专利权的法律状态、专利权利要求内容与保护等，明确专利资产评估对象及影响专利资产价值的因素；

（2）依据《商标法》熟悉商标权的种类、商标权的法律状态、明确商标资产评估对象及影响商标资产价值的因素；

（3）掌握节省许可费法、超额（增量）收益法、割差法的计算公式，参数的选取与测算，计算步骤，适用范围。

三、成果与检测

（1）每个团队根据实训项目，说明在无形资产评估中如何选择节省许可费法、增量收益法、超额收益法、割差法，并就选取评估方法的理由在班级进行交流。

（2）教师与同学们共同总结无形资产评估收益法适用的范围，在评估各类无形资产中的局限性和选择评估方法应注意的问题。

（3）由各团队负责人组织小组成员进行评价打分。

（4）教师根据各团队的无形资产评估选取评估方法的合理性及各位同学的表现予以评分。

项目九
企业价值评估

知识目标

1. 了解企业价值以及企业价值评估的概念、特征以及程序；
2. 掌握收益法评估企业价值的方法；
3. 掌握市场法以及资产基础法评估企业价值的方法。

能力目标

1. 能熟练运用收益法具体模型分析和解决企业价值评估问题；
2. 能熟练运用市场法以及成本法分析和解决企业价值评估问题。

素养目标

1. 培养学生的爱国情怀，坚定“四个自信”，践行社会主义核心价值观；
2. 培养学生的法治观念、合规意识、诚实守信等良好的职业道德；
3. 培养学生爱岗敬业、严谨细致的工作态度和终身学习的职业精神。

项目导入

如何确定企业价值

万科股份有限公司是目前中国最大的专业住宅开发企业，成立于1984年，公司致力于通过规范、透明的企业文化和稳健、专注的发展模式，成为最受客户、投资者、社会尊重的企业。凭借公司治理和道德准则上的表现，公司连续5年入选“中国最受尊敬的企业”。1991年，万科成为深圳证券交易所第二家上市公司，持续增长的业绩使公司赢得了投资者的广泛认可。过去十年，万科销售收入复合增长率为49.9%，净利润复合增长率为42.3%，最近三年，万科销售收入复合增长率达到93.7%，净利润复合增长率达到88.4%，每股收益复合增长率达到67.6%。至2015年年末，万科全国市场占有率为2.1%，业务覆盖到以珠三角、长三角、环渤海三大城市经济圈为重点的二十九个城市。销售套数位居世界前茅，跻身全球最大的住宅开发企业行列。

为了分析和衡量公司的公开市场价值，为投资者提供参考，为管理层改善经营决策提供依据，万科公司决定对其企业价值进行评估，以分析公司的增值潜力，发现公司的真实价值。

思考：假如你是山西中青资产评估事务所的评估人员，你将采用什么方法评估万科公司的企业价值？应当怎样操作？

启示：企业价值评估具有较强的专业性、实务性，其工作过程要求评估人员具备扎实的理论基础和良好的沟通协作能力，其工作情境的多样性和复杂性要求估值人员具备诚实守信的职业道德、严谨细致的工作作风和终身学习的职业精神。

任务一　企业价值评估认知

任务描述

企业价值评估是将一家企业作为一个有机整体，依据其拥有或占有的全部资产状况和整体获利能力，充分考虑影响企业获利能力的各种因素，结合企业所处的宏观经济环境及行业背景，对企业整体价值进行的综合性评估。

相关知识

一、企业及企业价值

（一）企业的概念

企业是以营利为目的，为满足社会需要，把土地、资本、劳动力和管理等生产要素集合起来，依法从事商品生产、流通和服务等经济活动，实行独立核算、自主经营、自负盈亏、自我约束和自我发展的经济组织。现代企业不仅是一个经济组织，它的存在还必须受到一定的法律法规的约束。

微课

企业的概念及特点

企业作为资产评估的对象，具有营利性、持续经营性、整体性和权益可分性等特点。

（二）企业价值的概念和特点

1.企业价值的概念

企业价值是企业获利能力的货币化体现。企业价值是企业在遵循价值规律的基础上，通过以价值为核心的管理，使企业利益相关者均能获得满意回报的能力。企业给予其利益相关者回报的能力越高，企业价值就越高，而这个价值是可以通过其经济学定义加以计量的。

2.企业价值的特点

（1）企业价值是一个整体概念。主要表现在两个方面：第一，企业的价值通常不能通过对企业所拥有的各项资产价值进行简单相加而得到，企业价值所体现的是将企业的人力、物力、财力等生产经营要素整合在一起的现在和未来的获利能力。第二，按评估对象进行划分，企业价值包括整体企业权益价值、股东全部权益价值和股东部分权益价值。对这些企业价值的评估对象进行评估涉及的评估方法、评估过程、评估结果及其使用方式等各方面，均贯穿和反映了企业价值作为一个整体的特征。

（2）企业价值受企业可存续期限影响。企业的价值是依附于企业这一实体而存在的，企业又是具有生命周期的。在企业生命周期中的初创、成长、成熟、衰退等不同阶段，企业的价值也会有所不同。与其他资产不同，企业未来可存续的期限是不确定的，难以准确预计，这也对企业价值评估产生影响。

（3）企业价值的表现形式具有虚拟性。金融制度的变迁导致了企业的实体价值与虚拟价值并存，它们分别依托于实体经济和虚拟经济而存在。在实体价值和虚拟价值并存的情况下，对企业价值的判断和评估应综合考虑企业实体价值和虚拟价值的影响。

【思考9-1】什么是实体经济、虚拟经济？

二、企业价值评估的概念和特点

（一）企业价值评估的概念

企业价值评估是指资产评估机构及其资产评估专业人员遵守法律、行政法规和资产评估准则，根据委托对评估基准日特定目的下的企业整体价值、股东全部权益价值或者股东部分权益价值进行评定和估算，并出具资产评估报告的专业服务行为。

微课

企业价值评估对象

（二）企业价值评估的特点

企业价值评估一般具有如下特点：

1.评估对象载体是由多个或多种单项资产组成的资产综合体

企业是由若干生产要素及其使用价值基础上的获利能力所构成的集合体，各种单项资产共同组成企业的资产，评估企业价值必须以单项资产价值为基础。

2.企业价值评估的关键是分析判断企业的整体获利能力

企业之所以存在价值并且能够进行交易，是由于它具有产生利润（现金流）的能力，不具备现实或潜在盈利能力的企业就不存在企业的评估价值。

3.企业价值评估是一种整体性评估

这是企业价值评估与其他资产评估的本质区别。企业价值评估是将企业作为一个经营整体并依据其未来获利能力进行评估。因此，企业价值评估强调的是从整体上计量企业全部资产形成的整体价值，而不是简单估计单项资产的收益或估计单项资产的价值。也就是说，企业价值不是企业各单项资产的简单相加。主要表现在：

（1）评估对象方面。企业价值评估是对按特定生产工艺或经营目标有机结合的资产综合体的获利能力的估算，并非单项资产价值的评估。将单项资产的评估值加总并不相当于整体获利能力的价值。

（2）影响因素方面。企业价值评估是以企业的获利能力为核心，在综合考虑影响企业获利能力的各种因素以及企业面临的各种风险后对企业整体进行的评估。将企业单项资产的评估值相加，则只考虑了影响各单项资产价值的因素及其交易风险。

（3）评估结果方面。企业价值评估值中包括了不可确指的无形资产——商誉的价值，以及企业整体资产的经济性贬值。而企业单项资产价值相加仅为可辨认资产的价值，所考虑的经济性贬值也是针对单项资产而言的。

知识拓展

企业的账面价值、公司市值、清算价值的含义

【提示】企业价值的评估结果有别于账面价值、公司市值和清算价值。

（三）企业价值可以从不同口径分别衡量

在实践中，企业价值具体表现为企业整体价值（总资产价值）、股东全部权益价值（所有者权益价值、净资产价值）和股东部分权益价值（部分股权价值）。评估专业人员要根据评估对象的不同，谨慎区分企业整体价值、股东全部权益价值和股东部分权益价值，并在评估报告中明确说明。评估专业人员应当知晓，由于存在控股权溢价和少数股权折价因素，股东部分权益价值并不必然等于股东全部权益价值与股权比例的乘积。

三、企业价值评估范围的界定

企业价值评估范围是对评估对象价值进行评定估算的工作过程中所涉及的企业资产和负债的范围。企业价值评估范围应当服务评估对象的选择，不论是进行整体企业权益价值评估、股东全部权益价值评估，还是股东部分权益价值评估，一般要求对企业进行整体性评估，股东全部权益和股东部分权益价值评估范围包括企业产权涉及的全部资产及全部负债。

企业产权涉及的资产和负债，按财务报表记录情况可区分为资产负债表表内部分和资产负债表表外部分，按资产配置和使用情况可区分为经营部分和非经营部分，按产权主体自身占用情况可区分为产权主体自身占有及经营部分以及虽不为企业产权主体自身占有及经营但可以由企业产权主体控制的部分。企业拥有的非法人资格的分公司、办事处、分部及其他派出机构，属于产权主体自身占有及经营部分；企业拥有的全资子公司、控股子公司以及非控股公司中的投资，属于虽不为企业产权主体自身占有及经营但可以由企业产权主体控制的部分。

评估专业人员在具体界定企业价值评估范围时，应根据有关文件资料进行，如企业价值评估申请报告及上级主管部门批复文件所规定的评估范围；企业有关产权转让或产权变

动的协议、合同、章程中规定的企业资产变动的范围；企业有关资产产权证明、账簿、投资协议、财务报表及其他相关资料等。企业价值评估范围的界定，应与评估对象的口径相匹配。

任务二　收益法在企业价值评估中的应用

任务描述

企业价值评估中的收益法，是指将预期收益资本化或折现，确定评估对象价值的评估方法 。资产评估专业人员应当结合被评估单位的历史经营情况、未来收益可预测情况、所获取评估资料的充分性，恰当考虑收益法的适用性。

相关知识

一、收益法评估企业价值的核心问题

收益法的基本思路是对被评估资产预期收益进行折现从而作为评估值，其基础是对被评估资产未来获利能力的判断和把握。在企业价值评估中，合理分析和确定企业的持续盈利能力是应用收益法的核心。因此，运用收益法评估企业价值，要着重解决好以下问题：

（一）正确界定企业收益

企业收益的表现形式较多，可以用现金流量、各种形式的利润或现金红利等不同口径表示。选择以何种形式的收益作为收益法中的企业收益，直接影响着企业价值评估的结果。评估专业人员应当根据评估项目的具体情况选择恰当的收益口径。

（二）合理预测企业收益

评估专业人员应当从委托人或相关当事人获取对被评估企业未来经营状况和收益状况的预测，并进行必要的分析、判断和调整，确认相关预测的合理性。

评估专业人员应当根据被评估企业的经营状况和发展前景，以及被评估企业所在行业的现状及发展前景，合理确定收益预测期间，并恰当考虑预测期后的收益情况及相关终值的计算。

（三）正确选择折现率

评估专业人员应当综合考虑评估基准日的利率水平、市场投资回报率、加权平均资本成本等资本市场相关信息，以及被评估企业及其所在行业的特定风险等因素，合理确定资本化率或折现率，并应当确认资本化率或折现率与预期收益的口径保持一致，从而正确判断企业未来收益的风险程度。

二、收益法评估企业价值的具体方法

针对企业整体评估对象及收益的特点，在评估实践中常用的有股利折现法和现金流量折现法两种方法。常用的模型主要有股利折现模型、股权自由现金流量模型和企业自由现金流量模型。

（一）股利折现模型

1. 股利及股利分配

（1）股利的概念。股利是指企业向投资者分配的利润。股利的获得要通过企业的利润分配过程来实现。利润分配是企业按照国家有关法律、法规以及企业章程的规定，在兼顾股东与债权人及其他利益相关者的利益关系的基础上，将实现的利润在企业与企业所有者之间、企业内部的有关项目之间、企业所有者之间进行分配的活动。利润分配决策是股东当前利益与企业未来发展之间权衡的结果，将引起企业的资金存量与股东权益规模及结构的变化，也将对企业内部的筹资活动和投资活动产生影响。

（2）股利分配。

①关于股利分配的相关规定。不同组织形式的企业，其股利分配和利润分配的要求也存在差异。根据《中华人民共和国公司法》的规定，公司利润分配项目主要有法定盈余公积、任意盈余公积、股利（向投资者分配的利润）。因此，公司制企业利润分配的顺序为：

首先，计算可供分配的利润；其次，计提法定盈余公积；再次，计提任意盈余公积；最后，向股东（投资者）支付股利（分配利润）。股东会或者董事会违反上述利润分配顺序，在公司弥补亏损和提取法定盈余公积之前向股东分配利润的，股东必须将违反规定分配的利润退还公司。

【思考9-2】《中华人民共和国公司法》对法定盈余公积、任意盈余公积、股利（向投资者分配的利润）提取有哪些相关规定？

知识拓展

企业价值评估的程序

②企业股利分配的主要模式。股利分配的核心问题是如何权衡企业股利支付决策与未来长期增长之间的关系，以实现企业价值最大化的财务管理目标。在公司制企业中，股利分配政策通常有剩余股利政策、固定或持续增长股利政策、固定股利支付率政策、低正常股利加额外股利政策等四种主要模式。

2. 股利折现法的具体形式

微课

股利的概念和分配政策

（1）基本形式。运用年金法评估企业价值，就是将企业未来的年金化收益进行折现，或者将已处于均衡状态、未来收益具有充分的稳定性和可预测性的企业收益先进行年金化处理，然后再进行收益还原，从而估测企业价值。

$$P = \sum_{t=1}^{\infty} \frac{R_t}{(1+r)^t}$$

式中：P为股票价值；R_t为第t年每股股票预期股利；r为股权资本成本。

股利折现法有两个基本变量：期望股利和股权资本成本。期望股利取决于对企业未来收益、股利支付率和收益增长率的假设；股权资本成本，即股权投资者的期望报酬率，由股票的风险决定。

（2）基本形式的演化。根据对未来股利期限的不同假设，上式可演化出不同的股利折现模型。

①零增长模型。零增长模型也称固定股利模型，该模型假设企业的收益期无限且企业收益期中各年的股利固定不变。其计算公式为：

$$P = \frac{R}{r}$$

由于普通股的股利一般情况下不会是永续不变的，因此，该模型常用于对优先股或处于成熟阶段的企业价值的评估。

②固定增长模型。

$$P = \frac{R_1}{r - g}$$

式中：P为股票价值；R_1为下期期望股利；r为股权资本成本；g为持续稳定的股利增长率，且$g < r$。

固定增长模型适用于收益期无限且稳定成长的企业价值评估，它要求股利增长率保持永久不变。如果股利零增长，即$g = 0$，固定增长模型就变成了零增长模型。

【学中做9-1】A公司经营处于稳定增长阶段，具有稳定的财务杠杆比率。2023年的每股收益为2元，股利支付率为50%，预期股利和每股收益以每年3%的速度永续增长，A公司的β系数为0.8，无风险利率为3%，市场收益率为10%。

要求：（1）请用股利增长模型计算股票的每股价值；（2）如果市场上股票的交易价格是25元/股，计算符合股票价格合理性的股利增长率。

解析：（1）每股股利R = 每股收益 × 股利支付率 = 2 × 50% = 1（元）

股利增长率$g = 3\%$

股权资本成本$r = R_f + \beta \times (R_m - R_f) = 3\% + 0.8 \times (10\% - 3\%) = 8.6\%$

股票价值$P = \frac{R}{r - g} = \frac{1 \times (1 + 3\%)}{8.6\% - 3\%} = 18.39$（元/股）

（2）根据上述公式将数据代入可得：

$$25 = \frac{1 \times (1 + g)}{8.6\% - g}$$

解得，$g = 4.42\%$。

为了确保公司股票价格为25元/股的合理性，公司的股利增长率应为4.42%。

【提示】在使用固定增长模型时，应注意两个问题：①股利增长率要和企业的利润指标增长率相一致。②任何企业都很难维护一个高于经济平均增长水平的增长率的规律。在确定增长率的时候，应全面而深入地分析整个经济环境和相关行业的未来发展状况。

③两阶段增长模型。运用分段法评估企业价值，是将持续经营的企业的收益预测分为前后两段，对于前段采取逐年预测企业预期收益并折现累加的方法估算其当前价值，对于后段则针对企业具体情况并按其收益变化规律预测企业收益，并将其进行折现和还原处理，最后将企业前后两段收益现值加总，从而构成企业的收益现值。

假设以前段最后一年的收益作为后段各年的年金收益，分段法的公式如下：

$$P = \sum_{i=1}^{n} \left[R_i \times (1 + r)^{-i}\right] + \frac{R_n}{r} \times (1 + r)^{-n}$$

假设从第（n+1）年起的后段，企业预期年收益将按一个固定比率（g）增长，分段法的公式如下：

$$P=\sum_{i=1}^{n}\left[R_i\times(1+r)^{-i}\right]+\frac{R_n(1+g)}{(r-g)}\times(1+r)^{-n}$$

【学中做9-2】待估企业预计未来5年的收益额为100万元、120万元、150万元、160万元和200万元，根据企业的实际情况推算，从第6年起，企业的年预期收益将维持在200万元的水平上。

要求：假定资本化率为10%，试用分段法估测企业的价值。

解析：$P=\sum_{i=1}^{n}\left[R_i\times(1+r)^{-i}\right]+\frac{R_n}{r}\times(1+r)^{-n}$

$$=(100\times0.9091+120\times0.8264+150\times0.7513+160\times0.6830+200\times0.6209)+\frac{200}{10\%}\times0.6209$$

$$=536+2\ 000\times0.6209$$

=1 778（万元）

若评估专业人员根据企业的实际情况推断，从第6年起，企业的收益额将在第5年的水平上以2%的增长率递增，其他条件不变，试估测企业的价值。

$$P=\sum_{i=1}^{n}\left[R_i\times(1+r)^{-i}\right]+\frac{R_n(1+g)}{(r-g)}\times(1+r)^{-n}$$

$$=(100\times0.9091+120\times0.8264+150\times0.7513+160\times0.6830+200\times0.6209)+\frac{200\times(1+2\%)}{(10\%-2\%)}\times0.6209$$

$$=536+2\ 550\times0.6209$$

=2 119（万元）

（二）股权自由现金流量折现模型

1.股权自由现金流量

（1）股权自由现金流量的概念。股权自由现金流量（Free Cash Flow of Equity，FCFE）可被理解为股东可自由支配的现金流量。股东是企业股权资本的所有者，拥有企业产生的全部现金流量的剩余要求权，即拥有企业在满足了全部财务要求和投资要求后的剩余现金流量。股权自由现金流量就是在扣除经营费用、偿还债务资本对应的本息和保持预定现金流量增长所需要的全部资本性支出后的现金流量。

微课

股权自由现金流量的概念和计算

（2）股权自由现金流量的计算。根据股权自由现金流量的概念，股权自由现金流量的计算公式如下：

$$\text{股权自由现金流量}=(\text{税后净营业利润}+\text{折旧及摊销})-(\text{资本性支出}+\text{营运资金增加})-\text{税后利息费用}-\text{付息债务的净偿还}$$

式中：税后净营业利润，也称息前税后净利润，是指将企业不包括利息收支的营业利润扣除实际所得税之后的数额，即：税后净营业利润 = 净利润 + 利息费用 ×（1 - 所得税税率）；税后利息费用 = 利息费用 ×（1 - 所得税税率）；付息债务的净偿还 = 偿还付息债务本金 - 新借付息债务。

因此，上式可表示为：

$$\begin{aligned}\text{股权自由现金流量} &= \left[\text{净利润}+\text{利息费用}\times(1-\text{所得税税率})+\text{折旧及摊销}\right]-(\text{资本性支出}+\text{营运资金增加})-\\&\quad\ \text{利息费用}\times(1-\text{所得税税率})-(\text{偿还付息债务本金}-\text{新借付息债务})\\&=(\text{净利润}+\text{折旧及摊销})-(\text{资本性支出}+\text{营运资金增加})-(\text{偿还付息债务本金}-\text{新借付息债务})\\&=\text{净利润}+\text{折旧及摊销}-\text{资本性支出}-\text{营运资金增加}-\text{偿还付息债务本金}+\text{新借付息债务}\end{aligned}$$

此外，因为：

$$\text{企业自由现金流量}=\text{股权自由现金流量}+\text{债权自由现金流量}$$

$$\text{债权自由现金流量}=\text{税后利息支出}+\text{偿还债务本金}-\text{新借付息债务}$$

则有：

$$\begin{aligned}\text{股权自由现金流量}&=\text{企业自由现金流量}-\text{债权自由现金流量}\\&=\text{企业自由现金流量}-\text{税后利息支出}-\text{偿还债务本金}+\text{新借付息债务}\end{aligned}$$

【思考 9-3】如何理解股权自由现金流量计算公式涉及的折旧及摊销、资本性支出、营运资金增加额和债务资本？

（3）股权自由现金流量与净利润的对比。股权自由现金流量可在净利润的基础上，加上折旧与摊销金额，再减去资本性支出、营运资金增加额和付息债务的净偿还金额而得到，而折旧及摊销、资本性支出、营运资金增加额和付息债务的净偿还金额等项目均系影响现金流量但不影响净利润的项目。因此，股权自由现金流量是收付实现制的一种体现，而净利润的核算则遵循了权责发生制原则。

股权自由现金流量与净利润均属于权益口径收益指标，均可反映权益资本的收益能力，但两者存在较为明显的差异。在衡量权益资本收益能力方面，股权自由现金流量往往优于净利润，主要表现在两个方面：一是净利润受会计政策影响较大。选择不同的会计政策，会产生不同的净利润。若会计政策作出变更或调整，也会对当期的净利润产生影响，使当期净利润呈现较大的波动，但这样的波动性并非由企业经营活动所导致，在这种情况下，若以企业净利润水平判断权益资本的收益能力，则会出现错误。相比于净利润，股权自由现金流量以收付实现制原则进行核算，不会受到涉及成本费用归集的会计政策的影响。二是净利润比较容易受到人为操纵。基于不同的目的，企业管理层可能通过调节确认收入或成本的时点、将经营费用资本化、多提或少提准备、改变会计政策等方式管理或操纵净利润金额，这些被人为管理或操纵的净利润金额并不能衡量企业的收益能力。企业管理层虽然可以通过改变企业信用管理政策、提前或推迟实施资本性支出项目等方式对股权自由现金流量进行管理，但相比于净利润，股权自由现金流量的管理更不具隐蔽性，股权自由现金流量较不易受到人为的操纵或干扰。

2. 股权自由现金流量折现模型的具体形式

（1）基本公式

以股权自由现金流量为收益口径进行折现求取股东全部权益价值的模型，即为股权自由现金流量折现模型。股权自由现金流量折现模型的基本公式如下：

$$P=\sum_{t=1}^{n}\frac{R_t}{(1+r)^t}$$

式中：P为股权全部权益价值；r为权益回报率；R_t为第t年的股权自由现金流量。

股权自由现金流量折现模型的上述基本公式隐含着这样一个假设：企业未来收益期的股权自由现金流量是在每期的期末产生或实现的，即进行年末折现。如果企业未来预期股权自由现金流量并非在每期的期末产生，则应当对上述具体模型中的折现年数进行调整。

（2）基本公式的演化

①资本化公式。与股利折现模型中的稳定增长模型类似，如果企业的股权自由现金流量以一个不变的增长率持续增长且收益期无限，那么就可以用稳定增长的股权自由现金流量评估股东全部权益价值，即资本化公式如下：

$$P=\frac{R_1}{C}$$

式中：R_1为评估基准日之后第一期的股权自由现金流量；C为资本化率；$C=r-g$，g为固定增长率。

股权自由现金流量处于稳定状态的企业应符合拥有稳定状态的特征。例如，固定增长率应该与宏观增长率相协调，企业的资本性支出与折旧和摊销之间基本抵销，并且企业平衡运行，风险适中。

②两阶段模型。如果被评估企业的未来收益预计会在一定时间内快速波动然后进入稳定发展阶段且稳定发展阶段的收益期是无限的，则适用于两阶段模型。两阶段模型的计算公式如下：

$$P=\sum_{t=1}^{n}\frac{R_t}{(1+r)^t}+\frac{R_{n+1}}{(r-g)\times(1+r)^n}$$

式中：R_t为预计第t年的股权自由现金流量；R_{n+1}为第n+1年的股权自由现金流量。

也可以表示为：

$$P=\sum_{t=1}^{n}\frac{R_t}{(1+r)^t}+\frac{R_n\times(1+g)}{(r-g)\times(1+r)^n}$$

【思考9-4】以【学中做9-2】为例，如何用股权自由现金流量折现模型计算企业价值？

（三）企业自由现金流量折现模型

1.企业自由现金流量

（1）企业自由现金流量的概念。企业自由现金流量（Free Cash Flow of Firm，FCFF）可理解为全部资本投资者共同支配的现金流量。全部资本投资者包括普通股股东、优先股股东和付息债务的债权人。企业自由现金流量，也称实体自由现金流量。

（2）企业自由现金流量的计算。企业自由现金流量的计算方法主要有以下三种：

第一种方法：在净利润的基础上进行计算，其计算公式如下：

$$\text{企业自由现金流量}=[\text{净利润}+\text{利息费用}\times(1-\text{所得税税率})+\text{折旧及摊销}]-(\text{资本性支出}+\text{营运资金增加})$$

$$=(\text{税后净营业利润}+\text{折旧及摊销})-(\text{资本性支出}+\text{营运资金增加})$$

第二种方法：在股权自由现金流量的基础上进行计算，其计算公式为：

企业自由现金流量 = 股权自由现金流量 + 债权自由现金流量

企业自由现金流量 = 股权自由现金流量 + 税后利息支出 + 偿还债务本金 − 新借付息债务

当企业的资本投资者包括普通股股东、优先股股东和付息债务的债权人时，企业自由现金流量应当是三种资本对应现金流量的合计，即：

$$\text{企业自由现金流量} = \begin{matrix}\text{普通股股东的}\\\text{自由现金流量}\end{matrix} + \begin{matrix}\text{优先股股东的}\\\text{自由现金流量}\end{matrix} + \text{债权自由现金流量}$$

第三种方法：在企业经营产生的现金净流量的基础上进行计算。企业自由现金流量可以近似地认为是经营活动现金净流量与资本性支出之差，即：

企业自由现金流量 = 经营活动产生的现金净流量 − 资本性支出

现举例说明企业自由现金流量、股权自由现金流量和债权自由现金流量的计算方法。

【学中做9-3】设A企业在2023年12月31日（评估基准日）的付息债务账面余额为2 000万元，2023年度A企业的营运资金为26 420万元，企业适用的所得税税率为25%，A企业2024—2026年的预测情况见表9-1。

表9-1 A企业2024—2026年的预测情况表 单位：万元

项　目	2024年	2025年	2026年
主营业务收入	13 880	160 090	180 910
净利润	9 110	10 930	13 100
利息费用	160	320	400
折旧	340	500	690
摊销	4	4	4
当期营运资金	31 920	36 820	41 610
资本性支出	3 396	1 053	1 019
付息债务的年末余额	4 000	5 000	2 000

根据上述已知条件，A企业2024—2026年的企业自由现金流量、股权自由现金流量和债权自由现金流量计算过程结果见表9-2。

表9-2 A企业2024—2026年的现金流量计算表 单位：万元

项　目		2024年	2025年	2026年
企业自由现金流量的计算过程	净利润	9 110	10 930	13 100
	税后利息支出	120	240	300
	折旧及摊销	344	504	694
	营运资金增加额	5 500	4 900	4 790
	资本性支出	3 396	1 053	1 019
	企业自由现金流量	678	5 721	8 285

续表

项　　目		2024年	2025年	2026年
债权自由现金流量的计算过程	税后利息支出	120	240	300
	偿还付息债务本金	—	—	3 000
	新借付息债务	2 000	1 000	—
	债权自由现金流量	−1 880	−760	3 300
股权自由现金流量的计算过程	净利润	9 110	10 930	13 100
	折旧及摊销	344	504	694
	资本性支出	3 396	1 053	1 019
	营运资金增加	5 500	4 900	4 790
	偿还付息债务本金	—	—	3 000
	新借付息债务	2 000	1 000	—
	股权自由现金流量	2 558	6 481	4 985

2.企业自由现金流量与股权自由现金流量的对比

企业自由现金流量是可由企业资本的全部提供者自由支配的现金流量，等于股权自由现金流量和债权自由现金流量的合计值。因此，企业自由现金流量与股权自由现金流量可通过债权自由现金流量进行相互计算。虽然如此，企业自由现金流量与股权自由现金流量的计算难易程度也存在差异。在股权自由现金流量的计算过程中，不论是以净利润还是以企业自由现金流量为基础，均需要计算债权自由现金流量，才能得出股权自由现金流量；在企业自由现金流量的计算过程中，若是以净利润为基础进行计算，只需要在净利润的基础上加上税后利息费用和折旧摊销额，再减去营运资金增加额和资本性支出，即可得出企业自由现金流量，这一过程并不需要计算债权自由现金流量。

企业自由现金流量与股权自由现金流量均是企业收益的一种形式，但两者归属的资本投资者不同。企业自由现金流量是归属于企业全部资本提供者的收益指标，根据企业自由现金流量可直接计算企业整体价值；而股权自由现金流量是归属于企业权益资本提供者的收益指标，根据股权自由现金流量可直接计算股东全部权益价值。

此外，与企业自由现金流量相比，股权自由现金流量显得更为直观，因为人们一般会站在企业所有者的角度来考虑问题，将付息负债本金的偿还和利息支出理解为现金流的支出。企业自由现金流量还可能使人们忽略企业所面临的生存困境，如果企业当期需要偿还一笔大额的到期债务，虽然企业自由现金流量是正数，但股权自由现金流量可能是负值，在这种情况下，股权自由现金流量能够提示企业关注资金链问题。

3.企业自由现金流量折现模型的具体形式

（1）基本公式

以企业自由现金流量为收益口径进行折现求取企业整体价值，或在此基础上减去付息债务的价值，得到股东全部权益价值的模型，即为企业自由现金流量折现模型。企业自由现金流量折现模型的基本公式如下：

$$P=\sum_{t=1}^{n}\frac{F_t}{(1+r)^t}$$

$$EP=P-D=\sum_{t=1}^{n}\frac{F_t}{(1+r)^t}-D$$

式中：P为企业整体价值；EP为股东全部权益价值；D为付息债务；F_t为第t年的企业自由现金流量；r为加权平均资本成本。

（2）基本公式的演化

①资本化公式。与股权自由现金流量折现模型中的资本化公式类似，如果企业自由现金流量以一个不变的增长率持续增长且收益无限，那么就可以用稳定增长的企业自由现金流量评估企业整体价值，即资本化公式如下：

$$P=\frac{F_1}{C}$$

式中：F_1为评估基准日之后第一年的企业自由现金流量；C为资本化率，$C=r-g$，g为固定增长率。

像所有的稳定增长模型一样，企业自由现金流量折现模型对固定增长率的假设非常敏感。特别是企业自由现金流量折现模型的折现率是加权平均资本成本，通常低于股权资本成本，因此，相对于股权自由现金流量折现模型，企业自由现金流量折现模型的评估价值对固定增长率敏感程度通常更高。

②两阶段模型。如果被评估企业的企业自由现金流量预计会在一定时间内快速波动，然后进入稳定发展阶段，且稳定发展阶段的收益期是无限的，则适用于两阶段模型。两阶段模型的计算公式如下：

$$P=\sum_{t=1}^{n}\frac{F_t}{(1+r)^t}+\frac{F_{n+1}}{(r-g)\times(1+r)^n}$$

式中：F_{n+1}是指预测期下一年度的企业自由现金流量。若永续增长率$g>0$，则F_{n+1}应考虑营运资金的增加额和资本性支出大于折旧和摊销的那部分金额。也就是说，为了维持预计的增长率，需要在企业自由现金流量中扣除相应的资本性支出和营运资金净增加额。

在两阶段模型中的第二个阶段中，$\frac{F_{n+1}}{r-g}$的结果也被称为永续价值。

因为：

新增投资净额 = 资本性支出 + 营运资金增加额 − 折旧和摊销

再投资率（IR）= 新增投资净额 ÷ 税后净营业利润（NOPAT）

收益增长率（g）= 新投入资本回报率（ROIC）× 再投资率（IR）

则：

$$F=NOPAT-\text{新增投资净额}=NOPAT-NOPAT\times IR$$

$$=NOPAT\times(1-IR)=NOPAT\times\left(1-\frac{g}{ROIC}\right)$$

永续价值的计算公式也可以演化为：

$$\text{永续价值}_t=\frac{NOPAT_{t+1}\times\left(1-\frac{g}{ROIC}\right)}{r-g}$$

需要注意的是，在对永续价值进行折现的过程中，实务中常见的错误是将永续价值按n+1期进行折现，正确的做法是按n期折现。该公式的假设是：各期的自由现金流量均在期末收到，则第n期的自由现金流量是在第n期期末收到的，永续价值是将企业在第n期期末（或是第n+1期期初）卖出所能够得到的估计数额。在时间上，一个期间的期末和下一个期间的期初是相同的，所以对永续价值应该是按n期折现的。

三、收益法应用中主要参数的确定

（一）企业收益及其预测

企业收益是运用收益法评估企业价值的基本参数之一。在企业评估中，收益额是指企业在正常条件下未来所能获得的所得额。在评估企业价值时，能否科学地预测收益额，直接关系着评估结果的正确与否。

1.正确认识企业收益额的特性

根据收益法的一般原理，首先，企业价值评估中的收益额应当是未来收益，即它必须是企业将来年份可以获取的收益，而不是以前或现在的收益。其次，企业价值评估中的收益额应当是正常收益，即它应当是在企业未来生产经营的内外部条件没有发生明显变化的情况下可持续获取的收益。因此，在预测收益额时，应当分析企业经营的环境和条件，剔除特殊原因对收益额的有利或不利影响，合理确定企业在正常持续经营条件下的收益。最后，企业价值评估中的收益额应当是权益收益，即它必须是企业作为产权主体所应获得的收益。在具体界定企业收益时，应首先从企业财务会计的角度注意以下两个问题的处理：

一是企业创造的不归企业权益主体所有的收入，不能作为企业价值评估中的企业收益。如税收，不论是流转税还是所得税都不能被视为企业收益。

二是凡是归企业权益主体所有的企业收支净额，都可视为企业的收益。无论是营业收支、资产收支，还是投资收支，只要形成净现金流入量，就可视为企业收益。

2.合理选择企业收益额的形式和口径

在生产经营实践中，企业收益主要表现为两种形式：净利润和股权自由现金流量。在企业价值评估时选择净利润还是股权自由现金流量作为收益基础，对企业的最终评估值有着极大的影响。一般来说，应当选择股权自由现金流量作为运用收益法评估企业价值的收益基础。企业经营的最终目的是形成更多的现金流量，而不是获得更多的会计收益。如果会计收益很高而现金流量很低，企业的价值也不大。

企业收益通过净利润、股权自由现金流量、息前净利润、企业自由现金流量等具体指标和不同口径反映和表示，在评估企业价值时需要根据评估目的进行选择。不同口径的收益额，其折现值的价值内涵和数量是完全不同的。在假设折现率口径与收益额口径保持一致的前提下，不同的收益口径所形成的企业价值不同（如图9-1所示）。

选择什么口径的企业收益作为收益法评估企业价值的基础，也就是说是选择股权自由现金流量还是选择企业自由现金流量进行折现求取企业价值，应服从于企业价值评估的目标。如果企业评估的目标是企业股东全部权益价值（所有者权益价值），使用股权自由现金流量最为直接，即评估专业人员直接利用企业的股权自由现金流量评估出企业的股东全部权益价值，这种评估方法也被称为企业价值评估的“直接法”。当然，评估专业人员，

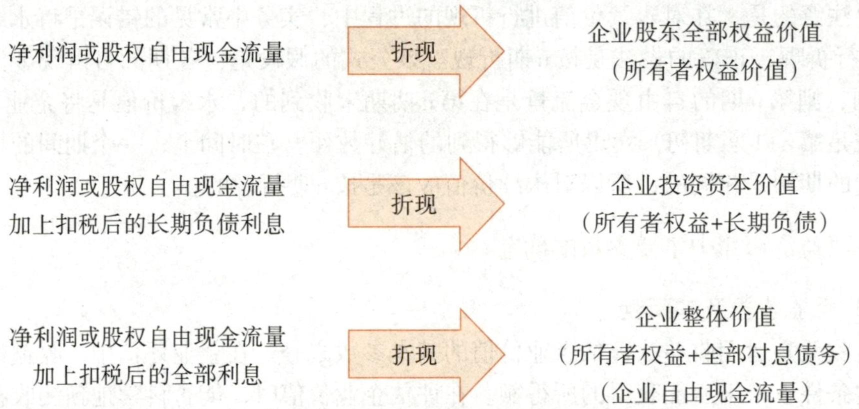

图9-1 收益口径与企业价值的关系

也可以利用企业自由现金流量，首先估算出企业的整体价值（股东全部权益价值与付息债务之和），其次从企业整体价值中扣减企业的付息债务后得到股东全部权益价值，这种评估方法也被称为企业价值评估的“间接法”。

【提示】“直接法”与“间接法”本身并无优劣之分，并不能仅仅因为股权自由现金流量折现模型更加直接就得出股权自由现金流量比企业自由现金流量在反映企业价值方面更有效率的结论，而应对比股权自由现金流量折现模型和企业自由现金流量折现模型的运算过程，分析其在提高评估效率、减少评估误差方面的差异，选出更能客观反映出企业获利能力的自由现金流量指标。

3.企业收益的预测方法

预测企业收益，大致可分三个步骤进行。

（1）对企业收益的历史和现状的分析与判断。

这一阶段的重点，是了解和掌握企业正常获利能力水平，为企业预期收益的预测创造条件。

企业的获利能力现状可以通过一系列财务数据、以前年度获利能力情况，并结合企业生产经营的实际情况加以综合分析判断。可以作为参考依据的财务指标主要有企业资金利润率、投资资本利润率、净资产利润率、成本利润率、销售收入利润率、企业资金收益率、投资资本收益率、净资产收益率、成本收益率和销售收入收益率等。

客观地把握企业的正常获利能力，还须结合企业内外部影响企业盈利的因素进行综合分析。这些因素包括企业产品与服务的市场需求、市场竞争力和市场份额、企业融资渠道、能源原材料等供应情况、企业的产品和技术开发能力、企业经营管理水平和管理制度、存量资产及匹配情况，以及国家的政策法律等。

（2）对企业未来可预测的若干年预期收益进行估测。

① 企业预期收益的估测，应当建立在以下两方面基础之上：一是将企业置于正常经营管理的前提下，排除偶然和不可比因素的影响来预测企业的正常收益或客观收益；二是要以企业的现实存量资产为依托，排除产权主体变更或其行为因素对企业的影响来估测预期收益。

② 企业预期收益的预测可按以下步骤进行：

第一步，评估基准日审计后企业收益的调整。该步骤包括两方面的工作：一是对审计后的财务报表进行非正常因素调整，主要是对利润表和现金流量表的调整，将一次性、偶发性，或以后不再发生的收入和费用进行剔除，把评估基准日的利润和现金流量调整到正常状态下；二是研究审计后报表的附注和相关解释，对在相关报表中揭示的影响企业预期收益的非财务因素进行分析，并在此基础上对企业的收益进行调整，使之反映企业的正常盈利能力。

第二步，企业预期收益趋势的总体分析和判断。这是指在第一步的基础上，结合企业提供的预期收益预测和评估机构调查收集到的有关信息资料，分析和判断企业预期收益的基本趋势。

第三步，预测企业预期收益。在前两个步骤的基础上，评估专业人员要运用具体的技术方法测算企业预期收益。一般情况下，企业预期收益预测也采用分段法。对于步入稳定期的企业而言，收益预测分段较为简单，第一段是对企业未来3~5年的收益进行预测，第二段是对企业未来3~5年之后的各年收益进行预测。而对于仍处于发展期、收益尚不稳定的企业而言，首先应当判断出企业何时步入稳定期，将其步入稳定期的前一年作为收益预测分段的时点，然后按步入稳定期企业预期收益预测的分段法估测。

预测企业未来3~5年的收益，常用方法有综合调整法、产品周期法、实践趋势法等，而不论采用何种方法，评估专业人员都应当设定预测的前提条件。这些假设前提包括：国家的政治经济等政策变化，除已经出台尚未实施的以外，假定其不会对企业预期收益构成重大影响；不可抗力的自然灾害或其他无法预期的突发事件，不作为预测企业收益的相关因素予以考虑；企业经营者的某些个人行为也不在预测企业收益时加以考虑等。在明确企业收益预测前提条件的基础上，对企业未来3~5年的预期收益进行预测，应当包括如下主要内容：对影响被评估企业及所属行业的特定经济及竞争因素的估计；对企业未来3~5年市场产品和服务的需求量或被评估企业的市场占有份额的估计；对企业未来3~5年销售收入的估计；对企业未来3~5年成本费用及税金的估计；对完成上述生产经营目标需追加投资及技术、设备更新改造因素的估计；对未来3~5年预期收益的估计等。评估专业人员应当把企业或其他机构提供的有关资料作为参考，根据可收集到的数据资料，在经过充分分析论证的基础上作出对企业预期收益的独立预测和判断。

（3）对企业未来持续经营条件下的长期预期收益趋势的判断。理论界对于企业3~5年以后或更长远年份的预期收益，还没有找到具体的测算方法。在实践中可行的思路是，在企业未来3~5年预期收益测算的基础上，从中找出企业收益变化的趋势，并借助某些手段诸如采用假设的方式把握企业未来长期收益变化区间和趋势。比较常用的假设是保持假设，即假定企业未来若干年后将在某个收益水平上每年保持一个递增比率等。但不论采用何种假设，都必须建立在合乎逻辑、符合客观实际的基础上，以保证企业预期收益预测的合理性和准确性。

【提示】在预测企业预期收益时，还应注意考虑以下几个基本问题：①一定的收益水平是一定资产运作的结果。预测企业的未来收益，应明确企业预期收益与其资产及其盈利能力之间的对应关系。②价格需求弹性制约着企业的销售收入（营业收入）与其产品销售量（服务量）及销售价格之间的关系，预测收益时不能不考虑价格需求弹性而想当然地价量并长。③企业销售收入或服务收入的增长与其成本费用的变化存在内在的一致性，评估专业人员要根据企业的具体情况，科学合理地预测企业的销售收入及各项成本费用的变化。④企业的预期收益与企业所采用的会计政策、税收政策关系极为密切，评估专业人员不可以违背会计政策和税收政策，以不合理的假设作为预测的基础，企业收益的预测应与企业未来实行的会计政策和税收政策保持一致。

企业预期收益预测基本完成后，评估专业人员应对所作预测进行严格检验，以判断预测的合理性。检验的内容主要包括：第一，将预测与企业历史收益的平均趋势进行比较，若存在明显不符，或出现较大变化而又缺乏充分的理由予以支撑，则该预测的合理性值得质疑。第二，对影响企业价值评估的敏感性因素要严加检验。所谓敏感性因素，一是指该类因素未来存在多种变化，二是其变化对企业的评估值会产生较大的影响。例如，在对销售收入进行预测时，评估专业人员可能基于对企业所处市场前景的不同假设，而对企业的销售收入作出不同的预测，并分析不同预测结果可能对企业评估值产生的影响，在此情况下，评估专业人员就应当对销售收入的预测进行严格的检验，对决定销售收入预测的各种假设反复推敲。第三，对所预测企业的收入与成本费用变化的一致性进行检验。企业收入的变化与其成本费用的变化存在较强的一致性，如果预测未来企业的收入变化而成本费用不发生相应变化，则该预测值得质疑。第四，在进行敏感性因素检验的基础上，与其他方法评估的结果进行比较，检验在哪一种评估假设下能得出更为合理的评估结果。

（二）折现率和资本化率估测

由于折现率和资本化率反映了企业在未来有限期和永续期的持续获利能力和水平，而企业的未来获利能力在有限期和永续期能否保持相当，要取决于企业在这两个时期所面对的风险是否一样。所以，从理论上讲，折现率和资本化率并不是一对恒等不变的量，其可能相等也可能不相等，这取决于评估师对企业未来经营有限期与永续经营期的风险的判断。

企业价值评估中权益资本成本的测算，通常采用两种方法，即累加法、资本资产定价模型，企业自由现金流量折现模型中的折现率通常采用加权平均资本成本模型。

1.累加法

累加法即采用无风险报酬率和风险报酬率相加的方法确定折现率或资本化率。如果风险报酬率是通过β系数法或资本资产定价模型估测出来的，此时，累加法测算的折现率或资本化率适用于股权收益的折现或资本化。运用累加法测算折现率的计算公式是：

$$R = R_f + R_r$$

式中：R为企业价值评估中的权益资本成本；R_f为无风险报酬率；R_r为风险报酬率。

【思考9-5】风险报酬率的估测方法是什么？

2.资本资产定价模型（CAPM）

企业权益资本的折现率等于无风险报酬率加上企业的风险程度（β系数）与市场平均风险报酬率的乘积。其计算公式为：

$$R = R_{f1} + (R_m - R_{f2}) \times \beta \times \alpha$$

式中：R为企业价值评估中的权益资本成本；R_{f1}为现行无风险报酬率；R_m为市场期

望报酬率历史平均值；R_{f2}为历史平均无风险报酬率；β为被评估企业所在行业权益系统风险系数；α为企业特定风险调整系数。

3.加权平均资本成本模型（WACC）

加权平均资本成本模型即以企业的所有者权益和企业负债所构成的全部资本，以及全部资本所需求的回报率，经加权平均计算来获得企业评估所需折现率的一种数学模型。有时，也使用企业的所有者权益和长期负债所构成的投资资本，以及投资资本所需求的回报率，经加权平均计算来获得企业评估所需折现率。用公式表示为：

$$R = \frac{E}{D+E} \times K_e + \frac{D}{D+E} \times (1-T) \times K_d$$

式中：$\frac{E}{D+E}$为权益资本占全部资本的比重；$\frac{D}{D+E}$为债务资本占全部资本的比重；K_e为权益资本要求的回报率（权益资本成本）；K_d为债务资本要求的回报率（债务资本成本）；T为被评估企业适用的所得税税率。

上述公式也可表达为：

$$折现率 = \frac{长期负债}{占投资资本的比重} \times \frac{长期负债}{成本} + \frac{所有者权益}{占投资资本的比重} \times \frac{净资产投资}{要求的回报率}$$

式中：所有者权益（净资产）投资要求的回报率 = 无风险报酬率 + 风险报酬率，也可采用资本资产定价模型计算；负债成本是指扣除了所得税后的长期负债成本；确定资本权数的方法一般有三种：一是以企业资产负债表中（账面价值）的各种资本的比重为权数；二是以占企业对外发行证券市场价值的现有比重为权数；三是以在企业的目标资本构成中应该保持的比重为权数。

四、收益法在企业价值评估中的应用

【学中做9-4】某大型化工企业已经与外商签订了合资意向书。因需要了解企业净资产的现时价格，故对企业进行整体评估。评估基准日为2023年1月1日。评估过程和结果如下：

（1）被评估企业有关历史资料的统计分析。根据被评估企业的财务决算和有关资料整理分析，编制出2017年到2022年各项收入和支出的年度比较表（略）。评估专业人员采用的主要指标有：销售收入、成本、利润以及企业净现金流量。分析结果如下：

①从近几年被评估企业的发展情况看，只有2019年出现过负增长，但下降幅度很小，销售收入下降4%左右。从2020年开始出现稳定增长趋势。

②2017年至2022年企业收支结构的比例没有太大的变化，销售成本占销售收入的比例基本上维持在40%。

（2）分析、预测企业未来发展情况。

①按目前设备使用状况及其他生产条件分析，该厂每年只要有200万元的技术改造资金投入，其生产就能长期维持并保持略有增长的势头。

②企业未来市场预测。该企业生产的主要产品具有较高的声誉，产品行销全国20多个省市，现有用户15 000多个。该企业所在地区有23条送货上门的路线，附近其他地区有31个代销点。该企业产品的主要用户均为重点骨干企业，从经济发展趋势来看，市场

对该企业产品的需求还会有进一步增长。因此，被评估企业拥有一个比较稳定且具有发展潜力的销售市场。

③未来产品成本预测。该企业产品的主要原料来源并不稀缺，也不受季节影响，故未来市场物价变动对其产品的成本影响不大。占成本比重较大的电费，在2017年和2022年已作了较大的调整，在今后一段时间内不会有太大的变化。如果以后电费价格继续调整，产品价格也会相应调整。

④从目前情况分析，在今后一段时间内，国家主要经济政策不会有太大变化。

⑤未来5年（2023—2027年）企业收益情况预测。根据企业以前年度生产增减变化和财务收支分析，以及对未来的预测，评估专业人员认为被评估企业未来5年的销售收入将在2023年的基础上略有增长，增长速度将保持在4%~6%。根据企业的生产能力状况，从2025年开始需要追加的投资将会减少（因为2018—2019年追加的投资高于正常年份水平），即从2025年起企业的净现金流量将会增加。根据参照企业提供的预测资料，经过评估专业人员的综合分析、判断和估测，所得税税率为25%，未来5年企业的净现金流量分别为489.5万元、790.1万元、961.3万元、938.1万元、966.4万元。

（3）评定估算。

①确定折现率。对外商合资企业整体的评估，适用一般银行利率加风险报酬率的资产收益率。由于企业产品信誉高，生产稳步增长，而且未来市场潜力大，所以，该企业的投资风险较小。风险报酬率为6%，无风险报酬率为3%，故折现率为9%。

②假设折现率与资本化率相同。

（4）评估结果。运用收益法（分段法）估算企业净资产的价值。

①计算未来5年企业净现金流量的折现值之和：

$$489.5\times0.917+790.1\times0.842+961.3\times0.772+938.1\times0.708+966.4\times0.650$$

$$=448.9+665.3+742.1+664.2+628.2=3\,148.7\text{（万元）}$$

②从未来第6年开始，计算永续性现金流量现值。

Ⅰ.将未来永续性收益折算成未来第5年的现值：

$$P=\text{第5年收益}\div\text{折现率}=966.4\div9\%=10\,737.78\text{（万元）}$$

Ⅱ.按第5年的折现系数，将上式计算的现值折成净现值：

$$10\,737.78\times0.650=6\,979.56\text{（万元）}$$

③确定企业净资产的评估价值：

$$3\,148.7+6\,979.56=10\,128.26\text{（万元）}$$

任务三　市场法和成本法在企业价值评估中的应用

任务描述

市场法和成本法由于适用条件的限制，在企业价值评估中受到一定限制，本任务主要介绍市场法和成本法评估企业价值的基本思路，通过学习，使学生掌握如何运用市场法和成本法评估企业价值。

相关知识

一、市场法在企业价值评估中的应用

（一）市场法的基本思路

企业价值评估中的市场法，是指将评估对象与参照企业、在市场上已有交易案例的企业、股东权益、证券等权益性资产进行比较以确定评估对象价值的评估思路，即在市场上找出一家或几家与被评估企业相同或相似的参照企业，分析、比较被评估企业和参照企业的重要指标，在此基础上，修正、调整参照企业的市场价值，最后确定被评估企业的价值。其理论依据是替代原则。

第一，企业价值评估的市场法是基于类似资产应该具有类似交易价格的理论推断的。因此，企业价值评估中市场法的技术路线就是先在市场上寻找与被评估企业相类似的企业的交易案例，通过对其交易价格的分析，从而确定被评估企业的价值。

第二，运用市场法评估企业价值存在两个障碍：一是企业的个体差异，几乎难以找到能与被评估企业直接进行比较的类似企业；二是企业交易案例的差异，即使存在能与被评估企业直接进行比较的类似企业，但要找到能与被评估企业的产权交易相比较的交易案例也相当困难。因此，运用市场法评估企业价值，不能基于直接比较的简单思路，而是要通过间接比较分析影响企业价值的有关因素，对企业价值进行评估。

第三，用相关因素间接比较的方法评估企业价值的关键在于对可比企业的选择和对可比指标的选择。资产评估专业人员应当恰当选择与被评估企业进行比较分析的参照企业，确信所选择的参照企业与被评估企业具有可比性，参照企业通常应当与被评估企业属于同一行业，且在行业中的竞争地位相类似，有着相类似的财务结构，或受相同经济因素的影响。可比指标的选择应当遵循与企业价值直接相关的原则，以现金流量和利润作为对比的基本指标，同时，评估专业人员应当对参照企业的财务报表进行分析调整，使其与被评估企业的财务报表具有可比性，并在此基础上对被评估企业和参照企业之间的相似性和差异性进行比较分析。

（二）市场法的基本方法

市场法评估企业价值常用的两种方法是参照企业比较法和并购案例比较法。

1. 参照企业比较法

通过对资本市场上与被评估企业处于同一或类似行业的上市公司的经营和财务数据进行分析，计算适当的价值比率或经济指标，在与被评估企业比较分析的基础上，得出评估对象价值的方法。

2. 并购案例比较法

通过分析与被评估企业处于同一或类似行业的公司的买卖、收购及合并案例，获取并分析这些交易案例的数据资料，计算适当的价值比率或经济指标，在与被评估企业比较分

析的基础上，得出评估对象价值的方法。

不论是参照企业比较法还是并购案例比较法，在应用中的核心问题都是确定适当的价值比率或经济指标。价值比率或经济指标的测算思路可用公式表示如下：

$$\frac{V_1}{X_1}=\frac{V_2}{X_2}$$

即：

$$V_1=X_1\times\frac{V_2}{X_2}$$

式中：V_1为被评估企业价值；V_2为可比企业价值；X_1为被评估企业与企业价值相关的可比指标；X_2为可比企业与企业价值相关的可比指标。

$\frac{V}{X}$通常又被称为可比价值比率或倍数。在选择、计算和使用价值比率时，应当考虑：（1）选择的价值比率应当有利于合理确定评估对象的价值；（2）用于计算价值比率的参照企业或交易案例数据应当适当和可靠；（3）用于价值比率计算的相关数据口径和计算方式应当一致；（4）被评估企业和参照企业或交易案例相关数据的计算方式应当一致；（5）合理将参照企业或交易案例的价值比率应用于被评估企业；（6）根据被评估企业的特点，对不同价值比率得出的数值予以分析，从而形成合理的评估结论。X参数可选用以下财务变量：（1）利息、折旧和税收前利润；（2）无负债的净现金流量；（3）净现金流量；（4）净利润；（5）销售收入等。

基于成本和便利的原因，目前运用市场法对企业价值评估主要通过在证券市场上寻找与被评估企业可比的上市公司作为可比企业，使用市盈率乘数法对企业价值进行评估。市盈率乘数法是将上市公司的股票年收益和被评估公司的利润作为可比指标，在此基础上评估企业价值的方法。其基本思路是：首先，从证券市场上搜寻与被评估企业相似的可比企业，按企业不同的收益口径，如企业自由净现金流量、净利润等，计算出与之相适应的市盈率；其次，确定被评估企业不同口径的收益额；再次，以可比企业相应口径的市盈率乘以被评估企业相应口径的收益额，初步评定被评估企业的价值；最后，对于按不同口径市盈率计算的企业价值分别给出权重，加权平均计算企业价值。在运用这种方法时，要对评估结果进行适当调整，以充分考虑被评估企业与上市公司的差异。

微课

市场法在企业价值评估中的应用

在运用市场法评估企业价值时，为了尽量避免因个别差异导致的误差，目前国际上通行采用多样本、多参数的综合方法，即找寻多个相似企业，进行多个参数的比较，最后综合分析确定评估值。但这种方法的使用受市场因素的制约较大。

二、成本法在企业价值评估中的应用

（一）成本法评估的基本原理

企业价值评估中的成本法也称资产基础法，根据会计原理和会计准则，企业的资产负债表记录了企业的资产和负债，将企业资产扣除负债后的净资产，即是企业所有者的权益。因此，评估专业人员将企业的全部资产的价值逐一评估出来，然后再扣除企业全部负债的价值，就可以得到净资产的价值，这个净资产的价值就是企业所有者能享受的权益价值。由于企业资产负债表中的账面价值多是企业拥有的资产和负债的历史成本，而非现实的市场价值，因此需要将企业资产和负债的历史成本调整为现时价值，这就是成本法评估企业价值的基本原理。

成本法的理论基础是劳动价值理论。劳动价值理论认为：商品的交换价格反映了该商品所耗费的成本，古典经济学派将价值归因于生产成本。

知识拓展

负债评估

全部权益价值 =（表内外）各项资产价值 -（表内外）各项负债价值

（二）成本法的基本方法

在具体运用成本法评估企业价值时，人们通常又称之为加和法。因为成本法具体是将构成企业的各种要素资产的评估值加总而求得企业价值的。企业重建并不是对被评估企业的简单复制，而主要是对企业生产能力和盈利能力的重建。因此，企业价值评估的成本法是紧紧围绕企业的盈利能力进行的。

在运用加和法评估企业价值之前，应当对企业的获利能力以及相匹配的单项资产进行认定，以便在委托人委托的评估范围基础上，进一步界定纳入企业综合获利能力范围内的资产和闲置资产的界限，明确评估对象的作用空间和评估前提。作为一项原则，评估专业人员在对构成企业的各个单项资产进行评估时，应该首先明确各项资产的评估前提，即持续经营假设前提或非持续经营假设前提。对于持续经营假设前提下的各个单项资产的评估，应按贡献原则评估其价值。而对于非持续经营假设前提下的单项资产的评估，则应按变现原则进行。在不同的假设前提下，运用加和法评估出的企业价值是有差别的。

由于运用成本法评估企业价值是通过分别估测企业的所有可辨认资产价值后加和而成的，既无法把握企业价值的整体性，不能有效衡量不可辨认资产的价值，也难以把握各个单项资产对企业的贡献，因此，在持续经营假设的前提下，一般不宜单独采用加和法对企业的整体价值进行评估。在特殊情况下，评估专业人员采用成本法对持续经营企业价值进行评估，应当予以充分的说明。

运用成本法进行企业价值评估，应当考虑被评估企业所拥有的所有有形资产、无形资产以及应当承担的负债；应当对长期股权投资项目进行分析，根据相关项目的具体资产、盈利状况及其对评估对象价值的影响程度等，合理确定是否将其单独评估；各项资产的价值应当根据其具体情况选用适当的具体评估方法得出；对同一评估对象采用多种评估方法时，应当对形成的各种初步价值结论进行分析，在综合考虑不同评估方法和初步价值结论的合理性及所使用数据的质量和数量的基础上，形成合理评估结论。

在正常情况下，运用加和法评估持续经营的企业价值时应同时运用其他方法进行验证，以起到互补的作用，同时，便于评估专业人员合理把握企业的整体获利能力，使企业的预期收益预测建立在较为坚实的基础之上。

企业价值评估中的收益法、市场法和成本法各有特点又相互联系，在正常情况下，企业价值评估应尽可能使用多种评估方法进行评估，并进行相互验证。

【学思践悟】2018 年美联新材为收购营创三征 61% 的股权，故对营创三征股东全部权益价值进行了评估。此次评估基准日为 2018 年 12 月 31 日，采用收益法对营创三征进行评估，折现率的计量采用 WACC 模型，股权资本成本采用 CAPM 拓展模型计量，营创三征股东全部权益评估值为 113 595.00 万元，企业特有风险溢价为 2.28%。2019 年美联新材完成对营创三征的并购，以 45 377.50 万元的实际交易对价收购了美联盈通、盛海投资、福庆化工所持有的营创三征共计 61% 的股权。实际交易价低于评估专业人员所确定的 61% 股权的 69 292.95 万元评估值。

评估专业人员在此次评估中对于企业特有风险溢价的计量只考虑了企业规模与总资产收益率两项指标，对被评估公司与可比上市公司之间的差异因素考虑得并不全面。

胡晓明等立足于我国评估行业依赖人员主观判断确定企业特有风险调整项，缺乏有效合理的定量确定方法这一现状之上，通过对有关企业特有风险的文献以及理论进行研究，分析了企业特有风险的实质以及主要考虑因素。通过对营创三征 2018 年经营、财务状况进行分析并与可比上市公司、行业平均水平进行对比，分析相关指标差异状况，在此基础之上运用企业特有风险计量模型对营创三征企业特有风险溢价进行重新计量。

资料来源：胡晓明，程伟杰，解辰翔.企业特有风险计量与检验——以营创三征为例［J］. 中国资产评估，2021（9）：39-47.

项目小结

企业价值评估是对企业整体价值、股东全部权益价值和股东部分权益价值的评估。企业价值评估的操作要点：一是确定评估范围，二是明确价值类型，三是收集评估资料，四是选择评估方法。企业价值评估的一般范围包括企业产权涉及的全部资产，具体评估时又根据资产的功效分为有效资产和溢余资产。企业价值评估的价值类型分为市场价值和非市场价值两类。评估中需要收集企业内部信息、企业经营环境（外部）信息和市场信息等资料。同时，还要对我国所处的转型经济条件下企业所面临的风险进行合理估计，将其反映在现金流量中。企业价值评估适用收益法、市场法和成本法。

运用收益法评估企业价值时，分别企业永续经营或有限持续经营两种假设前提，可采用收益法中的年金法和分段法或类似于分段法的方法评估企业价值。其关键在于企业收益的预测和折现率的估算。预测企业未来收益要经过对企业收益的历史和现状的分析与判断、收益预测和对企业未来持续经营条件下长期预期收益趋势的判断三个阶段。估算折现率的方法主要是累加法、资本资产定价模型和加权平均资本成本模型。

参照企业比较法和并购案例比较法是企业价值评估时市场法的具体类型，其关键是选择可比企业或交易案例，以及确定可比项目或参数。成本法在评估企业价值时被称为成本加和法，即分别估测构成企业的所有可确指资产的价值后加和而得到企业价值，在持续经营假设前提下，一般不宜单独应用。

本项目框架结构如图 9-2 所示。

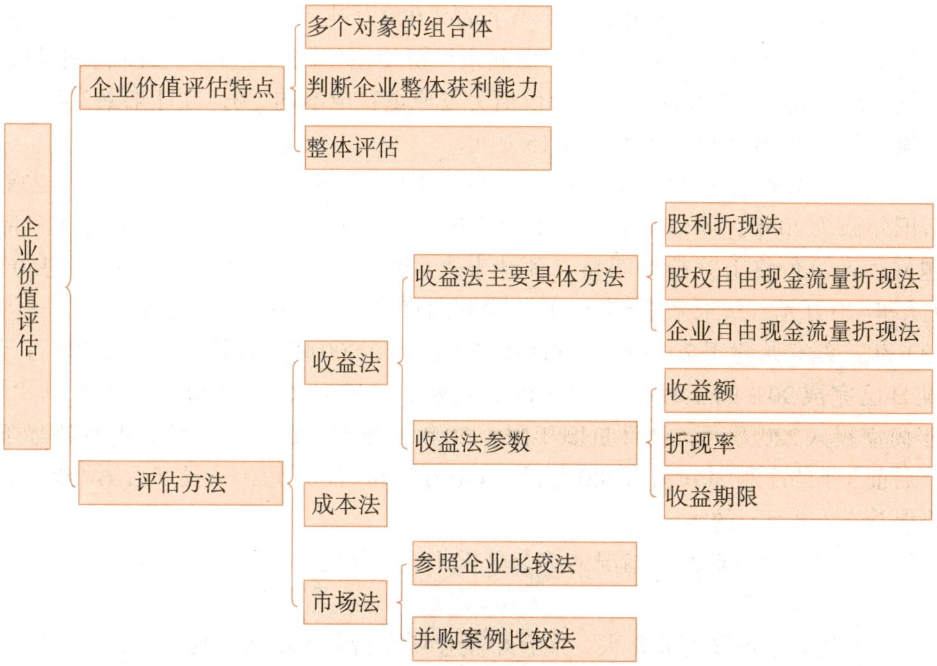

图9-2　本项目框架结构

实训设计

一、实训目标

通过对企业价值评估的实训案例训练，使学生进一步熟悉企业价值评估的方法并学会运用恰当的估值模型进行企业估值分析。

二、实训项目与要求

1. 实训组织

首先，实训指导教师将实训案例的背景、涉及的基础知识与案例中相关的重要问题做简要介绍和讲解；其次，基于思考题，引导学生明确目标和任务，查阅相关资料，开展小组讨论，并提交分析报告提纲；再次，请同学们以小组代表的形式对实训案例进行归纳总结，呈现观点思路；最后，由教师进行点评，并对案例所涉及的问题进一步延伸和拓展，学习小组采用书面报告的形式提交最终的实训报告。

2. 实训项目

本实训项目是基于企业自由现金流量模型的企业价值估值分析，执行规范的企业价值评估程序。甲企业拥有A和B两条正在使用的生产线，C生产线正在建设中。另外，还拥有一些保证企业正常生产经营所需要的办公及辅助性资产。评估基准日为2023年12月31日，甲企业付息债务总额为1 200万元。评估专业人员经过调查，收集到甲企业的以下资料：

（1）生产线A始建于2003年，年产W产品1 000万吨，由于W产品正在被Y产品逐步取代，虽然生产线A还可以使用5年，而剩余经济使用年限只有3年。评估基准日，生产线A的复原重置成本为500万元，残余价值为复原重置成本的2%，预计未来3年的股权自由现金流量分别为30万元、20万元和15万元。

（2）生产线B始建于2019年年初，2023年1月1日正式投产，年产Y产品2 000吨，会计折旧年限为20年，评估基准日，生产线B的重置成本为2 100万元。由于Y产品市场越来越好，产品价格上升趋势明显，预计未来4年的净利润分别为300万元、350万元、400万元和420万元，从未来第5年开始年净利润将保持在450万元的水平上。

（3）生产线C始建于2022年，设计年产Y产品2 000吨，预算造价为2 200万元，评估基准日已完成90%的工程量和90%的投资额，生产线C将于2024年年底正式投产，2025年尚需投入220万元，会计折旧年限为20年，投产后的生产经营状况预测如下：预计投产后前3年的净利润分别为380万元、400万元和420万元，从投产后第4年开始年净利润将保持在450万元的水平上。

另外，经过对甲企业经营情况的综合分析评价，评估专业人员确认了以下与评估有关的事项：

（1）Y产品的市场潜力非常大，而且甲企业所在行业的准入门槛非常高，未来不会出现过度竞争情况；

（2）甲企业适用的折现率为10%；

（3）甲企业采用直线法计提折旧，不考虑残值；

（4）甲企业将在评估基准日的3年后停止W产品的生产；

（5）不再考虑其他因素。

3. 实训要求

（1）根据上述资料评估甲企业永续经营前提下的企业整体价值（写出各个评估环节和步骤，并做适当的文字说明）。

（2）严格依照《企业价值评估指导意见》和资产评估相关准则的规定实施评估。

（3）及时总结操作技巧，积极交流评估心得。

三、成果与检测

1. 学生说明在企业价值评估中遵循的评估程序；企业价值评估的内容、目的和方法；收益法评估企业价值的具体模型；本案例的估值模型确定思路以及相关指标测算依据。

2. 各组组长组织同学互相评价，提出实训自评成绩和互评成绩。课后撰写实训报告，在班级进行交流汇报。

3. 教师汇总实训所取得成绩和存在的问题，提出今后的改进措施，并根据学生自评、互评和实训报告质量，确定学生的实训成绩。

项目十 流动资产评估

知识目标

1. 熟悉流动资产评估的特点；
2. 掌握库存材料、在产品、产成品、库存商品和低值易耗品价值的评估方法；
3. 掌握非实物类流动资产的评估方法；
4. 掌握负债的评估思路和方法。

能力目标

1. 能够根据实际情况，熟练确定流动资产评估的范围、操作思路和评估步骤；
2. 能熟练地估算各种流动资产的价值；
3. 能熟练地估算各项负债。

素养目标

1. 树立公正、客观、严谨的评估态度；
2. 增强遵守职业道德的意识。

项目导入

大众公司拥有的流动资产价值是多少?

大众机械有限公司是一家大型工程机械制造企业，属于国家大型企业，主要生产推土机、挖掘机、铲运机、装载机等，年销售收入10 916万元，年净利润1 306万元。整体资产及财务管理状况良好，经济效益和利润在同行业中居于前列，现经有关部门批准，对该公司进行股份制改造，需对企业的全部流动资产进行评估。

思考：假如你是山西中青资产评估事务所的评估人员，你将如何估算该公司流动资产的价值?

启示：流动资产和负债，是资产评估的重要内容。作为一名资产评估人员，应当严谨、认真、客观、公正，秉承职业原则，恪守职业道德，做好评估工作的每一步。

任务一　流动资产评估概述

任务描述

知识拓展

流动资产的评估程序

流动资产是企业拥有的周转速度快、变现能力强的一类特殊资产，是企业资产的重要组成部分。在企业的生产经营活动中，居于重要的地位。因此，无论资产评估服务于何种目的，流动资产和负债评估都是非常重要的评估对象。通过了解流动资产的内涵和特点，可以更好地理解和掌握流动资产的各种评估方法。

相关知识

一、流动资产评估对象

流动资产是指企业在1年内或者超过1年的一个营业周期内变现或者耗用的资产，包括库存现金、各种银行存款以及其他货币资金、交易性金融资产、应收及预付款项、存货以及其他流动资产等，具有循环周转速度快、变现能力强、占用形态同时并存又相继转化、波动性等特点。流动资产一般作为单独的评估对象，不需要以其综合获利能力进行综合性价值评估。流动资产评估对象如图10-1所示。

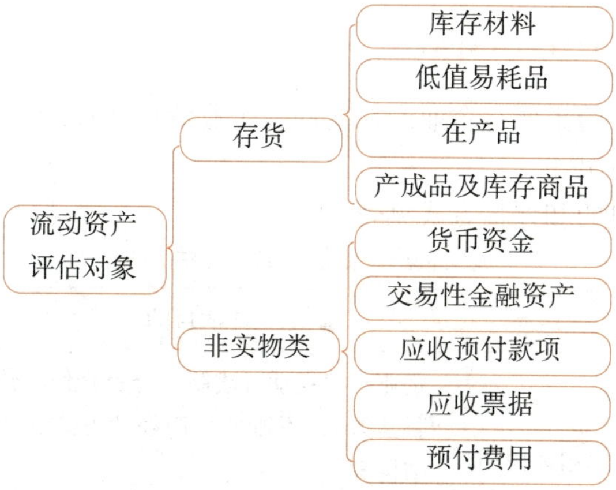

图10-1　流动资产评估对象

【思考10-1】为什么流动资产可以作为单独的评估对象?

二、流动资产评估的特点

与固定资产相比，流动资产在周转方式、存在形态、变现性等方面具有明显的区别，流动资产的评估与其他资产的评估相比，具有如下特点（见表10-1）。

表10-1　流动资产评估的特点

特征方面	特征描述
1.评估时点要尽可能与评估结论使用时点接近	由于流动资产具有流动性和价值波动性等显著特点，其资产的构成、数量以及价值总额随时都在变化，而评估是针对某一时点的价值估算。因此，在评估实践中，一是选择的评估时点要尽可能接近评估结论使用时点；二是要在规定的时点进行资产清查、登记和确定流动资产数量和账面价值，避免重登和漏登现象的发生
2.分清主次，掌握重点，分类评估	由于流动资产一般具有数量大、种类多的特点，清查工作量大，所以流动资产清查应考虑评估的时间要求和评估成本。对流动资产评估往往需要根据不同企业的生产经营特点和流动资产分布的情况，对流动资产分清主次，选择不同的方法进行清查和评估，做到突出重点，兼顾一般
3.账面价值基本上可以反映其现值	由于流动资产周转快、变现能力强，在物价水平相对稳定的情况下，流动资产的账面价值基本上可以反映出流动资产的现值。因此，在特定情况下，可以采用历史成本作为其评估值。同时，评估流动资产时一般不需要考虑资产的功能性贬值因素，其有形损耗（实体性损耗）的计算只适用于诸如低值易耗品，呆滞、积压存货类流动资产的评估
4.会计核算资料依赖度高	由于流动资产处于企业生产经营的实际运转中，进入现场评估会影响企业正常运转，因而通常更需要企业配合，在相对静止的条件下进行清查核实。流动资产种类繁多，许多价格信息只有通过会计资料才能获得，因此，流动资产评估的一个重要特点就是对企业会计账表进行可用性判断，并确切了解企业在流动资产、成本费用等项目核算中所使用的程序和方法，在此基础上判断流动资产评估与这些会计程序、方法间的联系与区别，从而正确利用会计信息

三、流动资产评估的目的和评估方式

流动资产评估的目的主要有企业产权变动、企业清算和资产变卖、保险索赔、对外投资、清产核资等五种情况。

流动资产评估的目的和评估方式见表10-2。

表10-2 流动资产评估的目的和评估方式

评估方式	评估目的	价值类型
企业持续经营条件下按在用用途使用	企业产权变动（改制、合资合作经营和联营等），不改变生产经营方式、产品结构等	按在用用途评估
	清产核资、会计核算、保险索赔等	按重置成本评估
企业持续经营条件下，流动资产进入市场转移使用或出售	企业产权变动，生产经营方式、产品结构等进行调整，未来生产经营对被估流动资产的需求大大减少或不需要	按变现净值评估
企业清算条件下，要求流动资产快速变现	快速变现	按快速变现净值评估

任务二 存货资产评估

任务描述

存货作为主要的流动资产，主要包括各种材料、在产品、产成品、包装物和低值易耗品等，是流动资产评估的重要内容。通过学习，熟悉存货评估程序及清查方法，熟练掌握和灵活运用成本法或市场法对其价值进行评估，并掌握房地产开发企业存货的评估方法。

相关知识

一、存货评估程序及清查核实方法

（一）确定评估范围，界定评估对象

存货评估范围和评估对象，由委托人根据评估对应的经济行为所涉及的资产范围确定，并通过评估委托合同予以约定，提供给评估机构。在评估实践中，对于企业产权变动的整体资产评估，企业账面核算的全部存货一般均为评估范围。对于单项存货评估，将委托人确定的存货资产范围清单作为评估范围。

（二）确定评估基准日

一般来说，对于企业产权变动的整体资产评估中的存货评估时点随同其他各单项资产的评估一同确定。

（三）清查核实

存货的清查盘点，通常由委托人完成，并由委托人提供存货账表清单。根据委托人提供的存货账表清单，评估专业人员的主要工作内容有两项：

1. 通过抽查的方式来核实、验证存货账表清单与实际数量、状况的一致性

（1）抽查的范围和比例，应根据委托人（或资产占有方）的管理水平以及评估对应的经济行为确定（见表10-3）。

表10-3　抽查的范围和比例

管理水平等特征	抽查方法、范围和比例
委托人（或资产占有方）的存货管理水平好，核算基础好	可以小一些
存货评估结论对委托人（或资产占有方）的影响大	应对金额较大、易出现误差的资产进行详细核查
第三方保管或控制的存货，如果占整体资产数量和金额的比例较大，或者对评估结论影响较大	在切实可行的情况下，应进行清查核实，至少应向持有被评估单位存货的第三方发出函证，获取存货的数量和状况信息

（2）抽查结果及应对策略（见表10-4）。

表10-4　抽查结果及应对策略

抽查结果	资产评估策略
账实误差对评估结论没有影响	认为委托人（或资产占有方）提供的存货账表清单资料可以直接利用
账实误差对评估结论影响较小	可以重点对量大值高的存货重新清查，其他则按抽查情况作适当调整，从而利用存货账表清单资料
账实误差对评估结论影响较大	提供的存货账表清单资料基本不能利用，应按评估委托合同的约定重新进行全面的清查

2. 核实存货的权属

存货评估核实工作，应查明存货有无霉烂、变质、毁损，有无超储呆滞等。与固定资产不同，存货一般不会大面积地出现技术性、功能性陈旧，但存货有时会出现损耗，这种损耗除反映为数量减少外，也反映在实体性损耗和质量下降上。例如，木材因日晒雨淋出现腐烂，钢材因氧化生锈，食品药品及化学试剂因存放过久而变质或效用降低等。这些情况势必会影响存货的价值，在评估时应加以考虑。在存货清查核实中，应进行必要的检测和技术鉴定工作。

知识拓展

利用存货监盘资料的注意事项

微课

存货评估程序

在评估实践中，特别是对国有资产、上市公司并购及重大资产重组规定有要求的，应同时开展财务审计工作的评估项目，可以充分利用注册会计师的存货监盘资料，综合判断存货账表清单资料的可利用性。

（四）选择评估方法及评定估算

评估专业人员在核实清楚存货账表清单与实际数量、状况是否一致后，应根据获取的存货信息资料，选取适当的评估方法，对存货价值进行估算。

存货评估方法的选择，一是根据评估目的，二是根据不同种类存货的特点。一般采用的评估方法为市场法和成本法。如果其价格变动较大，则以市场价格为基础，分析存货本身是否具有按现行价格出售的可能性；如果其价格变动不大，则可以账面核算成本为基础，分析估算存货价值。

二、库存材料价值评估

企业中的材料，可以分为库存材料和在用材料。在用材料在再生产过程中形成产品或半成品，已不再作为单独的材料存在，故材料评估是对库存材料的评估。库存材料包括原料、辅助材料、燃料、修理用备件、外购半成品等。库存材料品种多、性质各异，计量单位、计价和购进时间、自然损耗等各不相同。

根据不同评估目的和待估材料的特点，应选择成本法和市场法对库存材料进行评估。在某种材料存在活跃市场、供求基本平衡的情况下，成本法和市场法可以替代使用。但如不具备上述条件，则应分析使用。在评估实践中，评估专业人员可以按照一定的目的和要求，对材料按照ABC分类法进行排序，分清主次，突出重点，着重对重点材料进行评估。

对库存材料进行评估时，一般根据材料的购进情况不同选择相适应的方法。

（一）近期购进库存材料的评估

近期购进的材料，因库存时间短，市场价格变化不大，其账面值与现行市价基本接近。评估时，可以采用历史成本法，也可以采用市场法，运用这两种评估方法得出的结果相差不大。其计算公式为：

材料评估值 = 材料账面价值 − 损耗价值（历史成本法）

材料评估值 = 库存材料数量 × 该种材料的现行市价（现行市价法）

对于购进时发生的运杂费，如果是从外地购进的原材料（本地没有这种材料），因运杂费发生额较大，评估时应将由被评估材料分担的运杂费计入评估值；如果是本市购进，运杂费发生额较少，评估时则可以不考虑运杂费。

【学中做10-1】被评估企业中的甲材料系两个月前从外地购进的，材料明细账的记载为：数量600吨，单价3 000元/吨，运杂费为1 800元。根据材料消耗的原始记录和清查盘点结果，评估时甲材料尚有库存300吨。

要求：根据以上资料，确定甲材料的评估值。

解析：甲材料评估值 = 300 ×（3 000 + 1 800 ÷ 600）= 900 900（元）

（二）购进批次间隔时间长、价格变化较大的库存材料的评估

对这类材料的评估，可以根据实际情况，采用以下两种方法确定其评估值：一是以最接近市场价格的那批材料的价格作为评估的计价基础；二是直接以评估基准日的市场价格作为评估的计价基础。

【提示】这里需要注意的是，各企业对材料在核算方法的差异对评估结果并无影响，评估时的关键是准确核查库存材料的实际数量，在此基础上确定库存材料的评估价值。

【思考10-2】会计中材料核算方法的差异是否影响评估结果，或是否与评估有关？

【学中做10-2】对被评估企业库存的乙材料进行评估，评估基准日为2023年9月30日。经核查，该材料分两批购进，第一批购进时间为2022年12月，数量为2 500吨，单价为450元/吨；第二批购进时间为2023年8月，数量为2 000吨，单价为400元/吨。截至评估基准日，2022年购入的乙材料还剩200吨，2023年购入的还没有使用。

要求：确定库存材料乙的评估值。

解析：尚需评估的乙材料数量为2 200吨，按照最接近评估基准日现行市价的2023年8月的购进价400元/吨计价。

乙材料评估值=400×（200+2 000）=880 000（元）

（三）购进时间早、缺乏准确现行市价库存材料的评估

企业库存材料中存在购进时间较长、当前市场已经脱销、没有明确的市价可供参考或利用的情形。对这类材料的评估，可以采取以下三种方法：

方法一：通过寻找替代品的价格变动资料来修正该材料的价格。其计算公式为：

库存材料评估值=库存数量×替代品现行市价×替代品物价比较指数-损耗

方法二：通过分析该材料的市场供求情况变化来修正该材料的价格。其计算公式为：

库存材料评估值=库存数量×进价×市场供需升降指数-损耗

方法三：利用市场同类材料的平均物价指数修正该材料的价格。其计算公式为：

库存材料评估值=库存数量×进价×同类商品物价指数-损耗

【学中做10-3】设某企业2022年9月购进甲材料150吨，单价20 000元／吨，当时该种材料的市场供给紧张，价格较高，同时其供给有季节性特点。2023年9月3日进行评估时，市场上该种材料已经没有大量的购销活动。评估中经清查核实，甲材料尚存50吨，因保管等原因造成的有形损耗占库存材料原值的2%，假设在评估中还掌握了以下三类信息：

（1）市场上有与甲材料功能类似的乙材料可以作为甲材料的替代品，乙材料的现行市价为30 000元/吨，根据经验，甲、乙材料的价格之比为1∶2。

（2）经市场供需分析，估计甲材料价格下降20%左右。

（3）经调查同类商品的物价指数，2022年9月为100%，2023年9月为85%。

要求：请分别根据上述三种不同情况，估算甲材料的评估值。

解析：（1）甲材料的评估值=50×30 000×1÷2-50×20 000×2%=730 000（元）

（2）甲材料的评估值=50×20 000×（100%-20%）-50×20 000×2%=780 000（元）

（3）甲材料的评估值=50×20 000×85%÷100%-50×20 000×2%=830 000（元）

（四）呆滞材料价值的评估

呆滞材料是指企业从库存材料中清理出来需要进行处理的材料。这些材料由于长期积压或保管不善可能导致使用价值下降，在评估时，首先应对其数量和质量进行核实和鉴定，然后区别不同情况，按以下方法确定评估值。

微课

库存材料价值评估

（1）对失效、变质、残损、无用的材料，应作为废料处理，按可回收净值确定评估值。其计算公式为：

呆滞材料评估值=该种材料库存数量×回收价格

（2）对虽能使用但质量下降的材料，扣除相应的贬值或损耗后确定其评估值。其计算公式为：

呆滞材料评估值=呆滞材料账面价值×（1-贬值率）

【学中做10-4】某被评估企业有超储积压的某种化工原料100吨，账面单价为2 800元／吨。在评估中查明，因工厂生产转型，该种化工原料的使用量大为减少，加之该原料市场供大于求，使用面较窄，故确定综合损耗率为35%。

要求：计算该种化工原料的评估值。

解析：评估值=100×2 800×（1-35%）=182 000（元）

三、在产品价值的评估

在产品是指原材料投入生产后，尚未最后制造完成，不能作为商品出售的产品。作为评估对象的在产品包括生产过程中尚未加工完毕的在制品和已加工完毕但不能单独对外销售的半成品。在企业生产中外购的半成品视同材料评估，可直接对外销售的自制半成品视同产成品评估。对这部分资产进行评估时，一般可采用成本法或市场法。

【提示】对在产品的评估应注意以下问题：①在产品变动频繁、流动性大、数量不易核实，要合理地选择评估时点，力求核实准确。②在产品是未完成产品，在评估时应注意确定其完工程度。③注意企业的成本核算资料是否真实可靠，与同行业一般产品成本是否一致，以及社会平均成本水平如何。

（一）成本法

在产品评估的成本法是指根据技术鉴定和质量检测的结果，按评估时的相关市场价格和费用水平，通过重置同等级在制品及半成品所需合理的料工费计算评估值的方法。这种方法适用于生产周期较长的在产品的评估。对于生产周期短的在产品，主要以其实际发生的成本为计价依据，在没有变现风险的情况下，对其账面价值进行调整后确定评估值。

在具体应用中，可以采取以下三种方法：

1.根据价格变动系数调整原成本

这种方法主要适用于生产经营好、会计核算水平较高的企业在产品的评估。评估时可参照实际发生的原始成本，根据评估基准日的市场价格变动情况，调整成重置成本。其计算公式为：

$$\text{在产品的评估值}=\text{原合理材料成本}\times\left(1+\text{价格变动系数}\right)+\text{原合理工资、制造费用（含借款费用）}\times\left(1+\text{合理工资、制造费用变动系数}\right)$$

应用该方法须遵循以下步骤：

（1）对被评估在产品进行技术鉴定，从总成本中剔除不合格在产品的成本；

（2）分析原来的成本构成，从总成本中剔除不合理的费用；

（3）分析原成本中材料从生产准备开始到评估基准日止的价格变动情况，并测算出价格变动系数；

（4）分析原成本中工资、燃料、动力、制造费用等从开始生产到评估基准日止的变动情况，测算出调整系数；

（5）根据原成本的构成和各部分的调整系数进行计算，确定评估值。

需要明确的是，在产品成本包括直接材料、直接人工和制造费用三部分，其中前两项属于直接费用，制造费用属于间接费用。在评估时，由于直接人工与间接费用一样较难测算，所以通常将两者合并进行计算。

【学中做10-5】某企业准备进行股份制改造，需对其已入库且继续生产的W系列在产品进行评估，具体资料如下：

（1）截至评估基准日，该系列在产品账面累计总成本为550万元，该系列中有一种在产品共150件报废，账面单位成本为4 000元／件，估计可回收的废料价值为15 000元。

（2）该系列在产品的材料成本占总成本的60%，所有材料为有色金属材料。自其生产准备开始至评估日有半年时间，据市场调查，半年内同类材料价格上涨10%。

（3）费用分析表明，本期在产品的单位产品费用偏高，主要是前期漏转费用6万元计入本期成本，其他费用在半年内未发生变化。

要求：根据上述资料，运用价格变动系数调整法评估W系列在产品的价值。

解析：W系列在产品的评估值=W系列在产品总成本−废品成本−前期漏转费用+材料涨价增加的成本+废品残值

=550−150×0.4−6+（550−150×0.4）×60%×10%+1.5

=514.9（万元）

2.按社会平均消耗定额和现行市价计算评估值

此方法的特点是按重置同类资产的社会平均成本确定被评估资产的价格。适用于企业定额成本资料齐全且可信度较高的情况下在产品价值的评估。其基本公式为：

在产品的评估值=在产品实有数量×（该工序单件材料工艺定额×单位材料现行市价+该工序单件工时定额×正常工时的工资、费用标准）

式中：工艺定额应当选用行业标准，若无行业统一标准，则按企业现行的工艺定额；材料现行市价，根据库存材料评估的有关数据确定；该工序单件工时定额，应按实际情况测算；正常小时的工资、费用标准，按行业的一般水平或企业的实际情况确定。

运用此方法对在产品进行评估需要掌握以下资料：①被估在产品的完工程度；②被估在产品有关工序的工艺定额；③被估在产品耗用物料的近期市场价格；④被估在产品的合理工时及单位工时的取费标准（这个数据应按正常生产经营情况进行测算）。

【学中做10-6】某企业准备进行股份制改造，需对其在产品H进行评估，收集的资料如下：处于某一生产阶段的在产品H有350件，每件在产品消耗钢材50千克，每千克市场单价3.50元；在产品单位工时定额20小时，每定额小时的燃料和动力费用定额0.45元、工资及附加费定额10.00元、车间经费定额2.00元、企业管理费用定额4.00元，该在产品不存在变现风险。

要求：试确定在产品H的评估值。

解析：原材料成本=350×50×3.50=61 250（元）

燃料和动力成本=350×20×0.45=3 150（元）

工资及附加费成本=350×20×10.00=70 000（元）

费用成本=350×20×（2.00+4.00）=42 000（元）

该在产品评估值=61 250+3 150+70 000+42 000=176 400（元）

3.按在产品的完工程度计算评估值

因为在产品的最终形式为产成品，因此，计算确定在产品评估值，可以在计算产成品重置成本的基础上，按在产品完工程度计算确定在产品的评估值。其计算公式为：

在产品评估值=产成品重置成本×在产品约当产量

式中：　　在产品约当产量=在产品数量×在产品完工程度

某道工序在产品完工程度=×100%

$$\text{某道工序在产品完工程度}=\frac{\text{上道工序的累计单位工时定额}+\text{该道工序的单位工时定额}\times 50\%}{\text{产品单位工时定额}}\times 100\%$$

评估时，在产品约当产量、完工程度可以根据其完成工序与全部工序比例、生产完成时间与生产周期比例确定。当然，确定时应分析完成工序、完成时间与其成本耗费的关系。

【学中做10-7】某企业准备进行股份制改造，需对其G产品进行评估。在对G产品的评估中发现，G产品的生产须连续经过三道工序加工，第一道工序有在产品300件，第二道工序有在产品500件，第三道工序有在产品400件。原材料在第一道工序一次性投入，该产品单位工时定额为50小时，其中，第一道工序15小时，第二道工序18小时，第三道工序17小时。单位产品社会平均成本为：材料成本300元，工资费用成本50元，管理费用成本20元。

要求：根据以上资料，计算G产品在产品的评估值。

解析：(1) 计算各工序在产品完工程度及在产品约当产量。

①在产品完工程度。

第一道工序：(15×50%) ÷50×100%=15%

第二道工序：(15+18×50%) ÷50×100%=48%

第三道工序：(15+18+17×50%) ÷50×100%=83%

②在产品约当产量=300×15%+500×48%+400×83%=617（件）

(2) 计算在产品的材料成本。因原材料在第一道工序一次性投入，故材料成本应按在产品的实际数量计算。

在产品的材料成本=（300+500+400）×300=1 200×300=360 000（元）

(3) 计算在产品工资费用成本。

在产品工资费用成本=617×50=30 850（元）

(4) 计算在产品管理费用成本。

在产品管理费用成本=617×20=12 340（元）

(5) 确定在产品评估值。

在产品评估值=360 000+30 850+12 340=403 190（元）

微课

在产品价值评估的成本法

（二）市场法

在产品评估的市场法，是按同类在产品和半成品的市价，扣除销售过程中预计发生的费用后计算评估值的方法。一般来说，如果在产品的通用性强，能用作产品配件更换或用于维修等，其评估价值就较高；如果在产品的专用性强，很难通过市场出售或调剂出去，则只能通过报废收回废料残值，这时评估值可能会低于其成本。其基本计算公式为：

在产品评估值=在产品实有数量×市场可接受的不含税的单价-预计销售过程中发生的费用

如果在调剂过程中存在一定的变现风险，则需要设立一个风险调整系数，计算可变现评估值。

报废在产品的评估值=可回收废料的重量×废料的单位现行回收价格

【学中做10-8】丁企业因产品技术落后而全面停产，现准备与M公司合并，有关在产品资料如下：在产品原账面记录的成本为175万元。按其状态及通用性分为三类：

第一类：已从仓库中领出，但尚未进行加工的原料。

第二类：已加工成部件，可通过市场销售且流动性较好的在产品。

第三类：加工成的部件无法销售，又不能继续加工，只能报废处理的在产品。

第一类在产品可按实有数量、技术鉴定情况、现行市场价格计算评估值；第二类在产品可根据市场可接受的现行价格、调剂过程中的费用、调剂的风险确定评估值；第三类在产品只能按照废料的回收价格计算评估值。

根据评估资料可以确定评估结果，见表10-5至表10-7。

表10-5　车间已领用尚未加工的原材料　金额单位：元

材料名称	编号	计量单位	实有数量	现行单位市价	按市价计算的资产价值
黑色金属	A001	吨	150	1 600	240 000
有色金属	A002	千克	3 000	18	54 000
有色金属	A003	千克	7 000	12	84 000
合计					378 000

表10-6　车间已加工成部件并可直接销售的在产品　金额单位：元

部件名称	编号	计量单位	实有数量	现行单位市价	按市价计算的资产价值
A	B001	件	1 800	54	97 200
B	B002	件	600	100	60 000
C	B003	台	100	250	25 000
D	B004	台	130	165	21 450
合计					203 650

表10-7　报废产品　金额单位：元

在产品名称	计量单位	实有数量	可回收废料（千克/件）	可回收废料数量（千克）	回收价格（元/千克）	评估值
D001	件	5 000	35	175 000	0.4	70 000
D002	件	6 000	10	60 000	0.4	24 000
D003	件	4 500	2	9 000	6	54 000
D004	件	3 000	11	33 000	5	165 000
合计						313 000

四、产成品及库存商品价值评估

产成品及库存商品是指已完工入库和已完工并经过质量检验但尚未办理入库手续的产成品，以及流通企业的库存商品等。在评估时应当依据其变现能力和市场接受的价格，采用成本法和市场法进行评估。

（一）成本法

成本法主要是根据生产、制造该产成品全过程发生的成本费用确定评估值。在评估时，应分别不同情况采用相应的方法。

1.评估基准日与产成品完工时间接近

当评估基准日与产成品完工时间接近且成本变化不大时，可以直接按产成品和库存商品的账面成本确定其评估值。其计算公式为：

产成品评估值=产成品数量×产成品账面单位成本

2.评估基准日与产成品完工时间相距较远

当评估基准日与产成品完工时间相距较远，成本费用变化较大时，可按以下两种方法确定产成品评估值。

（1）产成品评估值=产成品实有数量×（合理材料工艺定额×材料单位现行价格+合理工时定额×单位小时合理工时工资、费用）

（2）产成品评估值=产成品实际成本×（材料成本比例×材料综合调整系数+工资、费用成本比例×工资、费用综合调整系数）

【提示】上述两个公式中工资、费用包含借款费用。

【学中做10-9】某企业准备进行股份制改造，需对其A产品进行评估。收集的资料如下：A产成品100台，每台实际成本8 500元。会计核算资料显示，A产品生产成本中材料与工资费用的比例为3：2。根据目前价格变动情况和其他相关资料，确定材料综合调整系数为1.20，工资费用综合调整系数为1.10。

要求：计算A产成品的评估值。

解析：A产成品评估值=100×8 500×（60%×1.20+40%×1.10）=986 000（元）

【学中做10-10】某评估事务所对K企业进行资产评估。经核查，该企业产成品实有数量为1 200件，根据该企业的成本资料，结合同行业成本耗用资料分析，合理材料工艺定额为500千克/件，合理工时定额为20小时。评估时，生产该产成品的材料价格上涨，由原来的60元/千克涨至62元/千克，单位小时合理工时工资、费用不变，仍为15元/小时。

要求：根据上述分析和有关资料，确定该企业产成品评估值。

解析：产成品评估值=1 200×（500×62+20×15）=37 560 000（元）

（二）市场法

市场法是指按不含价外税的可接受市场价格，扣除相关费用后计算被评估产成品及库存商品评估值的方法。其中，工业企业的产成品一般以卖出价为依据，商业企业的库存商品一般以买进价为依据。

1.产品市场价格的构成要素

现行市价由成本、税金和利润等要素构成。由于产成品及库存商品存放于企业仓库中尚未出售，其价值只有通过市场销售才能实现，因此，采用现行市价法评估产成品和库存商品时，对未实现的利润和税金的处理应视评估的不同目的和评估性质而定。

（1）如果以产成品出售为评估目的，应当直接以现行市场价格作为其评估值，不需要扣除其销售费用和税金。但如果企业是以投资为目的而对产成品评估，由于产成品的评估值将作为投资者的权益，必须从现行市价中扣减各种税金和利润后作为产成品的评估值。

（2）在《资产评估操作规范意见（试行）》中，对运用市场法评估产成品提出了以下要求：产成品一般以其完全成本为基础，根据该产品市场销售情况好坏决定是否加上适当的利润，或是要低于成本。对于十分畅销的产品，根据其出厂销售价格减去销售费用和全部税金确定评估值；对于正常销售的产品，根据其出厂销售价格减去销售费用、全部税金和适当数额的税后净利润确定评估值；对于勉强能销售出去的产品，根据其出厂销售价格减去销售费用、全部税金和税后净利润确定评估值；对于滞销、积压、降价销售的产品，应根据其可收回净收益确定评估值。

2. 选择市场价格时应注意的因素

应用市场法评估产成品价值，在选择市场价格时应注意以下因素：

（1）产成品的使用价值。根据对产品本身的技术水平和内在质量的技术鉴定，确定产品是否具有使用价值以及产品的实际等级，以便选择合理的市场价格。

（2）分析被评估产成品的销售前景以及市场供求现状。

（3）所选择的价格应是在公开市场上所形成的近期的交易价格，非正常交易价格不能作为评估的依据。

（4）对于产成品技术水平先进，但产成品外表存有不同程度残缺的，可根据其损坏程度，通过调整系数予以调整。

微课

产成品及库存商品价值评估

【学中做10-11】某企业准备进行股份制改造，需对其库存产成品X进行评估。收集的资料如下：评估基准日库存产成品X的账面价值为2 508 500元，根据厂方提供的年度会计报表及评估专业人员的清查得知，该产品在评估基准日的库存数量为30 000件，单位成本60元/件，出厂价83元/件（含增值税），该产品的销售费用率为3%，销售税金及附加占销售收入的2%，利润率为15%，该企业的增值税税率为13%，适用的所得税税率为25%。

要求：计算库存产成品X的评估值。

解析：产成品X的评估值=30 000×（83÷1.13）×（1−3%−2%−15%×25%）

=30 000×73.45×91.25%=2 010 693.75（元）

五、低值易耗品价值的评估

低值易耗品是指单项价值在规定限额以下或使用期限不满一年，但多次使用而基本保持实物形态的劳动资料。在评估过程中，劳动资料是否属于低值易耗品，原则上视其在企业中的作用而定，一般可尊重企业原来的划分方法。低值易耗品属于特殊的流动资产，具有周转时间长、不构成产品实体等特点。

【思考10-3】低值易耗品与固定资产有何区别？

低值易耗品的种类繁多，为了评估需要，可以对其进行分类：

（1）低值易耗品按用途分类，可以分为一般工具、专门工具、替换设备、管理用具、劳动保护用品、其他低值易耗品等。此分类的目的，在于在低值易耗品评估过程中，简化评估工作，可以按大类对其评估。

（2）低值易耗品按使用情况分类，可以分为在库低值易耗品和在用低值易耗品。此种分类，则考虑了低值易耗品的具体情况，直接影响评估方法的选用。

【提示】在库低值易耗品的评估，可以采用与库存材料评估相同的方法。

在用低值易耗品的评估方法类似于固定资产的评估方法，可以根据不同情况采用历史成本法、物价指数法、重置成本法或现行市价法。但由于在用低值易耗品已经发生了部分实际损耗，所以不能按其原值评估，而只能按净值评估。在用低值易耗品的评估一般采用成本法进行评估。其计算公式为：

$$\text{在用低值易耗品评估值}=\text{全新低值易耗品的成本价值}\times\text{成新率}$$

$$\text{成新率}=\left(1-\frac{\text{低值易耗品实际已使用月数}}{\text{低值易耗品可使用月数}}\right)\times 100\%$$

【提示】评估时对低值易耗品成新率的确定，应根据其实际损耗程度进行，而不能完全按照其摊销方法进行。

对于全新低值易耗品的评估价值，可以直接采用其账面价值（价格变动不大的情况下），也可以采用现行市场价格，有时还可以通过在账面价值的基础上乘以其物价变动指数来确定。

知识拓展

房地产开发企业存货的评估方法

【学中做10-12】某企业准备进行股份制改造，需对其B项低值易耗品进行评估。收集的资料如下：B项低值易耗品原价800元，预计使用1年，现已使用8个月，该低值易耗品的现行市价为1 200元。

要求：确定其评估值。

解析：B项低值易耗品的评估值=1 200×（1−8÷12）×100%=400（元）

任务三　非实物类流动资产评估

任务描述

非实物类流动资产评估是流动资产评估的重要内容，主要包括对货币资金、应收账款、应收票据和预付费用等的评估。通过学习，熟悉非实物类流动资产评估程序及清查核实方法，并掌握相关非实物类资产评估方法。

相关知识

一、非实物类流动资产评估程序及清查核实

（一）非实物类流动资产的评估程序

非实物类流动资产，是指除存货外的其他流动资产。非实物类流动资产评估程序主要

有：（1）了解账项核算的具体内容；（2）抽查核实账面记录的正确性；（3）选择相应的评估方法；（4）评定估算。

（二）非实物类流动资产的清查核实

非实物类流动资产的清查核实方法，主要有盘点、函证、抽查和访谈等。

知识拓展

库存现金盘点的步骤和注意事项

1. 盘点

盘点一般用于库存现金的清查核实。库存现金盘点通常指对已收到但未存入银行的现金、零用金、找换金等进行的盘点。

2. 函证

通过函证获取的证据可靠性较高，因此，函证是受到高度重视并被经常使用的一种重要审计程序，也是评估专业人员对资产进行清查核实，获取评估依据的重要评估程序。

【提示】在评估实践中，需要注意记录无误的“函证”不能得出“无收回风险”的结论。从评估专业工作程序上看，对部分债权以被评估企业名义发出的函证，充其量也就是核实账面记录的正确性而已，评估专业人员核实账面记录的正确性仅仅是评估作价的基础，评估最重要的工作是对核对无误的账面债权可收回价值的判断。欠款方承认债务的存在、认可债务的账面记录，并不说明债权方能够全额收回欠款。有偿还的动机和足够的偿还能力才是全额收回欠款的真正依据。

3. 抽查（会计凭证）

凭证抽查是评估工作中一项十分重要的评估程序。

会计科目或资产类型不同，凭证抽查所关注的内容也不一样。

（1）银行存款凭证抽查，特别是各种银行进账单，对于日期、双方账户、金额、银行业务章等的查看，都是十分重要的。

（2）取得应收款权利，查看发票的购货方是否与记账凭证上的明细单位一致；收回应收款，查看进账单的付款方与记账凭证的明细单位是否一致等。这些都是十分重要的核实内容。

（3）存货的购入，查看发票类型，确定进项税额是否可以抵扣；查看发票日期及存货入库单日期，确定存货是否存在跨期；各种形态的流动资产，查看内部领料单或者出库单的日期，防止跨期等。这些是存货凭证抽查的重要内容。

（4）固定资产的购入，查看发票类型，确定税额是否可以抵扣；查看发票时间（或提货时间），确定开始计提折旧的日期是否正确；查看发票购货方，确定是否为被评估企业等。这些是固定资产凭证抽查的重要内容。

（5）收到借款，着重关注借款单上的借款日期、借款期限、借款利率，这些都是测算利息支付是否合理的依据。关注归还借款的日期，确定利息测算的截止日。

微课

非实物类流动资产的清查核实

（6）应付职工薪酬后附的文件主要为人力资源管理部门提供的工资明细表，关注公司是否按部门将工资正确地列入成本费用。

（7）应交税费关注借方发生额，对于贷方税费计提，倾向于对税金及附加的抽查。

4.访谈

访谈是一种重要的评估工作方法。就评估工作需要了解的信息，与被评估企业相关资产管理人员进行集中或一对一的访问、交流。

二、主要非实物类流动资产的评估方法

（一）货币资金的评估方法

货币资金不会因时间的变化而发生变化，只存在不同币种的换算和不同货币资金形态的转换，因此，不存在价值的估算，而仅仅需要核实数额。货币资金，主要包括库存现金、银行存款和短期内准备变现的短期投资。

银行存款评估的技术路线一般为，核查被评估单位银行存款的账面余额→检查被评估单位银行存款余额的正确性与存在性→函证银行存款余额→编制银行存款余额调节表。在核实银行存款的实有数额后，根据评估基准日之后银行存款的进出数，倒推出评估基准日银行存款的账面余额，并以此作为银行存款的评估值。

【学中做10-13】N公司某银行账户的银行对账单余额为585 000元。在审查N公司编制的该账户银行存款余额调节表时，注意到以下事项：N公司已收、银行尚未入账的某公司销货款100 000元；N公司已付、银行尚未入账的预付某公司材料款50 000元；银行已收、N公司尚未入账的某公司退回押金35 000元；银行代扣、N公司尚未入账的水电费25 000元。假设不考虑审计的重要性水平。

要求：计算该账户银行存款日记账的余额。

解析：银行存款日记账的余额=585 000+100 000−50 000=635 000（元）

（二）短期投资的评估方法

短期投资是指能够随时变现且持有时间不超过1年（含1年）的投资，包括股票、债券、基金等有价证券和其他投资。

短期投资的评估方法，主要视短期投资的变现方式而定。对于公开挂牌交易的股票、债券和基金等有价证券，可按评估基准日的收盘价计算确定评估值；对于不能公开挂牌交易的有价证券，可按其本金加持有期利息计算确定评估值。

（三）应收款项的评估方法

1.应收款项的概念

应收款项属于债权类资产。应收款项是指债权已经成立，债务人负有偿债责任的各种款项的总称，包括应收账款和其他应收款。

知识拓展

应收款项的经济特点

2.应收款项评估的公式

应收款项评估的本质是对款项收回的“风险损失”和“未来收回价值现值”的判断，应收款项评估应该是“风险损失的预计”和“未来收回价值现值的确定”，而不是对应收款项账面记录的重新估计。应收款项评估价值的基本公式为：

$$\begin{matrix}\text{应收款项}\\\text{评估价值}\end{matrix}=\begin{matrix}\text{应收款项}\\\text{账面余额}\end{matrix}-\begin{matrix}\text{已确定的}\\\text{坏账损失}\end{matrix}-\begin{matrix}\text{预计可能发生的}\\\text{坏账损失与费用}\end{matrix}$$

【提示】应收款项不是现金，是一种变现性很强的资产，它的账面金额是固定的，一

旦不存在收回风险，其价值是足额的。但其变现时机和过程往往会花很长的时间，一笔巨额的应收款项需10年甚至20年才能偿还完。尽管不存在收回的风险，但对于反映评估基准日资产价值的专业判断来说，就不得不考虑资金的时间价值问题。在多数情况下，大都是金额不大、时间不长的应收款项，评估中忽略资金的时间价值。

3.应收款项评估的程序和方法

（1）确定应收款项账面余额。确定应收款项账面余额，一般采取账证账表核对、函证、抽查凭证等方法，查明每项款项发生的时间、发生的经济事项和原因、债务人的基本情况（信用和偿还能力），作为评估预计风险损失的依据。

在评估实践中，需要注意以下两点：一是，对集团内部独立核算单位之间的往来，必须进行双向核对，避免重计、漏计；二是，需要同时进行财务审计工作的项目，如企业改制设立公司评估项目，应与注册会计师审定调整后的账面余额核对一致，避免重评、漏评。

（2）确认已发生的坏账损失（直接从应收款项中扣减）。坏账是指企业无法收回或收回的可能性极小的应收款项。发生坏账而产生的损失，称为坏账损失。已经发生的坏账损失，是指评估时有确凿的证据证明全部或部分金额确实无法收回。

知识拓展

坏账确认条件

【提示】在评估操作中，判断作为已发生的坏账损失，应取得下列工作底稿：①法院的破产公告和破产清算的清偿文件；②法院的败诉判决书、裁决书，或者胜诉但被法院裁定终（中）止执行的法律文书；③市场监管部门的注销、吊销公示信息；④政府部门有关撤销、责令关闭的行政决定文件；⑤公安等有关部门的死亡、失踪证明；⑥逾期3年以上及已无力清偿债务的确凿证明；⑦与债务人的债务重组协议及其相关证明；⑧其他相关证明。

（3）确定可能发生的坏账损失。在评估实践中，对于有充分理由和证据表明无收回风险的、有确凿证据表明无法收回和符合有关管理制度应予以核销的应收款项，是相对容易评估的。而对很可能收不回部分款项的，需要一定的分析判断方法。对很可能收不回部分款项的坏账损失的预计，实际上是对未来的判断，坏账损失并未在评估基准日现实发生，因而，确切地说，这属于预测的范畴。一般来说，确定可能发生的坏账损失，首先根据企业与债务人的业务往来和债务人的信用情况，将应收款项分类，然后按分类情况估计坏账损失发生的可能性及其数额。

应收款项一般分为以下四类：

第一类，业务往来较多，债务人结算信用好。

第二类，业务往来少，债务人结算信用一般。

第三类，偶然发生业务往来，债务人信用状况未能调查清楚。

第四类，有业务往来，但债务人信用状况较差，有长期拖欠货款的记录。

（4）预计坏账损失定量分析的方法。

①坏账比例法。此法按坏账占全部应收款项的比例来判断不可收回的应收款项，从而确定坏账损失的数额。坏账占全部应收款项的比例可以根据被评估企业前若干年（一般为3～5年）的实际坏账损失额与应收款项发生额的比例确定。确定坏账比例时，还应该分析特殊原因造成的坏账损失，这部分坏账损失产生的坏账比例有其特殊性，不能直接作为

未来预计坏账损失计算的依据。其计算公式为：

坏账比例 = 评估前若干年发生的坏账数额 ÷ 评估前若干年应收款项余额 × 100%

预计坏账损失额 = 评估时点应收款项数额 × 坏账比例

【提示】应分析特殊原因造成的坏账损失。在计算坏账比例时，应将特殊原因造成的坏账从中扣除，不能直接作为预计未来坏账损失的依据。如果一家企业的应收项目多年未清理，账面找不到处理坏账的数额，也就无法推算出坏账损失率，在这种情况下就不能采用这种方法。

【学中做10-14】对某企业进行整体资产评估，经核实，截至评估基准日的账面应收款项实有额为520万元，前5年的应收款项发生情况及坏账处理情况见表10-8。

表10-8　某企业前5年的应收账款发生及坏账处理情况

项　目	应收款项余额（元）	处理坏账额（元）
第1年	1 500 000	200 000
第2年	2 450 000	72 000
第3年	2 500 000	120 000
第4年	3 050 000	83 500
第5年	2 140 000	10 100
合 计	11 640 000	485 600

由此计算前5年坏账占应收款项的比例=485 600÷11 640 000×100%=4.17%

预计坏账损失额=520×4.17%=21.68（万元）

②账龄分析法。账龄是指债务人所欠账款的时间。一般来说，应收款项账龄越长，坏账损失发生的可能性越大。所以按应收款项拖欠时间的长短，可以分析判断可收回的金额和坏账。账龄分析法，是根据应收款项的时间长短来估计坏账损失的一种方法。采用账龄分析法时，将不同账龄的应收款项进行分组，并根据前期坏账实际发生的有关资料，确定各账龄组的估计坏账损失百分比，再将各账龄组的应收款项金额乘以对应的估计坏账损失百分比，计算出各组的估计坏账损失额之和，即为当期的坏账损失预计金额。

账龄的一般划分方法见表10-9。

表10-9　账龄的一般划分方法

账龄划分方法	特点
最后账龄法	每个客户应收款项截至某一年内有经济业务发生，则将该客户应收款项的全部余额视为某一年度来确定账龄。此方法简便，但不太符合实际情况
先进先出法	假设收回的款项为先收回先发生的应收款项，以此来确定账龄
实际账龄法	按每笔经济业务（或每个合同）实际发生的应收款项和收回款项来确定账龄

【提示】在评估实践中，经常遇到被评估单位申报应收款项资产清单时，有的反映的

是最后一笔借方额记录时间，有的反映的是最后一笔贷方额记录时间。一次性业务形成的单笔款项对评估影响不大，多次业务的多笔借方和贷方款项，如常年多次发生赊销、还款业务，这种情况下，则对账龄的划分，对评估十分重要。

一般来说，应收款项评估以后，账面上的“坏账准备”科目按零值计算，评估结果中没有此项目。对应收款项评估时，是按照实际可收回的可能性进行的。因此，应收款项评估值就不必再考虑坏账准备数额了。

【学中做10-15】某企业评估时，经核实该企业应收款项实有额为858 000元，具体发生情况以及由此确定的坏账损失情况见表10-10和表10-11。

表10-10　应收款项账龄分析表　单位：元

欠款单位	总金额	其中：未到期	其中：过期			
			半年	1年	2年	3年及3年以上
甲	487 000	202 000	85 000	160 000	40 000	
乙	176 000	80 000	40 000		10 000	46 000
丙	66 000			18 400	32 000	15 600
丁	129 000	22 000	18 000	24 000	25 000	40 000
合计	858 000	304 000	143 000	202 400	107 000	101 600

表10-11　坏账计算分析表　金额单位：元

账　龄	应收金额	预计坏账率	坏账金额	备　注
未到期	304 000	1%	3 040	
已过期：半年	143 000	10%	14 300	
1年	202 400	15%	30 360	
2年	107 000	25%	26 750	
3年及3年以上	101 600	43%	43 688	
合　计	858 000		118 138	

应收款项评估值=858 000−118 138=739 862（元）

（四）应收票据的评估方法

票据是由付款人或收款人签发、由付款人承兑、到期无条件付款的一种书面凭证，包括汇票、本票和支票。应收票据是指企业持有的尚未兑现的各种票据，是企业的债权凭证。评估中涉及的应收票据主要是商业汇票。商业汇票按承兑人不同，分为商业承兑汇票和银行承兑汇票；按是否计息，分为不带息票据和带息票据；按是否到期，分为未到期票据和到期票据。商业汇票可以依法背书转让，也可以向银行申请贴现。

应收票据可以采取下列方法进行评估：

1. 按票据的本利和计算

(1) 不带息票据的评估，其评估值即是其票面额。

(2) 带息票据的评估，其评估值是到期的本利和金额。

【提示】这里的本利和，利息的计算采用的是单利而不是复利。

应收票据的评估值=本金×（1+利率×到评估基准日实际时间长短）

【学中做10-16】某企业拥有一张期限为半年的票据，本金75万元，月利率为10‰，截至评估基准日离付款期尚差三个半月的时间。由此确定评估值为：

应收票据的评估值=750 000×（1+10‰×3.5）=752 625（元）

2. 按应收票据的贴现值计算

按应收票据的贴现值评估指对企业拥有的尚未到期的票据，按评估基准日到银行可获得的贴现值计算确定评估值。贴现是持票人持未到期的应收票据，通过背书手续，请银行按贴现率从票据价值中扣取贴现日起到票据到期日止的贴息后，以余额兑付给持票人。票据到期值与贴现收到金额之间的差额，叫作贴息或贴现息，通常记作财务费用。贴息的数额根据票据的到期值按贴现率及贴现期计算。其计算公式为：

应收票据评估值=票据到期价值-贴现息

贴现息=票据到期价值×贴现率×贴现期

【学中做10-17】某企业向甲企业售出一批材料，价款500万元，商定6个月收款，采取商业承兑汇票结算。该企业于4月10日开出汇票，并经甲企业承兑。汇票到期日为10月10日。现对该企业进行评估，基准日为6月10日。由此确定贴现日期为120天，贴现率按月息6‰计算。则：

贴现息=（500×6‰÷30）×120=12（万元）

应收票据评估值=500-12=488（万元）

【提示】与应收账款类似，如果被评估的应收票据在规定的时间内尚未收回，由于会计处理上将不能如期收回的应收票据转入应收账款，此时，按应收账款的评估方法进行价值评估。

（五）预付费用的评估方法

预付费用在评估基准日之前已经支付，但在评估基准日之后才能发挥作用，产生效益。因而，如果预付费用的效益已经在评估基准日之前全部体现，只因发生数额过大而采用分期摊销的办法，那么这种预付费用评估值一般为零。只有那些在评估基准日之后仍将发挥作用的预付费用，才有相应的评估价值。

【学思践悟】资产评估立足于保护国有资产、防止国有资产流失，在国有企业股份改制、兼并、重组、境内外上市、破产清算等行为中扮演“守门人”的角色。

中国资产评估协会发布的《“十四五”时期资产评估行业发展规划》进一步指出，要把新发展理念贯穿于资产评估行业发展全过程，切实转变发展方式，促进服务质量和效率提升，推动服务领域拓展，实现资产评估行业更高质量、更有效率、更可持续的发展。

随着我国资本市场的不断发展，上市公司掀起并购重组浪潮，资产评估成为其核心环节之一。其间所产生的资产评估业务，构成传统业务的多数部分，传统资产评估业务以服务交易目的的经济行为居多，具有程序性、鉴证性特点，以“出报告”为核心交付，流动资产和负债评估也是主要的评估业务。

但是，基于经济环境变化所做的业务调整，包括评估方法的优化、评估对象的拓展，仍是传统资产评估业务的范畴，而资产评估新业务在上述框架中仍然进展缓慢。创新是资产评估市场转型发展的新引擎，各资产评估机构要根据经济社会发展需求，积极开拓资产评估服务新领域。

资产评估行业要立足新发展阶段、贯彻新发展理念、构建新发展格局，满足推动高质量发展的内在要求，将资产评估行业改革发展与党中央重大决策部署紧密结合，在资本市场注册制改革、数字经济发展、经济社会发展绿色转型、高水平对外开放等方面发挥应有的重要作用。

资料来源：中国会计报. 拓展服务领域实现资产评估行业更高质量发展［EB/OL］.［2022-06-07］. http：//czt.gd.gov.cn/zcpg/content/post_3945430.html.

项目小结

流动资产评估和其他资产评估在评估对象、基准时间和操作方法等方面比较，具有显著特点。在流动资产评估实践中主要是以存货（如材料、在产品、产成品、低值易耗品等）和非实物类流动资产（如应收及预付账款、应收票据）为评估内容，由于种类较多，情况复杂，应注重对流动资产的质量和技术状况进行调查，以及对企业债权情况的全面分析。

存货资产评估是流动资产评估的重要内容。评估存货资产的要领是分清种类，把握特点（包括购进或使用时间、完工时间、价格变化等），选择成本法或市场法评估。学习中应加强对有关公式的理解和熟练应用。

非实物类流动资产评估主要是对企业尚未收回的款项（包括应收账款和应收票据）的评估。评估时应全面核实、分析和确认债权情况，区别其是否到期、是否带息以及评估目的不同而采用相应的评估方法。

负债评估，主要是核实各项负债在评估基准日债务人的实际负债额，需要确认企业实际承担的负债以及在评估基准日负债数额是否正确。常见的企业负债，主要包括应付及预收款项、应付职工薪酬、银行借款、应付票据、应付股利、应交税费和递延收益等方面，评估时应当重点关注评估流程和注意事项，分情况进行评估。

本项目框架结构如图10-2所示。

实训设计

一、实训目标

流动资产评估是常见的评估业务之一。通过流动资产评估的操作训练，使学生明确评估对象和范围，熟悉评估程序，掌握流动资产评估方法，熟练运用评估技术，能够独立完成流动资产项目的评估。

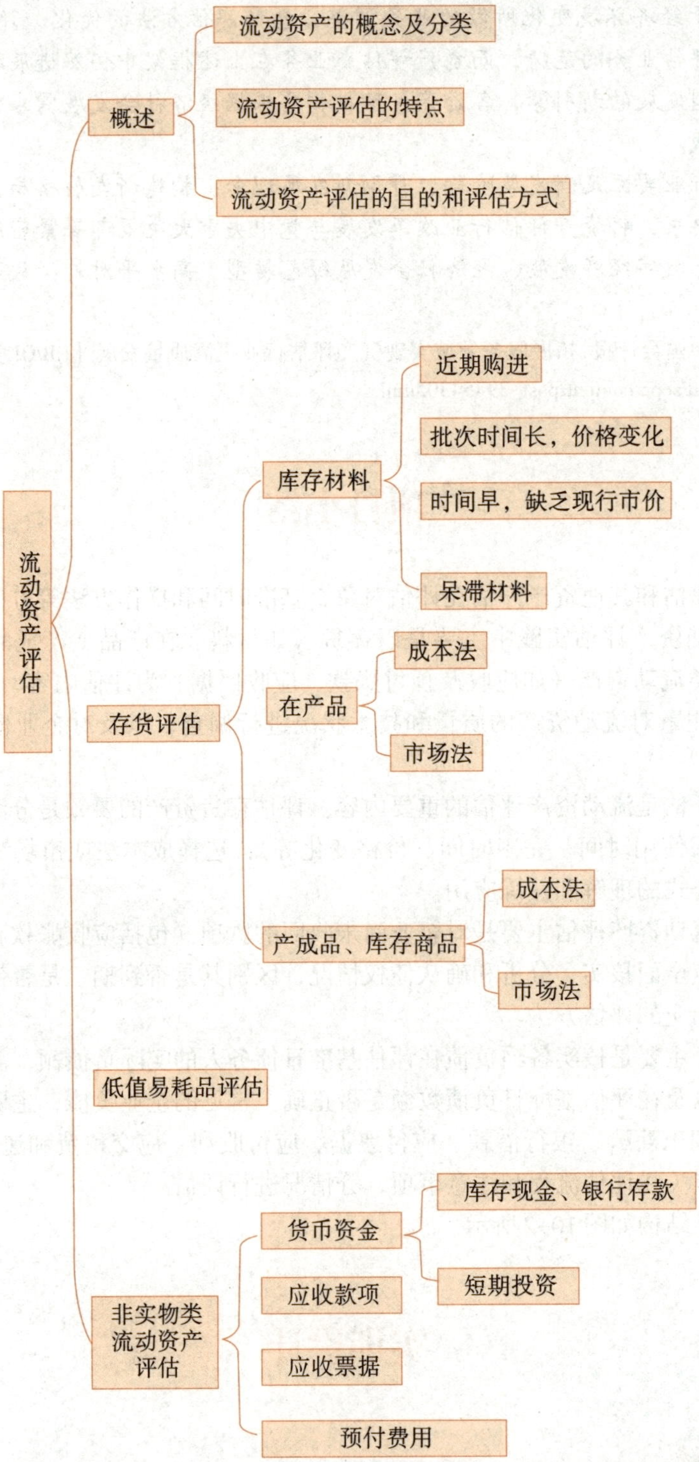

图10-2　本项目框架结构

二、实训项目与要求

1. 实训组织

首先，实训指导教师将实训案例的背景、涉及的基础知识与案例中相关的重要问题做简要介绍和讲解；其次，基于思考题，引导学生明确目标和任务，查阅相关资料，开展小组讨论，并提交分析报告提纲；再次，请同学们以小组代表的形式对实训案例进行归纳总结，呈现观点思路；最后，由教师进行点评，并对案例所涉及的问题进一步延伸和拓展，学习小组采用书面报告的形式提交最终的实训报告。

2. 实训项目

华联机械有限公司是一家大型工程机械制造企业，属于国家大型企业，主要生产推土机、挖掘机、铲运机、装载机等，年销售收入10 916万元，年净利润1 306万元。整体资产及财务管理状况良好，经济效益和利润在同行业中居于前列，现经有关部门批准，对该公司进行股份制改造，需对企业的全部流动资产进行评估。

在评估基准日2023年8月30日，该企业流动资产总额为16 339.85万元。具体构成如下：货币资金246.45万元；短期投资61.4万元；应收账款9 011.98万元；存货7 020.02万元。库存产品A账面价值14.82万元，在用低值易耗品B账面价值5.2万元，系列C在产品在评估基准日账面累计总成本为7 000万元。

评估专业人员收集的资料如下：

（1）公司银行账户在基准日的账面价值为246.45万元，银行对账单余额为246.45万元。企业已收银行未收0，企业已付银行未付0，银行已收企业未收0，银行已付企业未付0。

（2）短期投资的账面余额为61.4万元，该公司的短期投资均为购买的上市股票，资料见表10-12。

表10-12　短期投资项目　金额单位：元

股票名称	股数（股）	账面成本	评估基准日市价	评估值
太钢不锈	10 000	44 500.00	5.52	
中体产业	25 000	142 000.00	6.68	
西山煤电	30 000	427 500.00	15.25	
合 计		614 000.00		

（3）应收账款的账面余额为9 011.98万元。资料见表10-13。

表10-13　应收账款项目表　金额单位：万元

拖欠时间	应收金额	预计坏账率	坏账金额	评估值
2年以内	2 307.46	2%		
2～3年	1 179.73	10%		
3～4年	3 099.39	15%		
4～5年	340.40	20%		

续表

拖欠时间	应收金额	预计坏账率	坏账金额	评估值
5年及以上	2 085.00	50%		
合 计	9 011.98			

（4）库存产品A账面价值14.82万元，2 000件，单价74.1元/件，该产品的市场销售价格为82.8元/件（不含税）。通过测算该公司此类产品3年的平均销售费用率为7%，税金及附加率为0.23%，净利润取其收入的1.68%。

（5）在用低值易耗品B账面价值5.2万元，目前市场价格为6万元，该低值易耗品一般使用年限为5年，已使用2年，性能良好，属半新设备，预计尚可使用3年。

（6）系列C在产品在评估基准日账面累计总成本为7 000万元；系列中C1在产品废品率偏高，超过正常范围的废品有790件，账面单位成本为250元，估计可回收的废料价值为23 500元；系列C在产品的材料成本占总成本的75%，所用材料全部是有色金属材料，按生产准备开始到评估日只有3个月时间，按生产资料交易中心公布的价格计算，同类有色金属材料在3个月内降价8%；制造费用分析表明，本期在产品的单位产品费用偏高，主要是前期漏转费用45万元计入本期成本；系列C在产品的工资及福利费成本占总成本的10%，评估开始前进行了工资调整，按有关政策，应计入产品成本的工资及福利费增加了12%；其他费用在3个月内未发生变化。

3. 实训要求

根据上述资料请对企业的流动资产进行评估，并思考以下问题：

（1）怎样确定华联机械有限公司流动资产评估的范围？

（2）应当遵循怎样的操作步骤评估流动资产价值？

（3）针对流动资产的不同类别，应采用何种方法进行评估？

（4）运用成本法评估在产品价值的理论依据是什么？

三、成果与检测

1. 学生说明在流动资产价值评估中遵循的评估程序；总结流动资产评估的内容、目的和方法；本案例评估方法确定思路以及相关指标测算依据。

2. 各组组长组织同学互相评价，提出实训自评成绩和互评成绩。课后撰写实训报告，在班级进行交流汇报。

3. 教师汇总实训所取得成绩和存在的问题，提出今后的改进措施，并根据学生自评、互评和实训报告质量，确定学生的实训成绩。

项目十一
资源资产评估

知识目标

1. 了解资源资产的自然属性、经济属性和法律属性，以及资源资产评估的特点；
2. 了解森林资源资产价格构成的主要因素；
3. 熟悉矿产资源资产和林木资产的主要评估方法；
4. 掌握资源资产各种评估方法的基本计算公式。

能力目标

1. 能够正确收集森林资源评估所需的资料并对相关项目进行核查；
2. 能够熟练运用相应方法评估森林资产价值和矿产资源探矿权、采矿权价值；
3. 能够规范、正确、全面地完成资源资产。

素养目标

1. 树立和践行绿水青山就是金山银山的理念；
2. 树立绿色低碳生活的理念；
3. 树立遵循客观规律的意识。

项目导入

怎样评估采矿权的价值？

吉利煤矿是某省煤炭集团公司原有的五个省属国有重点企业之一，现有双山副井、双山三井两对主力井及回采四区，共三个井区，企业主要经营范围为煤炭开采、汽车客货运输、矿山机械修理和煤矸石加工等，目前已达设计生产规模45万吨/年，采矿许可证有效期限自2021年8月至2025年8月，矿区面积3.0542km²。采矿权范围内地质勘查程度属勘探，资源储量估算范围在采矿权范围内。现因企业改制，该省煤炭集团公司拟转让其下属的吉利煤矿采矿权，委托该省立诚矿业咨询服务有限公司进行评估，为其转让该采矿权提供价值参考意见。评估基准日确定为2023年10月31日。

思考：如果你是中青资产评估有限公司的一名矿业权评估师，具体负责吉利煤矿采矿权评估业务，你将如何开展评估工作？评估中的关键问题是什么？具体采用什么方法进行估算？

启示：资源资产是资产评估的重要对象，通过对自然资源进行合理的利用和开发，资源资产可以为产权主体带来一定的经济利益，但是，自然资源的开发并不是无限的，需要人们注重资源的可持续发展，遵循自然规律，寻求人和自然的和谐统一。

任务一 认知资源资产

任务描述

资源资产是在现有的认识和科学技术水平条件下，通过开发利用，能够为产权主体带来一定经济利益的自然资源。通过学习，能够运用所学的资源资产评估知识，依据法律法规和评估准则的要求，熟练掌握林木资产、矿产资源采矿权和探矿权等价值评估的方法，独立完成资源资产评估项目。

相关知识

一、认知自然资源

资源是人类赖以生存和发展的基础，是社会生产和劳动的物质基础，是实现经济发展的最基本、最重要的支撑。从广义的角度看，资源包括自然资源、经济资源和人文社会资源等；从狭义的角度看，资源包括土地、水、矿藏、森林等自然资源。资产评估中所涉及的资源资产，是指由狭义的自然资源转化而成的资产。

（一）自然资源的概念

自然资源是指自然界中人类可以直接获得的、用于生产和生活的物质要素。自然资源是一个具体的概念，具有可确指性，未被发现或已经发现但尚未明确其用途的物质不是资源，因而也没有价值。自然资源又是一个动态的概念，由于信息、技术和相对稀缺性的变化，原先没有价值的物质可能会变为资源。

（二）自然资源的分类

自然资源与人类经济社会的发展息息相关，是重要的生产和生活资料。不同性质、不同功能、不同储量的自然资源，对人类社会所发挥的作用不同，价值也有差别。

1.根据自然资源在开发过程中是否能再生进行分类

根据自然资源在开发过程中是否能再生，其可划分为可耗竭性资源和非耗竭性资源两类。具体分类如图11-1所示。

- 自然资源
  - 耗竭性资源
    - 陆地矿产资源
      - 金属矿产资源
      - 能源矿产资源
        - 石油
        - 天然气
        - 煤炭
      - 非金属矿产资源
    - 海洋矿产资源
      - 滨海矿砂
      - 陆架油气
      - 深海沉积矿床
  - 非耗竭性资源
    - 气候资源
      - 光能资源
      - 温度资源
      - 降水资源
      - 风能资源
    - 海洋动力资源
      - 温差能资源
      - 潮汐能资源
      - 洋流能资源
      - 波浪能资源
    - 水资源
      - 地表水资源
      - 地下水资源
    - 土地资源
      - 农用土地
        - 耕地
        - 林地
        - 草地
        - 农田水利用地
        - 养殖水面
      - 建设用地
      - 未利用土地
    - 生物资源
      - 动物资源
      - 植物资源
        - 森林资源
        - 牧草资源
        - 荒漠资源
        - 沼泽资源
      - 微生物资源

图11-1　自然资源的分类

可耗竭性资源主要是矿产资源，是经过漫长的地质过程形成的，其绝对数量随着人类的开发、利用而表现出逐步减少和耗竭现象，是不可再生资源。

非耗竭性资源基本上由环境要素所构成，在合理开发利用限度内，人类可以永续利用，如河流、土地、滩涂、山岭等。非耗竭性资源可分为三种：

（1）恒定的非耗竭性资源。即资源不受或基本不受人为因素的影响，具有恒定特性，如气候资源和海洋动力资源。

（2）可再生的非耗竭性资源。即因人为因素的影响所发生的数量减少可以得到恢复的资源，如生物资源。森林资源只要适度采伐，就会不断更新，避免资源枯竭。

（3）不可再生的非耗竭性资源。主要是土地资源。土地资源的合理开发利用是其永续使用的前提条件，过度开发、盲目利用，会造成土地数量减少，加重土地沙化和荒漠化。

2. 根据自然资源与人类的经济关系进行分类

根据自然资源与人类的经济关系，其可划分为5类，如图11-2所示。

图11-2　自然资源分类

（1）环境资源，包括太阳光、地热、空气和水等。这类资源比较稳定，一般不会因人类的开发利用而明显减少，属于非耗竭性资源。

（2）土地资源，是由地形、土壤、植被、岩石、水文和气候等因素所组成的自然综合体，虽然属于非耗竭性资源，但其不可再生性以及与其他资源的内在关联性要求人类的开发利用活动必须科学、合理。

（3）生物资源，包括森林、牧草、动物和海洋生物等资源。在太阳能量一定、生物繁殖能力一定、人类合理利用和保护的条件下，生物资源是可以再生的。

（4）矿产资源，包括陆地矿产资源和海洋矿产资源。矿产资源的开发和利用为经济社会发展提供了重要能源和原材料资源的保障，是人类社会发展的前提和动力，同时，矿产资源的开发与国民经济各部门的发展有着广泛的关联及波及效应。因此，矿产资源的开发利用应与可持续发展战略密切配合，做到规划开发、重点保护与生态恢复相结合。

（5）景观资源，主要是自然景物、风景名胜等，一般附着于其他类型的资源之上，可以满足人们游览、观光、探险、考察研究等需要。

（三）资源资产的特性

在市场经济条件下，自然资源资产化就成为资源资产。显然，资源资产自身具备了自然资源的自然属性，而同时也具备了资产的经济属性和法律属性，这些特点和性质为进行资源资产评估提供了依据，决定着资源价值的构成基础。

1. 自然属性

（1）天然性。自然资源最初是在自然力的作用下形成的，来源于自然界，处于自然状态。但随着人类对自然干预能力的加强，部分资源资产表现出人工投入与天然生长的共生性。同时，自然资源是自然环境的组成部分。

（2）有限性（或稀缺性）。资源资产的有限性和稀缺性，主要表现在三个方面：第一，资源资产的数量是有限的，人类活动使某些自然资源数量减少、枯竭或耗尽；第二，自然资源和自然条件的贫化、退化和质变；第三，自然资源的自然结构、生态平衡被破坏，例如，矿产资源随着开发利用消耗一点少一点，再如，土地资源自然总量是一定的，不会有所增加。

（3）生态性。各种资源，如太阳、大气、地质、水文、生物等，构成了一个复杂的体系，形成特定的生态结构，构成不同的生态系统。不同的资源间相互依存，具有一定的生态平衡规律。如果毫无顾忌地开发和获取资源，使消耗超过补偿的速度，会导致这些资源毁灭。向陆地圈、水圈、大气圈以超过自然净化能力的速度排放废物，就会破坏生态平衡系统，从而导致某些自然资源难以持续利用。

（4）区域性。由于资源资产具有天然性特点，其地域分布极不均衡，存在显著的数量或质量的地域差异。比如在我国，金属矿产资源基本上分布在由西部高原到东部山地丘陵的过渡地带；森林资源也呈集中分布状态，长白山林地面积和木材蓄积量分别占全国的11%和13.8%。

2. 经济属性

（1）资源资产具有使用价值。由于自然资源具有使用价值，因此它能够转化为经济资源，成为人类的生活资料和生产资料。经济增长与经济发展必然要耗费一定的资源，所以自然资源是人类发展的物质基础，也是经济发展的基础，全部物质财富都必须以自然资源为物质基础，其相对丰度影响着经济的发展速度。

（2）资源资产价值能够以货币计量。资源资产除了能够用实物单位计量以外，还可以用价值量来表示，这是资源资产评估的基础。对于无法用货币计量的自然资源，如空气、太阳光等就不能成为资产。

（3）资源资产具有可收益性。只有具有经济价值的自然资源才能够成为资产，没有经济价值或在当今知识与技术条件下尚不能确定其有经济价值的资源，不能成为资产。

3. 法律属性

资源资产的法律属性主要指其产权性。具体表现为：一是资源资产必须能够为特定主体依法拥有和控制，并独立行使产权权能；二是虽然根据我国所有权和使用权相分离的资源产权制度，法律不允许资源所有权的转让，但是资源使用权可以依法交易。

二、认知资源资产评估

（一）资源资产评估的概念

资源资产评估是对资源价值的估算。通过资源资产评估，可以为国民经济核算中进行资源价值核算提供依据，能够满足资源资产产权转让、资产经营和管理等方面的需要，为国家和企业提供专业服务。我国目前资源资产评估的对象主要包括土地资源、矿产资源、森林资源等，所采用的主要评估方法有收益法、市场法和成本法。

（二）资源资产评估的特点

由于资源资产具有独特的自然属性、经济属性和法律属性，与其他资产相比，资源资产评估具有自身的特点。

1. 资源资产评估所确定的是使用权价格，而非所有权价格

根据我国法律的规定，资源资产大多属于国家所有，占有使用单位和个人只能依法取得开采（或开发）利用权。尽管自然资源本身不是商品，但是，由于资源资产的稀缺性及其效用的级差性，必然产生地租，因而资源资产具有价格。在市场经济条件下，国际上通行资源开发特许权制度，实施资源有偿使用，并且可以把资源资产视同资本金投入，与其他投资者进行合资、联营等，从而产生了资源资产的评估问题。资源资产评估的实质，是对地租资本化价格的估算。也就是说，资源资产的价格，与地价的确定一样，不是以价值为基础的（因为其本身不是商品，从而没有价值），而是以其收益（地租）为基础的，是对资源资产权益的评估。

2. 资源资产的价格受资源的区位、稀缺程度和开发利用水平影响较大

由于资源的有限性、稀缺性和区域性，以及资源使用价值与人类开发利用技术的密切关联性，评估资源资产的价格要综合考虑其供求状况、利用水平以及国家政策法律等因素的影响。

3. 资源资产评估必须遵循自然资源形成和变化的客观规律

不同的资源资产，其资源条件、经营方式、市场供求等情况各不相同。在估算资源资产价格时要充分了解资产实体和资产使用权的个性特点，把握资源价格的内在规律性，确定影响其价格形成和变化的决定性因素，科学、合理地选择评估方法。

任务二　森林资源资产评估

任务描述

森林是陆地生态系统的主体，具有生态、社会和经济三重效益。开展森林资源资产评估，可以有效维护社会公共利益和资产评估相关当事人的合法权益，同时也是自然资源资产化计量的重要工具，是社会全面认识森林资源价值，推动生态文明建设的重要手段。本任务主要应用成本法、市场法和收益法评估林木资产价值。

相关知识

一、认知森林资源资产的基本概念

（一）森林资源资产的概念

根据《资产评估执业准则——森林资源资产》，森林资源资产，是指由特定主体拥有或者控制并能带来经济利益的，用于生产、提供商品和生态服务的森林资源，包括森林、林木、林地、森林景观、森林生态等。

对于森林资源资产的概念，主要从以下方面来理解：

（1）森林资源资产是以森林资源为物质内涵的资产，包括林木资产、林地资产、林区野生动物资产、植物资产和微生物资产。

（2）不是所有森林资源都能转化为森林资源资产。资产必须是由特定主体所拥有或控制，并能够带来经济利益的经济资源。没有经济利用价值或在当今知识与技术条件下尚不能确定其有经济利用价值的森林资源不能成为资产，例如，没有依法认定的森林资源，完全没有经济利用价值的森林资源，在现有技术条件下不可计量的森林资源。

（3）森林资源具有的多种功能决定了森林资源资产价值的多重性能。森林资源资产除了为社会提供木材、果品、食用油料、工业原料和药材等经济产品外，还具有涵养水源、保育土壤、固碳制氧、积累营养物质、净化大气环境、森林防护、保护生物多样性等生态价值。在特定目的与条件下，森林的生态价值可以进入市场，成为经济资产，如林业碳汇资产。

（二）森林资源资产的特点

森林资源资产除具备其他资产的共同特点外，还具有以下特点：

1. 经营的永续性

森林资源资产属于可再生资源资产，在没有受到自然灾害和人为破坏时，通过科学合理的森林经营，森林资源资产的消耗可以得到补偿，不存在折旧问题，可长期实现保值增值。

2. 再生的长期性

森林资源资产是可再生性资源资产，具有生长期长的特点，投入森林资源资产经营的资金，一般要几年、几十年，甚至上百年，等林木成熟并进行采伐时，才能收回。

3. 功能的多样性

森林资源资产具有生态、社会和经济三重效益，评估森林资源资产的经济价值，需要关注生态效益和社会效益对森林资源资产经济价值实现的限制性影响。在特定目的与条件下，森林资源资产的部分生态价值需要纳入评估范围，评估其经济价值。

4. 分布的辽阔性

森林是陆地生态系统的主体，分布极为广泛。南方的森林资源资产与北方的森林资源资产不同，山地的森林资源资产与平地的不同。不同地域的森林资源资产有着不同的经营属性，不能对其采取同一经营模式。分布的密集程度也直接关系到森林资源资产的价值与功效。

5. 管理的艰巨性

森林资源资产存在于广阔的林地上，既不能仓储，又难以封闭，大多地处偏远，使其管理十分困难，火灾、虫灾、盗伐等自然或人为的灾害很难控制，增加了风险损失的可能性。

（三）森林资源资产的分类

森林资源资产按其内涵可划分为森林土地资源资产、森林生物资源资产和森林景观资源资产。其中：森林土地资源资产，包括林地、疏林地、宜林荒山荒地等；森林生物资源资产，包括森林、林木及以森林为依托的动植物、微生物资源资产；森林景观资源资产，是指通过经营能为其经营主体带来经济收益的森林景观资源，主要包括森林公园、森林游憩地、以森林为依托的野营地、森林浴场或具有森林环境特征的旅游地等。

微课

森林资源资产

林木资源资产，是指林地上尚未被伐倒的树木，包括活立木和枯立木。按经营管理的形式划分为生态公益林和商品林，前者又称为公益性森林资源资产，后者又称为经营性森林资源资产。公益性森林资源资产作为公共物品，其经营的主导利用目标是生态效益。生态公益林是以保护和改善人类生存环境、维持生态平衡、保存物种资源、科学实验、森林旅游、国土保安等需要为主要经营目的的森林、林木、林地，包括防护林和特种用途林。经营性森林资源资产主要指商品林，即以生产木材、竹材、薪材、干鲜果品和其他工业原料等为主要经营目的的森林、林木、林地，包括用材林、薪炭林和经济林。

二、森林资源资产评估的概念和特点

（一）森林资源资产评估的概念

根据《资产评估执业准则——森林资源资产》，森林资源资产评估，是指资产评估机构及其资产评估专业人员遵守法律、行政法规和资产评估准则，根据委托对评估基准日特定目的下的森林资源资产价值进行评定和估算，并出具资产评估报告的专业服务行为。

对森林资源资产的评估，需要掌握基本的林学知识，熟知林业行业法律法规对森林资源资产价值的影响，了解森林资源资产生长规律、经营技术及相关参数系数，通过资源调查或资产核查，准确取得资源资产的实物量数据资料，实现资源资产实物量向价值量科学合理的转化。

（二）森林资源资产评估的特点

森林资源资产的特点决定了森林资源资产评估有着不同于一般资产评估的特点。

1.森林资源资产的可再生性

森林资源资产具有可再生性，这是森林实现持续经营的基础，也是其资产的特点。在评估时应考虑再生产的投入，即森林更新、培育、保护费用的负担；考虑再生产的期限，即未来经营期的长短，包括产权变动对经营期的限制；考虑综合平衡森林资源培育、利用和保护的关系。

2.森林经营周期长对资产评估结果造成较大影响

森林资源资产经营的周期短则5~6年，长则几十年、上百年。这样长的经营周期对评估价值产生的影响较大，主要表现为：

（1）在供求关系对价格的影响方面表现为供给弹性小，且成本效应滞后。当培育成本与市场价格出现背离时，成本对价格效应的反应非常滞后，市场需求对价格的影响会在相当长的时期内起主导作用。评估时应更多地考虑现行市场价格的因素。

（2）由于经营周期长，成本的资金时间价值极为重要，投资收益率的微小变化将对评估结果产生重大影响。

（3）由于经营周期长，对未来投入产出预测较为困难，而收益法的评估是建立在对未来投入产出预测的基础上的，故预测的准确性对评估的影响很大。

3.森林资源资产效益的多样性

森林资源资产具有经济、生态和社会三重效益，效益的多样性给森林资源资产评估带来了重大的影响。

（1）在现实的生产中生态效益和社会效益往往限制了经济效益的发挥，国家为了公众的利益制定了一系列法规对一些森林的经营进行限制，这些限制对森林资源资产价值的实现影响较大，在评估时必须给予充分关注。

（2）在生态文明建设的大背景下，森林的生态效益越来越被社会和市场认可，但有效进入市场还需时日，对其生态价值的评估要依据委托目的和市场环境具体分析确定。

4.森林资源资产价值的关联性

森林的价值体现在林木、林地、森林景观资产以及与森林资源相关的其他资产之上，林地的价值体现又与林木、森林景观以及与森林资源相关的其他资产密不可分。森林景观资产价值依托于森林、林地、林木等资源资产，森林生态价值的体现更要依托于森林系统整体。因此，评估森林资源资产要关注其资产的关联性，确定好评估对象和评估范围，合理划分森林、林木、林地、景观、野生动植物、人工林、经济林等的价值。

5.森林资源资产的地域性明显

评估时除考虑森林的价值外，还要考虑森林地位级和森林地利级，如气候条件、土地肥沃程度、适地适树情况、交通条件等。尤其是交通条件，对价值有较大影响。

6.森林资源调查和资产核查的艰巨性

森林资源主要分布在偏远山区，那里山高路陡，人烟稀少，交通不便；调查或核查专业技术性强、工作量大、风险高、费时耗力、工作条件极为艰苦。

三、森林资源调查与森林资源资产核查

（一）森林资源调查与森林资源资产核查中常用的概念

1.区划系统

林区地域辽阔，我国主要林区中一个林业局的经营面积达几十万公顷，为了因地制宜地组织林业生产，便于经营管理及进行森林资源调查与规划设计，需要对森林资源进行地域上的组织，划分一定的管理单位，即进行森林区划。

目前，我国各大林区的森林区划系统一般为五级，即林业局→林场→营林区→林班→小班。南方林区或者一些少林省，多采用四级区划，即国有林场→营林区→林班→小班。集体林区的森林区划系统为：县→乡（镇）→村→林班→小班。

2.林班

在林业局、林场范围内，将林地划分成许多个面积大小比较一致的单位，即为林班。林班是森林资源统计单位，也是永久性的经营管理单位。在进行林班区划时，主要根据林区的实际情况和经营水平，确定面积大小和区划方法。

我国林区的林班面积，一般为100～500公顷。在具有风景、旅游和疗养性质的林区，林班的大小和形状，一般都尽可能与森林景观及旅游事业的需要相结合。

3.小班

在同一个林班范围内，往往具有不同的立地条件及各种地类，或者生长着各种不同的林分，为了区别对待，采取不同的经营措施，合理组织林业生产，需要将林班进一步划分成不同的地块，称之为小班。小班是内部特征基本一致，与相邻地段有明显区别，需要采取相同经营措施的地块。小班是森林经营的最小单位，也是森林调查规划设计的基本单位。

4.林分起源

天然林，由天然下种、人工促进天然更新或萌生所形成的森林；人工林，以人为的方法供给苗木、种子或营养器官进行造林并育成的森林。

5.树种组成

组成林分树种的成分称为树种组成。其中，由一个树种组成的林分称纯林；由两个或更多树种组成的林分称为混交林。在混交林中，各树种的蓄积量（或总断面积）占林分总蓄积量（或总断面积）的比重叫树种组成系数。组成系数通常用十分法表示，即各树种组成系数之和等于“10”。由树种名称及相应的组成系数写成组成式，例如杉木纯林，则林分组成式为“10杉”。

如果某一树种的蓄积量不足林分总蓄积量的5%，但大于等于2%时，则在组成式中用“+”号表示；若某一树种的蓄积量小于林分总蓄积量的2%时，则在组成式中用“-”号表示。

6.平均胸径

在没有特殊说明的情况下，森林调查中所说的单株立木的“直径”，均为“胸高直径”，常以d表示，以厘米为单位。我国胸高直径的定义是：立木根颈以上1.3米处的树干直径，一般指带皮直径，一般用直径卷尺测量。

7.平均树高

林木的高度是反映林木生长状况的数量指标，同时也是反映林分立地质量高低的重要依据。平均树高则是反映林木高度平均水平的测度指标，平均树高通常又分为林分平均树高和优势木平均树高。

单株立木的“树高”，是指该株立木的根颈至树梢顶端的高度，常以h表示，以米为单位。一般使用测树专用工具“测高器”进行测量。

8.林分蓄积量

林分中所有活立木材积的总和称林分蓄积量，常以M（m^3/hm^2）表示。测定方法有实测法和目测法，使用工具“测高器”进行测量。林分蓄积量是个数量指标，它不能全面地反映林分中林木材积的经济利用价值的大小。

【提示】两个林分蓄积量相等，但各径阶林木株数的多少、木材缺陷以及病腐程度不同，则可以利用的、符合用材标准的材种出材量不相同，即两个林分的木材经济利用价值不同。

为了对森林资源的数量（蓄积量）和质量（材种出材量）作出确切全面的评价，正确合理经营森林，如营林抚育强度、次数、间隔期及抚育方式等技术措施，就必须在查明蓄积量的基础上，进一步对森林资源的经济价值作出评价。

（二）森林资源调查与森林资源资产清单

评估专业人员在执行森林资源资产评估业务时，应当要求委托方或相关当事方提供委托评估森林资源资产清单。森林资源资产清单，实际上就是一般资产评估中的委托评估资产申报表，通常是指以具有相应调查资质的森林资源调查单位当年的森林资源规划设计调查（二类调查）、伐区作业设计调查（三类调查）成果，或按林业资源管理部门要求建立并逐年更新至当年的，且经补充调查修正的森林资源档案资料编制的森林资源资产清单。森林资源资产清单通常以小班为单位编制。

【思考11-1】为什么森林资源资产清单只有二类和三类调查，一类调查为什么不是？

当委托方无法提供有效的委托评估森林资源资产清单时，受托方应要求委托方聘请具有相关资质的森林资源调查机构进行森林资源专项调查并编制森林资源资产清单，或经委托方同意，由评估机构委托有资质的森林资源调查机构进行调查和编制森林资源资产清单。根据评估目的和评估对象等实际情况，如评估机构具备调查专业知识和经验时，评估机构可以开展调查工作，编制森林资源资产清单。

（三）森林资源资产核查

资产评估专业人员在执行森林资源资产评估业务时，应当对森林资源资产数量、质量进行现场核查，确定森林资源资产清单是否能够作为评估依据。森林资源资产核查是资产评估的程序之一，也是资产评估专业人员规避评估风险的重要环节。

1.核查的基本要求

资产评估专业人员应对评估委托方提交的森林资源资产清单标注的内容进行核查，并要求账面、图面、实地三者一致，核查结果应满足核查的精度要求。

拟评估森林资源资产的范围为核查总体，在核查总体内应恰当确定核查总体单元的大小和边界，并计算在一定可靠性前提下的核查精度；一个核查总体单元只允许对应一个独立使用的评估值。核查工作应执行《森林资源规划设计调查技术规程》（GB/T 26424）和《森林采伐作业规程》（LY/T 1646）以及林业行业相关标准的规定。

2.核查项目

资产评估专业人员应阅读查验与拟评估森林资源资产有关的文件、证件、图件、资料、档案等。资产评估专业人员应依据林权证或有效法律文件，核对拟评估森林资源资产（林地及林木）的权属（所有权、使用权）及权属年限、四至界线等。

资产评估专业人员应依据林相图、森林分布图、林业基本图等图面资料，核对森林资源资产的空间位置、边界线走向等。资产评估专业人员应依据县级及以上林业主管部门批准执行并具有时效的林地保护利用规划、森林区划、分类经营规划等文件，核对森林资源资产的土地种类和森林类别等。

3.林地核查内容

林地应核查的主要项目有林地类型、森林类别、林种、树种、林下资源、使用期限、使用方式（指地租支付方式）、面积、位置、立地等级、地利条件等。

4.林木核查内容

（1）用材林核查内容。幼龄林（含未成林造林地）应核查的主要项目有起源、树种组成、林龄（造林时间、苗龄）、造林成活率、造林保存率、单位面积株数、平均胸径、平均树高、蓄积量、林木生长状况、病虫害发生及自然灾害损失状况、立地等级、地利条件等。

近、中龄林应核查的主要项目有起源、树种组成、林龄、郁闭度、平均胸径、平均树高、蓄积量、林木生长状况、病虫害发生及自然灾害损失状况、立地等级、地利条件等。

成、过熟林应核查的主要项目有起源、树种组成、林龄、郁闭度、平均胸径、平均树高、蓄积量、材种出材率、林木生长状况、病虫害发生及自然灾害损失状况、可及度、立地等级、地利条件等。

（2）竹林应核查的主要项目。竹林应核查的主要项目有竹种（品种）、平均直径、平均竹高、立竹度、年龄结构、整齐度、均匀度、平均单竹重量、竹林产量、出笋量、生长级、经营级、立地等级、地利条件等。

5.经济林核查内容

经济林应核查的主要项目有树种、品种、产期、生长阶段、冠幅、单位面积株数、生长状况、单位面积产量、产品品质等。

6.森林景观核查内容

资产评估专业人员应依据《旅游资源分类、调查与评价》(GB/T 18972)、《旅游区(点)质量等级的划分与评定》(GB/T 17775)和《中国森林公园风景资源质量等级评定》(GB/T 18005),除核查与林木核查内容相同的有关项目外,重点核查与观赏、游憩、保健、娱乐等方面相关的服务和特色以及交通条件、周边环境、旅游开发程度及建设条件等内容。

森林资源资产现场核查可以采用抽样核查或全面核查的方式进行。常见的森林资源资产核查方式主要有抽样控制法、全面核查法、小班抽查法等。

当资产评估机构和评估师缺乏森林资源调查专业知识和经验时,应聘请具有相应资质的专业机构或专业技术人员对森林资源资产进行核查,并由专业机构出具核查报告。

四、林木资源资产评估

林木资源资产评估,要根据不同的林种,选择适用的评估方法和林分质量调整系数进行评定估算。目前主要的评估方法有市场法、收益法和成本法等。林分质量调整系数须考虑林分的生长状况、立地质量和经济质量等来确定。

林木资源资产按林种不同分为用材林资产(含薪炭林资产)、经济林资产、竹林资产、防护林资产以及特殊用途林资产。林木资产功能不同,其内在价值表现形式、生产经营方式也各不相同。比如用材林资产、竹林资产以木材(竹材)价值为主,经济林资产以果品或原料价值为主,或两者兼具。因此,估算不同林木资产价值,应选择与之相适应的评估方法。本部分重点阐述用材林林木资产评估方法。

(一)重置成本法

重置成本法是按现时的工价及生产水平,重新营造与被评估林木资产相类似的资产所需的成本费用,作为被评估林木资产的评估值的方法。在森林资源资产管理中,对于幼龄林未来的收益预测困难,收益法难以采取,市场上很难找到交易案例。而作为营造不久的幼龄林,其各项营林成本较清晰,测算重置成本较为容易。因此,重置成本法是最适用于幼龄林价值评估的方法。

根据用材林的经济特点,重置成本法的计算公式为:

$$E_n = K \cdot \sum_{i=1}^{n} C_i(1+P)^{n-i+1}$$

式中:E_n为林木资产评估值;K为林分质量综合调整系数;C_i为第i年以现时工价及生产水平为标准计算的生产成本,主要包括各年投入的劳动力工资、物质消耗、地租、管理费用等;n为林分年龄;P为投资收益率。

运用重置成本法评估林木资产价值的注意事项:

1.必须确定合理的投资收益率

林木经营周期往往长达数十年,这期间经营基本上无收益(或仅有少量收益),且营林投入和风险主要集中在前几年。这会造成资金占用的时间很长，因此需要合理确定投资收益率，计算资金占用成本和投资收益。

2. 不需要考虑成新率问题

在林木的经营过程中，投资形成资本的累积，生长过程中没有收益或只有很少收益，不存在实体性损耗，资产的价值一直增加，要到主伐时才一次性将林木采伐和出售，资本全部收回。因此，在林木的重置成本法中一般不存在资产的折旧问题，也就不存在成新率问题。

3. 必须根据林分质量调整系数估算评估值

不同林分的质量差异较大，其重置成本一般是指社会平均劳动的重置值。其林分的质量是以当地平均的生产水平为标准的。

林分生长状态的质量调整系数：幼龄林一般用株数调整系数和平均树高调整系数综合确定，中龄以上的林分用平均胸径调整系数和蓄积调整系数综合确定。

（1）株数调整系数 K_1

株数调整系数 K_1 依据株数保存率 r 与造林标准合格率 R 之间比较确定。

株数保存率是衡量林分造林质量的重要指标。

$$株数保存率（r）=\frac{林地实有保存株数}{造林设计株数}$$

R 为造林标准合格率，在幼龄林（未成林造林地上的幼树）的评估中：

当 $r \geqslant R$ 时，$K_1=1$；

当 $r<R$ 时，$K_1=\frac{r}{R}$；

当 $r \leqslant 40\%$ 时，必须重造，$K_1=0$。（此时造林失败，重造成本高）

【提示】在幼龄林阶段中后期，林分一般已郁闭，如果株数保存率（r）小于40%，但林木的分布均匀，有成林希望，这时 K_1 不等于零，可以等于 $\frac{r}{R}$。

（2）平均树高调整系数 K_2

$$K_2=\frac{拟评估林分平均树高}{参照林分平均树高}$$

确定平均树高调整系数的关键在于寻找合适的参照林分的平均树高。通用的做法是选择适合评估地区的各树种幼龄树高平均生长过程表，拟合树高平均生长方程，测算评估年度的平均树高作为参照林分的标准平均树高。

（3）林分质量调整系数

$$K=株数调整系数K_1 \times 树高调整系数K_2$$

【学中做 11-1】某小班面积为 10 公顷，林分年龄为 3 年，平均树高调整系数为 0.9，株数保存率 r 为 91%。

要求：用重置成本法评估其价值。

解析：前 3 年相同林分投入调查结果显示：该地区评估基准日第 1 年造林投资为 4 200 元/公顷，第 2、3 年投资均为 1 500 元/公顷，年投资收益率为 8%。每年的林地租金为 600 元/公顷，从第 1 年起每年管护费为 150 元/公顷。当地造林成活率要求为 85%。

评估过程及结论：

已知 n=3；C_1=4 200+600+150=4 950（元）；C_2=1 500+600+150=2 250（元）；C_3=1 500+600+150=2 250（元）；该小班林木成活率91%>85%，故 K_1=1；K_2=0.9。

评估值=10×1×0.9×（4 950×1.08^3+2 250×1.08^2+2 250×1.08）=101 609.8（元）

（二）市场成交价比较法

微课

森林资源资产价值评估的重置成本法

市场成交价比较法是将相同或类似的森林资源资产的现行市场成交价格作为被评估森林资源资产评估价值的一种评估方法。对同一评估对象应选取三个以上参照交易案例，并从评估资料、评估参数等指标的代表性、适宜性、准确性方面客观分析参照交易案例。对各评估结果进行分析判断后，可采用简单算术平均法、加权算术平均法、中位数法、众数法、综合分析法等方法确定评估结果，并在评估报告中披露所采用的方法和理由。其中简单算术平均法计算公式为：

$$E=\frac{X}{N}\sum_{i=1}^{N}K_i\cdot K_{bi}\cdot G_i$$

式中：E为评估值；G_i为第i个参照交易案例的交易价格；K_{bi}为第i个参照交易案例的物价调整系数；K_i为第i个参照交易案例林分质量综合调整系数；N为参照案例个数；X为拟评估森林资产的实物量。

【学中做11-2】某公司拟转让8公顷的杉木成熟林，要求对其林木资产进行评估。根据资产清查，该小班面积为8公顷，蓄积量1 200立方米，地利系数为0.95。

参照案例A：某公司2年前花200 000元向邻村购买的年龄、平均胸径、平均树高都与该小班相近的杉木成熟林7公顷，蓄积量950立方米，地利系数为1.05。目前，木材销售价格由2年前的700元/立方米上涨为800元/立方米。

参照案例B：附近林场1年前花160 000元向邻村购买的年龄、树高相近，平均胸径为20厘米的杉木成熟林6公顷，其蓄积量为900立方米，地利系数为0.90。1年前杉木原木材销售价格为750元/立方米。

参照案例C：某个体户近期花100 000元购买的年龄、平均胸径、树高都与该小班相近的成熟林3公顷，蓄积量500立方米，地利系数为1.03。

根据上述指标，评估过程及结论如下：

由参照案例A可得：

K_1=0.95/1.05=0.905；K_{b1}=800/700=1.143；G_1=200 000/950=210.53

$E_1=K_1\cdot K_{b1}\cdot G_1$=0.905×1.143×210.53=217.78（元/立方米）

由参照案例B可得：

K_2=0.95/0.90=1.056；K_{b2}=800/750=1.067；G_2=160 000/900=177.78

$E_2=K_2\cdot K_{b2}\cdot G_2$=1.056×1.067×177.78=200.31（元/立方米）

由参照案例C可得：

K_3=0.95/1.03=0.922；K_{b3}=800/800=1；G_3=100 000/500=200

$E_3=K_3\cdot K_{b3}\cdot G_3$=0.922×1×200=184.4（元/立方米）

用简单算术平均法得出单位蓄积林木评估值：

E=（217.78＋200.31＋184.4）÷3=200.83（元/立方米）

总评估值 $E_{总}$=E·X=200.83×1 200=240 996（元）

（三）市场价倒算法（最基本方法）

市场价倒算法又叫剩余价值法，是指将被评估林木资产皆伐后所得木材的市场销售总收入，扣除木材生产经营所消耗的成本和合理利润后，剩余的部分作为林木资产评估值的一种方法。其计算公式为：

$$E_n = W - C - F$$

式中：E_n为林木资产评估值；W为销售总收入；C为木材经营成本（包括采运成本、销售费用、管理费用、财务费用及有关税费）；F为木材生产经营利润。

微课　森林资源资产价值评估的市场成交价比较法

【提示】当森林培育与木材生产为同一方时，评估专业人员应结合评估目的等因素，确定是否扣减木材生产经营利润F。

市场价倒算法是成熟林、过熟林林木资产评估的常用方法。该法所需的经济技术资料在市场上较易获得，各工序的生产成本、木材价格、利润、税费等数据都较易收集。立木的蓄积、胸径和树高等林况因子在资产核查中已确定，无须进行生长预测，财务的分析也不涉及投资收益率等问题。该方法计算简单，测算结果最贴近市场，最易为市场和评估当事人所接受。

【提示】在收益现值法、林地期望价法、收获现值法中，其林分主伐的预期收获的计算均是采用该法进行的。

【学中做11-3】某民营林业公司拟转让100公顷杉木林，该林分经营类型为一般用材林，林龄为28年，已过主伐期，处于成熟林组，林分平均胸径为18厘米，平均树高为16米，平均蓄积为160立方米/公顷。

要求：评估该小班价值。

解析：据调查，相关技术经济指标为：

（1）木材价格。木材价格以委估资产附近林产品交易市场木材销售价为基础，结合待评估林木资产的实际平均胸径综合确定木材的平均售价。经调查分析，杉原木售价为800元/立方米，杉综合材售价650/立方米。

（2）木材经营成本。木材经营成本主要包含伐区设计费、检尺费、采造集装、运费、销售管理费等，以出材量为计算基数，合计为170元/立方米。

（3）木材销售税费。木材销售税费主要包含增值税、城市维护建设税、维简费、不可预见费等，合计按销售收入的18.0%征收。

（4）经营利润率。按木材经营成本的16.0%计算。

（5）出材率。按委估资产地方标准《××市县林区商品林主要树种出材率表》计算。胸径为18厘米的杉木出材率为70%（其中原木25%；综合材45%）。

根据上述指标，评估过程及结论如下：

①主伐收入W=（160×25%×800＋160×45%×650）×100=7 880 000（元）

②主伐成本C=经营成本+销售税费=（100×160×25%+100×160×45%）×170+7 880 000×18%=3 322 400（元）

③木材经营利润F=3 322 400×16%=531 584（元）

该林分评估值=7 880 000−3 322 400−531 584=4 026 016（元）

微课　森林资源资产价值评估的市场倒算法

（四）收获现值法

收获现值法是通过预测林分生长到主伐时可生产的木材的数量，并利用木材市场价倒算法测算出其立木的价值并将其折成现值，然后再扣除评估基准日后到主伐前预计要进行的各项经营措施成本（含地租）的折现值，将其剩余部分作为被评估林木资产的评估值的一种方法。

【提示】在森林资源资产评估中，收获现值法理论上可以用于任何年龄阶段的林木资产评估，但在实际应用中一般用于中龄林和近熟林的林木资产评估。其计算公式为：

$$B_u = K \cdot \frac{A_u + D_a(1+P)^{u-n} + D_b(1+P)^{u-b} + \cdots}{(1+P)^{u-n+1}} - \sum_{i=n}^{u-1} \frac{C_i}{(1+P)^{i-n+1}}$$

式中：B_u为林木资产评估值；K为林分质量调整系数；A_u为标准林分u年主伐时的净收益（指木材销售收入扣除采运成本、销售费用、管理费用、财务费用、有关税费、木材经营的合理利润后的部分）；D_a、D_b为标准林分第a、b年的间伐和其他纯收益（n>a、b时，D_a、D_b=0）；C_i为评估后至主伐期间的年营林生产成本；u为经营周期；n为林分年龄；P为投资收益率。

收获现值法公式的计算较为复杂，此种方法主要针对造林年代已久，用成本法容易产生偏差，离主伐期尚早不宜采用市场法而提出的。

（五）年金资本化法

年金资本化法，是指在永续经营条件下，将被评估的森林资源资产每年的稳定收益作为资本投资的收益，再按适当的资本化率求出资产价值的一种方法。其计算公式为：

$$E_n = \frac{A}{P}$$

式中：E_n为林木资产的评估值；A为年平均纯收益（扣除地租）；P为投资收益率。

【提示】该公式简单，要测定的因素少，计算方便，但使用有严格的前提条件和需要注意的问题。前提条件：①待评估资产的年收入必须稳定；②待评估资产可以永续经营。需要注意的问题：①测算的年平均纯收益是扣减成本的正常利润；②投资收益率必须是不含通货膨胀率的当地该类资产投资的平均收益率。该方法主要适用于评估年纯收益稳定的森林资源资产。

（六）周期收益资本化法（收益现值法的变种）

周期收益资本化法，是指将被评估林木资产稳定的周期收益作为资本投资的收益，再按适当的投资收益率求出资产价值的一种方法。使用该方法以实现森林资源永续利用为前提条件，适用于异龄林林木资源资产评估。

任务三　矿产资源资产评估

任务描述

矿产资源属于不可再生性自然资源。我国的矿产资源属于国家所有。国务院代表国家统一行使矿产资源的所有权。国家实行探矿权、采矿权有偿取得制度，矿产资源探矿权和采矿权可以依法出让和转让。探矿权和采矿权依法在矿业权市场进行交易。因此，有必要对矿业权进行评估。

相关知识

一、矿产资源资产评估概述

（一）矿产资源资产评估

1.矿产资源资产评估的产生与发展

我国矿产资源资产评估是伴随着国家矿产资源管理制度的建立、完善逐步发展的，第一个阶段是1986—1997年，先后经过两个阶段。基于中华人民共和国第一部《矿产资源法》的“地质勘查成果资产评估”，1995年5月，原国家国有资产管理局和原地矿部发布《地质勘查成果资产评估管理若干规定（试行）》，该规定明确指出地勘成果应作为无形资产进行资产评估作价，当时的评估对象是“矿产地勘报告”和“有价值的勘查资料”。第二个阶段是基于1996年修订的《矿产资源法》的“探矿权采矿权评估”（或称矿业权评估）。1998年2月，国务院发布《矿产资源勘查区块登记管理办法》、《矿产资源开采登记管理办法》和《探矿权采矿权转让管理办法》三个行政法规，建立了矿业权流转制度以及相应的矿业权评估制度。其中规定：转让国家出资勘查所形成的探矿权、采矿权的，必须进行评估。至此，矿产资源资产评估正式确立为对探矿权、采矿权价值的评估，或者矿业权评估。

2.矿业权评估的基本要素及特点

（1）矿业权评估的基本要素

矿产资源是经过地质成矿作用形成的，埋藏于地下或出露于地表，并具有开发利用价值的矿物或有用元素的集合体。我国的矿产资源属于国家所有。

矿业权包括探矿权和采矿权。探矿权是指在依法取得的勘查许可证规定的范围内，勘查矿产资源的权利。取得勘查许可证的单位或者个人称为探矿权人。采矿权是指在依法取得的采矿许可证规定的范围内，开采矿产资源和获得所开采的矿产品的权利。取得采矿许可证的单位或者个人称为采矿权人。

矿产资源所有权和矿业权的权利客体同为矿产资源；矿业权权利主体是矿业权人，包括自然人、法人、其他经济组织，而矿产资源所有权权利主体是国家。矿业权可以依法流转，矿产资源所有权不允许流转。

矿业权评估主要包括以下基本要素：矿业权评估对象是探矿权和采矿权，矿业权权利客体为已查明或潜在的矿产资源储量，矿业权权利主体为矿业权人，矿业权权利价值内涵为用益物权价值。

（2）矿业权评估的特点

第一，与矿产资源法律制度密切相关。矿产资源法律制度，是确立矿业权财产属性、矿业权市场交易、定价等的基本前提。矿业权评估技术体系的建立，离不开矿产资源法律制度。不同国家和地区的矿产资源管理制度不同，矿业权评估理论相同，技术体系不同。

不存在全球完全一致的评估技术体系。

第二，涉及的专业门类多，需要利用多种不同类型的专业报告。矿业权评估涉及矿产地质勘查、采矿、选矿、冶炼等工程技术专业，评估中需要利用矿产资源储量报告，确定可采储量；利用矿产地质勘查报告，确定有关和有效的勘查实物工作量；利用矿山建设设计文件，确定开采方式、采矿方法及其相关技术经济指标；确定选矿工艺及选择方法及其相关技术经济指标。

第三，不确定性因素更多。与其他资产类型的评估相比，矿业权评估的不确定性因素较多，主要体现在不同类型的矿产资源储量具有不同的不确定性；随着矿山生产勘探，矿产资源储量会发生不同程度的变化；采选工艺指标不断变化；矿产品价格波动明显等方面。

（二）矿业权价值及其影响因素

1. 矿业权价值

矿业权是矿产资源分离出来的使用权，具体分为探矿权和采矿权。探矿权和采矿权的价值，是矿产资源勘查权利的价值和矿产资源开采权利的价值，是矿产资源勘查区和矿产地价值的一种体现，与矿产勘查区、矿产地不可分割。

（1）处于预查和普查阶段的勘查区，未查明矿产资源，矿产资源勘查权利的价值，取决于投入的勘查工作成本及其效用以及勘查工作对未来找矿潜力和矿产资源开发前景的作用。这也是矿业权成本法评估结果的内涵。分析勘查投资的价值构成，能够清晰理解勘查权利价值。

【提示】矿产资源勘查权利价值由以下三部分组成：第一，投入勘查工作的重置价值；第二，勘查工作布置的合理性及其质量所形成的效用价值；第三，矿产资源开发前景的价值。

【提示】尽管地质勘查工作可以进行成本核算，但勘查投资是否可以找到具有开发价值的矿产资源，带有一定的探索性、随机性和偶然性，而且勘查投入的大小与所探明的矿产资源价值大小并无对应性。以成本、效用以及前景为基础，估算勘查权利价值，是以矿产地质勘查投资与潜在矿产资源价值存在内在联系或依存关系作为假设前提的。

（2）处于详查和勘探阶段的勘查区，或已查明矿产资源的矿产地，矿产资源开采权利的价值，取决于矿产资源的开发价值，而矿产资源开发价值取决于矿床本身的禀赋优势，如矿床及矿体的储量、矿石的品位、开采条件、矿石的选冶及加工性质等一系列因素。

在矿产资源开发价值中，矿业权价款是国家作为矿产资源勘查出资人身份享有的权益，即“勘查投资及其收益”。矿业权价款评估值的内涵是国家作为矿产资源勘查出资人身份时的出资本金及其报酬。其余部分是矿业权人拥有矿业权这一法人资产的权益价值。如果是企业出资勘查形成的矿产地，扣除体现矿产资源国家所有者权益的矿产资源补偿费、资源税，即为矿业权人拥有矿业权这一法人资产的权益价值。

【提示】2017年4月13日，国务院印发了《矿产资源权益金制度改革方案》，提出将现行只对国家出资探明矿产地收取、反映国家投资收益的矿业权价款，调整为适用于所有国家出让矿业权、体现国家所有者权益的矿业权出让收益。矿业权出让收益与矿业权价款的内涵差异，及基于内涵的评估方法或模型，需要深入研究。

2. 矿业权价值的影响因素

一般说来，影响矿业权价值的因素主要有：矿产资源本身的稀缺程度和可替代程度、矿产品的供求状况、矿床自然丰度和地理位置、科技进步、资本化率和社会平均利润率等。

（1）矿产资源本身的稀缺程度和可替代程度。在市场需求一定的情况下，矿产资源的稀缺程度越高，可替代程度越低，其矿业权价值越高。同时，由于国家对稀缺资源一般会实行保护性开采政策，稀缺的矿产资源矿业权通常具有更高的价值。

（2）矿产品的供求状况。矿产品的供求状况决定矿产品价值的实现程度，决定何种等级的矿产资源将被投入到开采过程，从而影响矿业权的价值高低。

（3）矿床自然丰度和地理位置。矿床的自然丰度是通过矿体规模、形态、产状、厚薄、品位和埋深等一系列指标综合反映的。在一定的技术经济条件下，矿床的自然丰度越高，开采所需投入的成本越低，企业的超额利润会越大，矿业权价值也会相应增加。矿床的地理位置对矿业权价值的影响有时甚至超过矿床本身的丰度。矿床距离加工和消费地的远近、运输条件和矿山建设条件的优劣，会影响企业的生产成本。

（4）科技进步。科技进步对矿业权价值的影响主要体现在以下方面：

① 会使一些原来没有被利用的或者被认为无法利用的伴生元素或矿物得到开发和利用，从而使矿产资源总规模扩大，市场供给增加。

② 可以发现已被使用的矿产资源新的或更有效的利用价值，从而改变和增加矿业权的价值。

③ 可以发现和创造对矿产资源开发、利用更有效的方法，使采掘企业的技术经济指标发生显著变化，使采矿企业的收益增加，也使矿业权的价值上升。

④ 可以发现和创造更加有效或现代化的找矿方法，使矿产资源勘查的成本和风险降低，勘查工作和环境治理的费用水平下降，从而改变矿业权价值。

微课

矿业权价值

（5）资本化率。资本化率的高低反映潜在投资者向矿业权投资所要求的回报率，以及矿业权投资风险的大小。

二、矿业权评估尽职调查与资料收集

（一）尽职调查

尽职调查是指为尽可能全面掌握矿业权评估对象的信息而进行的查证和核实。一般包括：

（1）评估对象权属状况；

（2）地形、地貌等自然地理条件；

（3）交通、供电、供水等基础设施条件及区域经济发展状况；

（4）勘查、开发历史及现状；

（5）野外主要地质勘查实物工作量状况；

（6）矿山建设和生产经营状况；

（7）周边的勘查、开发活动；

（8）当地矿产品、矿业权市场情况；

（9）评估对象既往评估和交易情况；

（10）需要调查的其他事项。

【提示】尽职调查的具体内容，需要根据评估业务的性质、评估对象的勘查开发阶段、拟选用的评估方法等情况确定。尽职调查可以通过核查、现场勘查、函证、询问、座谈等方式进行。

（二）资料收集

评估资料一般包括：

（1）评估对象权属资料；

（2）评估对象目前和历史状况及相应的证明材料；

（3）地质勘查类资料；

（4）矿山开发（预）可行性研究、初步设计等资料；

（5）财务会计及生产经营资料；

（6）相关法律、法规及规范性文件；

（7）行业信息、市场询价、数据分析等资料；

（8）其他专业报告等。

在评估过程中，应当根据情况变化及时补充收集评估资料。

三、收益法在矿业权评估中的应用

（一）收益法的基本思路

收益法是基于预期收益原则和效用原则，通过计算待估矿业权所对应的矿产资源储量开发获得预期收益现值的路径来估算待估矿业权价值的各种具体评估技术方法的总称。

收益法常用的具体评估方法有：折现现金流量法、折现现金流量风险系数调整法和收入权益法。

（二）收益法的适用范围

收益法适用于采矿权评估和勘查程度较高的探矿权评估。

1.折现现金流量法适用的情形

（1）详查及以上勘查阶段的探矿权评估；

（2）赋存稳定的沉积型大中型矿床的普查探矿权评估；

（3）拟建、在建、改扩建矿山的采矿权评估；

（4）具备折现现金流量法适用条件的生产矿山的采矿权评估。

2.折现现金流量风险系数调整法适用的情形

赋存稳定的沉积型大中型矿床中勘查程度较低的预查及普查区的探矿权评估。

3.收入权益法适用的情形

（1）矿产资源储量规模和矿山生产规模均为小型的，且不具备采用其他收益途径评估方法的条件的采矿权评估；

（2）服务年限较短的生产矿山的采矿权评估，资源接近枯竭的大中型矿山，其剩余服务年限小于5年的采矿权评估。

（三）收益法评估模型及其数学表达式

1.折现现金流量法

（1）折现现金流量法定义。折现现金流量法，是指将矿业权所对应的矿产资源勘查、开发作为现金流量系统，将评估计算年限内各年的净现金流量，以与净现金流量口径相匹配的折现率，折现到评估基准日的现值之和，作为矿业权评估价值的一种方法。

（2）数学表达式。

$$P = \sum_{t=1}^{n}\left[(CI - CO)_t \cdot \frac{1}{(1+i)^t}\right]$$

式中：P为矿业权评估价值；CI为年现金流入量；CO为年现金流出量；（CI-CO）为年净现金流量；i为折现率（包含矿产开发投资的合理报酬）；t为年序号（t=1，2，…，n）；n为评估计算年限。

其评估模型见表11-1。

表11-1　折现现金流量法矿业权价值估算表

序号	项目名称	合计	评估基准日	勘查期	建设期	生产期
一	现金流入					
1	销售收入					
2	回收固定资产残（余）值					
3	回收流动资产					
4	回收抵扣设备进项税额					
	小计					
二	现金流出					
1	后续地质勘查投资					
2	固定资产投资					
3	无形资产投资（含土地使用权）					
4	其他资产投资					
5	更新改造资金					
6	流动资金					
7	经营成本					
8	销售税金及附加					
9	企业所得税					
	小计					
三	净现金流量					
四	折现系数					
五	净现金流量现值					
六	矿业权评估价值					

2. 折现现金流量风险系数调整法

折现现金流量风险系数调整法是针对地质勘查程度较低的稳定分布的大中型沉积型矿产的探矿权价值评估的一种评估方法。该方法的基本思想是：假设资源储量是可靠的，并可以采用折现现金流量法估算其价值；矿产开发地质风险系数可以反映资源储量的可靠程度。

该方法应用的一般步骤为：首先根据毗邻区矿产勘查开发的情况，采用折现现金流量法估算出基础价值；然后采用矿产开发地质风险系数进行调整得到探矿权评估价值。

矿产开发地质风险系数，是反映因地质勘查工作程度不足所存在的地质可靠性低、开发风险高等的调整系数。其数学表达式为：

$$P = P_n \cdot (1 - R)$$

式中：P为探矿权评估价值；P_n为采用折现现金流量法或折现剩余现金流量法估算的探矿权基础价值；R为矿产开发地质风险系数。

【学中做11-4】对某一大型沉积型磷矿普查探矿权进行评估，对该探矿权采用折现现金流量法计算（资源包括333、334，全部参加评估计算，不使用可信度系数进行折算），计算得到净现金流量现值为100 000万元人民币。经分析计算，该探矿权的矿产开发地质风险系数为0.3。

要求：用折现现金流量风险系数调整法评估该探矿权的价值。

解析：评估计算过程如下：

（1）采用折现现金流量法计算探矿权基础价值为100 000万元。

（2）矿产开发地质风险系数为0.3。

（3）该探矿权的价值=100 000×（1−0.3）=70 000（万元）

3. 收入权益法

收入权益法是基于替代原则的一种间接估算采矿权价值的方法，是通过采矿权权益系数对销售收入现值进行调整，作为采矿权价值的评估方法。采矿权权益系数反映采矿权评估价值与销售收入现值的比例关系。其数学表达式为：

$$P = \sum_{t=1}^{n} \left[SI_t \cdot \frac{1}{(1+i)^t} \right] \cdot K$$

式中：P为矿业权评估价值；SI为年销售收入；K为采矿权权益系数；i为折现率；t为年序号（t=1，2，…，n）；n为评估计算年限。

【学中做11-5】对某小型石英岩矿采矿权进行评估，评估基准日为2023年12月31日。该石英岩矿处于正常生产状态，产品为石英岩粉（制作玻璃的原料），核准生产能力和实际开采规模均为3万吨（原矿），剩余矿山服务年限为3年，石英岩粉产品产率为95%。地质构造复杂程度中等、矿体埋深浅、开采技术简单、选矿加工较简单。当地该类石英岩粉近年平均市场坑口不含税价格为80元/吨。折现率确定为8.75%，采矿权权益系数在该折现率下参考范围为3.55%～4.56%。

要求：试用收入权益法评估该采矿权的价值。

解析：评估计算过程如下：

（1）确定评估计算年限。

剩余矿山服务年限为3年，则评估计算年限为2024—2026年。

（2）计算销售收入。

年销售收入=石英岩粉产量×销售价格=3×95%×80=228（万元）

（3）确定采矿权权益系数。

该矿总体地质开采条件较好，采矿权权益系数宜在参考范围内靠上取值，确定采矿权权益系数为4.30%。

（4）计算采矿权价值。

采矿权评估价值为24.93万元，具体计算过程见表11-2。

表11-2　收入权益法评估计算表　金额单位：万元

序号	项目名称	合计	生产期		
			2024年	2025年	2026年
			1.00	2.00	3.00
1	销售收入	684.00	228.00	228.00	228.00
2	折现系数（i=8.75%）		0.9195	0.8456	0.7775
3	销售收入现值	579.72	209.65	192.80	177.27
4	采矿权权益系数	4.30%			
5	采矿权评估价值	24.93			

（四）收益法操作步骤

收益法评估矿业权价值的基本操作步骤为：

（1）确定评估对象、评估范围和评估基准日；

（2）选择适当的具体评估方法；

（3）分析确定可采储量；

（4）确定生产规模和估算服务年限；

（5）分析选择开发指标及相关参数；

（6）进行评定估算。

知识拓展

收益法主要评估参数的确定

四、成本法在矿业权评估中的应用

（一）成本法的基本思路

成本法是以探矿权所对应的矿产地质勘查工作投入及其效果与探矿权价值存在内在联系或依存关系作为前提的，是通过估算重新获得矿业权需要花费的全部现时费用的路径来判断矿业权价值的各种评估技术方法的总称。成本法常用的具体评估方法包括勘查成本效用法和地质要素评序法。

（二）成本法的适用范围

成本法多用于探矿权价值的评估。当探矿权所对应的矿产地质勘查程度较低，资源储量的可靠性差，不适合采用收益法评估探矿权价值时，一般考虑采用成本法对其价值进行评估。

成本法适用于矿产资源预查和普查阶段的探矿权评估，但不适用于赋存稳定的沉积型大中型矿床中勘查程度较低的普查阶段的探矿权评估。其中，勘查成本效用法，主要用于投入少量地表或浅部地质工作的预查阶段的探矿权评估，或者经一定勘查工作后找矿前景仍不明朗的普查探矿权评估。地质要素评序法，主要用于普查阶段的探矿权评估，也用于能够满足要求的预查阶段的探矿权评估。

（三）成本法评估模型及其数学表达式

1.勘查成本效用法

勘查成本效用法，是指采用效用系数对地质勘查重置成本进行修正，估算探矿权价值的具体评估方法。

其数学表达式为：

$$P = C_r \cdot F = [\sum_{i=1}^{n} U_i \cdot P_i \cdot (1+\varepsilon)] \cdot F$$

或：

$$P = C_r \cdot F = [\sum_{i=1}^{n} U_i \cdot P_i + C] \cdot F$$

式中：P为探矿权评估价值；C_r为重置成本；U_i为各类地质勘查技术方法完成的实物工作量；F为效用系数（$F=f_1\times f_2$，f_1为勘查工作布置合理性系数；f_2为勘查工作加权平均质量系数）；P_i为各类地质勘查实物工作对应的现行价格和费用标准；ε为岩矿测试、其他地质工作（含综合研究及编写报告）工地建筑等间接费用的分摊系数；C为岩矿测试、其他地质工作（含综合研究及编写报告）工地建筑等间接费用；i为各实物工作量序号（i=1，…，n）；n为勘查实物工作量项数。

2.地质要素评序法

地质要素评序法，是指基于贡献原则的一种间接估算探矿权价值的具体方法。具体是将勘查成本效用法估算所得的价值作为基础成本，对其进行调整，得出探矿权价值的一种评估方法。调整的根据是评估对象的找矿潜力和矿产资源的开发前景。

其数学表达式为：

$$P = P_C \cdot \alpha = [\sum_{i=1}^{n} U_i \cdot P_i \cdot (1+\varepsilon)] \cdot F \cdot \prod_{j=1}^{m} \alpha_j$$

或：

$$P = P_C \cdot \alpha = [\sum_{i=1}^{n} U_i \cdot P_i + C] \cdot F \cdot \prod_{j=1}^{m} \alpha_j$$

式中：P为地质要素评序法探矿权评估价值；P_C为基础成本（勘查成本效用法探矿权评估价值）；α为调整系数（价值指数的乘积，$\alpha=\alpha_1\times\alpha_2\times\alpha_3\times\cdots\times\alpha_m$）；$\alpha_j$为第j个地质要素的价值指数（j=1，2，...，m）；m为地质要素的个数。

【学中做11-6】对某一铅锌多金属矿探矿权进行评估。经分析，该探矿权勘查区的勘查阶段已到普查阶段。经核实、计算，该探矿权的有关、有效工作量的重置直接成本为1 320万元，间接费用按重置直接成本的30%计算。经评估专业人员分析判定，勘查工作的加权平均质量系数为1.20，工程布置合理性系数为1.15。评估专业人员聘请熟悉当地地质情况的高级工程师5人，对该探矿权的地质要素的价值指数进行了评判打分，结果见表11-3。

表11-3　　地质要素价值指数评判结果

	价值指数评判		评判专家					备注
	类	级	甲	乙	丙	丁	戊	
评判结果	Ⅰ. 区域成矿地质条件显示	a_{I}	1.12	1.15	1.10	1.10	1.12	位于大型成矿带上，区域成矿地质条件较好
	Ⅱ. 找矿标志显示	a_{II}	1.00	1.05	1.02	1.05	1.08	找矿标志较明显
	Ⅲ. 矿化强度及蕴藏规模显示	a_{III}	1.55	1.60	1.60	1.65	1.55	预测级以上的资源量估计达到小型矿床规模标准上限的1/2以上
	Ⅳ. 矿石质量及选矿或加工性能显示	a_{IV}	1.10	1.05	1.03	1.08	1.00	矿石品位较好，可选性较好
	Ⅴ. 开采技术条件显示	a_{V}	0.85	0.90	0.85	0.85	0.95	埋藏中深，水工环地质条件较复杂
	Ⅵ. 矿产品及矿业权市场条件显示	a_{VI}	1.15	1.20	1.15	1.25	1.20	目标矿种矿产品市场供需较平衡，探矿权所在地区矿业活动和矿业权交易活动活跃
	Ⅶ. 基础设施条件显示	a_{VII}	1.02	1.00	1.02	1.05	1.00	基础设施基本具备

要求：试用地质要素评序法评估该探矿权的价值。

解析：评估计算过程如下：

（1）计算重置成本。

重置成本=重置直接成本+间接费用=1 320×（1+30%）=1 716（万元）

（2）计算效用系数。

效用系数（F）=工程布置合理性系数（f_1）×加权平均质量系数（f_2）

=1.15×1.20=1.38

（3）计算基础成本。

基础成本=重置成本×效用系数=1 716×1.38=2 368.08（万元）

（4）计算调整系数。

根据评判专家打分计算结果，调整系数为2.08，计算结果见表11-4。

表11-4　　　　　　　　　　价值指数评判、计算表

	价值指数评判		评判专家					平均
	类	级	甲	乙	丙	丁	戊	
评判结果	Ⅰ. 区域成矿地质条件显示	a_{I}	1.12	1.15	1.10	1.10	1.12	1.12
	Ⅱ. 找矿标志显示	a_{II}	1.00	1.05	1.02	1.05	1.08	1.04
	Ⅲ. 矿化强度及蕴藏规模显示	a_{III}	1.55	1.60	1.60	1.65	1.55	1.59
	Ⅳ. 矿石质量及选矿或加工性能显示	a_{IV}	1.10	1.05	1.03	1.08	1.00	1.05
	Ⅴ. 开采技术条件显示	a_{V}	0.85	0.90	0.85	0.85	0.95	0.88
	Ⅵ. 矿产品及矿业权市场条件显示	a_{VI}	1.15	1.20	1.15	1.25	1.20	1.19
	Ⅶ. 基础设施条件显示	a_{VII}	1.02	1.00	1.02	1.05	1.00	1.02
调整系数	专家赋值计算结果	$a=a_{\mathrm{I}}\times a_{\mathrm{II}}\times a_{\mathrm{III}}\times a_{\mathrm{IV}}\times a_{\mathrm{V}}\times a_{\mathrm{VI}}\times a_{\mathrm{VII}}$						2.08

（5）计算探矿权价值。

探矿权价值=基础成本×调整系数=2 368.08×2.08=4 925.61（万元）

（四）成本法操作步骤

（1）确定评估对象、评估范围和评估基准日；

（2）收集分析相关地质勘查资料，选择具体的评估方法；

（3）分析统计有关、有效的地质勘查实物工作量；

（4）确定评估基准日有效的各类技术方法实物工作量的价格及取费标准，计算有关、有效工作量的重置成本；

（5）判定各类工作量的勘查工作效用系数；

（6）确定价值指数的评判赋值及调整系数；

（7）进行评定估算。

知识拓展

成本法主要评估参数的确定

五、市场法在矿业权评估中的应用

（一）市场法的基本思路

根据替代原理，通过分析、比较评估对象与市场上已有矿业权交易实例的异同，调整估算评估对象价值的技术路径的各类评估方法的总称。

市场法常用的具体评估方法有：（1）可比销售法；（2）单位面积探矿权价值评判法；（3）资源品级探矿权价值估算法。

（二）市场法的适用范围

市场法适用于所有矿业权评估。

（1）可比销售法适用于各勘查阶段的探矿权及采矿权价值评估。

（2）单位面积探矿权价值评判法通常适用于勘查程度较低、地质信息较少的探矿权价值评估。

（3）资源品级探矿权价值估算法通常适用于勘查程度较低、地质信息较少的金属矿产

探矿权价值评估。

（三）市场法的评估模型及其数学表达式

1.可比销售法

可比销售法，是基于替代原则，将评估对象与在近期相似交易环境中成交，满足各项可比条件的矿业权的地、采、选等各项技术、经济参数进行对照比较，分析其差异，对相似参照物的成交价格进行调整估算评估对象的价值的一种方法。

该方法运用的前提条件为：有一个充分发育的、正常的、活跃的矿业权市场；可以找到相似的参照物；具有可比量化的指标、技术经济参数等资料。

（1）详查以上探矿权及采矿权评估（含简单勘查或调查即可达到矿山建设和开采要求的无风险的地表矿产的采矿权评估）的评估模型：

$$P=\frac{\sum_{i=1}^{n}\left[P_i\cdot(\mu\cdot\omega\cdot t\cdot\theta\cdot\lambda\cdot\delta)\right]_i}{n}$$

式中：P为评估对象的评估价值；P_i为相似参照物的成交价格；μ为可采储量调整系数；ω为矿石品位（质级）调整系数；t为生产规模调整系数；θ为产品价格调整系数；λ为矿体赋存开采条件调整系数；δ为区位与基础设施条件调整系数；n为相似参照物个数。

（2）勘查程度较低阶段的探矿权评估模型：

$$P=\frac{\sum_{i=1}^{n}\left[P_i\cdot(P_a\cdot\xi\cdot\omega\cdot\nu\cdot\varphi\cdot\delta)\right]_i}{n}$$

式中：P为评估对象的评估价值；P_i为相似参照物的成交价格；P_a为勘查投入调整系数；ξ为资源储量调整系数；ω为矿石品位（质级）调整系数；ν为物化探异常调整系数；φ为地质环境与矿化类型调整系数；δ为区位与基础设施条件调整系数；n为相似参照物个数。

可比因素调整系数的确定：

$$调整系数=1-\left(1-\frac{评估对象的可比因素评判值}{相似参照物的可比因素评判值}\right)\times 该可比因素的权重$$

2.单位面积探矿权价值评判法

单位面积探矿权价值评判法，是指在收集国内地质勘查相关统计资料，矿产资源储量动态信息，上市公司公开披露的地质信息报告，招、拍、挂公开披露的地质资料，公开市场类似矿业权交易情况信息，有关部门和组织发布或评估机构掌握的有关信息的基础上，综合分析评估对象实际情况，分析确定单位面积探矿权价值，从而估算评估对象价值的一种方法。

该方法运用的前提条件为：(1) 勘查区应做过相关的研究工作，并以其成果为基础；(2) 勘查区地质矿产特征能够得到充分了解；(3) 具备可以分析影响该评估对象价值的资料。

其评估数学表达式为：

$$P=S\times P_a^1$$

式中：P为评估对象的评估价值；S为评估对象勘查区面积；P_a^1为单位面积探矿权价值。

【学中做11-7】对某一探矿权进行评估，评估基准日为2023年12月31日，勘查区面积为20.30平方千米。该探矿权勘查程度较低，未提交有关地质报告，地质信息较少。但是该探矿权处于某大型区域成矿带上，周边存在多个探矿权，交易市场比较活跃。评估专业人员收集了2023年周边几个探矿权的交易情况，并分析对比了各交易案例和目标评估探矿权在地质各方面的差异，确定合理的修正系数，统计见表11-5。

表11-5 周边探矿权交易案例和差异修正统计表

序号	探矿权	勘查区面积（平方千米）	交易价格（万元）	交易时间	交易类型	地质差异修正系数
1	甲探矿权	30.83	35.00	2023年9月	转让	1.10
2	乙探矿权	50.55	62.00	2023年4月	转让	1.30
3	丙探矿权	14.67	10.00	2023年11月	转让	1.40
4	丁探矿权	25.12	65.00	2023年7月	转让	0.70

要求：请用单位面积探矿权价值评判法评估该探矿权的价值。

解析：评估计算过程如下：

（1）计算单位面积平均价值。根据收集的交易案例和地质差异修正系数，计算单位面积平均价值，见表11-6。

表11-6 单位面积平均价值计算表

序号	探矿权	勘查区面积（平方千米）	交易价格（万元）	单位面积探矿权价值（万元/平方千米）	地质差异修正系数	单位面积探矿权价值（修正后）（万元/平方千米）
1	甲	30.83	35.00	1.14	1.10	1.25
2	乙	50.55	62.00	1.23	1.30	1.60
3	丙	14.67	10.00	0.68	1.40	0.95
4	丁	25.12	65.00	2.59	0.70	1.81
平均						1.40

（2）计算探矿权价值。

探矿权评估价值=探矿权面积×单位面积探矿权价值=20.30×1.40=28.42（万元）

3.资源品级探矿权价值估算法

资源品级探矿权价值估算法，是在了解勘查区内金属矿产资源的品位和质级数据或有关信息的基础上，与已知矿产地的品位、质级价值进行比较，分析确定单位资源品级价值，然后分析并合理确定矿业权价值占资源毛价值的比例，从而估算矿业权价值的一种评估方法。该方法运用的前提条件为：对该区域的地质矿产特征有充分了解；具备可以分析影响该评估对象价值的资料。

其评估数学表达式为：

$$P = Q_d \cdot \varepsilon \cdot \omega \cdot c$$

式中：P为评估价值；Q_d为资源储量；ε为单位资源品级价值；ω为资源品级；c为矿业权价值占资源毛价值的比例。

【学中做11-8】对某一金矿探矿权进行评估，该探矿权勘查程度较低、地质信息较少，预测勘查区内矿石量500万吨，Au平均品位约3.5克/吨。经调查分析，预测未来几年

Au的平均价格为270元/克；经分析统计确定当地类似勘查程度和品位的金矿探矿权价值占资源毛价值的比例为1.5%。

要求：请用资源品级探矿权价值估算法评估该探矿权的价值。

解析：评估计算过程如下：

（1）计算资源毛价值。

资源毛价值=矿石量×矿石品位×单位金属价格

=500×10 000×3.5×270÷10 000=472 500（万元）

（2）计算探矿权价值。

探矿权价值=资源毛价值×矿业权价值占资源毛价值的比例

=472 500×1.5%=7 087.50（万元）

（四）市场法的操作步骤

市场法评估矿业权价值的基本操作步骤为：

（1）确定评估对象、评估范围和评估基准日；

（2）收集分析相关地质勘查资料，收集相近交易案例；

（3）分析对比各项可比参数，确定合理的调整系数；

（4）进行评定估算。

（五）市场法相关评估参数的确定

市场法的评估参数，包括调整系数、单位面积探矿权价值、单位资源品级价值等，一般根据行业统计数据和被比较方的情况综合分析确定。

【学思践悟】绿水青山就是金山银山，是生态文明建设的终极目标。党的十九大向全党全国作出加快生态文明体制改革、建设美丽中国的重大部署，同时强调“我们要建设的现代化是人与自然和谐共生的现代化，既要创造更多物质财富和精神财富以满足人民日益增长的美好生活需要，也要提供更多优质生态产品以满足人民日益增长的优美生态环境需要”。习近平总书记在主持中共中央政治局第四十一次集体学习时再次强调要推动形成绿色发展方式和生活方式。其中，绿水青山向金山银山（即“两山论”）的转化，加快森林资源资产评估，是绿色发展的重要组成和表现形式。绿水青山转化为金山银山既是重大理论命题，也是实践中亟待解决的课题。

绿水青山转化为金山银山的实质是对森林资源环境资产进行科学评估，其有利于保护森林资源资产所有者、经营者和使用者的合法权益，揭示林业生态保护建设对国家经济社会的全面贡献，判断生态功能区森林经营的可持续性，有助于形成生态价值优先的森林经营导向，为建立林业生态服务市场和生态效益补偿提供依据。

资料来源：国策评估．加快森林资源资产评估 把绿水青山转化为金山银山［EB/OL］．［2019-6-13］．https：//www.sohu.com/a/320306938_274949.

项目小结

资源资产因其具有的自然属性、法律属性和经济属性而成为重要的评估对象，其价值评估具有鲜明的特点。本部分主要介绍森林、矿产这两类资源资产的评估方法。

森林资源资产评估主要是对林木、林地和森林景观等资产的评估。森林资源资产的价格由营林生产成本、资金的时间价值、利润、税金、林木生产中的损失、地租以及地区差价和树种差价等因素构成。对森林资源资产评估的资料收集和资产核查具有较强的专业性。以林木资产中用材林林木资产的评估为重点，其主要评估方法有市场价倒算法、市场成交价比较法、收获现值法、周期收益资本化法以及重置成本法等。

矿产资源资产评估主要是对探矿权价值和采矿权价值的评估。评估中应综合考虑矿产资源本身的稀缺程度、可替代程度、矿产品的供求状况、矿床自然丰度和地理位置、科技进步、资本化率和社会平均利润率等因素对矿产资源价值的影响。对矿业权的评估主要有折现现金流量法、折现现金流量风险系数调整法、收入权益法、勘查成本效用法、地质要素评序法、可比销售法、单位面积探矿权价值评判法以及资源品级探矿权价值估算法。

本项目框架结构如图11-3所示。

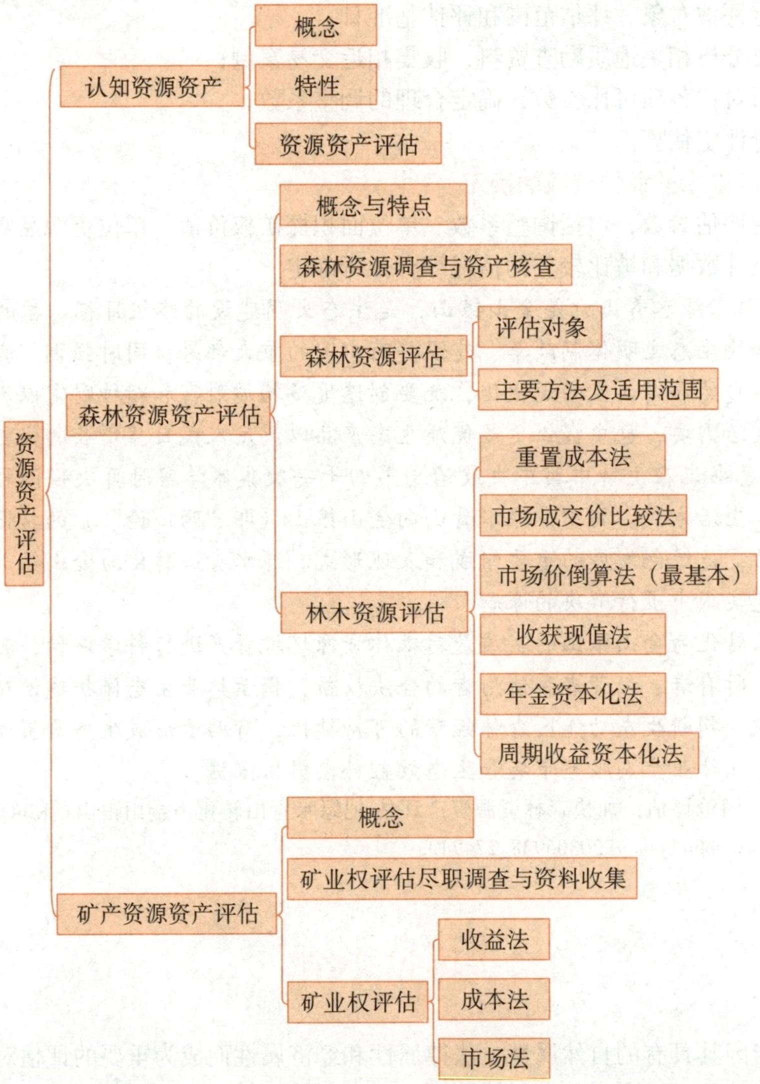

图11-3 本项目框架结构

实训设计

一、实训目标

通过实训，使学生能够运用所学的资源资产评估知识，依据法律法规和评估准则的要求，熟练掌握森林资产、矿产资源采矿权和探矿权等价值评估的方法，独立完成资源资产评估项目。

二、实训项目与要求

1. 实训组织

首先，实训指导教师将实训案例的背景、涉及的基础知识与案例中相关的重要问题做简要介绍和讲解；其次，基于思考题，引导学生明确目标和任务，查阅相关资料，开展小组讨论，并提交分析报告提纲；再次，请同学们以小组代表的形式对实训案例进行归纳总结，呈现观点思路；最后，由教师进行点评，并对案例所涉及的问题进一步延伸和拓展，学习小组采用书面报告的形式提交最终的实训报告。

2. 实训项目

评估对象为一片树龄为8年的用材林，属于成熟的经济林，评估基准日为2023年6月30日，为了评估该用材林资产的价值，评估专业人员收集到以下资料：

市场上被评估用材林所产的木材销售处于供不应求的状况，木材价格逐年上升。如果评估基准日该片用材林全部被采伐，预计可产木材20 000立方米，市场价格为每立方米1 000元，木材的采运成本为其销售收入的20%，销售费用、管理费用、财务费用及有关的税费为其销售收入的15%，木材经营的合理利润为其销售收入的10%。

3. 实训要求

（1）根据所给条件，请说明评估该用材林的林木资产价值应选用哪种评估方法，写出该方法的基本评估思路，并列出其计算公式。

（2）评估该用材林的林木资产价值（列出计算过程）。

（3）严格依照资产评估相关准则的规定实施评估。

三、成果与检测

1. 学生说明在森林资源资产价值评估中遵循的评估程序；总结资源资产价值评估的内容、目的和方法。

2. 各组组长组织同学互相评价，提出实训自评成绩和互评成绩。课后撰写实训报告，在班级进行交流汇报。

3. 教师汇总实训所取得成绩和存在的问题，提出今后的改进措施，并根据学生自评、互评和实训报告质量，确定学生的实训成绩。

项目十二

以财务报告为目的的评估

知识目标

1. 熟悉以财务报告为目的的评估内涵、适用范围以及特点；
2. 掌握资产评估在企业合并对价分摊中的应用；
3. 掌握资产评估在企业资产减值测试中的应用；
4. 掌握资产评估在投资性房地产评估中的应用；
5. 掌握资产评估在金融工具计量中的应用。

能力目标

1. 能准确识别并区分以财务报告为目的评估的对象；
2. 能根据不同的评估对象确定评估的价值类型以及评估方法；
3. 能根据资产本身的特点确定评估参数。

素养目标

1. 树立正确的价值观；
2. 恪守职业操守，精益求精；
3. 严谨认真，规范评估流程。

项目导入

为什么进行以财务报告为目的的评估？

20世纪90年代后期，随着《国际财务报告准则》（国际会计准则）逐渐在世界范围内普遍应用，公允价值计量以及其他非历史成本的会计计量模式越来越受到重视，尤其是公允价值计量的使用更加频繁而广泛。受国际财务报告准则的影响，国际评估准则委员会在国际评估准则的制定中，逐渐引入了公允价值相关概念以及应用，并对其相关的内容进行了实质性的调整。为了促进我国的会计准则与国际财务报告准则接轨，在2006年财政部颁布的企业会计准则中，也引入了公允价值的概念和计量。2017年，为规范以财务报告为目的的评估行为，保护资产评估当事人合法权益和公共利益，财政部根据《资产评估基本准则》制定了《以财务报告为目的的评估指南》，自2017年10月1日起施行。

思考：什么是以财务报告为目的的评估？以财务报告为目的的评估作用是什么？

启示：以财务报告为目的的评估是资产评估的一项重要内容，在评估实务中，需要资产评估人员遵循法律、法规和规章制度进行评估，树立正确的价值观，秉承严谨认真、公平公正、精益求精的精神，选择科学合理的评估方法进行评估。

任务一　以财务报告为目的的评估概述

任务描述

以财务报告为目的的资产评估，作为一项我国评估服务领域中的新增内容，广泛地存在于经济生活中。其对象主要涉及财务报告中的各类资产以及负债，通过对评估对象以及评估范围的学习，有助于学生理解具体的评估事项，更好地选择评估方法从而进行评估。

相关知识

一、以财务报告为目的的评估及其作用

（一）以财务报告为目的的评估的定义

以财务报告为目的的评估，是指资产评估机构及其资产评估专业人员遵守相关法律法规、资产评估准则及企业会计准则或相关会计核算及披露要求，根据委托对以财务报告为目的所涉及各类资产和负债的公允价值或特定价值进行评定、估算，并出具评估报告的专业服务行为。

以财务报告为目的的评估是为会计的计量、核算及披露提供意见的一种专业服务。根据编制报告的需求不同，评估对象也不同，但是这些评估对象通常来看是构成财务报告信

息所需要的资产、负债和或有负债，如资产减值测试的评估对象可能是具体的单项资产，也可能是资产组或者资产组组合；投资性房地产公允价值评估对象，是在投资性房地产科目核算的房地产资产；金融工具公允价值评估涉及的评估对象包括基础金融工具，如股票、债券等基础资产，也包括金融衍生工具，如互换、掉期等衍生品。非同一主体控制下的企业合并行为，编制合并会计报表时，需要对被购买方的可辨认资产、负债及或有负债等进行公允价值评估，这时的评估对象是被购买方资产负债表内的资产、负债，以及可以量化的表外无形资产和或有负债。

价值类型是公允价值或特定价值，它对评估技术（评估方法）具有一定的约束。评估技术（评估方法）是确定资产评估值的具体手段与途径，它既受估价标准的制约，又要根据实际可用资料和评估对象的具体情况来选择。由于以财务报告为目的的评估是基于评估准则基础上的，因此，还要参照相关企业会计准则的规定，以满足财务报告披露的要求。

【思考12-1】什么是"公允价值"？

【提示】资产评估的资产定义与会计不同，本项目中的所有资产和负债都是会计中的概念，请同学们分别对待，加以区别，不要混淆。

微课

以财务报告为目的的评估概述

（二）以财务报告为目的的评估的作用

财务报告的目标是向财务报告的使用者提供最具意义的信息，以支持其投资决策。20世纪90年代以来，财务报告已经不再按照历史成本计量某些资产和负债，而开始使用公允价值。

财务报告的主要当事方，包括企业财务报表的编制人、审计师和财务报告使用者。企业财务报表的编制人，需要评估专家作为其工作人员，或者聘请外部顾问进行评估；审计师可能依靠其公司的评估专家作为技术资源和审计过程的复核人。因此，财务报告强调以公允价值计量，为评估提供了机会。对于财务报告中各类资产和负债的公允价值或特定价值的计量，国际上较通行的做法是由评估专业人员对公允价值的确定提供专业意见，保证会计信息的客观和独立，其作用具体体现在以下三个方面：

1. 评估技术能够满足会计计量专业上的需求

企业以公允价值计量相关资产和负债，应当采用在当前情况下适用并且有足够可利用数据和其他信息支持的估值。企业采用估值技术的目的，是估计在计量日市场条件下，市场参与者在有序交易中出售一项资产或者转移一项负债的价格。

企业以公允价值计量相关资产或负债，适用的估值技术主要包括市场法、收益法和成本法。估值技术因市场情况和资产特点不同，可观察输入值和不可观察输入值均会用到。不可观察输入值要求估值技术能够反映计量日可观察的市场数据，因此对于会计人员而言，不可观察输入值的获取和应用存在很大的挑战，而外部的专业评估机构能够通过运用评估技术，为会计公允价值计量提供专业支持。

2. 评估专业行为能够为会计计量的客观性奠定基础

在公允价值评估中，要求选择与市场参与者在相关资产和负债的交易中所考虑的资产或负债特征相一致的输入值，包括流动性溢价、控制权溢价或缺乏控制权折价等。资产评估是一种专业行为，是建立在专业技术知识和经验基础上的一种专业判断，长期业务积累使得评估机构具备客观呈现会计信息的能力。会计信息的这种客观性要求，能够通过评估过程中严格遵循相关的方法和程序取得充分的依据。

3. 评估的独立地位能够强化公允价值的公正性

独立性是资产评估工作的基本特征。在市场经济条件下，由资产评估机构依据相关评估法规、准则、规范和行业惯例，提供现时的价值尺度，对于政府监督部门、会计信息使用方和社会公众是一种具有较强公信力的信息服务，有利于形成公正的会计信息，特别是关于公允价值的信息。

二、以财务报告为目的的评估对象

与其他资产评估业务相比，以财务报告为目的的评估业务涉及的评估对象更加多元化并且更加复杂。一般意义上，以财务报告为目的的评估业务适用于编制财务报告等，具体类型见表12-1。

表12-1　　　　一般常见的以财务报告为目的评估所涉及的评估对象

序号	适用范围	评估对象	适用依据
1	公允价值评估	以公允价值计量的相关资产或负债	企业会计准则第39号——公允价值计量
2	长期股权投资	权益法核算的长期股权投资的初始和后续计量	企业会计准则第2号——长期股权投资
3	合并对价分摊	（1）构成收购价格的非现金资产、发行或承担的债务、发行的权益性证券等； （2）合并中取得的被购买方可辨认资产、负债及或有负债	企业会计准则第20号——企业合并
4	资产减值	单项资产、资产组或资产组组合	企业会计准则第8号——资产减值
5	投资性房地产的公允价值确定	已出租的土地使用权，持有并准备增值后转让的土地使用权，已出租的建筑物	企业会计准则第3号——投资性房地产
6	金融工具确认和计量	以公允价值计量且其变动计入当期损益的金融资产或金融负债，或其他债权投资	企业会计准则第22号——金融工具确认和计量

三、以财务报告为目的的评估业务特点及其与会计和审计的专业关系

（一）以财务报告为目的的评估业务特点

与传统的其他资产评估业务相比，以财务报告为目的的评估具有以下特点：

1. 以财务报告为目的的评估是为会计计量提供服务的

会计计量模式、会计核算方法、会计披露要求影响评估对象、价值类型的确定及评估方法的选择。资产评估专业人员应当理解会计计量模式的概念，知晓企业合并、资产减值、投资性房地产、金融工具等会计核算方法，根据企业会计准则的要求，合理确定评估对象，选择与会计计量模式相符的价值类型和评估方法，更有效地服务于会计计量的特定要求。

2. 以财务报告为目的的评估业务具有多样性、复杂性

以财务报告为目的的评估涉及的评估对象范围包括企业合并、资产减值、投资性房地产和金融工具等资产、负债的会计核算业务，每一项业务所对应的价值对象、价值类型和评估方法都是不一样的。

3. 以财务报告为目的的评估所采用的评估方法具有多样性

传统资产评估的评估方法是市场法、成本法、收益法。以财务报告为目的的评估方法是建立在这三大评估方法之上的，在具体的评估对象中得到了延伸和发展。根据评估对象的特点和应用条件，可以采用现金流量折现法、增量收益折现法、节省许可费折现法、多期超额收益法等对无形资产进行评估，也可以采用以现值为基础的远期定价和互换模型、期权定价模型等对金融工具进行评估。这些评估方法结合了以财务报告为目的的评估需要，借鉴了国际上目前常用的评估方法。

（二）以财务报告为目的的评估与会计和审计的专业关系

随着我国企业会计准则对公允价值概念的引入，财政部和中国资产评估协会分别颁布了《审计准则》和《以财务报告为目的的评估指南》，用以配合公允价值计量模式在会计实务中的广泛应用。

1. 会计信息计量对评估的需求

《企业会计准则——基本准则》第四十一条规定："企业在将符合确认条件的会计要素登记入账并列报于会计报表及其附注时，应当按照规定的会计计量属性进行计量，确定其金额。"《企业会计准则——基本准则》第四十三条规定："企业在对会计要素进行计量时，一般应当采用历史成本，采用重置成本、可变现净值、现值、公允价值计量的，应当保证所确定的会计要素金额能够取得并可靠计量。"在实际的会计计量中，对例如土地、无形资产等公允价值的确定需要会计人员具备较强的专业知识，但是，这样的要求远远地超出了会计人员的能力要求和知识范围，因此，对于公允价值的计量需要借助其他的评估专业人员评估得出的评估结果。同时，对于专业性强、复杂程度高的公允价值确定，财务报告外部使用者更希望和愿意看到的是由独立专业人员提供的评估结果。

2. 审计对评估的需求

《中国注册会计师审计准则第1322号——公允价值计量和披露的审计》第四条规定："按照适用的会计准则和相关会计制度的规定，作出公允价值计量和披露是被审计单位管理层的责任。注册会计师应当获取充分、适当的审计证据，以确定公允价值计量和披露是否符合适用的会计准则和相关会计制度的规定。"注册会计师应当通过了解被审计单位的业务和行业情况以及实施适当的审计程序，评价以公允价值计量的资产和负债的会计处理的适当性，评价获取审计证据的充分性，但是基于独立性的要求，审计单位或人员不能对同一客户提供公允价值评估服务，审计人员是公允价值计量的最终审核人。在一些需要专业性评估的领域，聘请外部独立评估专业人员更能发挥专业服务的优势，在提高会计信息质量的同时，也能降低审计人员的风险。

美国公众公司会计监督委员会（PCAOB）于2007年12月发布的审计实务提示公告第2号《金融工具公允价值计量的审计和利用专家工作的相关问题》，进一步解释并重申了，审计人员对于金融工具公允价值计量和利用专家工作确定公允价值的审计工作中应执行的程序。

国际会计师联合会（IFAC）下属的国际审计与鉴证准则理事会（IAASB）2008年2月发布了经修订并重新编排的国际审计准则第540号《包括公允价值计量的会计估计及相关披露的审计》以及ISA545《公允价值计量和披露的审计》，着重关注了诸如审计师如何评估相关的会计评估的不确定性对审计风险的影响、管理层进行会计评估的方法、管理层假设的合理性，以及披露的恰当性等问题，重申了公允价值计量是会计估计的一种，蕴含了一定的不确定性因素，为审计师对公允价值计量的审计工作提供了指南。

国际审计与鉴证准则理事会于2008年先后发布了重新修订并起草的国际审计准则第500号《审计证据》和第620号《利用专家的工作》。其中第500号《审计证据》新增了针对管理层利用专家工作进行会计估计判断的审计要求。当管理层利用专家进行公允价值估算时，要求审计人员应当取得充分、适当的审计证据，以得出合理的结论，并在此基础上出具审计报告。第620号《利用专家的工作》为审计人员如何利用内部或外部专家工作，对管理层所做的公允价值计量的合理性进行判断时，应当采取充分、适当的审计证据，提供了指导意见。

3. 评估在会计计量、审计中的应用

中国资产评估协会发布的《以财务报告为目的的评估指南》明确了，以财务报告为目的的评估的相关业务的价值类型、评估方法，以及各项业务的评估假设和参数选取等，为会计计量提供客观、公正的专业支持。

在公允价值计量体系中，外部专业人员的评估结果是计量工具，会计将根据评估结果直接对账目进行调整，评估结果通过会计计量成为资产、负债公允价值的会计信息。会计人员对公允价值的计量和披露负责，外部评估专业人员对评估结论的合理性负责，审计人员对公允价值的审计结论负责。由此，会计信息责任体系，发展成为由会计责任、评估责任和审计责任构成的三维责任体系。

【思考12-2】会计中的公允价值和资产评估中的公允价值含义是否一样？会计要素计量属性包括什么？

四、以财务报告为目的的评估在国内外的发展概况

（一）以财务报告为目的的评估在国际上的发展

20世纪90年代后期，围绕公允价值计量的相关问题，国际评估准则委员会及国际评估实务界，积极与包括国际财务报告准则理事会在内的会计界进行协调，就利用评估确定公允价值、提高财务报告质量方面如何发挥作用进行了沟通。这些沟通增进了会计界对评估界的了解，对在会计准则中确立评估行业的作用，起到了积极的促进作用。这些沟通也促进了国际评估准则的综合化发展和质量的提高，推进了在世界范围内统一评估准则的发展进程，从国际评估准则的演进历程来看，国际评估准则受国际财务报告准则的影响较大。

国际评估准则委员会在制定国际评估准则的过程中，对国际会计准则的变动，特别是公允价值的引入，作出了及时的反应，对相关知识作了实质性调整。2005年2月，国际评估准则委员会出版了第七版国际评估准则，与上一版本相比，第七版国际评估准则的一项重要变动，就是适应2004年国际财务报告准则的修订，对相关国际评估准则，主要是国际评估应用指南1（以财务报告为目的的评估）和指南8（以财务报告为目的的评估业务

中的成本法）作出了修订。2007年7月，国际评估准则委员会出版了最新的第八版国际评估准则，前述相关部分与第七版内容基本相近，同时发布了《以财务报告为目的的无形资产评估指南》讨论文件。2008年下半年，国际评估准则委员会基本完成了改组工作，更名为国际评估准则理事会。国际评估准则理事会下属的国际评估准则委员会在《以财务报告为目的的无形资产评估指南》讨论文件的基础上，发布了两份征求意见稿，拟对《国际评估准则》中的《无形资产评估指南》进行修订并新增《以财务报告为目的的无形资产评估指南》。

（二）以财务报告为目的的评估在国内的发展

为促进我国企业会计准则与国际财务报告准则接轨，2006年2月财政部发布的会计准则引入了公允价值的概念和计量模式。2007年11月，中国资产评估协会发布了《以财务报告为目的的评估指南（试行）》，以规范注册资产评估师以财务报告为目的的评估业务行为，维护社会公共利益和资产评估各方当事人的合法权益。该指南自2008年1月1日起实施。2009年12月，中国资产评估协会发布了《投资性房地产评估指导意见》。2014年1月26日财政部发布了《企业会计准则第39号——公允价值计量》。为贯彻落实《资产评估法》，规范资产评估执业行为，保证资产评估执业质量，保护资产评估当事人合法权益和公共利益，在财政部指导下，中国资产评估协会根据《资产评估基本准则》，对《以财务报告为目的的评估指南（试行）》进行了修订，制定了《以财务报告为目的的评估指南》现予印发，自 2017 年 10 月 1 日起施行。

任务二　投资性房地产公允价值评估

任务描述

在日常生活中，“买房”“租房”等一切与“房”有关的话题一直是大家讨论与关注的热点与焦点。出租房产或者购买房产持有等待增值的行为十分常见，所有的这些行为表现实际上都是投资性房地产。如何对投资性房地产的价值进行评估也就成为大家关注的内容。可见，对于评估者掌握相关的评估知识并进行评估是十分必要的。通过对投资性房地产相关知识的学习，掌握计量基础、评估对象，选择合适的评估方法以及确定有关评估参数，对于同学们掌握投资性房地产评估是十分必要的。

相关知识

一、投资性房地产概述

（一）投资性房地产的含义及构成

根据《企业会计准则第3号——投资性房地产》，投资性房地产是指为赚取租金或资本增值，或两者兼有而持有的房产。投资性房地产应当能够单独计量和出售。主要包括已出租的土地使用权、持有并准备增值后转让的土地使用权和已出租的建筑物。

【提示】投资性房地产在用途、状态、目的等方面，与企业自用的厂房、办公楼等作为生产经营场所的房地产，以及房地产开发企业用于销售的房地产是不同的。

（二）公允价值计量规定

根据《企业会计准则第3号——投资性房地产》，在资产负债表日采用成本模式对投资性房地产进行后续计量；但是，在有确凿证据表明投资性房地产的公允价值能够持续可靠取得的情况下，可以对投资性房地产采用公允价值模式进行后续计量。

采用公允价值模式计量的，应当同时满足下列条件：

（1）投资性房地产所在地有活跃的房地产交易市场；

（2）企业能从房地产交易市场上取得同类或类似房地产的市场价格及其他相关信息，从而对投资性房地产的公允价值作出合理估计。

投资性房地产公允价值评估，指按照《以财务报告为目的的评估指南》的要求，对符合企业会计准则规定条件的投资性房地产在评估基准日的公允价值进行评定、估算，并出具评估报告的专业服务行为。在进行投资性房地产公允价值评估时，应当充分理解相关企业会计准则的要求，以及投资性房地产在企业财务报告中的核算和披露要求。

【学中做12-1】某不动产股份有限公司发布公告，宣布于2023年6月起对其公司以及下属企业拥有的投资性房地产采用公允价值模式计量。公司因财务报告披露需要，委托某评估公司对某国际商业大厦于2023年6月30日的公允价值进行评估，同时对以前年份该房地产的公允价值追溯调整。

要求：分析是否有必要对投资性房地产以前年份的公允价值进行追溯调整。

解析：投资性房地产准则适当地引入公允价值模式，在满足特定条件的情况下，可以对投资性房地产采用公允价值模式进行后续计量。但是，同一企业只能采用一种模式对所有投资性房地产进行后续计量，不得同时采用两种计量模式进行后续计量。

二、投资性房地产评估中的评估对象的确定

（一）具体范围

（1）已出租的土地使用权和已出租的建筑物，是指以经营租赁方式出租的土地使用权和建筑物。其中，用于出租的土地使用权是指企业通过出让或转让方式取得的土地使用权；用于出租的建筑物是指企业拥有产权的建筑物。

（2）持有并准备增值后转让的土地使用权，是指企业取得的，准备增值后转让的土地使用权。其中，按照国家有关规定认定的闲置土地，不属于持有并准备增值后转让的土地使用权。

（3）某项房地产，部分用于赚取租金或资本增值，部分用于生产商品、提供劳务或经营管理，能够单独计量和出售的、用于赚取租金或资本增值的部分，应当确认为投资性房地产；不能单独计量和出售的、用于赚取租金或资本增值的部分，不确认为投资性房地产。

（4）企业将建筑物出租，按照租赁协议向承租人提供的相关辅助服务在整个协议中不重大的，应当将该建筑物确认为投资性房地产。如企业将办公楼出租并向承租人提供保

安、维修等辅助服务。

【提示】以经营租赁方式租入土地使用权再转租给其他单位的，不能确认为投资性房地产。

（二）不包括的范围

根据《企业会计准则第3号——投资性房地产》的规定，自用房地产和作为存货的房地产不属于投资性房地产的范畴。

1.自用房地产

自用房地产是指为生产商品、提供劳务或者经营管理而持有的房地产。自用房地产的特征在于服务于企业自身的生产经营活动，其价值将随着房地产的使用而逐渐转移到企业的产品或服务中去，通过销售商品或提供服务为企业带来经济利益，在产生现金流量的过程中与企业持有的其他资产密切相关。例如，企业出租给本企业职工的宿舍，企业拥有并自行经营的旅馆、饭店。

2.作为存货的房地产

作为存货的房地产通常是指房地产开发企业在正常经营过程中销售的或为销售而正在开发的商品房和土地。这部分房地产属于房地产开发企业的存货，不属于投资性房地产，其生产、销售构成企业的主营业务活动，产生的现金流与企业的其他资产密切相关。

从事房地产经营开发的企业依法取得、用于开发后出售的土地使用权属于房地产开发企业的存货，即使房地产开发企业决定待增值后再转让其开发的土地，也不得将其确认为投资性房地产。

【提示】在评估实务中，存在某项房地产部分自用或者作为存货出售、部分用于赚取租金或资本增值的情形。如果某项投资性房地产不同用途的部分能够单独计量和出售，应当分别确认为固定资产、无形资产（土地使用权）、存货和投资性房地产。

【提示】评估对象可能是个别建筑物单元，也可能是多个建筑物单元及其附属设施共同构成的一个整体。当出租建筑物的附属设备和设施是租金收入所对应的出租资产的组成部分时，应该合理考虑设备和设施对投资性房地产价值的影响。

投资性房地产通常附带租约，业主在拥有房地产的同时也拥有该租约的未来收益，因而，评估对象应为附带租约的房地产。

三、投资性房地产公允价值评估的评估基准日的确定

（一）确定原则

投资性房地产公允价值评估应根据企业会计准则的要求合理确定评估基准日，可以是资产负债表日、投资性房地产转换日等。其中，资产负债表日，指会计核算的结账日期，即指结账和编制资产负债表的日期，通常指会计年度末和会计中期期末。

【提示】中期是指短于一个完整的会计年度的报告期间，包括月度、季度和半年度；年度资产负债表日为每年的12月31日。中期资产负债表日是指各会计中期期末，包括月末、季末和半年末。

（二）投资性房地产转换日

投资性房地产转换日，是指投资性房地产用途发生变化，投资性房地产转换为其他资产或者将其他资产转换为投资性房地产的时间，通常以企业董事会或类似机构正式作出书面决议的日期为准。

微课

投资性房地产公允价值评估

四、投资性房地产公允价值评估前提

（一）评估前提

按照《企业会计准则第39号——公允价值计量》的要求，投资性房地产的公允价值评估是基于资产的最佳用途产生经济利益的能力，或者将该资产出售能够用于最佳用途的其他市场参与者产生经济利益的能力的评估。

（二）最佳用途

最佳用途是指资产价值最大化时对应的用途，主要从法律上是否允许、实物上是否可能以及财务上是否可行等方面考虑。

【提示】最佳用途的具体情况：①法律上是否允许，应该考虑对资产进行评估时，资产使用在法律上是否受到限制，评估基准日对该投资性房地产的使用必须未被法律禁止，例如，政府禁止在生态保护区内进行房地产开发和经营，则该保护区内的土地最佳用途不可以是工业或者商业用途的开发。②实物上是否可能，应该考虑资产的实物特征，例如，一栋建筑物是能够作为仓库使用，还是能够作为房屋出租。③财务上是否可行，是指在评估投资性房地产的公允价值时，应该在法律允许的条件下使用该资产产生足够的收益或者现金流量，从而补偿使用该资产的成本后，仍然能够满足市场参与者所要求的投资回报。

【学中做12-2】2022年12月1日，A公司在非同一控制下吸收合并了B公司。在编制合并完成日的资产负债表时，需要对B公司的资产、负债进行公允价值评估，其间涉及一宗土地使用权及地上建筑物的评估。该土地使用权及地上建筑物在投资性房地产科目核算，合并前用于出租，土地性质为工业用地。

在合并完成日，按照出租目的对该土地使用权及地上建筑物进行公允价值评估，最佳用途为工业用途。

2023年6月30日，该宗土地邻近的一宗土地被开发使用，用于建造住宅，土地性质为住宅用地。同时，该宗土地所在区域规划自2023年1月1日以来作出了调整。A公司董事会决定，在履行相关手续后，可将该宗土地的用途从工业用地变更为住宅用地。在编制2023年6月30日的资产负债表时，该宗土地使用权的公允价值评估中土地的最佳用途及公允价值应通过比较分析来确定：

（1）该宗土地使用权及地上建筑物仍然作为工业用途的价值；

（2）该宗土地用于建造住宅的空置土地的价值，同时应考虑将该宗土地变为空置土地而必须发生的拆除厂房成本及其他支出。

该宗土地的最佳用途应根据上述两个价值中的较高者来确定。假设该土地使用权及地上建筑物用于工业用途时的价值为600万元，而用于建造住宅时的价值是1 000万元，同时拆除厂房及其他支出为250万元，该宗土地在2023年6月30日的公允价值应当为750万元（1 000−250=750万元＞600万元）。

五、投资性房地产的评估方法及评估参数

（一）选取原则

评估专业人员在执行投资性房地产公允价值评估业务时，应当根据评估对象的具体情况、资料收集情况和数据来源等相关条件，恰当选择评估方法，在企业会计准则中，对于投资性房地产的评估方法选择是具有一定层次的，具体来说应该遵循如下原则：

（1）投资性房地产公允价值评估的评估方法应当从当前租赁协议以及其他合理的有依据的假设出发得到。

【提示】这些假设是指知悉市场交易状况并且有交易意愿的当事人对未来租赁活动可以实现的租赁收入所作的假设。

（2）在选择投资性房地产的市场信息时，线索应来自处于相同位置、具有相同条件、从属于相似租赁协议或者其他合同的相似资产所在活跃市场的当前价格。

【提示】在评估中，应区分房地产的性质、环境和地理位置存在的差异，必要时，应考虑上述差异并对其进行修正。

（3）当无法掌握活跃市场的当前价值时，可以参照具体相似性质的资产的活跃市场，或者较不活跃市场的相似资产的最近交易价格；或者参照合理预测的未来现金流量的折现值。

（二）市场法

投资性房地产公允价值的评估方法与房地产评估相同，在服务于财务报告目的的投资性房地产公允价值评估中的注意事项如下：

1. 选择类似房地产

（1）应当收集足够的同类或者类似房地产的交易案例，并对所收集的信息及其来源进行审慎分析。

【提示】同类或者类似的情况：对于建筑物而言，是指所处地理位置和地理环境相同、性质相同、结构相同或相近、新旧程度相同或相近、可使用状况相同或相近；对于土地使用权而言，是指同一位置区域、所处地理环境相同或相近、可使用状况相同或相近。

（2）在选用交易案例时应当关注案例的可比性，重点分析投资性房地产的实物状况、权益状况、区位状况、交易情况及租约条件。

（3）公允价值是以脱手价为核心的，需要注意的是资产出售或者使用的限制。

具体来说，在进行公允价值评估时应区分投资性房地产是否存在出售或者使用的限制，并且应进一步区分出限制是针对投资性房地产持有者的，还是针对投资性房地产本身的。

如果该限制是针对投资性房地产持有者的，则该限制并不是资产的特征，只会影响当期持有该资产的企业，而其他企业可能不会受到该限制的影响，从市场参与者角度评估时也不会考虑这样的限制因素。

2. 构建可比修正体系

选取比较指标。一般从交易情况、交易日期和房地产状况三个方面选取。

（1）交易情况。在对特殊交易成交价格的影响可量化的情况下，可以考虑把特殊交易案例作为可比交易案例，但应当对交易情况进行修正。修正时，应消除特殊交易造成的成

交案例价格的偏差，将非正常交易价格修正为正常交易价格，如果特殊交易对成交价格的影响不能量化，该案例不应作为可比交易案例。

（2）交易日期。交易日期的比较主要是为消除不同时间段内市场状况造成的价格差异，在调查及分析可比交易案例所在地同类房地产价格变动情况的基础上，可以采用可比交易案例所在地同类房地产的价格变动率，或者价格指数进行修正，应保证价格变动率或者价格指数真实、可靠。

（3）房地产状况。房地产状况的比较，主要是为消除可比交易案例与评估对象状况不同造成的价格差异，包括区位状况调整、实物状况调整和权益状况调整。

【提示】在进行区位状况调整时，调整的内容包括：位置、交通、外部配套设施、周围环境等，单套住宅的调整还应包括：所处楼幢、楼层和朝向。

在进行实物状况调整时，土地和建筑物的调整内容有差异。土地实物状况调整的内容包括：土地的面积、形状、地形、地势、地质、土壤开发程度等；建筑物实物状况调整的内容包括：建筑规模、建筑结构、设施设备、装饰装修、空间布局、建筑功能、外观、新旧程度等。

进行权益状况调整时，调整的内容包括：规划条件、土地使用期限、共有情况、用益物权、设立情况、担保物权设立情况、租赁或占用情况、拖欠税费情况、查封等形式限制权利状况、权属清晰情况等。

3. 比较的方式

基于可比案例交易的总价值或者单价，采用金额、百分比或回归分析法，通过直接或者间接比较，对可比案例价格进行处理。

第一步，打分。将评估对象的每个比较因素设置为100，把可比案例的因素对照评估对象量化。如情况好于评估对象，则分值应大于100；如情况弱于评估对象，则分值应小于100；如果情况与评估对象相当，则为100。

第二步，计算每个比较因素的比值。用评估对象除以可比案例计算每个因素的比值。

4. 权重设计

根据采用的可比案例数量不同、可比案例的权重不同、比较的价格因总价比较和单价比较也不同等因素，市场法的模型会有很多种，常用的模型是通过简单算术平均、加权算术平均等方法确定评估对象价值。

5. 比较修正应注意的问题

（1）分别对可比案例成交价格修正或者调整的幅度不宜超过20%，共同对可比案例成交价格修正或者调整的幅度不宜超过30%；

（2）经修正或者调整后的可比案例价格，最高值与最低值的比值不应超过1.2；

（3）当修正幅度或者比值超过上述规定时，应重新选择可比案例。

（三）收益法

收益法是指预计评估对象未来的正常净收益，选用适当的资本化率，将其折现到评估基准日并累加，以此估算估价对象的客观合理价值的方法。

运用收益法评估投资性房地产时，应当对企业来自投资性房地产的租金收益，以及当期产生的相应费用进行分析，合理判断租金收益与相应费用的匹配性，合理确定净收益。

投资性房地产的净收益是指，租金中直接归属于评估对象所对应的房地产权益部分，不包括物业管理费、代垫水电费等其他项目，并应当恰当考虑免租期和租金收取方式的影响，现有租约条款对公允价值的影响，包括租金及其构成、租期、免租期、续租条件和提前终止租约的条件。

1. 合理确定投资性房地产的收益期和持有期

运用收益法评估投资性房地产时，一般来说应遵循的规定见表12-2。

表12-2 合理确定投资性房地产的收益期和持有期

收益期	应当根据建筑物的剩余经济寿命年限与土地使用权剩余使用年限等参数，及有关法律、法规的规定，合理确定	
	土地使用权剩余使用年限与建筑物剩余使用年限一致时	土地使用权剩余使用年限或建筑物剩余使用年限
	土地使用权剩余使用年限与建筑物剩余使用年限不一致时	应按照孰短原则确定收益期，对超过收益期的土地使用权或者建筑物应给予残留价值考虑
	评估的是承租人的权益价值	剩余租赁期限
持有期	持有期应根据市场投资者对同类房地产的典型持有时间及能预测期间的收益的一般期限来确定，通常为5～10年	

2. 预测投资性房地产的未来净收益

途径1：未来净收益应首先通过租赁收入测算。净收益又称净营运收益（Net Operating Income，NOI），是有效毛收入扣除相关税费、运营费用后归属于房地产的收入。运营费用是指维持房地产正常使用或营业所必需的费用。根据预测期间及租约情况，在租约有效期内，上述收益以租约约定的租金水平为准；在租约期外，应以市场上的正常客观数据为依据测算该值。

净收益＝有效毛收入－出租人负担的运营费用

＝潜在毛收入－空置或者租金损失＋租赁保证金或押金利息－运营费用

式中：潜在毛收入是假定房地产在充分利用、无空置（即100%出租）情况下的收入，包括除租金以外的收入；运营费用应包括税费、保险、物业管理费、管理费、维修费、水电费等维持投资性房地产正常使用或者营业的必要费用。

【提示】评估承租人的权益价值时，净收益应为市场租金减去合同租金。

途径2：如果未来净收益不能通过租赁收入测算，应根据投资性房地产的经营资料测算净收益（如投资性房地产为酒店）。

净收益＝经营收入－经营成本－经营费用－税金及附加－管理费用－财务费用－利润

3. 折现率

折现率，应当反映评估基准日类似地区同类投资性房地产平均回报水平和评估对象的特定风险。折现率的口径应当与收益口径保持一致，并考虑租约、租期、租金等因素对折现率选取的影响。

折现率 = 无风险报酬率 + 风险调整值

无风险报酬率可选择同时期的银行一年期定期存款利率或者一年期国债利率。

风险调整值应根据评估对象所在行业、地区、市场等存在的风险综合考虑。

4. 评估计算模型

$$P=\sum_{i=1}^{n}\frac{A_i}{(1+R)^i}$$

式中：P为房产价值；A为年纯收益；R为资本化率；n为收益年限。

5. 需注意的问题

（1）现场调查，明确投资性房地产的实物状况、权益状况和区位状况。

（2）关注土地使用权价值。采用收益法评估投资性房地产，评估结论中通常包括土地使用权价值。如果会计核算不包含土地使用权，应当提请企业管理层重新分类，或者在评估结论中扣除土地使用权的价值，并在评估报告中进行必要的披露。

（3）与审计师在评估模型和参数方面进行详细的沟通。

① 租期内以租约价格为主，租期外租金的增长率如何确定；

② 房屋出租的空置率如何确定，依据是什么；

③ 折现率是如何确定的，增长率是否在折现率中扣除；

④ 投资性房地产的获利年限确定方法和考虑的因素；

⑤ 收益法与市场法的评估结果的差异率一般控制在较低的范围内。

任务三　服务于资产减值测试的资产评估

任务描述

资产的主要特征之一就是必须能够给企业带来经济利益的流入，如果资产不能为企业带来经济利益或者带来的经济利益低于账面价值，那么，该资产就不能予以确认，或不能再以原来的账面价值予以确认。当资产的可收回金额低于其账面价值时，即发生了减值，企业应当确认资产减值损失。资产减值普遍存在于日常的经济生活中，通过对资产减值测试相关评估知识的学习，明确评估对象、掌握评估原理以及评估方法，可以帮助同学们更好地计量资产的价值。

相关知识

一、资产减值测试概述

（一）资产减值概念

根据《企业会计准则第8号——资产减值》第二条的规定，当企业资产的可收回金额低于其账面价值时，即表明资产发生了减值。企业应当确认资产减值损失，并把资产的账面价值减记至可收回金额。

根据我国企业会计准则，企业应当在资产负债表日判断资产是否存在可能发生减值的迹象，对存在减值迹象的资产，应当进行减值测试，计算资产的可收回金额，可收回金额低于账面价值的，应当按照可收回金额低于账面价值的金额，计提减值准备。

【思考12-3】当企业的资产发生减值时，如果仍然按照原来的账面价值进行计量，会导致企业资产虚增还是虚减？利润虚增还是虚减？

（二）资产减值测试

资产减值测试，是指企业财务会计人员根据企业外部信息与内部信息，判断企业资产是否存在减值迹象，如有确切证据表明资产确实存在减值迹象，则需要合理估计该项资产的可收回金额。

资产可能发生减值的迹象是资产是否需要进行减值测试的前提。减值迹象主要包括：

（1）资产的市价当期大幅度下跌，其跌幅明显高于因时间的推移或者正常使用而预计的下跌；

（2）企业经营所处的经济、技术或者法律等环境以及资产所处的市场在当期或者将在近期发生重大变化，从而对企业产生不利影响；

（3）市场利率或者其他市场投资报酬率在当期已经提高，从而影响企业计算资产预计未来现金流量现值的折现率，导致资产可收回金额大幅度降低；

（4）有证据表明资产已经陈旧过时或者其实体已经损坏；

（5）资产已经或者将被闲置、终止使用或者其实体已经损坏；

（6）企业内部报告的证据表明资产的经济绩效已经低于或者将低于预期，如资产所创造的净现金流量或者实现的营业利润（或者亏损）远远低于（或者高于）预期金额等；

（7）其他表明资产可能发生减值的迹象。

【提示】企业合并形成的商誉和使用寿命不确定的无形资产，无论是否存在减值迹象，每年都应当进行减值测试。

（三）资产减值测试的流程

资产减值测试大致要经历以下阶段：

（1）减值迹象的判断；

（2）资产寿命的判断；

（3）单项资产的公允价值及其处置费用是否确定，以及与账面价值的比较；

（4）单项资产的预计未来现金流量是否确定，以及与账面价值的比较；

（5）资产组公允价值减处置费用的余值与账面价值的比较；

（6）资产组的预计未来现金流量现值与账面价值的比较。

资产减值测试的一般流程如图12-1所示。

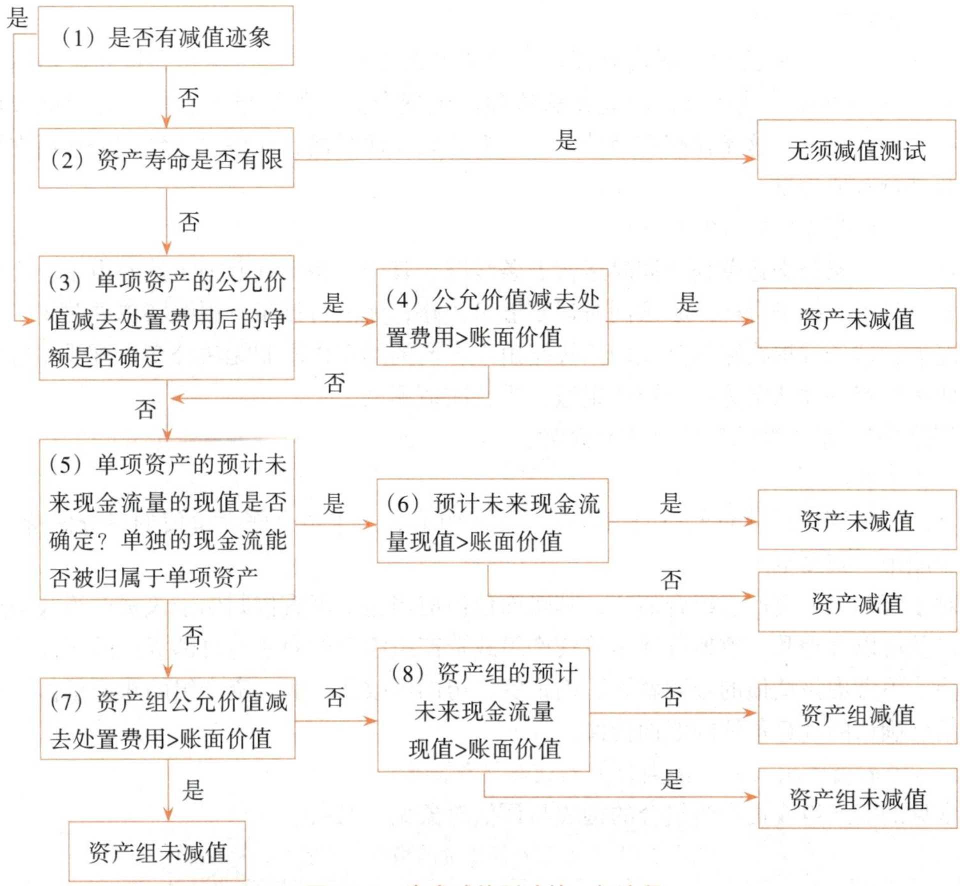

图12-1　资产减值测试的一般流程

二、资产减值测试评估中的评估对象

（一）资产减值对象

1.单项资产

根据资产减值准则的规定，如果有迹象表明一项资产可能发生减值，企业应当以单项资产为基础估计其可收回金额。

2.资产组

如果企业难以对单项资产的可收回金额进行估计，那么就应该以该资产所属的资产组为基础确定资产组的可收回金额。所谓资产组，是指企业可以认定的最小资产组合，其产生的现金流入应当基本上独立于其他资产或资产组产生的现金流入。

3.资产组组合

资产组组合是指由若干个资产组组成的最小资产组组合。对于商誉以及总部资产的减值测试，应当结合与其相关的资产组或者资产组组合进行。

（二）判断原则

企业在判断一项资产或资产组是否独立于其他资产或资产组产生的现金流时，至少应当从以下两个方面来考虑：

1.经营层面的独立性

例如，一家铁矿公司（假设只存在一个资产组组合）使用一条私有铁路来运输铁矿石，这条铁路不能单独运营，因此无法单独产生现金流，如果单独出售，也只能收回残值。在这种情况下，这条铁路在经营上与铁矿公司无法分离，应该并入铁矿公司所在资产组组合进行减值测试。

2.是否存在合同的约束性限制

例如，一家公交运营公司同时运营五条线路，其中一条出现亏损，然而由于公交公司与政府签订了一揽子合同，必须同时运营五条线路，无法将该条亏损线路单独关闭。在这种情况下，这条亏损线路与其他四条线路由于合同的约束性限制无法分离，该线路应该与其他四条线路一并认定为一个资产组组合进行减值测试。

（三）资产减值测试评估对象的界定

1.总体要求

资产减值测试评估对象应当与资产、资产组或资产组组合账面价值的成分保持一致，即属于原来的归属范围。

对于资产组或资产组组合而言，其账面价值应当包括可直接归属于该资产组或资产组组合以及可以合理和一致地分摊至该资产组或资产组组合的商誉与总部资产的账面价值。

除非不考虑该负债的金额就无法确定资产组的可收回金额，资产组的账面价值一般不应包括已确认的计息负债的账面价值。

2.常见的资产组或资产组组合的构成与评估对象

常见的资产组或资产组组合的构成与评估对象见表12-3。

表12-3 常见的资产组或资产组组合的构成与评估对象

项目	资产组账面价值涵盖的项目	评估对象
房屋建筑物	√	√
机器设备	√	√
土地使用权	√	√
工程物资	√	√
在建工程	√	√
营运资金	可选择	可选择
商誉	可选择	可选择
总部资产	可选择	可选择
负债	一般情况不包括，但可选择是否加入资产组的测试	一般情况不包括，视管理层的选择而定

3.几种特殊对象具体分析

（1）营运资金。营运资金的主要组成部分为存货、应收账款等，严格来说并不属于非流动资产减值测试的涵盖范畴。然而在实务操作中，为了更加合理地模拟资产组组合的真实构成，有时也将其加入资产组组合，在一般情况下，以下两种处理方法都是可行的：

情形一：资产组或资产组组合账面构成中不包含营运资金，则评估对象也不包含营运资金。预测期第一年的营运资金变动应在期初余额为零的基础上计算，即假设预测期第一年需要投入一笔额外的营运资金，并且到预测期结束时收回该笔营运资金投入。

情形二：资产组或资产组组合账面构成中包含营运资金，则评估对象也包含营运资金。预测期第一年的营运资金变动应以评估对象构成中包含的营运资金为期初余额进行计算。

（2）总部资产。企业总部资产包括企业集团或其事业部的办公楼、电子数据处理设备、研发中心等资产。总部资产的显著特征是难以脱离其他资产或者资产组而产生独立的现金流入，而且其账面价值难以完全归属于某一资产组。因此，总部资产通常难以单独进行减值测试，需要结合其他相关资产组或者资产组组合进行。按照总部资产是否可以分摊至资产组的相关部分，可以分为两种情形：

情形一：可以进行分摊。对于总部资产价值能够按照合理和一致的基础分摊至某资产组的部分，应当将总部资产的账面价值分摊至该资产组。

情形二：难以进行分摊。对于总部资产价值难以分摊至任何资产组的部分，应当按照合理和一致的基础分摊至由若干个资产组组成的最小的资产组组合。

（3）商誉。企业合并所形成的商誉，应当结合与其相关的资产组或者资产组组合进行减值测试。相关的资产组或者资产组组合应当是能够从企业合并的协同效应中受益的资产组或者资产组组合，并且不应当大于企业所确定的报告分部。其具体分摊过程和总部资产类似。

【思考12-4】商誉减值测试与企业合并对价分摊的关系是什么？

三、资产减值测试评估中的价值类型选择

（一）资产减值模型原理

根据减值测试准则第六条的规定，在资产存在减值迹象时，应当估计其可收回金额。可收回金额应当根据资产的公允价值减去处置费用后的净额和资产预计未来现金流量的现值两者之间较高者确定。资产减值模型如图12-2所示。

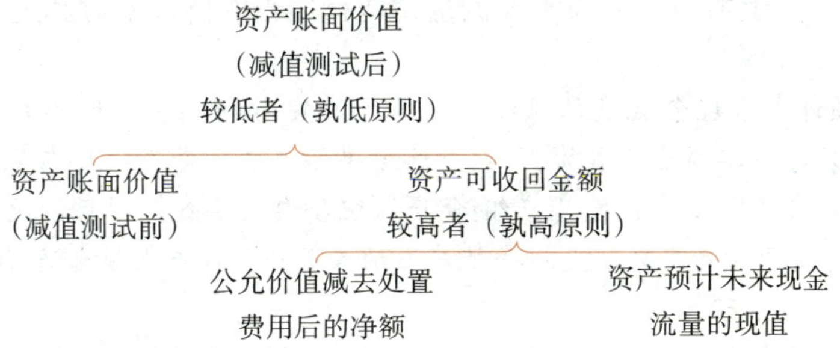

图12-2　资产减值模型

（二）价值类型

会计准则下的公允价值减去处置费用后的净额和资产预计未来现金流量的现值这两种计量属性，可以理解为相对应的评估价值类型（见表12-4）。

表12-4 评估价值类型

价值类型	含 义
公允价值减去处置费用后的净额	自愿买方和自愿卖方在各自理性行事且未受任何强迫压制的情况下，评估对象在基准日进行正常公平交易的价值并扣减相应的处置费用后得到的净额
资产预计未来现金流量的现值	将评估对象作为企业组成部分或者要素资产按其正在使用方式和程度及其对所属企业的贡献的价值估计数额

在评估过程中，若已确信资产公允价值减去处置费用的净额或资产预计未来现金流量的现值，其中任何一项已超过所对应资产的账面价值，并通过减值测试，就可以不必计算另一项数值。

四、资产减值测试评估中的评估方法与参数选择与确定

（一）评估方法的选择

1.资产的公允价值减去处置费用的净额

（1）公允价值的估计首先考虑采用市场法，根据公平交易中销售协议价格，或与评估对象相同或相类似资产在其活跃市场上反映的价格为计算依据。

（2）当不存在相关活跃市场或缺乏相关市场信息时，资产或资产组的公允价值，可以根据企业以市场参与者的身份，对单项资产或资产组的运营作出合理性决策，并在适当地考虑相关资产或资产组内资产的有效配置、改良或重置的前提下提交预测资料。参照企业价值评估的基本思路和方法（收益法）进行分析和计算。

【提示】通常来说，在采用这种方法时，评估专业人员也应该采用市场乘数等其他方法验证结果，从而保证评估结论的取得充分考虑了恰当的市场参与者可获得的信息。

处置费用的估计包括与资产处置有关的法律费用、相关税费、搬运费以及为使资产达到可销售状态所发生的直接费用等。

2.资产预计未来现金流量的现值——收益法

估计资产预计未来现金流量的现值时通常采用收益法，即按照资产在持续使用过程中和最终处置时所产生的预计未来现金流量，选择恰当的折现率对其进行折现后，加总确定。

【提示】预计未来现金流量的预测，是基于特定时期现有管理模式下可能实现的收益，预测一般只考虑单项资产和资产组/资产组组合内主要资产项目在简单维护下的剩余经济年限，即不考虑单项资产或资产组/资产组组合内主要资产项目的改良或重置；资产组内其他资产项目于预测期末的变现净值应当纳入资产预计未来现金流量的现值计算中。

（二）评估参数的确定

以固定资产减值测试为例，资产预计未来现金流量的现值评估方法中涉及的参数以及其采用依据如下：

1.现金流预测基本要求

现金流预测是基于企业管理层准备的针对评估对象的最近财务预算或经营计划进行的，评估师应通过关注、检验历史现金流预测和实际值之间的差异来评估和确定当前的现

金流预测假设的合理性。现金流预测应以评估对象的当前状况为基础，不应当包括将来可能发生的、尚未作出承诺的重组事项或者与资产改良有关的预计未来现金流量。

评估专业人员应当关注现金流预测涉及的主要评估参数，如销售收入的增长、预测的长期息税前利润率等，是否与行业保持一致。如果不是，评估专业人员应关注其原因所在。

传统使用的现金流预测包含的是未来每期单一的预计现金流量。

【提示】在评估实践中，有时影响评估对象未来现金流量的因素较多，情况较为复杂，带有很大的不确定性，在此情况下，使用未来每期单一的现金流量可能无法合理预测评估对象现金流。此时，评估专业人员，应该详细询问管理层未来现金流在产生时间以及现金流量大小方面的不确定性，并可以在必要时进行情景分析。

2. 现金流预测期

减值测试涉及的现金流预测期并不完全等于管理层提供的财务预算或者经营计划期。一般情况下，预测期必须涵盖只考虑单项资产或者资产组内主要资产项目在简单维护下的剩余经济年限，评估师可以基于管理层提供的财务预算或经营计划适当延长至资产组中主要资产项目的经济使用寿命结束。根据减值测试准则的相关规定，减值测试涉及的现金流预测期一般只涵盖5年；如超过5年，评估专业人员要向管理层询问，并取得管理层提供的证明更长期间合理性的证据。

【提示】一般来说，原来涵盖的预测期之后延长期间内的现金流应该保持稳定或者递减的增长率，该增长率不应超过产品、行业或者企业主要业务所在国家的长期平均增长率，除非管理层能证明其是合理的。

3. 资本性支出预测

预测的资本性支出中应该包括：维护资产正常运转或者资产正常产出水平而必要的支出，或者属于资产简单维护下的支出，即维护性资本支出；完成在建工程和开发过程中的无形资产等的必要支出。

【提示】预测的资本性支出中不应当包括与资产改良或企业扩张相关的资本性支出，即改良性资本支出和扩张性资本支出。

4. 资产组中主要资产项目经济使用年限最后一年的净现金流量

在资产组中主要资产项目与简单维护下的剩余经济年限资产使用寿命结束时，需要考虑处置资产所收到或者支出的净现金流，相当于预期公允价值减去处置费用后的净值。由于必须考虑处置费用，该处置资产的净现金流可能为负值。

5. 企业所得税的影响

估算预计未来现金流量现值应该基于税前基础进行。在适当地考虑相应调整的前提下，基于税前基础计算的未来现金流量现值应等于基于税后基础计算的未来现金流量现值。

在实务操作中，可以考虑采用税后基础进行测算，或者将税后折现率简单推算为税前折现率。税前折现率=税后折现率÷（1–所得税税率），并将此简单推算的税前折现率应用于税前现金流量计算折现现值。

一般情况下，如果基于上述两种方法计算的未来现金流量现值远远超过评估对象的账面价值，则代表评估对象出现减值情况的可能性较低。否则，则需要根据企业会计准则的要求计算以税前为基础的现值。

6. 折现率

（1）折现率要与预计的未来现金流匹配。是否同为税前或税后基础，是否同时考虑了通货膨胀因素，又如是否为根据企业会计准则的要求计算的相应税前折现率。

（2）特定风险对折现率预测的影响。从理论层面来说，在预计未来现金流量时已经对特定的风险影响进行了调整的，在估计折现率时不需要再重复考虑这些因素，如缺乏控制权折扣；在预计未来现金流量时尚未对特定的风险影响进行调整的，在估计折现率时则需要考虑这些因素，如规模风险、缺乏流动性折扣。

采用收益法计算资产公允价值减去处置费用后的净额时各项参数选取和确定与前述的“在预计未来现金流量时所涉及的参数”在某些方面会有不同（见表12-5）。

表12-5 收益法下两种方法的区别

项　目	公允价值减处置费用的净额	资产预计未来现金流量现值
假设前提	持续经营假设，可以考虑将来可能发生的、尚未作出承诺的重组事项或者资产改良； 应同时考虑重组、改良对应的收益和成本、费用	以当前状态为基础； 不应当包括与将来可能发生的、尚未作出承诺的重组事项或者与资产改良有关的预计未来现金流量
盈利预测	在各方面与市场参与者预期保持一致	评估对象在目前使用情况下可实现的盈利情况
资本性支出	维护资产正常运转或者资产正常产出水平而必要的支出，或者属于资产简单维护下的支出； 完成在建工程和开发过程中的无形资产等的必要支出； 与资产改良或企业扩张相关的资本性支出	维护资产正常运转或者资产正常产出水平而必要的支出，或者属于资产简单维护下的支出； 完成在建工程和开发过程中的无形资产等的必要支出
营运资金预测	维持现有企业运营并考虑企业扩张或重组所需的营运资金	基于特定实体现有管理模式下经营所需的营运资金
所得税基础	可以考虑为税后	通常为税前

微课

资产预计未来现金流量的现值评估参数确定

五、固定资产组减值测试案例

（一）案例背景

由某上市公司控制的一家生产企业A公司，最近三年由于市场需求变化较大，A公司出现了间歇性亏损。由于A公司拥有的生产线工艺技术水平与目前同类主流生产线存在一定的差距。该上市公司及注册会计师都认为A公司的生产线存在着减值的可能。因此，根据《企业会计准则第8号——资产减值》的要求，聘请评估机构对该生产线进行减值测试。

本次减值测试的目的为年报披露用途，初步确定的评估基准日为2023年12月31日。

知识拓展

商誉减值测试评估案例

（二）评估对象的确定

就A公司而言，被评估生产线既没有单独核算也不能独立产生现金流，现金流入的产生包括了产品在生产过程中所依赖的厂房、土地和其他辅助设施等。因此，本次评估的评估对象最终确定为包括该生产线及其生产性附属设施、生产厂房和厂房所占土地在内的固定资产组（以下简称“待估资产组”）。根据管理层提供的资料，待估资产组于评估基准日的账面净值为人民币8 123万元。

（三）评估技术思路和方法的选取

根据《企业会计准则第8号——资产减值》的要求，需要对待估资产组的可收回金额进行评估，以对比账面价值确定减值数额。根据相关会计准则的规定，可收回金额应当根据资产的公允价值减去处置费用后的净额（fair value less costs to sale，“FVLCS”）与使用价值（value in use，VIU）两者之间较高者确定。

（四）评估假设和技术要点

在本案例中，虽然评估对象相同，对公允价值和使用价值评估采用的评估方法也相同（收益法），但由于两种价值类型的评估思路并不相同，公允价值和使用价值的评估需要确定的三大参数也不完全相同，而需要分别估测不同评估思路下各自的收益额、收益期和折现率。

以公允价值现金流量折现思路为例说明如下：

（1）公允价值现金流量折现思路中的主要假设和技术要点；

（2）假设待估资产组将会持续经营；

（3）综合考虑待估资产组的营运周期、生产及销售水平、技术及经济更替等因素，预测待估资产组2024年至2028年的营运水平，并假设通过A公司管理人员的努力，该营运水平的预测可合理地实现；

（4）为了实现业务的预测增长，且保持适当的竞争能力，待估资产组可能需使用额外的资本投入，假设所有与资产组相关的设施和技术人员均可配套运作，并且有能力实现预测的业务增长。

（5）假设现行法律法规、市场环境、宏观政策等不会产生重大变化，不会对待估资产组及其行业的业务造成重大影响。

（五）公允价值估值模型的主要参数

1.收入预测

根据待估资产组（A公司）提供的预测资料，并结合评估师对资产组（A公司）及其行业的研究，待估资产组（A公司）在2024—2028年各年度的主营业务收入预测见表12-6。

表12-6 2024—2028年各年度的主营业务收入预测 单位：万元

项目＼年份	2024	2025	2026	2027	2028
主营业务收入	4 437	4 525	4 616	4 708	4 802
税金及附加	465.89	475.2	484.63	494.37	504.23

2. 成本及费用预测

成本包括生产成本和生产设备折旧支出；销售费用为市场推广及营销费用；管理费用为生产经营管理相关的费用及支出；财务费用为利息支出。根据评估师对待估资产组（A公司）的历史成本费用占主营业务收入的比例的分析结果，2024—2028年各年度的成本费用预测见表12-7。

表12-7 2024—2028年各年度的成本费用预测 单位：万元

项目＼年份	2024	2025	2026	2027	2028
主营业务成本	2 684.39	2 737.63	2 792.68	2 848.34	2 905.21
销售费用	310.59	316.75	323.12	329.56	336.14
管理费用	221.85	226.25	230.8	235.4	240
财务费用	221.85	226.25	230.8	235.4	240

3. 折旧和摊销预测

根据我们对待估资产组（A公司）的历史折旧和摊销情况分析的结果，A公司2024—2028年各年度的折旧和摊销预测见表12-8。

表12-8 A公司2024—2028年各年度的折旧和摊销预测 单位：万元

项目＼年份	2024	2025	2026	2027	2028
折旧和摊销	443.7	460	470	480	490

4. 资本性支出

根据对待估资产组（A公司）的分析，评估师采用了管理层提供的未来固定资产投资预测。营运资金支出主要根据A公司主营业务收入的变化分析确定（见表12-9）。

表12-9 营运资金支出 单位：万元

项目＼年份	2024	2025	2026	2027	2028
资本性支出	313.7	330	340	350	360
营运资金支出	30	30	30	30	30

5.终值

采取GORDON模型来计算待估资产组于2028年的终值，其中假设未来现金流的永续增长率为1%，折现率为A公司的折现率。

6.折现率的确定

在使用现金流量折现法时，必须根据所评估资产的性质计算一个适当的折现率。该折现率可视为一个第三方的投资者对同类投资项目的预期回报率。

待估资产组的预期回报率与相应的项目风险有关，评估专业人员已经考虑以下各项风险因素：

（1）利率风险，衡量总体利率水平的变化对投资回报的影响；

（2）购买力风险，衡量随时间变化，因通货膨胀所丧失的购买力所造成的损失；

（3）变现风险，衡量在目前市场情况下，出售该投资项目的变现能力；

（4）市场风险，衡量诸如经济和政治等综合市场因素对资产价格的影响；

（5）业务风险，衡量预期营运收入的不确定性。

待估资产组所采用的折现率是根据资本资产定价模型（CAPM）的方法计算的。即：

基础投资回报率=无风险回报率＋行业β系数×市场风险回报率

除上述方程所得出的基础投资回报率以外，有关项目的预期回报要求亦受其他非市场因素的影响。此等额外回报要求可视为个别项目风险，以希腊字母ε代表。综合得出的待估资产回报率方程为：

待估资产组回报率（折现率）=无风险回报率＋行业β系数×市场风险回报率＋ε

确定待估资产组折现率时所用的参数为：

无风险回报率以评估基准日的5年期国债利率为准。

市场风险回报率以2013年年末至评估基准日10年上证指数年报酬率的平均值为准。

行业β系数以与A公司同类上市的所在行业的平均β系数为准。

ε的构成主要包含流动性风险、业务风险及其他个别风险。

综合上述各种因素（计算过程略），待估资产组适用的股权资产回报率为12%。待估资产组加权平均资本成本（WACC）为经考虑行业平均资本结构后，按行业平均债务水平，计算的待估资产组的WACC。所用的参数包括：行业平均债务与股东权益比为0.67，平均债务资本成本为7%。因此，待估资产组的WACC为10%。

（六）公允价值和使用价值估值模型的主要差异

在上述收入和成本的预计方面，这两个模型基本相同，两者的主要差异体现在：

（1）收益期不同，即分别为有限年期和无限年期；

（2）对资本性支出的考虑不同；

（3）对营运资金的最终处理方式不同；

（4）对资产组收益期末是否有处置收益的考虑不同。

（七）估值过程和结论

公允价值评定估算相关数据（见表12-10）。

表12-10 公允价值评估表 单位：万元

项目 \ 年份	2024	2025	2026	2027	2028
主营业务收入	4 437	4 525	4 616	4 708	4 802
税金及附加	465.89	475.2	484.63	494.37	504.23
主营业务成本	2 684.39	2 737.63	2 792.68	2 848.34	2 905.21
其中：折旧与摊销	443.7	460	470	480	490
主营业务利润	1 286.72	1 312.17	1 338.69	1365.29	1 392.56
销售费用	310.59	316.75	323.12	329.56	336.14
管理费用	221.85	226.25	230.8	235.4	240
财务费用	221.85	226.25	230.8	235.4	240
营业利润	532.43	542.92	553.97	564.93	576.42
营业外收支	0	0	0	0	0
利润总额	532.43	542.92	553.97	564.93	576.42
税额（按实际税额）	133.11	135.98	138.49	141.23	144.08
净利润	399.32	406.94	415.48	423.7	432.34
(+) 折旧与摊销	443.7	460	470	480	490
利息（1-25%）	166.39	169.69	173.1	176.55	180
(-) 资本性支出	313.7	330	340	350	360
营运资金支出	30	30	30	30	30
企业净现金流量	665.71	676.63	688.58	700.25	712.34
折现系数（按10%计）	0.9091	0.8264	0.7513	0.6830	0.6209
净现值	605.2	559.17	517.33	478.27	442.29

1.公允价值评定估算相关数据

（1）根据企业以前年度生产增减变化及企业财务收支分析以及对未来市场的预测，评估专业人员认为被估资产组（A企业）通过未来5年的不断更新改造，未来5年的主营业务收入，将在2023年的基础上每年有2%的增长。

（2）由于从2024年到2028年每年追加的投资中进行设备改造，根据企业的生产能力状况，从未来第6年起，净现金流量的增长速度将维持在1%的水平上。

（3）根据前面的分析，待估资产组（A企业）适用的折现率为10%。

（4）所得税税率为25%。

2. 公允价值评估过程与结果列示

（1）计算未来5年企业净现金流量的折现值之和：

605.2＋559.17＋517.33＋478.27＋442.29=2 602.26（万元）

（2）计算从未来第6年开始的永续性现金流量现值：

712.34×（1＋1%）÷（10%−1%）×0.6209

=7 994.04×0.6209=4 963.50（万元）

（3）待估资产组的公允价值：

2 602.26＋4 963.50=7 565.76（万元）

使用价值评定估算过程与结论（见表12-11）。

表12-11　使用价值评估表　单位：万元

项目＼年份	2024	2025	2026	2027	2028
主营业务收入	4 437	4 437	4 437	4 437	4 437
税金及附加	465.89	465.89	465.89	465.89	465.89
主营业务成本	2 684.39	2 684.39	2 684.39	2 684.39	2 684.39
其中：折旧与摊销	443.7	443.7	443.7	443.7	443.7
主营业务利润	1 286.72	1 286.72	1 286.72	1 286.72	1 286.72
销售费用	310.59	310.59	310.59	310.59	310.59
管理费用	221.85	221.85	221.85	221.85	221.85
财务费用	221.85	221.85	221.85	221.85	221.85
营业利润	532.43	532.43	532.43	532.43	532.43
营业外收支	0	0	0	0	0
利润总额	532.43	532.43	532.43	532.43	532.43
税额（按实际税额）	133.11	133.11	133.11	133.11	133.11
净利润	399.32	399.32	399.32	399.32	399.32
（+）折旧与摊销	443.7	443.7	443.7	443.7	443.7
利息（1−25%）	166.39	166.39	166.39	166.39	166.39
（−）资本性支出	0	0	0	0	0
营运资金支出	30	0	0	0	0
企业净现金流量	979.41	1 009.41	1 009.41	1 009.41	1 009.41
折现系数（按10%计）	0.9091	0.8264	0.7513	0.6830	0.6209
净现值	890.38	834.18	758.37	689.43	626.74

（4）使用价值评定估算过程与结论说明如下：

① 评估资产组使用价值预期收益的预测是建立在资产组按评估基准日现有的状况和状态继续使用下去，不进行技术改造或重组的基础之上。

② 未来5年企业经营状况和市场环境不发生重大改变；

③ 未来5年的收益现值为：

890.38＋834.18＋758.37＋689.43＋626.74=3 799.10（万元）

④ 未来第5年末资产组变现价值预计为3 655.89万元。

⑤ 未来第5年末资产组变现价值的现值=3 655.89×0.6209=2 269.94（万元）

⑥ 资产组的使用价值=3 799.10＋2 269.94=6 069.04（万元）

通过比较，待估资产组的公允价值大于其使用价值。但是，待估资产组的公允价值低于其账面净值。根据孰高原则，待估资产组的可收回金额应以其公允价值的评估值为准，即7 565.76万元。

因此，该资产组存在减值，减值额为待估资产组的账面净值与其可收回金额的差额，即557.24万元（8 123−7 565.76）。

任务四　服务于企业合并对价分摊的资产评估

任务描述

随着经济的发展，企业合并的案例在实际生活中屡见不鲜，《企业会计准则第20号——企业合并》也针对企业合并的相关知识进行了规定。针对我国目前企业的实际情况，将企业合并划分为同一控制下的企业合并和非同一控制下的企业合并，而两种类型的企业合并在会计中的账务处理原则是不一样的，编制合并日合并财务报表的原则也是有所区别的，因此，评估专业人员的任务也会有所区别。其中，非同一控制下的企业合并会涉及合并对价分摊的相关问题。通过了解企业合并对价分摊及其评估对象，掌握有关资产、负债的评估方法，对于学生解决实际中企业合并的相关评估问题是十分必要的。

相关知识

一、企业合并对价分摊概述

（一）企业合并

《企业会计准则第20号——企业合并》第二条规定，企业合并是指将两个或者两个以上单独的企业合并形成一个报告主体的交易或事项。企业合并的结果一般是一家企业取得了另一个或者多个业务的控制权。其中，业务是指企业内部某些生产经营活动或资产、负债的组合，该组合具有投入、加工、处理过程和产出能力，能独立计算其成本费用或生产的收入，但不构成一家企业，不具有独立的法人资格，如企业的分公司、独立的生产车间、不具有独立法人资格的分部等。

我国的企业合并，按照合并前后是否受同一方最终控制分为同一控制下的企业合并与非同一控制下的企业合并。其中，同一控制下的企业合并，指参与合并的企业在合并前后均受同一方或相同的多方最终控制且该控制并非暂时性的。而非同一控制下的企业合并，指参与合并的各方在合并前后不受同一方或相同的多方最终控制的企业合并，即除判断属于同一控制下企业合并的情况以外的 其他企业合并。

【学中做12-3】BM公司是以生产高压、超高压电站锅炉及生物质发电锅炉为主的，集科研、生产、配套、服务于一体的企业。其主要产品为循环流化床锅炉。BM公司通过ISO质量体系认证，并拥有美国机械工程师学会颁发的ASME授权证书及“U”“S”钢印。

2023年6月，LJP公司以15亿元人民币现金收购BM公司100%股权，构成了非同一控制下的企业合并，其合并对价即为15亿元人民币。

【思考12-5】什么是报告主体？报告主体与会计主体是否一样？两者的关系如何？

【提示】在企业合并中，判断是否形成企业合并，除了要看取得的企业是否构成业务外，最关键的是判断有关交易或事项发生前后，报告主体是否发生了变化，报告主体的变化产生于控制权的变化。

【思考12-6】组建合营企业、购买子公司少数股权和购买资产或资产组，在这三种类型的交易或事项中，哪些不属于企业合并准则规范的范围？

（二）企业合并对价分摊

合并对价分摊，是指符合企业合并准则的非同一控制下的企业合并的成本在取得的可辨认资产、负债及或有负债之间的分配。

企业合并的两种类型，即同一控制下的企业合并和非同一控制下的企业合并，在会计处理方法上是有区别的。对于同一控制下的企业合并，合并的过程中不产生新的资产、负债，一般发生在企业集团内部，如母子公司（集团内部），本质上发生的是企业集团内部企业之间的资产或负债转移。合并方在企业合并中取得的资产和负债，应当按照合并日被合并方的账面价值进行计量。因此，同一控制下的企业合并，不涉及合并对价分摊的问题。

根据企业合并准则第十三条的规定，对于非同一控制下的企业合并，购买方在购买日应当对合并成本进行分配，并按照相关规定确认所取得的被购买方各项可辨认资产、负债及或有负债，存在合并对价分摊的问题。其中，购买方对合并成本大于合并中取得的对购买方购买可辨认净资产公允价值的份额的差额，应当确认为商誉。若购买方对合并成本小于合并中取得的对购买方购买可辨认净资产公允价值的份额的部分，应计入合并当期损益。

企业合并的分类如图12-3所示，企业合并对价分摊如图12-4所示。

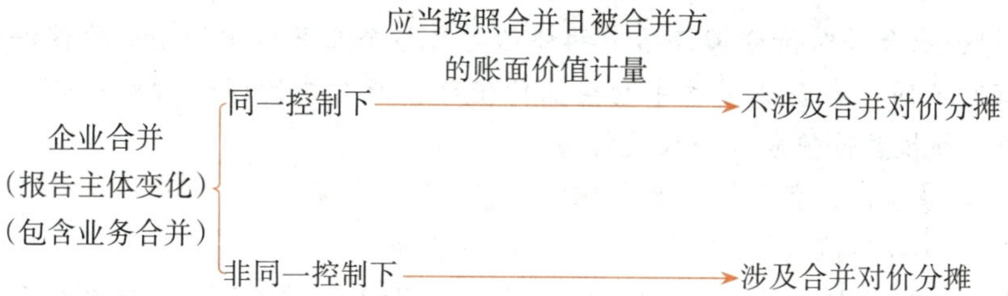

图12-3 企业合并的分类

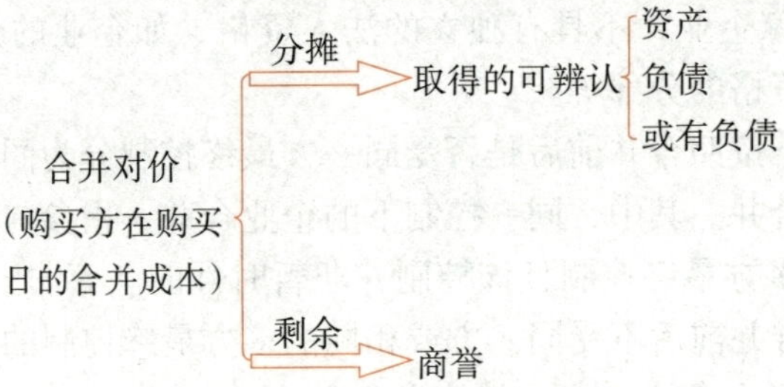

图12-4 企业合并对价分摊

（三）合并对价分摊对合并报表的影响

1.对购买方合并日财务报表的影响

根据《企业会计准则第20号——企业合并》第十七条的规定，企业合并形成母子公司关系的，母公司应当编制购买日的合并资产负债表。由于以公允价值列示企业合并取得的被购买方各项可辨认资产、负债及或有负债，因此，在合并资产负债表上，可能会产生新的会计科目，如无形资产、递延所得税资产或负债、商誉等。在企业合并发生的当期期末，购买方应当在附注中披露被购买方各项可辨认资产、负债在上一会计期间资产负债表日的账面价值和公允价值。合并对价分摊对购买方财务报表的影响如图12-5所示。

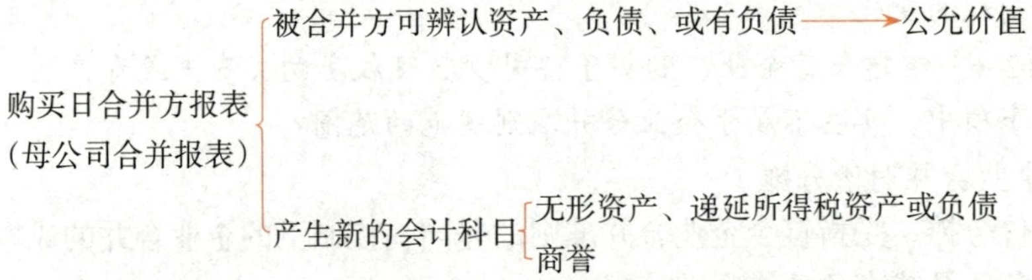

图12-5 合并对价分摊对购买方财务报表的影响

2.对购买方合并日后财务报表的影响

合并对价分摊会影响购买方合并日后各会计期间的会计利润，如经济寿命有限的无形资产在剩余使用寿命内摊销，将会导致合并利润表的息税前利润减少；如对商誉、经济寿命不确定的无形资产进行的年度减值测试，可能加剧未来会计期间合并利润表的净利润波动。

二、企业合并对价分摊评估中的评估对象

（一）企业合并对价分摊评估中的评估对象

根据《以财务报告为目的的评估指南》第十九条的规定，合并对价分摊事项涉及的评估业务所对应的评估对象应当是合并中取得的被购买方各项可辨认资产、负债及或有负债。

【提示】企业合并对价分摊评估中的评估对象与企业并购中的企业价值评估所对应的评估对象有所不同。在企业并购中的企业价值评估所对应的评估对象一般为企业整体价值、股东的全部权益价值或部分权益价值。

（二）可辨认资产、负债及或有负债的确认原则与识别

1.合并中取得的被购买方的无形资产或或有负债

公允价值能够可靠计量的，应当单独确认为无形资产或负债，并按照公允价值计量。

2. 可辨认无形资产的确认

（1）识别无形资产的法规依据。评估师在执行以财务报告为目的的评估业务过程中，应通过执行相关的识别程序，识别出所有在收购日存在的重大可辨认的无形资产。评估师在识别无形资产的过程中应当以《企业会计准则第6号——无形资产》以及《企业会计准则第20号——企业合并》中对于企业合并项下无形资产的相关规定为依据。

（2）在实务中，评估师识别无形资产的关键在于判断该项资产是否可辨认。满足下列两个条件中的任何一条，即可确认为可辨认的无形资产：

① 向管理层了解被收购公司是否存在源自合同权利或基于法律的法定权利的无形资产。需要注意的是，对于满足合同权利或基于法律的法定权利，即使从法律角度并非合同或有合同约束力，如订单，甚至是可以取消的订单，亦满足了合同权利的确认条件。如果合同或协议含有限制特定资产从被收购方分离的条款（如限制转让与政府签订的合约），即需要与其他相关的合同、资产、负债一起出售或转移，此类限制并不影响满足合同权利的无形资产的确认。即使某项无形资产无法单独出售、转移、授予许可、租赁或者交换，但可以与其他相关合同、资产或负债一起，用于出售、转移、授予许可、租赁或者交换，这项无形资产仍然满足可分离的确认条件。

② 考虑该无形资产是否能够从被收购公司中分离出来，并能单独或者与其他相关合同、资产或负债一起，用于出售、转移、授予许可、租赁或者交换。

【提示】满足可分离条件的无形资产的出售、转移、授予许可、租赁或者交换不能受到任何限制，否则，该等资产不满足可分离的确认条件。例如，客户信息受到保密协议的限制，不可以被出售，因此其无法满足可分离的条件。

（3）下列无形资产因无法满足上述可辨认的判断条件，在实务操作中，一般不作为可辨认无形资产，如消费者基础、客户服务能力、地域优势、经过特别训练的员工等。无形资产的识别程序如图12-6所示。

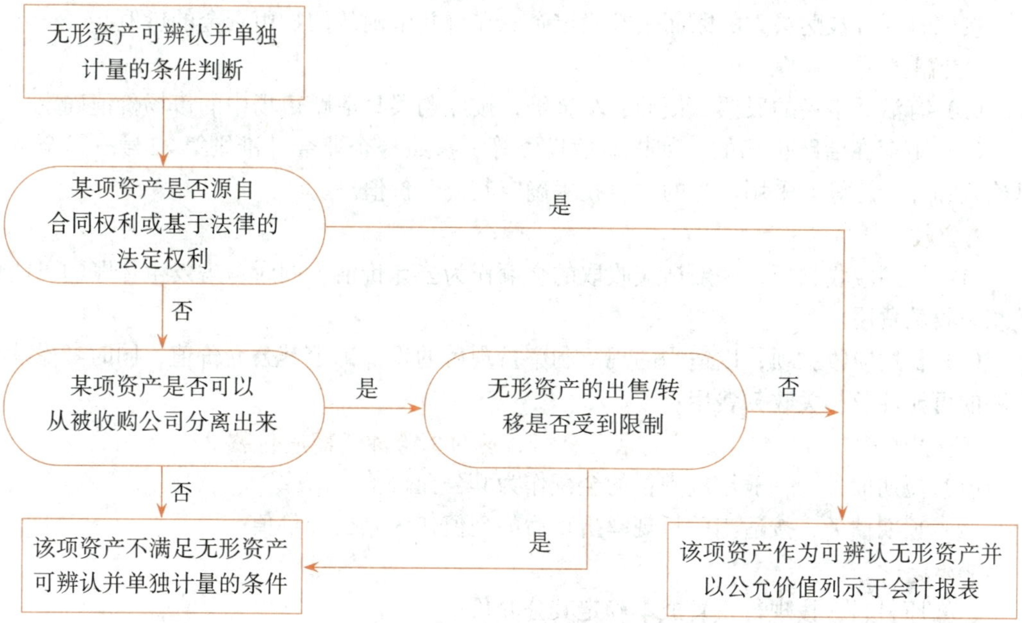

图12-6　无形资产的识别程序

3. 或有负债的识别

（1）法律依据。《企业会计准则第13号——或有事项》，识别并确认被收购公司在收购日是否存在需确认的或有负债。

（2）认定条件。与或有事项相关的义务同时满足下列条件的，应确认为预计负债：

该义务是企业承担的现时义务，履行该义务很可能导致经济利益流出企业；该义务的金额能够可靠地计量。

（3）评估师在识别或有负债的过程中需要关注以下几个方面：

① 在收购日是否存在未决诉讼；

② 在收购日是否存在待执行的亏损合同；

③ 被收购公司是否有为其他公司或个人进行的债务担保；

④ 在收购日是否存在已对外公布的详细重组计划；

⑤ 被收购公司对售出产品所作的质量保证；

⑥ 了解对被收购公司进行的相关尽职调查的结果。

（4）可能确认的或有负债的项目一般包括产品质量保证、不可撤销的亏损合同、未决诉讼、重组义务等。

微课

企业合并对价分摊评估中评估对象的确定

三、评估方法的确定

（一）有形资产、负债以及或有负债的评估

企业在合并中确认的资产、负债在满足确认条件后，应当以其公允价值进行计量。企业合并准则应用指南规定确定有形资产和负债的公允价值的方法如下：

1. 货币资金

按照购买日被购买方的账面余额确定企业在合并中确认的货币资金的价值。

2. 金融工具

（1）有活跃市场的股票、债券、基金等，按照购买日活跃市场中的市场价值确定。

（2）不存在活跃市场的，如权益性投资等，参照《企业会计准则第22号——金融工具确认和计量》等，采用适当的估值技术确定其公允价值。

3. 应收款项

（1）短期应收款项，一般按应收取的金额作为公允价值，同时考虑发生坏账的可能性及相关收款费用。

（2）长期应收款项，以适当的现行利率折现后的现值确定其公允价值，同时考虑发生坏账的可能性及相关收款费用。

4. 应付账款、应付票据、应付职工薪酬、应付债券和长期应付款

（1）短期债务，一般按应支付的金额作为其公允价值。

（2）长期债务，按适当的折现率折现后的现值作为其公允价值。

5. 存货

（1）原材料，按现行重置成本确定其公允价值。

（2）在产品，按完工产品的估计售价减去至完工仍将发生的成本、预计销售费用、相

关税费以及基于同类或类似产成品的基础上估计可能实现的利润确定其公允价值。

（3）产成品和商品，按估计售价减去估计的销售费用、相关税费以及购买方通过自身努力在销售过程中对于类似的产成品或商品可能实现的利润确定其公允价值。

6. 房屋建筑物

（1）存在活跃市场的，以购买日的市场价格确定其公允价值。

（2）不存在活跃市场，但同类或类似房屋建筑物存在活跃市场的，参照同类或类似房屋建筑物的市场价格确定其公允价值（市场法）。

（3）同类或类似房屋建筑物也不存在活跃市场、无法取得有关市场信息的，按照一定的估值技术（如重置成本法等）确定其公允价值。

7. 机器设备

（1）存在活跃市场的，按购买日市场价格确定其公允价值。

（2）不存在活跃市场，但同类或类似机器设备存在活跃市场的，参照同类或类似机器设备的市场价格确定其公允价值（市场法）。

（3）同类或类似机器设备也不存在活跃市场，或因有关的机器设备具有专用性，在市场上很少出售、无法取得确定其公允价值的市场证据的，用收益法或考虑该机器设备各类贬值（包括实体性贬值、功能性贬值和经济性贬值）后的重置成本合理估计其公允价值。

8. 或有负债

公允价值在购买日能够可靠计量的，应单独确认为预计负债。此项负债应当按照假定第三方愿意代购买方承担该项义务，就其所承担义务需要购买方支付的金额计量。

（二）无形资产的评估

1. 无形资产评估总体方法选择

（1）存在活跃市场的，按购买日的市场价格确定其公允价值。

（2）不存在活跃市场，无法取得有关市场信息的，按照一定的估值技术确定其公允价值。

2. 无形资产的具体评估方法

无形资产的基本评估方法是市场法、收益法和成本法。评估师应当根据无形资产的性质以及市场信息的可获取性，选择合适的评估方法。

（1）市场法。该方法假定公允价值可通过观察类似的资产、负债的市场交易价格及其他相关信息，并经过对类似资产、负债与被评估的资产、负债的差异进行必要的调整来确定。但是，由于无形资产的特殊性，一般极少单独出售、转让，因此，市场上容易缺乏相同或者类似的可比资产，因此，市场法往往较难作为无形资产价值评估的首选方法。

（2）收益法。无形资产的特殊性，决定无形资产最常用的评估方法就是收益法。常用的具体方法包括增量收益折现法、节省许可费折现法、多期超额收益折现法。

① 增量收益折现法，是指将包括无形资产的经济实体的未来预测现金流与不含无形资产的经济实体产生的相应现金流进行比较，即判断有无无形资产在价格方面所产生的差额。增量现金流体现在两个方面：一是价格的溢价；二是成本的节省。这种方法要求可比实体未使用无形资产多产生的现金流能够可靠地计量估算。

② 节省许可费折现法，是指假设财务报告的编制者不是无形资产的所有者，需要花钱从别人手上获得一个许可权，这就形成了必要的资金流出，但是因为拥有了该许可权，

可以节省这方面的许可权使用费，所节省的许可权使用费通过折现所得到的现值作为无形资产价值评估的依据。这种方法一般应用在品牌、专利和技术评估中。要使用这种方法，必须存在可比资产且这些资产常在熟悉情况的、自愿和独立的双方进行专利许可经营。

③ 多期超额收益折现法，是指把收益进行拆分，把其中作为评估对象的无形资产得到的收益拆分出来，即扣除该无形资产以外的其他有形资产和无形资产所应该产生的平均收益，而以超额收益进行分析，一般应用在客户关系、采矿权等无形资产的评估中。其最终得到的是无形资产产生的且只有其产生的现金流的现值。通常情况下，多期超额收益折现法更适用于对现金流产生最大影响的无形资产或类似的无形资产组合，如果这种方法多次使用，就必须注意同一现金流是否被多次归到不同的资产上。

（3）成本法。成本法是建立在替代原则上的重置概念，作为公允价值的计量基础，其主要假设是市场参与者将不会愿意支付超过重置该资产的必要支出，但是，这种方法往往无法反映该项无形资产给企业带来的未来经济利益。例如，建立客户关系的成本往往小于客户关系给企业带来的未来经济利益，而且，该成本往往难以分离出来。因此，成本法较少运用于企业无形资产的评估。

（三）递延所得税的计算

在按照规定确定了合并中应予确认的各项可辨认资产、负债的公允价值后，其计税基础与账面价值不同形成暂时性差异的，应当按照所得税会计准则的规定确认相应的递延所得税资产（如资产账面价值小于计税基础引起的可抵扣暂时性差异）或递延所得税负债（如资产账面价值大于计税基础引起的应纳税暂时性差异）。确认递延所得税资产或递延所得税负债的金额不应折现。

【提示】被购买方在企业合并之前已经确认的商誉和递延所得税项目，购买方在分配企业合并成本、汇总可辨认资产和负债时不应予以考虑。

（四）商誉的计算

在汇总计算各项可辨认资产、负债的公允价值后，即可得到被购买方可辨认净资产的公允价值。根据企业合并准则的规定，购买方对合并成本大于合并中取得的被购买方可辨认净资产公允价值份额的差额，应确认为商誉。

1.确定合并成本

通常情况下，企业合并成本按照购买方为进行企业合并支付的现金、非现金资产、发行或承担的债务和发行的权益性证券等在购买日的公允价值以及企业合并中发生的各项直接相关费用之和确定。对于通过多次交换交易分步实现的企业合并，其企业合并成本为每一单项交换交易的成本之和。

2.确认商誉值

对于企业合并商誉应确认的商誉值，评估师应当对其合理性进行分析，解释商誉所代表的含义及其组成成分。一般来说，商誉由以下几类因素构成：

（1）企业现有的管理团队和员工团队；

（2）并购后的协同效应，如销售额的增加、成本开支的压缩等；

（3）收购方对收购对价的判断失误导致收购对价过高；

（4）企业持续经营的能力，包括各类不符合无形资产确认条件的其他资产，如市场占有率、通过资本市场直接融资的能力、良好的政府关系等。

【提示】在商誉的评估结果较高的情况下，评估师应当提请公司管理层关注其减值风险，并考虑及时执行商誉的减值测试程序。

（五）整体合理性测试

评估师应采取适当的方法对合并对价分摊的评估结果的整体合理性进行检验。通常来说，在合并对价分摊的评估中，以被购买方各项资产公允价值为权重计算的加权平均资产回报率，应该与其加权平均资本成本基本相等或接近。否则需要进一步复核无形资产的识别过程以及各项可辨认资产、负债和或有负债的评估过程是否合理。

各项资产的加权平均资产回报率可以采用以下公式计算：

$$R = \sum_{i=1}^{n} A_i R_i / \sum_{i=1}^{n} A_i$$

式中：R为加权平均资产回报率；A_i为各项可辨认资产的公允价值；R_i为各项可辨认资产的要求回报率。

【提示】评估专业人员在确定各项可辨认资产的要求回报率时，除了考虑被购买方的整体企业价值外，还需考虑与该资产自身风险相关的因素。

由于进行企业价值评估时运用的加权平均资本成本，反映的是一家企业所有的资产、负债所产生现金流的期望回报，包含了该企业实现可能的现金流入应取得的风险补偿，所以在确定可辨认无形资产的必要资产回报率时，可参考企业价值评估时采用的加权平均资本成本，并在此基础上考虑必要的风险溢价或折价。

四、企业合并对价分摊评估案例分析

某公司以现金收购的方式收购了另一家处于非同一控制下的公司100%的权益，收购对价为人民币7亿元。假设该被收购公司适用的企业所得税税率为25%，收购日的资产负债表状况如图12-7左侧部分所示（单位：人民币百万元）。评估师在完成四个阶段的评估工作以后，得到被收购公司进行合并对价分摊以后以公允价值计量的资产负债表，如图12-7右侧部分所示。

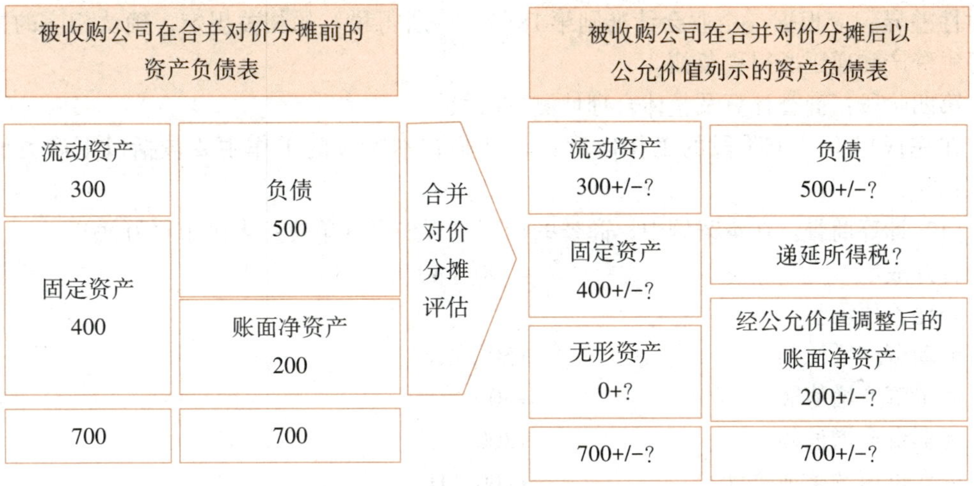

图12-7　收购日的资产负债表状况（单位：人民币百万元）

第一阶段：分析阶段

评估师在本阶段的主要工作为分析和理解本次并购交易，主要包括以下内容：

（1）与管理层进行深入沟通，充分了解收购方对此次交易拟达到的目标，即交易目的；

（2）收集各类相关资料，主要包括：股权转让协议、董事会决议、公司对该交易的信息披露、被收购企业历史财务数据以及与收购相关的尽职调查报告等；

（3）对收集的资料进行分析，了解被收购公司在收购日的经营状况及其资产负债状况；

（4）确定合并成本，在本案例中，合并成本为人民币7亿元，假设没有其他交易费用。

第二阶段：无形资产和或有负债的识别阶段

在本案例中，评估师在对无形资产执行了相关的识别程序以后，认为被收购公司良好的经营业绩主要取决于客户对公司驰名商标的认可度，以及公司在全国各地建立的比较稳定的客户关系。因此，评估师识别了以下两项重要的无形资产，即商标和客户关系。此外，评估师通过执行相关识别程序以后，并未发现被收购公司在收购日存在任何可辨认的或有负债。

第三阶段：评估阶段

在本阶段中，评估师的主要工作是对企业合并中取得的各项可辨认资产（包括识别出来的无形资产）和负债进行公允价值评估。在确定各项可辨认资产、负债的公允价值时，应当遵循企业合并准则应用指南的规定进行。

其中，流动资产中的存货采用上述方法进行评估，评估增值5 000万元；

对于固定资产，由于该类工业厂房和设备不存在活跃市场，评估专业人员采用了重置成本法对其进行评估，最终固定资产评估增值5 000万元；

对于识别出的商标和客户关系两项无形资产，评估专业人员分别采用了节省许可费折现法和多期超额收益折现法对其进行评估，确定商标的公允价值为2.5亿元，客户关系的公允价值为5 000万元。

在得出各项可辨认资产、负债的公允价值后，对其计税基础和账面价值不同所形成的暂时性差异，应根据《企业会计准则第18号——所得税》的相关规定，确认相应的递延所得税资产和递延所得税负债。

第四阶段：商誉计算及整体合理性测试阶段

在完成以上三个阶段的工作以后，评估师在本阶段的工作主要包括以下两方面的内容：

（1）计算商誉。在本案例中，商誉的计算过程如下（单位：人民币百万元）：

合并成本	+700（A）
公允价值调整	
流动资产增值额	+50
固定资产增值额	+50
无形资产增值额	+300
公允价值调整项合计	+400（D）
递延所得税负债	+100（E）=（D）×25%

税后公允价值调整项合计　　　　　+300（F）=（D）-（E）
合并前账面净资产　　　　　　　　+200（B）
经公允价值调整后的账面净资产　　+500（C）=（B）+（F）
商誉价值　　　　　　　　　　　　+200（G）=（A）-（C）

在计算出商誉价值以后，评估专业人员应当对最终得出的商誉的合理性进行分析，解释商誉所代表的含义及其组成成分，此外，在计算得出的商誉结果较高的情况下，评估专业人员应提请公司管理层关注其减值风险，并考虑及时进行商誉的减值测试。

（2）整体合理性测试。在本案例中，评估专业人员计算了以各项资产公允价值为权重的加权平均资产回报率（WARA），其结果为12%（其中流动资产回报率为6%，固定资产回报率为9%，无形资产回报率为16%，商誉回报率为25%），该数据与企业的加权平均资本成本（WACC）13%基本接近，因此，评估师认为其各项资产、负债的公允价值评估具备合理性。整体合理性测试如图12-8所示。

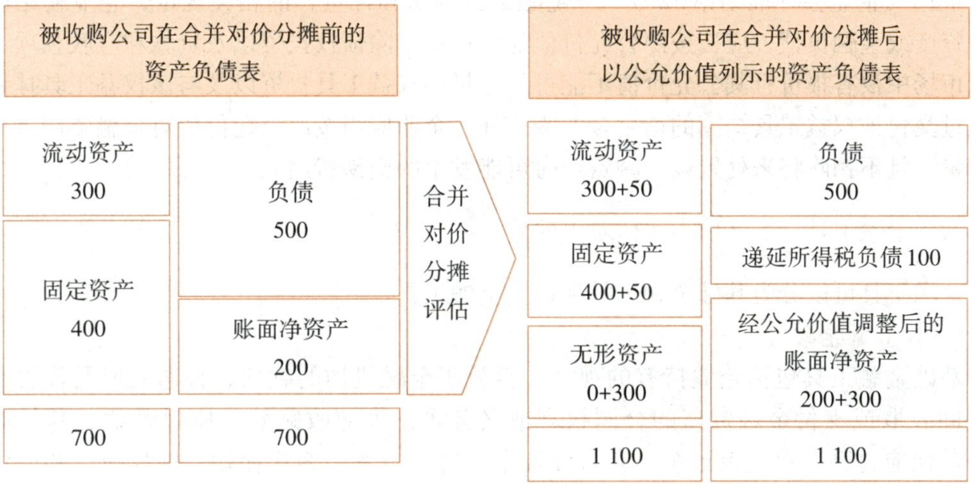

图12-8　整体合理性测试（单位：人民币百万元）

【提示】由于商誉是在合并报表过程中出现的会计处理，因此在被收购公司层面的资产负债表中未作反映。

任务五　服务于金融工具计量的公允价值评估

任务描述

随着经济的发展，金融工具的使用越来越频繁，品种和形式也越来越多样、复杂。如何对金融工具进行计量以及评估，是评估实务中必不可少的环节。通过对金融工具以及其计量原理的学习，认识与熟悉金融工具的评估对象，使同学们可以采用合适的评估方法以及参数对其进行评估。

相关知识

一、金融工具及其计量

（一）金融工具的基本概念

金融工具又称交易工具，是证明债权债务关系并据以进行货币资金交易的合法凭证，是货币资金或金融资产借以转让的工具。不同形式的金融工具具有不同的金融风险。金融工具分为两大类：现金类和衍生类。现金类分为证券类和其他现金类（如贷款、存款）。衍生类分为交易所交易的金融衍生品和柜台（OTC）金融衍生品。

（二）金融工具的计量

根据《企业会计准则第22号——金融工具确认和计量》的相关规定，企业初始确认金融资产或金融负债，应当按照公允价值计量；对于除债权投资以及贷款和应收款项、在活跃市场中没有报价且其公允价值不能可靠计量的权益工具投资以及与该权益工具挂钩并须通过交付该权益工具结算的衍生金融资产外，企业应当按照公允价值对金融资产进行后续计量，且不扣除将来处置该金融资产时可能发生的交易费用。

二、金融工具计量评估中评估对象的确定

金融工具可以分为基础金融工具和衍生金融工具。

（一）基础金融工具

基础金融工具包括企业持有的现金、存放于金融机构的款项、普通股以及代表在未来期间收取或支付金融资产的合同权利或义务等，如应收账款、应付账款、其他应收款、其他应付款、存出保证金、存入保证金、客户贷款、客户存款、债权投资和应付债券等。

（二）衍生金融工具

衍生金融工具是指金融工具确认和计量准则涉及的、具有以下特征的金融工具或其他合同：

（1）价值随着特定利率、金融工具价格、商品价格、汇率、价格指数、费率指数、信用等级、信用指数或其他类似变量的变动而变动，变量为非金融变量的，该变量与合同的任一方不存在特定关系。

（2）不要求初始净投资，或与对市场情况变动有类似反应的其他类型合同相比，要求很少的初始净投资。企业从事衍生工具交易不要求初始净投资，通常指签订某项衍生工具合同时不需要支付现金或现金等价物。

（3）在未来某一日期结算。衍生工具在未来某一日期结算，表明衍生工具结算需要经历一段特定时间。但是，“在某一日期结算”不能理解为只在未来某一日期进行一次结算。另外，有些期权可能由于是价外期权而到期不行权，也在未来日期结算。

衍生工具包括远期合同、期货合同、互换和期权，以及具有远期合同、期货合同、互换和期权中一种或一种以上特征的工具。衍生工具通常是独立存在的，但也可能嵌入到非

衍生金融工具或其他合同中。

【提示】买卖非金融项目的合同，根据企业预期购买、出售或使用要求，以获取或交付非金融项目为目的而签订，那么此类合同不符合衍生工具的定义。但是，当此类合同可以通过现金或其他金融工具净额结算或通过交换金融工具结算，或者合同中的非金融项目可以方便地转换为现金时，这些合同应当比照衍生工具进行会计处理。

【思考12-7】什么是嵌入衍生工具？

三、主要金融工具的评估方法

（一）评估方法总体选择

金融工具的种类繁多，根据其涉及的合同条款的复杂程度，金融工具的评估方法也具有较大的差异性和复杂性。

（1）存在活跃交易市场的金融工具，活跃市场中的报价应当用于确定其公允价值；

（2）金融工具不存在活跃市场的，应当采用合适的评估方法确定其公允价值。

（二）具体评估方法

1.权益工具的评估方法

权益工具，是指能证明拥有某家企业在扣除所有负债后的资产中的剩余权益合同。从发行方看，权益工具通常指企业发行的普通股、在资本公积下核算的认股权等。评估师可以根据实际情况分别采用收益法、市场法和成本法对权益工具的公允价值进行评估。

2.不含衍生工具的金融负债的评估方法

债务工具的公允价值，应当根据取得日的市场情况和当前市场情况，或其他类似债务工具的当前市场利率确定。

（1）固定利率金融负债的评估方法

固定利率金融负债的公允价值通常采用未来现金流折现法确定，即通过一个合适的折现率计算该金融负债预期的未来的现金流的现值。

在确定未来现金流时，可参考待估金融工具的合同条款。一般来说，固定利率金融负债的合同内都会明确规定利率、计息时间以及本金偿还计划等条款，通过这些条款可以明确金融工具未来的现金流量。

在确定折现率时，可根据待估金融工具的合同条款和实质特征，采用市场上其他金融工具的市场收益率作为折现率。该折现率是通过分析市场上可类比的其他金融工具特征来确定的，这些特征包括：该金融工具自身的信用等级、剩余期间以及金融工具的计价货币等。

（2）浮动利率金融负债的评估方法

浮动利率金融负债的公允价值的评估原理与固定利率金融负债相同，也是采用未来现金流折现法，但是在未来现金流的确认上却有所差异。

在确定未来现金流时，由于浮动利率金融负债的合同条款往往只规定合同期内的利率随着某些基础金融变量（如伦敦银行同业拆借利率）的变化而变化，未来现金流无法准确估计。此时，评估师在评估时应首先对那些基础金融变量的变化作出适当的、合理的估计。

【提示】实务中常见的浮动利率金融负债是可转换公司债券。可转换公司债券，简称可转债，是一种允许持有者在规定时间内、按规定条件转换成指定公司普通股股票的债券。

可转债兼有债券和期权的性质，相当于这样一种投资组合：投资者持有一张与可转债相同利率的普通债券，一张数量为转换比例、期权行使价为初始转股价格的美式买权，一张美式卖权，同时向发行人无条件出售了一张美式买权。常用的模型为布莱克-斯科尔斯期权定价模型和二叉树期权定价模型。

3.金融衍生工具的评估方法

金融衍生工具，其价值依附于其他更基本的标的变量，如特定利率、基本金融工具的价格、商品价格、汇率和价格指数等，主要类型包括期权合同、互换合同和混合衍生工具等。

(1) 期权合同

期权合同主要包括看涨期权和看跌期权。看涨期权的持有者有权在某一确定的时间以某一确定的价格购买标的资产。看跌期权的持有者有权在某一确定时间以某一确定价格出售标的资产。期权合同中的价格被称为执行价格。合同中的日期为到期日、执行日或期满日。

期权可以分为美式期权和欧式期权，其中，美式期权可在期权有效期内任何时候行权，而欧式期权只能在期权到期日行权。

目前广泛采用的期权评估方法有布莱克-斯科尔斯模型和Lattice模型。

员工持股计划评估是评估实践中常见的期权评估。职工期权激励计划，也称员工持股计划，其确认和计量适用于《企业会计准则第11号——股份支付》，在授予日及之后的每个财务报表日以员工持股计划的公允价值为计量基础，将取得的服务计入相关资产成本或当期费用，同时计入资本公积中的股本溢价。

员工持股计划的特点（与普通的期权相比）：一这是企业与员工之间发生的交易；二这是以获取员工服务为目的的交易；三交易对价或其定价与企业自身未来价值密切相关。这些特点决定了员工持股计划公允价值评估的特殊性。

一般而言，对于存在活跃市场的期权等权益工具，应当按照活跃市场中的报价确定其公允价值；对于不存在活跃市场的期权等权益工具，应当采用期权定价模型估算其公允价值。员工持股计划的特点决定了其并不存在一个活跃市场，无法取得市场报价，需要采用期权定价模型估算其公允价值。实践中，员工持股计划的评估主要还是参考期权的评估方法，一般可以采用布莱克-斯科尔斯模型或Lattice模型计算员工持股计划的公允价值。

【思考12-8】期权定价模型的选择需要考虑的因素是什么？

【提示】由于员工持股计划在授予后通常不能立即行权，应当履行一定服务期限或达到一定业绩条件才可以行权，因此在评估员工持股计划的公允价值时，需要充分考虑服务期限等限制条件。

【提示】期权虽然赋予其持有者到期行使权利的选择权，但持有者不一定必须行使该权利。

(2) 互换合同

互换是两个公司之间达成的协议，以按照事先约定的公式在将来交换彼此的现金流。互换合同的公允价值实际上可以看作一系列债券的组合。互换合同的公允价值实际上就是固定利率债券以及浮动利率债券公允价值的差额。

【学中做12-4】假设公司A和公司B达成了互换合同，公司B同意向公司A支付由年利率6%和本金100万美元所计算的利息；同时，公司A同意向公司B支付由6个月LIBOR和同样本金所计算的浮动利息。此互换合同相当于公司B向公司A发行了本金100万美元，年利率为6%的公司债券；同时，公司A向公司B发行了以LIBOR为利率的同样本金的浮动利率公司债券。其中LIBOR（London Interbank Offered Rate）是伦敦银行同业拆借利率的缩写，是指在欧洲货币市场上，银行与银行之间的一年期以下的短期资金借贷利率。

（3）混合衍生工具（嵌入衍生工具）

嵌入衍生工具是指包括该衍生工具和非衍生主合同在内的混合金融工具中的一个组成部分。根据会计准则，如果嵌入衍生工具与主合同分开核算，通常采取整个混合合同的公允价值减去主合同的公允价值这种方法来评估嵌入衍生工具的公允价值。但主体不能可靠单独计量这项嵌入衍生工具的，则主体应将整个组合合同认定为按公允价值通过损益计量的金融资产或金融负债。通常，用于计量嵌入衍生工具公允价值的模型比较复杂，一般使用Lattice模型进行评估。

微课

主要金融工具的评估方法

任务六　以财务报告为目的的评估的评估报告

任务描述

评估师在执行以财务报告为目的的评估业务时，所出具的报告应该符合《资产评估执业准则——资产评估报告》的要求。明确以财务报告为目的的评估报告特点以及目的，按照相关的要求进行重点披露，是每一个评估者都需要具备的基本知识。

相关知识

一、以财务报告为目的的评估的评估报告及其特点

注册资产评估师在执行以财务报告为目的的评估业务时，所出具的评估报告应当符合《资产评估执业准则——资产评估报告》的要求。注册资产评估师在执行以财务报告为目的的评估业务时所出具的评估报告与执行一般评估业务所出具的报告，其特点主要体现在评估目的和价值类型上。

（一）评估目的

以财务报告为目的的评估报告，是为财务报告服务的。以财务报告为目的的评估报告更多地受限于相关会计准则的要求。

（二）价值类型

《资产评估价值类型指导意见》中将价值类型划分为市场价值和市场价值以外的价值类型。市场价值以外的价值类型包括在用价值、投资价值、清算价值和残余价值等。

以财务报告为目的的评估的价值类型是公允价值（这个概念和资产评估中的概念内涵不同）或特定价值。这些价值类型在理解为相对应的评估价值类型时，应该符合相应的会计准则计量属性规定的条件。

二、以财务报告为目的的评估的评估报告的特别要求

以财务报告为目的的评估的评估报告，除了要满足资产评估报告准则的基本要求之外，《以财务报告为目的的评估指南》还提出了一些特别的要求。

（一）与企业会计准则和审计规范的协调与要求

注册资产评估师应与企业和执行审计业务的注册会计师进行必要沟通，以明确评估业务基本事项并充分理解会计准则或相关会计核算、披露的具体要求。

（二）会计准则和相关法规修改时的要求

《以财务报告为目的的评估指南》第七条规定，由于会计准则和相关法规的修改，导致在执行以财务报告为目的的评估业务时无法完全遵守本指南的要求，注册资产评估师应当在评估报告中进行说明。对没有完全遵守本指南的相关要求进行说明和披露。

（三）评估程序或条件受到限制时的要求

《资产评估执业准则——资产评估报告》规定，注册资产评估师在执行资产评估业务时，评估程序受到限制且无法排除，经与委托方协商后仍需出具评估报告的，应当在评估报告中说明评估程序受限情况及其对评估结论的影响，并明确评估报告的使用限制。

《以财务报告为目的的评估指南》进一步规定，在评估程序或条件受到限制，注册资产评估师无法确信评估结论的合理性时，不得出具评估报告，还应当提醒委托方关注公允价值或会计准则涉及的特定价值计量的可靠性。

（四）评估方法与前期不一致时的说明与要求

当选择的评估方法与前期采用的评估方法不一致时，应当在报告中描述相应的变动并说明变动的原因。

三、以财务报告为目的的评估的评估报告的重点披露内容

以财务报告为目的的评估的评估报告的重点披露内容除了满足《资产评估执业准则——资产评估报告》的规定外，还应当满足《以财务报告为目的的评估指南》和《企业会计准则第39号——公允价值计量》关于信息披露的相关要求。以财务报告为目的的评估的评估报告应当重点披露以下内容：

（一）评估对象的具体描述

以财务报告为目的的评估业务涉及的评估对象不仅有各类单项资产、负债，也有资产组或资产组组合（对资产组或资产组组合的分析应当符合企业会计准则的要求）。注册资

产评估师应当在充分考虑评估对象的具体特征、项目具体情况、企业会计准则和委托方的要求、理解和区分评估对象的基础上，对评估对象进行具体的描述，从而使委托方和相关当事方对评估对象有正确的理解和认识。

（二）对企业提供的财务等申报资料的重大或实质性调整

注册资产评估师在执行以财务报告为目的的评估业务的程序时，如果对企业提供的财务等申报材料做了重大或实质性调整，应当在评估报告中进行披露。

（三）价值类型的定义及其与企业会计准则或相关会计核算、披露要求的对应关系

在符合企业会计准则计量属性规定的条件时，企业会计准则下的公允价值一般等同于评估准则下的市场价值；企业会计准则涉及的重置成本或净重置成本、可变现净值或公允价值减去处置费用后的净额、现值或资产预计未来现金流量的现值等计量属性可以理解为相对应的评估价值类型。

评估报告应当披露价值类型与企业会计准则或相关会计核算、披露要求的对应关系，便于报告使用者的理解。

（四）关键性假设及前提

以财务报告为目的的评估的评估报告，必须充分披露资产评估中所依据和适用的相关假设和限制条件，披露评估结论成立的前提条件、必要条件和限制条件。评估假设必须有合理的、真实的、科学的依据支持，不得随意设定没有依据、不合情理的评估假设，不得在已知委托方或其他信息来源方提供的某些信息资料是不真实的情况下，用假设形式设定这些资料是真实的，并在此基础上出具评估意见。

（五）评估方法的选择过程和依据

注册资产评估师在执行以财务报告为目的的评估业务时，应当根据评估对象、价值类型、资料收集情况和数据来源等相关条件，参照企业会计准则有关计量方法的规定，分析市场法、收益法和成本法三种资产评估基本方法及其他评估方法的适用性，恰当选择一种或多种资产评估方法，并且在报告中披露对采用方法的分析过程和相关依据。

（六）评估方法的具体运用，结合相关计算过程、评估参数等加以说明

对于选择的评估方法，注册资产评估师应结合相关计算过程、评估参数等加以说明。

（七）关键性评估参数的测算、逻辑推理、形成过程和相关评估数据的获取来源

在进行以财务报告为目的的评估选取各种关键性的评估参数（如折现率、现金流量、收益期限、市场比较因素的调整系数、各种贬值因素水平等）时，注册资产评估师要在报告中披露其测算、逻辑推理、形成过程和相关评估数据的获取来源等信息。

【学思践悟】中国评估行业对以财务报告为目的的评估的认识是一个随着我国评估行业逐步发展和对国际评估业了解日益深入而逐步完善、逐步清晰的过程。在我国，随着企业改制的逐渐回落，依靠企业改制评估起家逐步发展起来的中国资产评估行业，其业务量正大幅度萎缩，面临“做一单少一单”的困境，因此，开拓新的业务领域已成为中国资产评估行业迫在眉睫的任务。

企业会计准则对公允价值的日益重视，需要更多的评估专业的支持，对评估的需求越来越大，为评估行业开展以财务报告为目的的评估业务提供了机会。以财务报告为目的的评估业务在我国正逐步成为评估行业新的业务增长点。

以财务报告为目的的评估，不再是基于特定的交易目的或其他与资产交易相关的经济

行为，而是基于企业会计准则或相关会计核算、披露要求，对财务报告中各类资产和负债的公允价值或特定价值进行的评估。由于新企业会计准则的变化，评估对财务报表的影响，已经成为财务决策中必须考虑的问题，基于财务报告目的的资产评估业务也必将成为我国资产评估行业的一项重要业务。

如今，以财务报告为目的的评估业务的健康发展，不仅有利于提高财务报告的透明度与可靠性，而且有利于推动评估等中介行业在维护资本市场的稳定、促进资源的有效配置、推动经济快速发展、提高社会公众信心等方面做出重要的贡献。

作为一名资产评估人，应当肩负时代赋予的使命，练就本领，秉承职业道德，在事务中贡献一份力量。

资料来源：陈鑫.以财务报告为目的的评估在我国的发展［EB/OL］.［2023-06-07］. https：//www.oh100.com/a/201808/1632403.html.

项目小结

资产评估师在执行以财务报告为目的的评估业务时所出具的评估报告与执行一般评估业务所出具的报告相比，其特点主要体现在评估目的和价值类型上。

以财务报告为目的的评估的评估报告，除了要满足资产评估报告准则的基本要求之外，还有一些特别的要求：与企业会计准则和审计规范的协调与要求、企业会计准则和相关法规修改时的要求、评估程序或条件受到限制时的要求、评估方法与前期不一致时的说明与要求。

以财务报告为目的的评估的评估报告还应当重点披露：对评估对象的具体描述，对企业提供的财务等申报资料的重大或实质性调整，价值类型的定义及其与企业会计准则或相关会计核算、披露要求的对应关系，关键性假设及前提，评估方法的选择过程和依据，结合相关计算过程、评估参数等说明评估方法的具体运用以及关键性评估参数的测算、逻辑推理、形成过程和相关评估数据的获取来源。

本项目框架结构如图12-9和图12-10所示。

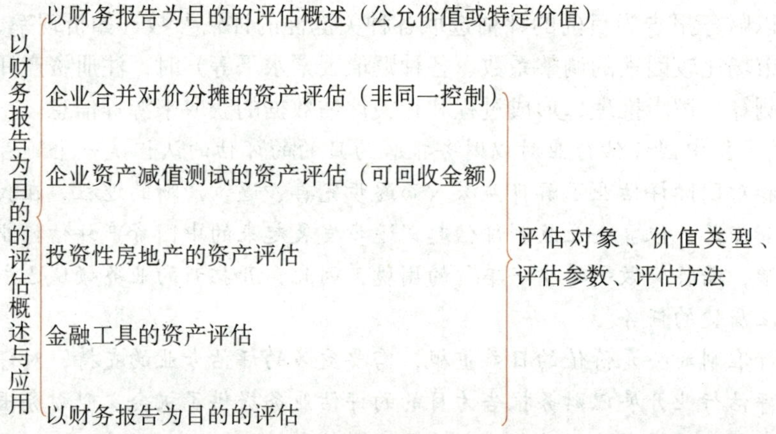

图12-9　本项目框架结构（1）

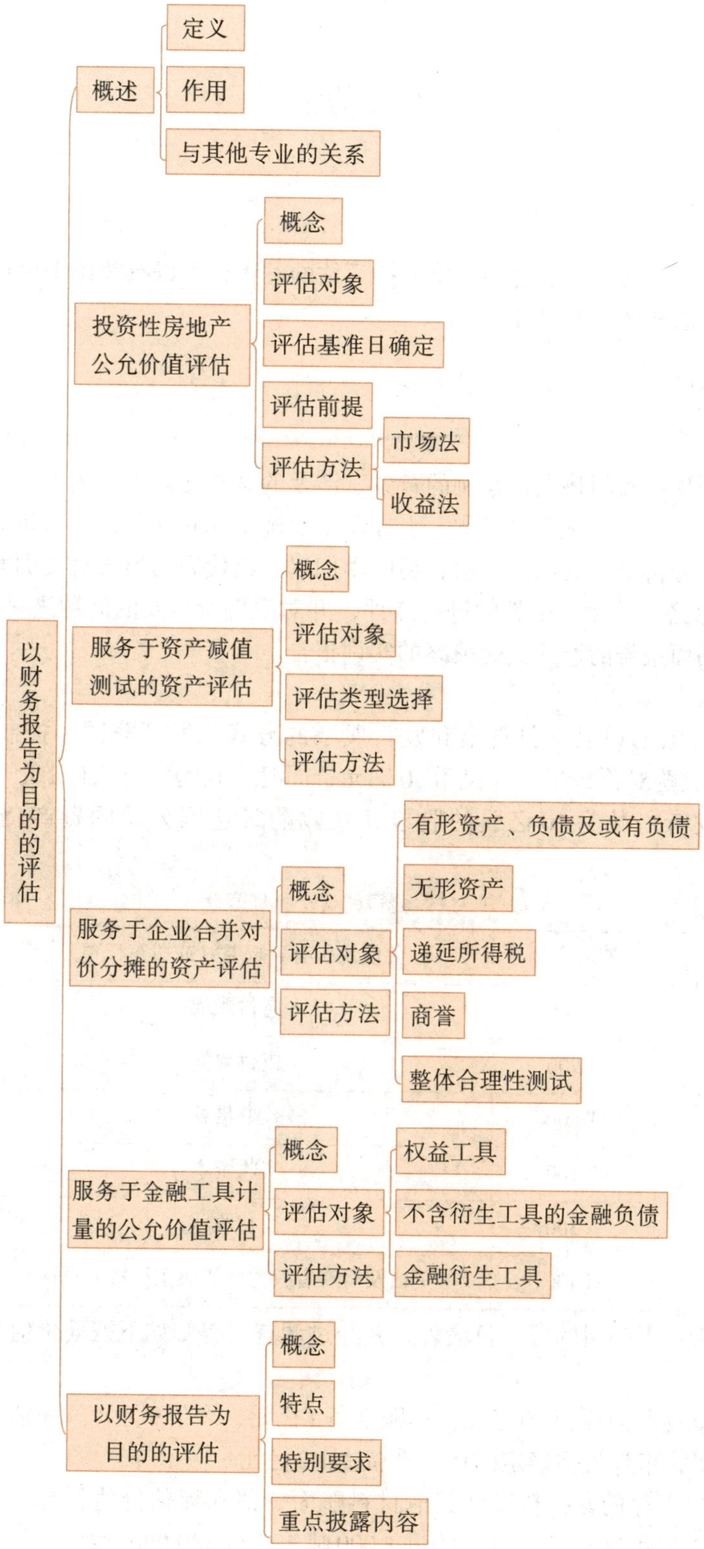

图12-10　本项目框架结构（2）

实训设计

一、实训目标

通过实训，熟练掌握企业合并对价分摊评估的过程，可以有效识别出评估对象，并运用合理的评估方法和评估参数评估。

二、实训项目与要求

1. 实训组织

首先，实训指导教师将实训案例的背景、涉及的基础知识与案例中相关的重要问题做简要介绍和讲解；其次，基于思考题，引导学生明确目标和任务，查阅相关资料，开展小组讨论，并提交分析报告提纲；再次，请同学们以小组代表的形式对实训案例进行归纳总结，呈现观点思路；最后，由教师进行点评，并对案例所涉及的问题进一步延伸和拓展，学习小组采用书面报告的形式提交最终的实训报告。

2. 实训项目

华特科技有限公司以支付现金和发行股票的方式收购了非同一控制下的达因公司100%的权益。收购对价包括：人民币30亿元，同时为收购发行面值1元、发行市场价格4.5元/股、总发行份数为10亿股的股票，在收购日达因公司的资产负债表状况见表12-12。

表12-12　收购日达因公司的资产负债表状况　单位：人民币百万元

资　产	期末余额	负债及所有者权益（或股东权益）	期末余额
货币资金	300	应付账款	300
应收账款	900	应付票据	600
存货	1 800	长期借款	2 700
固定资产	2 100	实收资本	1 200
无形资产	300	留存收益	600
资产总计	5 400	负债及所有者权益（或股东权益）总计	5 400

评估师分析达因公司的资产负债表，并经过调查，得知如下账面价值与评估价值不一致的事项：

（1）应收款项账面原值10亿元，坏账准备1亿元，净值9亿元。评估时确定其收回风险损失率为20%，审计机构确定的坏账准备为1.2亿元。

（2）存货中库存的B材料以外其他材料账面价值和评估价值相等，B材料分两批购进，第一批购进时间为上年10月，购进1 000吨，单价380 000元/吨；第二批购进时间为本年4月，数量100吨，单价450 000元/吨。本年5月1日进行价值评估，经核实，去年购进的该材料尚存500吨，本年4月购进的尚未使用。公司对材料采用先进先出法核算发出存货成本。

（3）对于固定资产，评估师采用了重置成本法对其进行评估。最终评估结果：固定资产评估增值人民币2.5亿元。

（4）评估师经过分析，识别出商标和客户关系两项无形资产，如果本公司不拥有该商标，将需要支付每年100万元使用费从其他公司获得该商标的使用权，该客户关系将在并购后给被并购的公司第一年带来预期现金流量1 000万元，以后每年递减100万元，公司使用的投资报酬率为5%。

（5）长期借款中有2亿元尚未计提的利息，年利率为12%，没有计提的利息期限为6个月。

（6）被收购公司适用的所得税税率为25%。

（7）本题不考虑整体合理性测试。

3. 实训要求

根据以上材料，对此项并购进行合并对价分摊评估。

三、成果与检测

1. 学生说明在以财务报告为目的的评估中遵循的评估程序；总结以财务报告为目的的评估的内容、目的和方法。

2. 各组组长组织同学互相评价，提出实训自评成绩和互评成绩。课后撰写实训报告，在班级进行交流汇报。

3. 教师汇总实训所取得成绩和存在的问题，提出今后的改进措施，并根据学生自评、互评和实训报告质量，确定学生的实训成绩。

项目十三

资产评估报告与档案

知识目标

1. 明确资产评估报告的内涵和种类；
2. 理解国有资产评估报告的基本内容；
3. 熟悉资产评估报告的基本内容和写作要求重点；
4. 了解评估工作底稿的编制与归档，以及资产评估档案的管理。

能力目标

1. 根据技术要求和写作要点熟练编制资产评估报告；
2. 能对资产评估报告进行审阅和分析。

素养目标

1. 树立诚实守信，勤勉尽责，谨慎从业的原则；
2. 独立、客观、公正、如实出具资产评估报告。

项目导入

资产评估报告的撰写

中青资产评估有限公司接受A公司的委托，根据法律、行政法规和资产评估准则的规定，坚持独立、客观和公正的原则，采用合适的评估方法，按照必要的评估程序，对A公司收购B公司涉及的B公司机器设备价值于评估基准日的市场价值进行评估。

思考：假如你是中青资产评估有限公司的资产评估师，你将如何撰写此份评估报告？资产评估报告的内容有哪些？制作步骤和要点是什么？

启示：资产评估机构及其资产评估专业人员出具资产评估报告的过程中，应遵守法律、行政法规和资产评估准则，遵循独立、客观、公正的原则，严格履行调查职责，独立分析估算，勤勉、谨慎、规范从事业务。机构要加强内部治理、质量管理，通过专业服务确保评估结果公允、合理，提升行业公信力。

任务一　资产评估报告的概念及基本内容

任务描述

资产评估报告是资产评估工作的最后一道工序，也是最重要的一个环节。本任务主要介绍资产评估报告的类别及作用、基本要素和内容。通过学习，明确资产评估报告的内涵和种类，熟练掌握资产评估报告的主要内容和结构。

相关知识

一、资产评估报告的概念及制度概述

资产评估报告是指资产评估机构及其资产评估专业人员遵守法律、行政法规和资产评估准则，根据委托履行必要的评估程序后，由资产评估机构对评估对象在评估基准日特定目的下的价值出具的专业报告。资产评估专业人员应当根据评估业务的具体情况，提供能够满足委托人和其他评估报告使用人合理需求的评估报告，并在评估报告中提供必要信息，使评估报告使用人能够合理理解评估结论。资产评估报告应当按照一定的格式和内容进行编写，反映评估目的、假设、程序、标准、依据、方法、结果及适用条件等基本信息。

《国际资产评估准则》（IVS）、《美国专业评估执业统一准则》（USPAP）以及《英国皇家特许测量师学会评估专业准则》（RICS红皮书）主要是对资产评估报告的要素和内容进行规范。我国2007年发布了《资产评估准则——评估报告》，并于2017年进行了修订，制

定了《资产评估执业准则——资产评估报告》，主要从内容要求方面对评估报告进行规范。2008年发布的《企业国有资产评估报告指南》及2010年发布的《金融企业国有资产评估报告指南》，均于2017年予以修订，是从国有资产评估报告的基本内容与格式方面，对评估报告的标题、文号、目录、声明、摘要、正文、附件、评估明细表和评估说明等进行规范。

二、评估报告的分类

资产评估报告可按不同的标准进行分类。

（一）按法律定位划分

《资产评估法》规定，涉及国有资产或者公共利益等事项，法律、行政法规规定需要评估的，应当依法委托评估机构评估。该法将该类评估简称为法定评估。

《企业国有资产法》《国有资产评估管理办法》等对国有资产应当评估的情形作出了规定，包括国有企业合并、分立、改制，转让重大财产，以非货币性财产对外投资，清算等为，但是涉及国有资产的评估业务不一定都属于法定评估业务，例如，以财务报告为目的的资产评估就不属于法定评估业务。

《公司法》规定，对作为出资的非货币性财产应当评估作价。该类资产评估业务也属于法定评估业务。

因此，涉及国有资产或者公共利益等事项，法律、行政法规规定需要评估的法定评估业务，所出具的评估报告为法定评估业务评估报告，比如按照国有资产评估管理的相关规定出具的国有资产评估报告。除此以外开展的评估业务所出具的评估报告均属于非法定评估业务评估报告。

（二）按评估对象划分

按资产评估对象，资产评估报告可分为整体资产评估报告和单项资产评估报告。对整体资产（企业、单位或业务等）进行评估所出具的资产评估报告称为整体资产评估报告。整体资产评估报告包括企业整体资产价值评估报告、企业股权价值评估报告、业务资产价值评估报告。

对一项或若干项以独立形态存在、可以单独发挥作用或以个体形式进行交易的资产进行评估所出具的资产评估报告称为单项资产评估报告。单项资产评估报告包括房地产评估报告、机器设备评估报告、无形资产评估报告等。

尽管资产评估报告的基本格式是一样的，但因整体资产评估与单项资产评估在具体业务上存在一些差别，两者在报告的内容上也必然会存在一些差别。一般情况下，整体资产评估报告的报告内容不仅包括资产，也包括负债和股东权益（所有者权益）方面。而单项资产评估报告一般不考虑负债。

（三）按报告的繁简程度划分

按照评估报告的繁简程度，国外将评估报告分为评估报告和限制型评估报告，要求评估师应在评估报告中明确说明评估报告的类型。评估报告、限制型评估报告的区别在于所提供内容和信息的详细程度。相对于评估报告，限制型评估报告在提供符合披露要求的评估所需的最低限度信息时，需要增加显著的报告使用人和使用用途限制说明。将评估报告区分为文字叙述型评估报告和表格型评估报告，也体现了对评估报告按繁简程度分类的理念。

我国资产评估准则明确规定资产评估报告的详略程度可以根据评估对象的复杂程度、委托人的合理要求确定，但没有规定资产评估报告按繁简程度划分的具体类型。

（四）按评估基准日划分

根据评估基准日的不同选择，评估报告可以分为评估基准日为现在时点的现实性评估报告、评估基准日为未来时点的预测性评估报告、评估基准日为过去时点的追溯性评估报告。如某法院委托进行司法诉讼评估，法院欲了解诉讼标的在3年前某一时点的市场价值，委托评估机构进行评估，此时出具的评估报告即是追溯性评估报告。又如某银行发放抵押贷款，银行欲了解抵押物在2年后某一时点的市场价值，委托评估机构进行评估，此时出具的评估报告即是预测性评估报告。

（五）按监管主体的要求划分

按照国有资产监管要求出具的资产评估报告属于国有资产评估报告，其他报告则属于非国有资产评估报告。

国有资产评估报告和非国有资产评估报告并非简单按照评估对象的产权归属是否为国有而进行划分的。

国有资产评估报告是指根据国有资产评估管理规定从事涉及国有资产的评估业务，依据《资产评估执业准则——资产评估报告》《企业国有资产评估报告指南》《金融企业国有资产评估报告指南》编制出具的资产评估报告。涉及国有资产的评估业务不仅包括国有单位相关经济行为涉及的国有资产评估，还包括国有单位相关经济行为涉及的非国有资产评估。上述涉及国有资产评估业务之外，按照《资产评估执业准则——资产评估报告》的要求编制出具的，属于非国有资产评估报告。

需要说明的是，在实际监管和实务中有些非国资业务的评估报告也采用国资业务评估报告所要求的形式编制出具。比如，服务于资本市场的并购重组等行为的部分资产评估业务就存在类似情形。

三、资产评估报告的内容要求

根据《资产评估执业准则——资产评估报告》，资产评估报告的主要内容通常包括：标题及文号、目录、声明、摘要、正文、附件。实务中，资产评估报告通常由封面、目录、声明、摘要、正文、附件组成。其中，封面、摘要、正文均要求列出报告的标题及文号。

（一）封面

《资产评估执业准则——资产评估报告》的附件1和附件2分别提供了“资产评估报告封面参考样式”及其说明。按照该附件，资产评估报告封面的左上方标示有“本资产评估报告依据中国资产评估准则编制”，在其下方的中部书写评估报告的标题、文号、册数（包括装订总册数、装订册序号），在封面的底部书写评估机构的名称和资产评估报告日。

（二）标题及文号、目录、声明、摘要

1. 标题及文号、目录

资产评估报告是指资产评估机构及其资产评估专业人员遵守法律、行政法规和资产评估准则，根据委托履行必要的资产评估程序后，由资产评估机构对评估对象在评估基准日

特定目的下的价值出具的专业报告。只有符合该定义的评估报告，才能以“评估报告”标题出具。资产评估机构及其资产评估专业人员执行与估算相关的其他业务时，虽然可依照评估报告准则出具相关报告，但此类报告并不是评估报告，不得以“评估报告”标题出具，以免给委托人和报告使用人造成误解。

资产评估报告的标题格式一般为：“企业名称+经济行为关键词+评估对象+资产评估报告”。例如，A公司委托资产评估机构对其拟收购的B公司股权进行评估，为该委托事项出具的资产评估报告的标题相应表述为“A公司拟收购股权涉及的B公司股东全部权益价值资产评估报告”。

资产评估报告文号的格式要求包括资产评估机构特征字、种类特征字、年份、报告序号。

资产评估机构特征字用于识别出具报告的评估机构，通常以体现评估机构名称特征的简称表述；种类特征字用于体现报告对应的专业服务类型（评估、咨询等），资产评估报告的种类特征字通常表述为“评报字”。例如，山西AB资产评估有限公司2022年出具的顺序为第100号的资产评估报告，对应的资产评估报告文号可以表述为“AB评报字（2022）第100号”。

微课

资产评估报告标题的规范要求

在实践中，资产评估机构还可以根据内部管理的需要对报告序号的编制要求加以细化。例如，一些评估机构在报告文号的报告序号中增加了识别其内部具体承办业务的部门（分公司）的特征字段。

目录应当包括每一部分的标题和相应页码。

2. 声明

资产评估报告的声明通常包括以下内容：

（1）本资产评估报告依据财政部发布的资产评估基本准则和中国资产评估协会发布的资产评估执业准则和职业道德准则编制。

（2）委托人或者其他资产评估报告使用人应当按照法律、行政法规的规定和资产评估报告载明的使用范围使用资产评估报告；委托人或者其他资产评估报告使用人违反前述规定使用资产评估报告的，资产评估机构及资产评估专业人员不承担责任。

（3）资产评估报告仅供委托人、资产评估委托合同中约定的其他资产评估报告使用人和法律、行政法规规定的资产评估报告使用人使用；除此之外，其他任何机构和个人不能因得到资产评估报告而成为资产评估报告的使用人。

（4）资产评估报告使用人应当正确理解评估结论，评估结论不等同于评估对象的可实现价格，评估结论不应当被认为是对评估对象可实现价格的保证。

（5）资产评估机构及资产评估专业人员遵循独立、客观和公正的原则，遵守法律、行政法规和资产评估准则，并对所出具的资产评估报告依法承担责任。

（6）资产评估报告使用人应当关注评估结论成立的假设前提、资产评估报告特别事项说明和使用限制。

（7）其他需要声明的内容。

需要注意的是，准则的要求仅是一般性声明内容，资产评估专业人员在执行具体评估业务时，还应根据评估项目的具体情况，调整或细化声明内容。

3. 摘要

《资产评估执业准则——资产评估报告》规定，资产评估报告摘要通常提供资产评估业务的主要信息及评估结论。但该准则没有对这些主要信息的披露提出具体的要求，实务中通常参考企业国有资产评估报告对“评估报告摘要”的披露要求撰写。

资产评估专业人员可以根据评估业务的性质、评估对象的复杂程度、委托人要求等，合理确定摘要中需要披露的其他信息。

摘要应当与评估报告揭示的相关内容一致，不得有误导性内容。

（三）正文

1. 委托人及其他资产评估报告使用人

资产评估报告使用人包括委托人、资产评估委托合同中约定的其他资产评估报告使用人和法律、行政法规规定的资产评估报告使用人。在评估报告中应当阐明委托人和其他评估报告使用人的身份，包括名称或类型。

2. 评估目的

资产评估目的应当披露资产评估所服务的具体经济行为（如股权转让、抵押贷款、非货币性资产出资等），说明评估结论的具体用途。例如，在股权转让行为中，资产评估的目的是确定评估对象的价值，为委托人股权转让行为提供资产价值参考。清晰、准确地揭示评估目的是资产评估报告使用人理解资产评估专业人员界定评估对象、选择评估结论价值类型的基础。

资产评估报告载明的评估目的应当唯一，有利于评估结论有效服务于评估目的。例如，有限责任公司引进战略投资者和变更股份有限公司时核实拟出资资产的价值，评估目的所要求的评估对象并不一样，不能在一份资产评估报告中同时体现这两种目的。另外，有的客户要求空泛地将“了解资产价值”作为评估目的，会使评估结论的确定未能针对具体经济行为对评估服务的使用需求，如果评估报告使用人在某项特定经济行为中轻率加以套用就可能引发错误使用评估报告带来的风险。

3. 评估对象和评估范围

资产评估报告中应当载明评估对象和评估范围，并描述评估对象的基本情况。

对于企业价值评估，评估对象可以分为两类，即企业整体价值和股东权益价值（全部或部分），与此对应的评估范围是评估对象涉及的资产及负债。将股东全部权益价值或股东部分权益价值作为评估对象，股东全部权益或股东部分权益对应的法人资产和负债属于评估范围，本身并不是评估对象。

对于单项资产评估，各具体准则中均对评估对象进行了规范。如《资产评估执业准则——机器设备》第六条规定，机器设备的评估对象分为单台机器设备和机器设备组合对应的全部或者部分权益。单台机器设备是指以独立形态存在、可以单独发挥作用或者以单台的形式进行销售的机器设备。机器设备组合是指为了实现特定功能，由若干机器设备组成的有机整体。《资产评估执业准则——知识产权》第十一条规定，执行知识产权资产评估业务，评估对象是知识产权资产，包括专利资产权益、注册商标权益、著作权中的财产权益以及与著作权有关权利的财产权益、商业秘密权益、集成电路布图设计权益、植物新品种权益等。

4. 价值类型

资产评估报告应当说明选择价值类型的理由，并明确其定义。一般情况下可供选择的价值类型包括市场价值和市场价值以外的价值类型，其中，市场价值以外的价值类型包括投资价值、在用价值、清算价值和残余价值等。对于价值类型的选择、定义，可以参考《资产评估价值类型指导意见》。

5. 评估基准日

资产评估报告应当明确披露评估基准日。与追溯性、现时性、预测性业务相对应，评估基准日分别是过去、现在或者未来的时点。评估基准日一般应以具体的日期（××××年××月××日）体现。

资产评估报告载明的评估基准日应当与资产评估委托合同约定的评估基准日保持一致。

6. 评估依据

资产评估报告应当说明资产评估采用的法律依据、准则依据、权属依据及取价依据等。但《资产评估执业准则——资产评估报告》没有规范这些"依据"需要披露的具体内容，实务中通常结合评估项目的具体情况，参考企业国有资产评估报告对法律法规依据、评估准则依据、权属依据、取价依据的披露要求进行撰写。

7. 评估方法

资产评估报告应当说明所选用的评估方法名称、定义及选择理由。

根据《资产评估执业准则——资产评估方法》，确定资产价值的评估方法主要包括市场法、收益法和成本法三种基本方法及其衍生方法。资产评估专业人员在选择评估方法时应当充分考虑影响评估方法选择的因素。这些因素包括：评估目的和价值类型、评估对象、评估方法的适用条件、评估方法应用所依据数据的质量和数量等。在披露评估方法的选择理由时需要注意以下影响评估方法选用的因素：

（1）评估方法的选择与评估目的、评估时的市场条件、评估对象的具体状况，以及由此所决定的资产评估价值类型的适应性。

（2）各种评估方法运用所需的数据资料和主要经济技术参数的收集条件对选择评估方法的制约。每种评估方法的运用所涉及的经济技术参数的选择，都需要有充分的数据资料作为基础和依据。在评估时点以及一个相对较短的时间内，当某种评估方法所需数据资料的收集遇到困难时，资产评估专业人员需要依据替代原理，选择信息资料充分的评估方法。

（3）评估方法运用的条件和程序要求对选择评估方法的约束。因适用性受限而选择一种评估方法的，资产评估专业人员应当在资产评估报告中披露其他基本评估方法不适用的原因；因操作条件受限而选择一种评估方法的，资产评估专业人员应当对所受的操作条件限制进行分析、说明和披露。

在披露资产评估方法的运用情况时，需要在说明总体思路和主要评估方法的基础上，按照评估对象和所涉及的资产（负债）类型说明所选用的具体评估方法及其应用情况。采用成本法的，应介绍估算公式，并对所涉及资产的重置价值及成新率的确定方法作出说明；采用市场法的，应介绍参照物（交易案例）的选择原则、比较分析与调整因素等；采用收益法的，应介绍采用收益法的技术思路，主要测算方法、模型或计算公式，明确预测收益的类型，以及预测方法与过程、折现率的选择和确定等情况。采用多种评估方法时，不仅要确保满足各种方法适用的条件要求和程序要求，还应当对各种评估方法得到的评估结果进行比较，分析可能存在的问题并做相应的调整，确定最终评估结论。

8. 评估程序实施过程和情况

资产评估报告应当说明资产评估程序实施过程中现场调查、收集整理评估资料、评定估算等的主要内容，一般包括：

（1）接受项目委托，确定评估目的、评估对象与评估范围、评估基准日，拟定评估计划等过程。

（2）指导被评估单位清查资产、准备评估资料，核实资产与验证资料等过程。

（3）选择评估方法、收集市场信息和估算等过程。

（4）评估结论汇总、评估结论分析、撰写报告和内部审核等过程。

资产评估专业人员应当在遵守相关法律、法规和资产评估准则的基础上，根据委托人的要求，遵循各专业准则的具体规定，结合报告的繁简程度恰当考虑对评估程序实施过程和情况的披露的详细程度。

9. 评估假设

资产评估报告应当披露所使用的资产评估假设。评估假设分为一般性假设和针对性假设。

资产评估专业人员应当在评估报告中清晰说明评估项目中所采用的反映交易及市场条件、评估对象存续或使用状态、国家宏观环境条件、行业及地区环境条件、评估对象特点的各项评估假设的具体内容。合理体现在具体的评估项目使用的评估假设，与资产评估目的及其对评估市场条件的限定情况、评估对象自身的功能和在评估时点的使用方式与状态、产权变动后评估对象的可能用途及利用方式和利用效果等条件的联系和匹配性，使评估结论建立在合理的基础之上。

资产评估专业人员还应当在评估报告中明确提示，如果评估报告所披露的评估假设不成立，将对评估结论产生重大影响。

10. 评估结论

《资产评估执业准则——资产评估报告》规定，资产评估报告应当以文字和数字形式表述评估结论，并明确评估结论的使用有效期。评估结论通常是确定的数值。经与委托方沟通，评估结论可以是区间值或者其他形式的专业意见。

11. 特别事项说明

特别事项是指在已确定评估结论的前提下，资产评估专业人员在评估过程中已发现能影响评估结论，但非执业水平和能力所能评定估算的有关事项。资产评估报告中应当对特别事项进行说明，并重点提示评估报告使用人对其予以关注。资产评估报告的特别事项说明通常包括：

（1）权属等主要资料不完整或者存在瑕疵的情形。

权属等主要资料不完整或者存在瑕疵的情形，主要涉及评估对象产权资料等存在的问题。例如，房屋权属证书上所列示的资产与实际所勘查的资产不一致，土地或房屋没有权属证明等问题。资产评估专业人员在评估过程中发现评估对象存在产权瑕疵的问题，应在特别事项说明中说明法律权属瑕疵的事实、本次评估处理的方法及处理结果、此种评估处理对评估结论的合理性可能产生的影响，让评估报告使用人能够更好地了解评估报告的信息。对于委托人或被评估单位作出相关承诺和说明的，应说明承诺和声明的内容和责任。

（2）委托人未提供的其他关键资料情况。

（3）未决事项、法律纠纷等不确定性因素。

未决事项、法律纠纷主要指对评估结果产生重大影响所涉及的未决诉讼、未执行判决事项、法律纠纷、仲裁、司法强制执行等重大争议或者存在妨碍权属转移的其他情况及影响生产经营活动和财务状况的重大合同、重大诉讼事项等。评估报告应当首先说明不确定性因素本身的情况，其次说明本次评估处理的方法及处理结果，继而说明此种处理可能产生的后果，最后提出此种处理的责任。所有披露内容，都不应与事实相矛盾。

（4）重要的利用专家工作及相关报告情况。

资产评估专业人员在执行评估业务的过程中，由于特殊知识和经验限制等原因，需利用专家工作协助或者相关报告完成评估业务，这是评估专业属性的体现，也是世界评估实践形成的共识。资产评估报告中应当披露重要的利用专家工作及相关报告的情况。

（5）重大期后事项。

根据监管部门或委托人的要求，资产评估专业人员可以对评估基准日期后重大事项作出披露。具体包括：说明评估基准日之后发生的重大期后事项，如国家调整税收政策、中央银行调整存贷款利率、自然灾害或企业经营事故导致的资产数量的损失；特别提示评估基准日期后事项对评估结论的影响。

（6）评估程序受限的有关情况、评估机构采取的弥补措施及对评估结论影响的情况。

评估程序受限的有关情况包括，资产性能、资产置放地点限制现场清查；涉及商业、国家秘密，限制现场清查；清查技术手段限制现场清查；诉讼保全限制等。应当说明评估机构采取的弥补措施；说明特别事项对评估结论可能产生的影响；提示评估报告使用人关注其对经济行为的影响。

（7）其他需要说明的事项。

微课

资产评估报告中的特别事项说明

12. 资产评估报告使用限制说明

资产评估报告的使用限制说明应当载明：

（1）使用范围。资产评估报告只能用于报告载明的评估目的和用途。

（2）委托人或者其他资产评估报告使用人未按照法律、行政法规规定和资产评估报告载明的使用范围使用资产评估报告的，资产评估机构及其资产评估专业人员不承担责任。

（3）除委托人、资产评估委托合同中约定的其他资产评估报告使用人和法律、行政法规规定的资产评估报告使用人之外，其他任何机构和个人不能成为资产评估报告的使用人。

（4）资产评估报告使用人应当正确理解和使用评估结论。评估结论不等同于评估对象可实现价格，评估结论不应当被认为是对评估对象可实现价格的保证。

13. 资产评估报告日

资产评估专业人员应当在评估报告中说明资产评估报告日。资产评估报告载明的资产评估报告日通常为评估结论形成的日期，这一日期可以不同于资产评估报告的签署日。资产评估报告日应当以具体的日期（××××年××月××日）体现。

14. 资产评估专业人员签名和资产评估机构印章

资产评估报告至少应由两名承办该业务的资产评估专业人员签名，最后加盖资产评估机构的印章。对于国有资产评估等法定业务资产评估报告，资产评估报告正文应当由至少两名承办该业务的资产评估师签名，并加盖资产评估机构印章。

（四）资产评估报告附件

1. 评估对象所涉及的主要权属证明资料

评估对象所涉及的主要权属证明资料通常包括：房地产权证、无形资产权利（权属）证明、交通运输设备的行驶证及相关权属证明、重大机器设备的购置发票等。

2. 委托人和相关当事人的承诺函

在资产评估中，委托人和其他相关当事人的承诺是评估报告附件中不可缺少的一部分，资产评估专业人员在撰写评估报告时应当收集到针对本次评估项目的委托人和其他相关当事人的承诺函。

通常情况下，委托人和被评估单位应当承诺如下内容：

（1）资产评估所对应的经济行为符合国家规定。

（2）我方所提供的财务会计及其他资料真实、准确、完整、合规，有关重大事项如实地充分揭示。

（3）我方所提供的企业生产经营管理资料客观、真实、完整、合理。

（4）纳入资产评估范围的资产与经济行为涉及的资产范围一致，不重复、不遗漏。

（5）纳入资产评估范围的资产权属明确，出具的资产权属证明文件合法、有效。

（6）纳入资产评估范围的资产在评估基准日期后发生影响评估行为及结果的事项，其披露及时、完整。

（7）不干预评估机构和评估专业人员独立、客观、公正地执业。

3. 资产评估机构及签名资产评估专业人员的资格证明文件

评估报告应当将评估机构从事资产评估业务的备案公告复印件、从事证券服务业务机构备案名单复印件（开展相关资产评估业务时适用），资产评估师的职业资格证书登记卡复印件作为评估报告附件进行装订。

4. 资产评估汇总表或明细表

为使委托人和其他评估报告使用人更好地了解被评估资产的构成及具体情况，资产评估专业人员应当以报告附件的形式提供资产评估汇总表或明细表。《资产评估执业准则——资产评估报告》并未对资产评估汇总表或明细表的编制提出具体要求，实践中资产评估机构通常参考国有资产评估业务的要求提出具体的参考式样。

（五）资产账面价值与评估结论存在较大差异的说明

任务二　国有资产评估报告的特殊要求

任务描述

国有资产评估报告是按照国有资产监管要求出具的资产评估报告，本任务主要介绍国有资产评估报告的基本内容，通过学习，明确国有资产评估报告的构成，熟悉其标题、文号、目录、声明、摘要、正文、附件、评估明细表、评估说明等各组成部分。

相关知识

一、国有资产评估报告的构成

国有资产评估报告主要包括企业国有资产评估报告、金融企业国有资产评估报告、文化企业国有资产评估报告、行政事业单位国有资产评估报告等。

根据资产评估报告准则，中国资产评估协会发布了《企业国有资产评估报告指南》和《金融企业国有资产评估报告指南》，分别对资产评估机构及资产评估师根据企业国有资产评估管理和金融企业国有资产管理的有关规定开展资产评估业务，编制和出具相关国有资产评估报告进行了规范。除了体现各自的业务和资产特点外，两个评估指南在基本内容和要求上具有较强的共性。现以《企业国有资产评估报告指南》为例进行介绍。

《企业国有资产评估报告指南》所指“企业国有资产评估报告”，由标题及文号、目录、声明、摘要、正文、附件、评估明细表和评估说明构成。

二、国有资产评估报告的特殊要求

（一）评估报告声明

根据《企业国有资产评估报告指南》和《金融企业国有资产评估报告指南》，国有资产评估报告的声明通常可以表述如下：

（1）本资产评估报告依据财政部发布的资产评估基本准则和中国资产评估协会发布的资产评估执业准则和职业道德准则编制。

（2）委托人或者其他资产评估报告使用人应当按照法律、行政法规规定及资产评估报告载明的使用范围使用资产评估报告；委托人或者其他资产评估报告使用人违反前述规定使用资产评估报告的，资产评估机构及其资产评估师不承担责任。

（3）资产评估报告仅供委托人、资产评估委托合同中约定的其他资产评估报告使用人和法律、行政法规规定的资产评估报告使用人使用，除此之外，其他任何机构和个人不能成为资产评估报告的使用人。

（4）资产评估报告使用人应当正确理解评估结论，评估结论不等同于评估对象可实现价格，评估结论不应当被认为是对评估对象可实现价格的保证。

（5）资产评估机构及其资产评估师遵守法律、行政法规和资产评估准则，坚持独立、客观和公正的原则，并对所出具的资产评估报告依法承担责任。

（6）资产评估报告使用人应当关注评估结论成立的假设前提、资产评估报告特别事项说明和使用限制。

（7）其他需要声明的内容。

《企业国有资产评估报告指南》和《金融企业国有资产评估报告指南》所附的“声明”编写指引还列出以下可供参考的声明事项：①评估对象涉及的资产、负债清单由委托人、被评估单位申报并经其采用签名、盖章或法律允许的其他方式确认；委托人和其他相关当事人依法对其提供资料的真实性、完整性、合法性负责。②资产评估机构及资产评估师与资产评估报告中的评估对象没有现存或者预期的利益关系；与相关当事人没有现存或者预期的利益关系，对相关当事人不存在偏见。③资产评估师已经（或者未）对资产评估报告中的评估对象及其所涉及资产进行现场调查；已经对评估对象及其所涉及资产的法律权属状况给予必要的关注，对评估对象及其所涉及资产的法律权属资料进行了查验，对已经发现的问题进行了如实披露，并且已提请委托人及其他相关当事人完善产权以满足出具资产评估报告的要求。④资产评估机构出具的资产评估报告的分析、判断和结果受资产评估报告中假设和限制条件的限制，资产评估报告使用人应当充分考虑资产评估报告中载明的假设、限制条件、特别事项说明及其对评估结论的影响。

（二）评估报告摘要

资产评估报告摘要应当简明扼要地反映经济行为、评估目的、评估对象和评估范围、价值类型、评估基准日、评估方法、评估结论及其使用有效期、对评估结论产生影响的特别事项等关键内容。

资产评估报告摘要应当采用下述文字提醒评估报告使用人阅读全文："以上内容摘自资产评估报告正文，欲了解本评估项目的详细情况和合理理解评估结论，应当阅读资产评估报告正文。"该提示性文字主旨明晰，尽管资产评估报告摘要扼要地反映了评估报告的关键内容和主要信息，但它还不足以使评估报告使用者全面理解评估结论，因此需要提示评估报告使用人应当按照评估报告正文的内容正确理解评估报告和合理使用评估结论。

对影响评估结论的特别事项，无须将评估报告正文的"特别事项说明"的内容全部反映在评估报告摘要中，而应主要反映在已经确定评估结论的前提下，所发现的可能影响评估结论但非资产评估师执业水平和能力所能评定估算的有关重大事项。在资产评估实践中，对资产评估结论影响程度较大的判断标准，评估师可以根据事项本身的性质和事项影响评估结论的金额进行判断。例如，一笔涉诉的、正处于审理阶段的大额应收款项，评估报告出具日无法判断其可收回的可能性和收回的具体数额，尽管以账面值列示，但其存在较大的不确定性，应提醒评估报告使用人注意，所列示的账面值（评估值）不能替代未来的法院裁定结果。对评估结论影响重大、可能直接导致评估结论使用时不确定的"评估基准日期后重大事项"，资产评估师也应在摘要中提醒报告使用人注意，评估结论未反映该期后事项的影响。

（三）评估报告正文

1. 绪言

国有资产评估报告正文的绪言一般采用包含下列内容的表述格式：

×××（委托人全称）： 　　×××（资产评估机构全称）接受贵单位（公司）的委托，按照法律、行政法规和资产评估准则的规定，遵循独立、客观和公正的原则，采用×××评估方法（评估方法名称），按照必要的评估程序，对×××（委托人全称）拟实施×××行为（事宜）涉及的×××（资产——单项资产或者资产组合、企业整体价值、股东全部权益、股东部分权益）在××××年××月××日（评估基准日）的××价值（价值类型）进行了评估。现将资产评估情况报告如下。

2.委托人、被评估单位和资产评估委托合同约定的其他资产评估报告使用人概况

委托人和资产评估委托合同约定的其他资产评估报告使用人概况介绍的内容要求比较简单，一般包括名称、法定住所及经营场所、法定代表人、注册资本及主要经营范围等。

对被评估单位（或者产权持有单位）的概况，区分企业价值评估和单项资产或者资产组合评估两种不同的业务，提出了不同的要求。

企业价值评估中，被评估单位概况一般包括：①名称、法定住所及经营场所、法定代表人、主要经营范围、注册资本、公司股东及持股比例、股权变更情况及必要的公司产权和经营管理结构、历史情况等；②近三年资产、财务、经营状况；③委托人和被评估单位之间的关系（如产权关系、交易关系）。

单项资产或者资产组合评估，被评估单位概况一般包括名称、法定住所及经营场所、法定代表人、注册资本及主要经营范围等。

委托人与被评估单位为同一企业，按对被评估单位的要求编写。

存在交叉持股的，应当列示交叉持股图并简述交叉持股关系及是否属于同一控制的情形。

存在关联方交易的，应当说明关联方、交易方式等基本情况。

3.评估目的

资产评估报告应当说明本次资产评估的目的及其所对应的经济行为，并说明该经济行为获得批准的相关情况或者其他经济行为依据。

4.评估对象和评估范围

国有资产评估业务，要求资产评估报告应当对评估对象进行具体描述，以文字、表格的方式说明评估范围。根据《企业国有资产评估报告指南》的要求，对单项资产或者资产组合评估项目，需对委托评估资产的数量内容，如土地面积、建筑物面积、设备数量、无形资产数量等进行描述，同时还应当说明委托评估资产的法律权属状况、经济状况和物理状况等。对于企业价值评估项目，应当说明以下内容：

（1）委托评估对象和评估范围与经济行为涉及的评估对象和评估范围是否一致，不一致的应当说明原因，并说明是否经过审计。

（2）企业申报的表外资产的类型、数量。

（3）引用其他机构出具的报告结论所涉及的资产类型、数量和账面金额（或者评估值）。

《企业国有资产评估管理暂行办法》第十二条规定，凡需经核准的资产评估项目，企业在资产评估前应当向国有资产监督管理机构报告“资产评估范围的确定情况”。第十六条规定，国有资产监督管理机构应当对“资产评估范围与经济行为批准文件确定的资产范是否一致”进行审核。

委托评估对象和评估范围与经济行为涉及的评估对象和评估范围的一致性，一般不应由资产评估师来确认，而是由委托人和相关当事人根据其经批准拟实施的经济行为确认并提供给评估机构。资产评估师一般应要求委托人和相关当事人在申报表或申报材料上，以签名盖章等符合法律规定的方式确认评估对象和评估范围。

5. 价值类型

资产评估报告应当明确价值类型及其定义。选择市场价值以外的价值类型，还应当说明价值类型选择理由。

6. 评估基准日

在满足《资产评估执业准则——资产评估报告》在资产评估报告中说明评估基准日要求的基础上，国有资产评估业务还规定在评估报告中说明确定评估基准日所考虑的主要因素，披露信息包括下列主要内容：

（1）本项目评估基准日是××××年××月××日。

（2）确定评估基准日所考虑的主要因素（如经济行为的实现、会计期末、利率和汇率变化等）。

7. 评估依据

与非国有资产评估业务不同，国有资产评估业务要求在评估报告的“评估依据”部分披露本次评估业务所对应的经济行为依据。对于法律法规、评估准则、权属、取价等依据，《企业国有资产评估报告指南》不仅对需要披露的具体内容提出了要求，还规定应包括与国有资产评估有关的法律法规等针对性评估依据。

（1）经济行为依据

经济行为依据包括两个方面：一是有效批复文件，二是其他文件资料。国有资产评估项目经济行为的有效批复文件，包括国务院、各级人民政府、国务院国有资产监督管理机构、地方国有资产监督管理机构、中央与地方国有企业及其各级子企业等按照规定权限签发的经济行为批准文件。经济行为的其他文件资料，是可以说明经济行为及其所涉及的评估对象与评估范围的其他文件资料。例如，①国有企业在诉讼过程中或民事强制执行中，由人民法院委托资产评估机构评估涉诉国有资产价值的情形，人民法院出具的委托函。②国有企业涉及经济行为决策的党组会议纪要。③国有独资公司董事会决议，国有资本控股公司、国有资本参股公司股东会或者董事会决议。④资产转让、置换合同协议。⑤人民法院破产公告。⑥可以说明经济行为及其所涉及的评估对象与评估范围的其他文件资料。

《企业国有资产评估报告指南》还要求在评估报告的“评估目的”部分，说明评估目的所对应经济行为获得批准的相关情况或者其他经济行为依据。

《企业国有资产评估管理暂行办法》（国资委令第12号）第十五条规定，企业提出资产评估项目核准申请时，应当向国有资产监督管理机构报送“与评估目的相对应的经济行为批准文件或有效材料”“所涉及的资产重组方案或者改制方案、发起人协议等材料”以及“与经济行为相对应的审计报告”。

（2）法律法规依据

按照《企业国有资产评估报告指南》，法律法规依据通常包括与国有资产评估有关的法律法规等。实际上，资产评估项目的法律法规依据包括与资产评估业务有关的法律、行政法规、部门规章和政府规范性文件。例如，《资产评估法》《公司法》《证券法》《拍卖法》《国有资产评估管理办法》《资产评估行业财政监督管理办法》以及财政部、国务院国有资产监督管理委员会和地方政府国有资产监督部门发布的涉及国有资产及评估的有关规定等。资产评估专业人员应当根据与评估项目相关的原则，在资产评估报告中说明执行资产评估业务所采用的具体法律法规依据。

（3）评估准则依据

评估准则依据包括本评估业务中依据的相关资产评估准则和相关规范。实务中涉及的评估准则依据主要包括财政部发布的《资产评估基本准则》以及中国资产评估协会发布的《资产评估职业道德准则》《资产评估执业准则——资产评估报告》《资产评估执业准则——资产评估程序》《资产评估执业准则——资产评估委托合同》等一系列程序性准则和《资产评估执业准则——企业价值》《资产评估执业准则——无形资产》等一系列实体性准则、指南和指导意见。资产评估机构及其资产评估专业人员应当根据资产评估业务的需要选择使用。

（4）权属依据

资产法律权属状况本身是个法律问题。对资产评估所涉及资产的所有权及其他与所有权相关的财产权进行界定或发表意见需要履行必要的法律程序，应当由具有相应专业能力与专业资质的人士（如律师）或部门（如产权登记部门）进行。由于资产的价值与其法律权属状况有着密切关系，资产评估准则要求资产评估专业人员在执业过程中应当关注评估对象法律权属，并对核查验证情况予以披露。因此，资产评估专业人员应当根据与评估项目相关的原则，在评估报告中说明执行资产评估业务所依托的评估对象权属依据。一些权属证明文件如房屋权属证书上注明的房产面积、结构等还是资产评估专业人员重要的取价依据，这时的权属证明材料可以作为取价依据对待。

《企业国有资产评估报告指南》和《金融企业国有资产评估报告指南》规定的权属依据通常包括：国有资产产权登记证书、基准日股份持有证明、出资证明、国有土地使用证（或者国有土地使用权出让合同）、房屋所有权证、房地产权证（或者不动产权证书）、采矿许可证、勘查许可证、林权证、专利证书（发明专利证书、实用新型专利证书、外观设计专利证书）、商标注册证、著作权（版权）相关权属证明、船舶所有权登记证书、船舶国籍证书、机动车行驶证、有关产权转让合同、其他权属证明文件等。

（5）取价依据

《企业国有资产评估报告指南》规定的取价依据通常包括企业提供财务会计、经营方面的资料，国家有关部门发布的统计资料、技术标准资料和政策文件，以及评估机构收集的有关询价资料、参数资料等。实务中，企业提供的取价依据还包括被评估资产的购建、使用及管理等资料；评估机构收集的取价依据还包括与评估项目相关的市场交易、专业资讯、研究分析等资料。由于统计口径不同等原因，在不同部门发布的同指标的统计资料中，取价结果可能存在差异；国家有关部门发布的政策文件，也可能存在多次调整取价标准的情况，因此，评估取价依据应当列示相关资料的名称、提供或发布的单位及时间等信息。

评估依据的披露应掌握以下原则：①评估依据的表述方式应当明确、具体、方便查对。评估报告阅读者可以根据报告中披露的评估依据的名称、发布时间或文号找到相应的评估依据。例如，取价依据应披露为《××省建筑工程综合预算定额》（××××年）。②评估依据应当满足相关、合理、可靠和有效的要求，在评估基准日有效。

8. 评估方法和选择理由

资产评估报告应当说明所选用的评估方法及其理由。

未采用两种以上评估方法进行评估，资产评估报告应当披露其他基本评估方法不适用的原因或者所受的操作限制。

采用两种以上方法进行评估的，还应当说明评估结论确定的方法。

9. 评估程序

资产评估报告应当说明自接受资产评估业务委托起至出具资产评估报告的主要评估工作过程，一般包括以下内容：

（1）接受项目委托，确定评估目的、评估对象与评估范围、评估基准日，拟定评估计划等过程；

（2）指导被评估单位清查资产、准备评估资料，核实资产与验证资料等过程；

（3）选择评估方法、收集市场信息和估算等过程；

（4）评估结果汇总、评估结论分析、撰写报告和内部审核等过程。

10. 评估假设

资产评估报告应当说明资产评估所使用的假设。

11. 评估结论

国有资产监督管理机构下达的资产评估项目核准文件和经国有资产监督管理机构或所出资企业备案的资产评估项目备案表，是企业办理产权登记、股权设置和产权转让等相关手续的必备文件。《企业国有资产评估管理暂行办法》（国资委第12号令）规定，“企业进行与资产评估相应的经济行为时，应当以经核准或备案的资产评估结果为作价参考依据；当交易价格低于评估结果的90%时，应当暂停交易，在获得原经济行为批准机构同意后方可继续交易”。国务院国有资产监督管理委员会同财政部联合发布的《企业国有产权转让管理暂行办法》第十三条规定：“在清产核资和审计的基础上，转让方应当委托具有相关资质的资产评估机构依照国家有关规定进行资产评估。评估报告经核准或者备案后，作为确定企业国有产权转让价格的参考依据。在产权交易过程中，当交易价格低于评估结果的90%时，应当暂停交易，在获得相关产权转让批准机构同意后方可继续进行。”《中华人民共和国企业国有资产法》第四十二条规定：“企业改制应当按照规定进行清产核资、财务审计、资产评估，准确界定和核实资产，客观、公正地确定资产的价值。企业改制涉及以企业的实物、知识产权、土地使用权等非货币性财产折算为国有资本出资或者股份的，应当按照规定对折价财产进行评估，以评估确认价格作为确定国有资本出资额或者股份数额的依据。不得将财产低价折股或者有其他损害出资人权益的行为。”《中华人民共和国企业国有资产法》第五十五条规定：“国有资产转让应当以依法评估的、经履行出资人职责的机构认可或者由履行出资人职责的机构报经本级人民政府核准的价格为依据，合理确定最低转让价格。”从这一系列规定中不难看出，作为企业国有资本出资额或者股份数额的依据（评估确认价格），都要求评估结论是一个确定的数值。因此，企业国有资产评估要求评估结论通常是确定的数值。

考虑到一些特定评估业务的需求，《企业国有资产评估报告指南》规定，境外企业国有资产评估报告的评估结论可以用区间值表达。《金融企业国有资产评估报告指南》也规定“特殊情况下，在与经济行为相匹配的前提下，评估结论可以用区间值表示，同时给出确定数值评估结论的建议”。

具体而言，国有资产评估业务对评估结论披露内容的要求有；

（1）采用资产基础法进行企业价值评估，应当以文字形式说明资产、负债、所有者权益（净资产）的账面价值、评估价值及其增减幅度，并同时采用评估结论汇总表反映评估结论。

（2）单项资产或者资产组合评估应当以文字形式说明账面价值、评估价值及其增减幅度。

（3）采用两种以上方法进行企业价值评估，除单独说明评估价值和增减变动幅度外，应当说明两种以上评估方法结果的差异及其原因和最终确定评估结论的理由。

（4）存在多家被评估单位的项目，应当分别说明评估价值。

（5）评估结论为区间值的，应当在区间之内确定一个最大可能值，并说明确定依据。

上述关于资产基础法评估结果披露内容的要求是为了满足国有资产评估项目监管需要。资产评估结论汇总表是国有资产评估项目备案表的主要内容之一。它不但清晰地说明了评估的主要资产类型，也说明了评估前后企业资产账面价值的变动情况，国有资产有关监管方可以很直观地据此编制相关批复文件。

12. 特别事项说明

（1）国有资产评估业务，要求资产评估报告应当说明评估程序受到的限制、评估特殊处理、评估结论瑕疵等特别事项，以及期后事项。通常包括的内容有：

① 引用其他机构出具报告结论的情况，并说明承担引用不当的相关责任。

② 权属资料不全面或者存在瑕疵的情形。

③ 评估程序受到限制的情形。

④ 评估资料不完整的情形。

⑤ 评估基准日存在的法律、经济等未决事项。

⑥ 担保、租赁及其或有负债（或有资产）等事项的性质、金额及与评估对象的关系。

⑦ 评估基准日至资产评估报告日之间可能对评估结论产生影响的事项。

⑧ 本次资产评估对应的经济行为中，可能对评估结论产生重大影响的瑕疵情形。

《企业国有资产评估报告指南》要求，资产评估报告应当说明对特别事项的处理方式、特别事项对评估结论可能产生的影响，并提示资产评估报告使用人关注其对经济行为的影响。

特别事项说明要求中：权属资料不全面或者存在瑕疵的情形，评估基准日存在的法律、经济等未决事项，评估基准日至资产评估报告日之间可能对评估结论产生影响的事项，评估程序受到限制的情形，均在《资产评估执业准则——资产评估报告》中有基本一致的表述。引用其他机构出具报告结论的要求重点突出了《资产评估执业准则——资产评估报告》中利用专家工作及相关报告的一种重要情形，《资产评估执业准则——资产评估报告》强调的委托人未提供的其他关键资料只是评估资料不完整的一种重要情形，对担保、租赁及其或有负债（或有资产）等事项和可能对评估结论产生重大影响的瑕疵情形披露要求并未出现在《资产评估执业准则——资产评估报告》明确列示的情形中。对特别事项说明，《企业国有资产评估报告指南》还强调了关于特别事项的处理方式对评估结论的影响以及特别事项相关说明对经济行为的影响的披露。

（2）结合上述比较，对国有资产评估报告特别提出的特别事项披露内容说明如下：

① 引用其他机构出具报告的结论。国有资产评估项目通常会存在同时委托资产评估机构、土地估价机构和矿业权评估机构以同一个评估基准日分别对企业重组行为涉及的资

产、土地使用权和矿业权进行评估，然后由资产评估机构汇总评估结论的实际情况。在汇总时，有的进行了必要的调整，如房地合一评估时，不汇总土地估价机构报告相应的土地评估价值；有的直接汇总，情况较为复杂。国有资产监督管理机构十分关注资产评估机构如何引用、引用中作出了哪些调整等信息。资产评估中引用其他机构评估结论的现象，是由我国评估行业的管理体制所决定的。资产评估报告中应当披露引用其他机构出具报告的情况，并说明承担引用不当的相关责任。

② 关于担保、租赁及其或有负债（或有资产）事项。担保、租赁及其或有负债（或资产）等都有可能对企业价值以及参考企业价值确定交易价格产生影响，但该等事项在经济行为实现时、实现后的状况无法预知，也难以估计其对企业价值的影响程度，因此应当在评估报告中说明事项本身的性质、金额及与评估对象的关系，并提示评估报告使用人注意该事项可能会对评估报告的使用产生影响。

③ 关于经济行为本身对评估结论的影响。某些情况下，企业拟实施经济行为本身的进度和安排与评估工作的进度安排衔接不紧密，可能影响到评估工作甚至评估结论。因此，《企业国有资产评估报告指南》提出了"本次资产评估对应的经济行为中，可能对评估结论产生重大影响的瑕疵情形"。例如，某企业重组改制评估项目，根据经济行为实施安排，在股份公司设立前，将全部纳入改制范围的房屋土地办理产权证，但在评估报告出具时，部分房产和土地仍未办理产权证。该部分房产、土地在办理产权证后，可能会出现证载信息与评估申报不同的现象，甚至会影响评估结论。

④ 资产评估对特别事项的处理方式对评估结论的影响。对于客观存在的特殊事项，资产评估师不同的处理方式对报告使用人的决策有直接影响。例如，房屋所有权所载明的面积与实际面积不一致时，实务中存在按实际面积或按证载面积两种不同的处理方式，导致根据不同的面积标准估算得到的房屋价值也会不同。尽管根据资产评估处理的一般原则是根据证载面积确定评估价值，但当企业按测绘机构测量的面积重新申请确权登记时，资产评估师可以按照测绘机构测量的面积进行估算，当企业申报的面积明显比证载面积更为符合实际情况时，也可以暂按申报面积确定其评估价值。但不论进行何种处理，资产评估师都应当对事项本身以及对事项的处理方式作出说明，以使报告使用人全面了解评估信息。

13. 资产评估报告使用限制说明

资产评估报告使用限制应当载明：

（1）使用范围；

（2）委托人或者其他资产评估报告使用人未按照法律、行政法规规定和资产评估报告载明的使用范围使用资产评估报告的，资产评估机构及其资产评估师不承担责任；

（3）除委托人、资产评估委托合同中约定的其他资产评估报告使用人和法律、行政法规规定的资产评估报告使用人之外，其他任何机构和个人不能成为资产评估报告的使用人；

（4）资产评估报告使用人应当正确理解评估结论，评估结论不等同于评估对象可实现价格，评估结论不应当被认为是对评估对象可实现价格的保证。

14. 资产评估报告日

资产评估报告应当载明资产评估报告日。

资产评估报告日通常为评估结论形成的日期，可以不同于资产评估报告的签发日。

15.签名盖章

国有资产评估业务的资产评估报告正文应当由至少两名承办该评估业务的资产评估师签名，并加盖资产评估机构印章。

声明、摘要和评估明细表上通常不需要另行签名盖章。

（四）资产评估报告附件

1.资产评估报告附件的内容

资产评估报告附件通常包括下列内容：

（1）与评估目的相对应的经济行为文件；

（2）被评估单位专项审计报告；

（3）委托人和被评估单位法人营业执照；

（4）委托人和被评估单位产权登记证；

（5）评估对象涉及的主要权属证明资料；

（6）委托人和相关当事人的承诺函；

（7）签名资产评估师的承诺函；

（8）资产评估机构备案文件或者资格证明文件；

（9）资产评估机构法人营业执照副本；

（10）负责该评估业务的资产评估师资格证明文件；

（11）资产评估委托合同；

（12）其他重要文件。

2.基本要求

（1）资产评估报告附件内容应当与本评估项目的评估目的、评估方法、评估结论相关联。评估报告附件应当列示评估目的对应的经济行为文件和资产评估委托合同；与实际相符的评估主体合法有效的资格文件；与评估对象一致的相关资产的权属文件资料；评估中实际所依据的重要的取价依据文件资料。

（2）资产评估报告附件的签章应当清晰、完整。附件为复印件的，应当与原件一致。

（3）附件的内容应当与资产评估报告的摘要、正文一致。例如，所附经济行为文件描述的相关资产处置方案是确立评估范围的依据。又如，企业价值评估所附评估基准日会计报表账面数据应当与评估范围一致等。

3.关于审计报告作为附件的要求

审计报告不仅是企业申请备案核准的必报资料之一，而且是评估工作的基础依据。《企业国有资产交易监督管理办法》（财政部、国资委令第32号）规定，“产权转让事项经批准后，由转让方委托会计师事务所对转让标的企业进行审计。涉及参股权转让不宜单独进行专项审计的，转让方应当取得转让标的企业最近一期年度审计报告”。《企业国有资产评估管理暂行办法》规定，企业提出资产评估项目核准申请时，应当向国有资产监督管理机构报送“与经济行为相对应的审计报告”。《关于加强企业国有资产评估管理工作有关问题的通知》（国资委产权〔2006〕274号）规定，对企业进行价值评估时，企业应当提供与经济行为相对应的评估基准日审计报告。同时该文件附件《国有资产评估项目备案表》《接受非国有资产评估项目备案表》的填报说明中提出，“当评估对象为企业产权（股权）

时，账面价值应当为审计后账面值”。《中央企业资产评估项目核准工作指引》（国资发产权〔2010〕71号）第五条规定：“与经济行为相对应的无保留意见审计报告。如有强调事项段，需提供企业对有关事项的书面说明及意见。”《企业国有资产评估项目备案工作指引》（国资发产权〔2013〕64号）第六条规定：“与经济行为相对应的无保留意见标准审计报告。如为非标准无保留意见的审计报告时，对其附加说明段、强调事项段或修正性用语，企业需提供对有关事项的书面说明及承诺。”《中央企业资产评估项目核准工作指引》和《企业国有资产评估项目备案工作指引》都要求“拟上市项目或已上市公司的重大资产重组项目，评估基准日在6月30日（含）之前的，需提供最近3个完整会计年度和本年度截至评估基准日的审计报告；评估基准日在6月30日之后的，需提供最近两个完整会计年度和本年度截至评估基准日的审计报告。其他经济行为需提供最近一个完整会计年度和本年度截至评估基准日的审计报告”。《企业国有资产评估报告指南》规定，按照法律、行政法规规定需要进行专项审计的，应当将企业提供的与经济行为相对应的评估基准日专项审计报告（含会计报表和附注）作为资产评估报告附件。按有关规定无须进行专项审计的，应当将企业确认的与经济行为相对应的评估基准日企业财务报表作为资产评估报告附件。

4. 关于引用其他机构报告附件的处理

《企业国有资产评估报告指南》规定，“如果引用其他机构出具的报告结论，根据现行有关规定，所引用的报告应当经相应主管部门批准（备案）的，应当将相应主管部门的相关批准（备案）文件作为评估报告的附件”。比如，与评估经济行为相关的划拨土地使用权处置等土地使用权估价报告、矿业权价款处置等矿业权评估报告需经相关国土资源行政主管部门备案，需将已取得的相关批准（备案）文件作为评估报告的附件。

三、国有资产评估报告所附评估明细表的内容及格式要求

（一）基本要求

评估明细表可以根据《企业国有资产评估报告指南》的基本要求和企业会计核算所设置的会计科目，结合评估方法的特点进行编制。

（1）单项资产或者资产组合评估、采用资产基础法进行企业价值评估，评估明细表包括按会计科目设置的资产、负债评估明细表和各级汇总表。

（2）采用收益法进行企业价值评估的，可以根据收益法评估参数和盈利预测项目的构成等具体情况设计评估明细表的格式和内容。

（3）采用市场法进行企业价值评估的，可以根据评估技术说明的详略程度决定是否单独编制符合市场法特点的评估明细表。

（二）格式和内容要求

1. 资产、负债会计科目的评估明细表格式和内容基本要求

（1）表头应当含有资产或负债类型（会计科目）名称、被评估单位、评估基准日、表号、金额单位、页码。

（2）表中应当含有资产或负债的名称（明细）、经营业务或者事项内容、技术参数、发生（购、建、创）日期、账面价值、评估价值、评估增减幅度等基本内容。必要时，备注栏对技术参数或者经营业务、事项情况进行注释。

（3）表尾应当标明被评估单位填表人员、填表日期和评估人员。

（4）评估明细表按会计明细科目、一级科目逐级汇总，并编制资产负债表（方式）的评估汇总表及以人民币万元为金额单位的评估结果汇总表。

（5）会计计提的减值准备在相应会计科目（资产、负债类型）合计项下和相关科目汇总表中列示。

（6）评估结果汇总表应当按以下顺序和项目内容列示：流动资产、非流动资产、资产总计、流动负债、非流动负债、负债总计、净资产等类别和项目。

2. 采用收益法中的现金流量折现法进行企业价值评估

评估明细表通常包括以下内容：

（1）资产负债表、利润表调整表（如果有调整时）；

（2）现金流量测算表；

（3）营业收入预测表；

（4）营业成本预测表；

（5）税金及附加预测表；

（6）销售费用预测表；

（7）管理费用预测表；

（8）财务费用预测表；

（9）营运资金预测表；

（10）折旧摊销预测表；

（11）资本性支出预测表；

（12）折现率计算表；

（13）溢余资产和非经营性资产分析表。

收益法评估明细表表头应当含有评估参数或预测项目名称、被评估单位、评估基准日、表号、金额单位等。

3. 被评估单位（或者产权持有单位）为两家以上的

被评估单位为两家以上的，评估明细表应当按被评估单位分别归集，自成体系。

四、国有资产评估报告的评估说明要求

评估说明包括评估说明使用范围声明、委托人和被评估单位编写的《企业关于进行资产评估有关事项的说明》和资产评估师编写的《资产评估说明》。

（一）评估说明使用范围声明

关于评估说明使用范围声明，应当写明评估说明使用单位或部门的范围及限制条款。

（二）企业关于进行资产评估有关事项的说明

委托人和被评估单位可以共同编写或者分别编写《企业关于进行资产评估有关事项的说明》。委托人单位负责人和被评估单位负责人应当对所编写的说明签名，加盖相应单位公章并签署日期。

《企业关于进行资产评估有关事项的说明》包括以下内容：

（1）委托人、被评估单位各自概况；

（2）关于经济行为的说明；

（3）关于评估对象与评估范围的说明；

（4）关于评估基准日的说明；

（5）可能影响评估工作的重大事项说明；

（6）资产负债情况、未来经营和收益状况预测说明；

（7）资料清单。

（三）资产评估说明

《资产评估说明》是对评估对象进行核实、评定估算的详细说明，主要包括以下内容：评估对象与评估范围说明、资产核实总体情况说明、评估技术说明、评估结论及分析。根据《企业国有资产评估报告指南》中的《资产评估说明》编写指引，一般要求如下：

1.评估对象与评估范围说明

对于评估对象与评估范围说明，资产评估专业人员应当根据企业价值评估、单项资产或者资产组合评估的不同情况确定内容的详略程度。

（1）评估对象与评估范围

评估对象与评估范围说明的内容包括三个方面：委托评估的评估对象与评估范围；委托评估的资产类型、账面金额；委托评估的资产权属状况（含应当评估的相关负债）。

（2）实物资产的分布情况及特点

对实物资产的分布情况及特点的说明应包括实物资产的类型、数量、分布情况和存放地点；实物资产的技术特点、实际使用情况、大修理及改扩建情况等。

（3）企业申报的账面记录或者未记录的无形资产情况

评估对象为企业价值或者资产组时，应说明账面记录或者未记录的无形资产情况。

（4）企业申报的表外资产（如有申报）的类型、数量

应说明企业申报的表外资产的类型、数量等，并介绍其在评估基准日的基本情况及形成过程以及企业提供的相关资产权属资料。

（5）引用其他机构出具的报告的结果所涉及的资产类型、数量和账面金额（或者评估值）

对资产组合或者企业价值评估项目，企业已另行委托其他机构对经济行为涉及的部分资产进行评估，引用其他机构出具的报告的结论时，应当详细说明所涉及的资产类型、数量和账面金额（或者评估值）；同时应当说明所引用其他机构出具的报告载明的评估范围、评估目的、评估基准日以及评估报告的批准情况。

2.资产核实总体情况说明

资产核实总体情况说明通常包括人员组织、实施时间、核实过程、影响事项及处理方法、核实结论。

（1）资产核实人员组织、实施时间和过程说明

主要说明参加资产评估工作核实的人员情况、人员专业和地域分组情况、时间进度以及核实的总体过程。

资产核实的过程，通常可分现场核实工作准备阶段和现场核实工作阶段。现场核实工作准备阶段主要包括审核企业申报的明细表、安排调整完善现场工作计划、进入现场前的准备工作、选择适当的进场时间。现场核实工作阶段主要说明评估专业人员进行的询问、函证、核对、监盘、勘查、检查等工作情况，并说明获取评估业务需要的基础资料，了解

评估对象现状，关注评估对象法律权属等的总体过程。

（2）影响资产核实的事项及处理方法

影响资产核实的事项一般包括资产性能的限制、存放地点的限制、诉讼保全的限制、技术性能的局限、涉及商业秘密和国家秘密以及评估基准日正在进行的大修理、改扩建情况等。对于不能采用现场调查方式直接核实的资产，应当说明原因、涉及范围及处理方法。

通常情况下，对于因资产性能的限制（如输配电线路资产、地下管线资产等）而影响资产核实的事项，应当说明对资产是否存在、存在状态、权属资料三个方面采取的措施。

对于资产技术状态，应当说明查阅技术档案、检测报告、运行记录等历史资料情况以及是否利用专业机构的检测结果对资产技术状态作出判断。

对于因存放地点的限制（如分布十分广泛的固定资产、工艺流程中的在产品等）影响资产核实的事项，应当说明对资产是否存在、存在状态、权属资料三个方面采取的措施。如检查资产负债表日后发生的销货交易凭证、账务处理凭证、相关资产管理凭证及台账，向使用者、存放地、购货顾客或供应商函证，获取的实物照片等。

对于因诉讼保全的限制影响资产核实的事项，如查封资产，应当说明对资产是否存在、存在状态、权属资料三个方面采取的措施，如向相关部门的函证、获取的实物照片等。

对于因涉及商业秘密和国家秘密而影响资产核实的事项，应当说明对资产是否存在、存在状态、权属资料三个方面采取的措施，如收集可以证明资产的运行情况和能够为企业产生相关收益的文件。对资产技术状态，应说明查阅技术档案、检测报告、运行记录等历史资料情况以及是否利用专业机构的检测结果对资产技术状态作出判断。

对于因评估基准日正在进行的大修理、改扩建而影响资产核实的事项，应当说明对资产是否存在、存在状态、权属资料三个方面采取的措施，如收集证明资产的运行情况和能够为企业产生相关收益的文件，收集大修理、改扩建设计（或类似文件）的情况。

如果采用抽样方法对资产进行核实，应当说明所采取的抽样方法，并说明抽样方法对作出“是否存在、存在状态”总体判断结果的可靠性的影响。

采取任何非现场核查方法，均应在此部分作出说明。

（3）核实结论

这部分内容应当说明以下内容：核实结论应当说明资产核实结果是否与账面记录存在差异及其程度。通常核实结果不应与账面记录有差异，在审计、评估同时进行的项目中，对于不一致的情形，应当要求被评估单位作出解释，查明情况后在评估值中作出处理。也可以根据评估实物清查的结果，与企业、审计师协调进行追溯至评估基准日的调整，以达到账、表、实相符。

对权属资料不完善的，应说明查验权属资料的截止日，并说明企业提供的有关权属证明的情况。

对企业申报的账外资产，应说明核实情况、相关当事人确认的情况。

3. 评估技术说明

评估技术说明应当考虑不同经济行为和不同评估方法的特点，介绍评定估算的思路及过程。

采用成本法评估单项资产或者资产组合、采用资产基础法评估企业价值，应当根据评估项目的具体情况以及资产、负债类型编写评估技术说明。各项资产、负债评估技术说明应当包含资产、负债的内容和金额、核实方法、评估值确定的方法和结果等基本内容。

采用收益法或者市场法评估企业价值，评估技术说明通常包括：影响企业经营的宏观、区域经济因素；所在行业现状与发展前景；企业的业务情况；企业的资产、财务分析和调整情况；评估方法的运用过程。

（1）采用收益法进行企业价值评估的，应当根据行业特点、企业经营方式和所确定的预期收益口径以及评估的其他具体情况等编写评估技术说明。企业的资产、财务分析和调整情况以及评估方法运用实施过程说明通常包括以下内容：

① 收益法的应用前提及选择理由和依据；

② 收益预测的假设条件；

③ 企业经营、资产、财务分析；

④ 收益模型选择的理由及基本参数说明；

⑤ 收益期限及明确预测期的说明；

⑥ 收益预测的说明；

⑦ 折现率的确定说明；

⑧ 预测期后价值确定说明；

⑨ 其他资产和负债评估说明；

⑩ 评估结论。

（2）采用市场法进行企业价值评估的，应当根据行业特点、被评估企业的实际情况以及上市公司比较法或者交易案例比较法的特点等编写评估技术说明。企业的资产、财务分析和调整情况以及评估方法运用实施过程说明通常包括以下内容：

① 具体方法、应用前提及选择理由；

② 企业经营、资产、财务分析；

③ 分析选取确定可比企业或交易案例的说明；

④ 价值比率的选择及因素修正说明；

⑤ 评估对象价值比率的测算说明；

⑥ 评估结论。

4. 评估结论及分析

（1）评估结论

采用两种或两种以上方法进行企业价值评估时，应当说明不同评估方法结论的差异及其原因和最终确定评估结论的理由。对于存在多家被评估单位的情况，应当分别说明其评估价值。对于不纳入评估汇总表的评估结论，应当单独列示。

（2）评估价值与账面价值比较变动情况及说明

比较评估价值与账面价值，首先应详细说明账面价值与评估价值的构成要素，将不可比的因素剔除，进而说明构成要素中同一要素的变化幅度及理由。

（3）折价或者溢价情况

股东部分权益的价值并不必然等于股东全部权益价值与股权比例的乘积，因为在某些情况下，同一企业内不同股东的同等股份权益的价值可能会不相等。如果考虑了控股权和少数股权等因素产生的溢价或折价，应当说明溢价与折价测算的方法，对其合理性作出判断。

五、国有资产评估报告的制作要求

国有资产评估报告的制作要求主要体现在以下几个方面：

（1）资产评估报告标题及文号一般在封面上方居中位置，资产评估机构名称及资产评估报告日应当在封面下方居中位置。资产评估报告应当用A4规格纸张印刷。

（2）资产评估报告一般分册装订，各册应当具有独立的目录。具体要求包括：

① 声明、摘要、正文和附件合订成册，其目录中应当含有其他册的目录，但其他册目录的页码不予标注。

② 评估说明和评估明细表一般分别独立成册。必要时，附件可以独立成册。

③ 单独成册的，其封面格式、标题中的“企业名称+经济行为关键词+评估对象”及文号等应当与资产评估报告相关格式和内容保持一致。

④评估明细表一般按会计科目顺序装订。

（3）资产评估报告封底或者其他适当位置应当标注资产评估机构名称、地址、邮政编码、联系电话、传真、电子邮箱等。

任务三　资产评估报告的编制和使用

任务描述

本任务主要介绍资产评估报告的编制步骤和编制的技术要点，通过学习，使学生们明确资产评估报告的编制步骤，熟悉编制资产评估报告的技术要求，学会编写和使用资产评估报告。

相关知识

一、编制资产评估报告的步骤

编制资产评估报告是评估机构与资产评估专业人员完成评估工作的最后一道工序，也是资产评估工作中的一个重要环节。编制资产评估报告主要有以下几个步骤：

（一）整理工作底稿和归集有关资料

资产评估现场工作结束后，资产评估专业人员必须着手对现场工作底稿进行整理，按资产的性质进行分类；同时对有关询证函、被评估资产背景材料、技术鉴定情况和价格取证等有关资料进行归集和登记；对现场未予确定的事项，还须进一步落实和查核。这些现场工作底稿和有关资料都是编制资产评估报告的基础。

（二）评估测算表的数字汇总

在完成现场工作底稿和有关资料的归集任务后，资产评估专业人员应着手评估明细表的数字汇总。明细表的数字汇总应根据明细表的不同级次先明细表汇总，然后分类汇总，再到资产负债表式的汇总。在数字汇总过程中应反复核对各有关表格数字的关联性和各表格栏目之间数字的钩稽关系，防止出错。

（三）评估初步数据的分析和讨论

在完成评估明细表的数字汇总，得出初步的评估数据后，参与评估工作过程的有关人员，应对评估报告的初步数据的结论进行分析和讨论，比较各有关评估数据，复核记录估算结果的工作底稿，对存在作价不合理的部分评估数据进行调整。

（四）编写评估报告

编写评估报告又可分两步：

第一步，在完成资产评估初步数据的分析和讨论，对有关部分的数据进行调整后，由具体参加评估的各评估小组负责人员草拟出各自负责评估部分资产的评估说明，同时提交全面负责、熟悉本项目评估具体情况的人员草拟出资产评估报告。

第二步，就评估基本情况和评估报告初稿的初步结论与委托人交换意见，评估专业人员在听取委托人的反馈意见后，在坚持独立、客观、公正的前提下，认真分析委托人提出的问题和建议，考虑是否应该修改评估报告，对评估报告中存在的疏忽、遗漏和错误之处进行修正，待修改完毕即可撰写出资产评估正式报告。

（五）资产评估报告的签发与送交

资产评估专业人员撰写出资产评估正式报告后，经审核无误，应当由至少两名承办该项业务的资产评估专业人员签名并加盖评估机构印章。法定评估业务的评估报告应当由至少两名承办该项业务的资产评估师签名并加盖资产评估机构印章。

资产评估报告签发盖章后即可连同评估说明及评估明细表送交委托人。

二、编制资产评估报告的技术要点

资产评估报告编制的技术要点是指在资产评估报告制作过程中的主要技能要求，具体包括文字表达、格式与内容方面的技能要求以及复核与反馈等方面的技能要求等。

资产评估专业人员应在执行必要的评估程序后，编制并由所在评估机构出具评估报告，并在评估报告中提供必要信息，使评估报告使用人能够合理理解评估结论。资产评估专业人员应根据评估业务的具体情况，提供能够满足委托人和其他评估报告使用人合理需求的评估报告。

（一）文字表达方面的技能要求

资产评估报告既是一份对被评估资产价值发表专业意见的重要法律文件，又是一份用来明确资产评估机构和资产评估专业人员工作责任的文字依据。其文字表达要求：既要清楚、准确，又要提供充分的依据说明，还要全面地叙述整个评估的具体过程；表述内容必须明确，不得使用模棱两可的措辞；报告陈述既要简明扼要，又要把有关问题说明清楚，不得使用带有任何诱导、恭维和推荐性的陈述。

（二）格式和内容方面的技能要求

对资产评估报告格式和内容方面的技术要求，按照现行政策的规定，应该遵循资产评估报告准则。涉及企业、金融企业国有资产评估的，还应该分别遵循《企业国有资产评估报告指南》和《金融企业国有资产评估报告指南》的有关规定。

（三）复核及反馈方面的技能要求

资产评估报告的复核与反馈也是资产评估报告制作的具体技能要求。评估专业人员通过对工作底稿、评估说明、评估明细表和报告正文的文字、格式及内容的复核和反馈，可以使有关错误、遗漏等问题在出具正式报告之前得到修正。对于评估专业人员来说，资产评估工作是一项由多名评估专业人员同时作业的中介业务，每名评估专业人员都有可能因能力、水平、经验、阅历及理论方法的限制而产生工作盲点和工作疏忽，所以，对资产评估报告初稿进行复核就成为必要。就对评估资产的情况熟悉程度来说，大多数资产委托人和占有方对委托评估资产的分布、结构、成新率等具体情况总会比评估机构和评估专业人员更熟悉，所以在出具正式报告之前征求委托人意见、收集反馈意见也很有必要。

对资产评估报告必须建立起多级复核和交叉复核制度，明确复核人的职责，防止复核流于形式。收集反馈意见主要是通过委托人或评估对象产权持有人等熟悉资产具体情况的人员的反馈。对委托人或者产权持有人的反馈信息，评估专业人员应谨慎对待，本着独立、客观、公正的态度处理其反馈意见。

（四）撰写报告应注意的事项

资产评估报告的制作技能除了需要掌握上述三个方面的技术要点外，还应注意以下几个事项：

（1）实事求是，切忌出具虚假报告。报告必须建立在真实、客观的基础上，不能脱离实际情况，更不能无中生有。报告拟订人应是参与该项目并较全面了解该项目情况的主要评估人员。

（2）坚持一致性原则，切忌表里不一。报告文字、内容前后要一致，摘要、正文、评估说明、评估明细表内容与格式、数据要一致。

（3）提交报告要及时、齐全和保密。在完成资产评估工作后，评估专业人员应按业务约定书的约定时间及时将报告送交委托人；送交报告时，报告及有关文件要送交齐全；此外，还要做好客户保密工作，尤其是对评估涉及的商业秘密和技术秘密，更要加强保密工作。

微课

编制资产评估报告的技术要点

（4）评估机构应当在资产评估报告中明确评估报告使用人、报告使用方式，提示评估报告使用人合理使用评估报告。应注意防止报告的恶意使用，避免报告的误用，以合法规避执业风险。

（5）资产评估专业人员在执行资产评估业务时，应当关注评估对象的法律权属，并在评估报告中对评估对象法律权属及其证明资料来源予以必要说明。资产评估专业人员不得对评估对象的法律权属提供保证。

（6）资产评估专业人员在执行资产评估业务受到限制无法实施完整的评估程序时，应当在评估报告中明确披露受到的限制、无法履行的评估程序和采取的替代措施。

三、资产评估报告的使用

资产评估报告由评估机构出具后，委托人、评估报告使用人可以根据所载明的评估目的和评估结论进行恰当、合理使用，如作为资产转让的作价基础，作为企业进行会计记录或调整账项的依据等。但是评估报告的使用，应当符合法律规定和评估报告载明的使用范围。

根据我国法律的规定，国有资产在转让过程中，通常将评估报告所确定的资产评估价格作为底价或最低成交价格。例如，《中华人民共和国企业国有资产法》规定，国有资产转让应当以依法评估的、经履行出资人职责的机构认可或者由履行出资人职责的机构报经本级人民政府核准的价格为依据，合理确定最低转让价格；《中华人民共和国拍卖法》规定，拍卖国有资产，依照法律或者国务院的规定需要评估的，应当经依法设立的评估机构评估，并根据评估结果确定拍卖标的的保留价；《中华人民共和国公路法》规定，国道等公路收费权的转让，必须进行资产评估，国道等公路收费权出让的最低成交价，以国有资产评估机构评估的价值为依据确定。委托人或者评估报告使用人应当按照上述法律的规定使用评估报告。

在评估报告中，评估报告的使用范围（评估报告限制使用）作为其中一项内容，通常应明确下列事项：

（1）评估报告只能用于评估报告载明的评估目的和用途；

（2）评估报告只能由评估报告载明的评估报告使用者使用；

（3）除法律规定及相关当事方另有约定外，未征得出具评估报告的评估机构同意，评估报告的内容不得被摘抄、引用或披露于公开媒体；

（4）评估报告在载明的结论使用有效期内使用。

委托人或者评估报告使用人按照评估报告载明的使用范围使用评估报告，是履行评估委托合同确定义务的具体表现。如果委托人或者评估报告使用人违反法律规定使用评估报告，或者不按照评估报告载明的使用范围使用评估报告，如不按评估目的和用途使用或者超过有效期使用评估报告等所产生的不利后果，评估机构和评估专业人员不承担责任。

任务四 资产评估档案的概念与内容

任务描述

资产评估档案包括工作底稿、资产评估报告及其他相关资料，用于反映资产评估程序的实施情况、支持评估结论。本任务主要介绍资产评估档案的概念与内容。通过学习，使学生们明确、掌握评估工作底稿的内容。

相关知识

一、资产评估档案的基本概念

资产评估档案是指资产评估机构开展资产评估业务形成的，反映资产评估程序实施情况、支持评估结论的工作底稿、资产评估报告及其他相关资料。工作底稿是资产评估专业人员在执行评估业务过程中形成的，反映评估程序实施情况、支持评估结论的工作记录和相关资料。评估基本程序包括明确业务基本事项、签订委托合同、编制资产评估计划、进行评估现场调查、收集整理评估资料、评定估算形成结论、编制出具评估报告、整理归集评估档案等内容。工作底稿是判断一个评估项目是否执行了这些基本程序的主要依据，应反映资产评估专业人员实施现场调查、评定估算等评估程序，支持评估结论。

二、评估工作底稿的内容

资产评估工作底稿一般分为管理类工作底稿和操作类工作底稿。

（一）管理类工作底稿

管理类工作底稿是指在执行资产评估业务的过程中，为受理、计划、控制和管理资产评估业务所形成的工作记录及相关资料。管理类工作底稿通常包括以下内容：

（1）评估业务基本事项的记录；

（2）评估委托合同；

（3）评估计划；

（4）评估业务执行过程中重大问题处理记录；

（5）评估报告的审核记录及其他相关资料。

以企业价值评估为例，上述5项内容可以细化为以下12个方面。

1. 评估业务基本事项

评估业务基本事项的工作底稿应反映以下内容：

（1）评估项目的洽谈人，委托人名称，联系人，相关当事人（主要是产权持有人）名称、地址、法定代表人、企业性质、注册资金、经营期限、经营范围、联系人等基本情况；

（2）相关当事人和委托人的关系；

（3）评估报告使用人及与委托人、产权持有人等相关当事人的关系；

（4）相关经济行为的背景情况及评估目的；

（5）评估对象和评估范围；

（6）评估范围内的资产状况，包括评估对象基本情况及资产分布情况，资产的数量及各类资产、负债账面值，资产质量现状，实物资产存放地，账外资产、或有资产、或有负债、特殊资产情况，资产历次评估、调账情况，相关当事人所处行业、法律环境、会计政策、股权状况等相关情况；

（7）价值类型；

（8）评估基准日；

（9）评估假设、限制条件；

（10）评估报告的类型、提交时间和方式；

（11）评估服务费总额、支付时间和方式。

资产评估专业人员在项目承接洽谈阶段，应尽可能了解以上内容，以更好地控制评估风险。

2. 评估项目风险评价

评估项目风险评价的工作底稿应反映以下内容：

（1）项目洽谈人通过对委托人和相关当事人的要求、评估目的、资产状况等基本情况的了解，对评估项目是否存在风险作出的判断；

（2）风险可控情况，化解风险、防范风险的主要措施；

（3）评估机构按规定流程通过对评估项目基本情况了解、评估项目风险调查分析，对是否承接项目作出的决定或签署的意见。

3. 评估委托合同

评估委托合同的工作底稿应反映评估委托合同签订以及评估目的、评估对象和范围、评估基准日、价值类型、评估服务费、评估报告类型、评估报告提交时间和方式发生变更等的过程。

4. 评估计划

评估计划工作底稿的主要内容为：

（1）对实施评估程序的具体步骤、时间进度、人员安排、技术方案等的安排；

（2）在评估过程中根据情况变化作出的调整记录；

（3）评估机构对评估计划的审核、批准情况。

5. 委托人、相关当事人提供的主要资料清单

该部分工作底稿应反映资产评估专业人员根据不同的评估方法、不同的评估对象，要求委托人、相关当事人提供的相关评估资料。例如，对某一家大型国有企业整体资产价值的评估，要求提供的资料主要包括以下几个方面：

（1）企业基本情况介绍；

（2）针对本次评估项目的具体资料；

（3）被评估单位财务资料；

（4）被评估单位主要产品的生产和销售资料；

（5）宏观经济形势的影响及行业竞争状况；

（6）未来计划和预测资料。

6. 聘请相关专家的主要情况

评估项目聘用相关专家有关情况的工作底稿应反映需要聘请专家个人解决的问题，拟聘请专家个人的简况、专业或专长。

7. 评估过程中重大问题处理记录

评估过程中重大问题处理记录工作底稿应反映评估项目实施过程中，资产评估专业人员遇到重大问题逐级请示、根据批示意见处理的记录。

8. 委托人的反馈意见和管理部门评审意见

相关底稿可以反映委托人提供的反馈意见、国有资产等管理部门提出的评审意见以及评估机构及其资产评估专业人员对相关意见的处理信息等。

9. 评估报告审核情况

审核是评估机构保证评估质量、降低评估风险的重要手段，是评估机构的内部质量管理程序的重要组成部分。审核工作底稿应反映评估机构实施的内部审核情况及审核意见。

10. 评估报告送达情况

评估报告送达可编制评估报告签收单，送交委托人时，送交人签字，收件人签收，交接过程应形成相应的工作底稿。

11. 委托人、相关当事人等外部机构提供的与评估活动相关的工作底稿

该部分工作底稿通常包括以下内容：

（1）与评估目的对应的经济行为文件；

（2）经济行为方案（重组方案、改制方案等）；

（3）委托人、被评估单位的营业执照；

（4）被评估单位的企业国有资产产权登记证；

（5）被评估单位的合同、章程、验资报告；

（6）被评估单位的评估基准日及前3～5年的会计报表；

（7）被评估单位的评估基准日及前3～5年的审计报告；

（8）被评估单位的非经营性资产、负债，溢余资产情况说明；

（9）委托人及被评估单位提供的重大未决事项、期后事项及其他特殊事项的材料及说明；

（10）委托人、被评估单位“关于进行评估有关事项的说明”；

（11）委托人、被评估单位承诺函等。

12. 资产评估专业人员在评估中形成的其他管理类工作底稿

资产评估专业人员在评估中形成的其他管理类工作底稿应于归档时一并保存。其内容通常包括：

微课

管理类评估工作底稿的主要内容

（1）与委托人、相关当事人和其他中介机构往来的资料；

（2）项目核准或备案文件；

（3）专家讨论会记录；

（4）资产评估专业人员认为需要保存的其他相关资料。

（二）操作类工作底稿

操作类工作底稿是指在履行现场调查、收集评估资料和评定估算程序时所形成的工作记录及相关资料。操作类工作底稿产生于评估工作的全过程，由资产评估专业人员及其助理人员编制，反映资产评估专业人员在执行具体评估程序时所形成的工作成果。

1. 操作类工作底稿的主要内容

（1）现场调查阶段收集的现场调查记录与相关资料。不同评估方法下的现场调查工作底稿内容不同，资产评估专业人员应根据评估目的和资产状况，合理确定资产（含负债）的调查量，并编制相应的工作底稿。其内容一般包括以下几方面：

① 委托人、相关当事人申报的资产明细表及相关资料；

② 通过询问、核对、勘查、函证等方式获得的评估业务需要的基础资料；

③ 核实评估对象的存在性和完整性，调查评估对象的品质和使用状况的记录；

④ 查验实行登记制度的评估对象的法律权属证书过程；

⑤ 现场调查因受客观条件限制，确实无法实施现场调查而采用适当的替代程序的情况；

⑥ 与评估业务相关的财务、审计等资料；

⑦ 在现场调查阶段收集的与评估相关的资料。

（2）评估工作实施中收集的评估资料。在整个评估工作过程中，评估专业人员除了整理和收集管理类工作底稿外，还应收集所有与评估工作有关的操作类工作底稿，具体包括以下内容：

① 市场调查及数据分析资料；

② 相关的历史和预测资料；

③ 询价记录；

④ 其他专家鉴定及专业人士报告；

⑤ 委托人及相关当事人提供的说明、证明和承诺；

⑥ 其他相关资料。

（3）评定估算阶段形成的评定估算记录等相关资料。在评定估算阶段所做的工作，均需编制相应的工作底稿，以支持评估结论，一般包括以下内容：

① 根据不同的评估对象、资料收集情况等相关条件，选用与其相适应的评估方法的理由；

② 选取相应的计算公式的理由；

③ 评定估算过程中收集的各类资产的定价依据；

④ 与计算评估结论有关的各类参数的取值依据；

⑤ 价值分析、计算、判断过程记录；

⑥ 评估结论形成过程记录；

⑦ 评定估算中形成的与评估相关的其他资料。

2. 操作类工作底稿的分类

按照评估方法划分，操作类工作底稿一般可分为成本法工作底稿、收益法工作底稿和市场法工作底稿。

（1）成本法（或资产基础法）工作底稿。资产评估专业人员在运用成本法对企业进行整体价值评估时，应在工作底稿中反映被评估企业拥有的有形资产、无形资产以及应当承担的负债，记录根据其具体情况分别选用市场法、收益法、成本法的现场调查，评定估算过程。

（2）收益法工作底稿。资产评估专业人员在采用收益法评估企业资产价值时，应与委托人充分沟通，获得委托人关于被评估企业资产配置和使用情况的说明，包括对非经营性资产、负债和溢余资产状况的说明。资产评估专业人员在进行现场调查后，应汇集资产的账面值、调查值形成工作底稿。资产评估专业人员应在与委托人和相关当事方协商并获得有关信息的基础上，采用适当的方法，对被评估企业前几年的财务报表中影响评估过程和评估结论的相关事项进行必要的分析调整，以合理反映企业的财务状况和盈利能力。工作底稿应完整地反映对企业资产、负债、盈利状况进行调整的原因，调整的内容、过程和结果，企业财务报表数据调整前后的变化。资产评估专业人员应在工作底稿中反映以下内容：

① 对企业财务指标进行分析的过程；

② 对企业未来经营状况和收益状况进行的分析、判断和调整过程；

③ 根据企业经营状况和发展前景，预测期内的资产、负债、损益、现金流量的预测结果，企业所在行业现状及发展前景，合理确定收益预测期以及预测期后的收益情况和相关终值的计算、收益现值的计算过程；

④ 综合考虑评估基准日的利率水平、市场投资回报率、加权平均资本成本等资本市场相关信息和企业、所在行业的特定风险等因素，合理确定资本化率或折现率的过程。

在采用收益法对企业整体价值进行分析和评估时，企业如有非经营性资产、负债和溢余资产，评估专业人员应当编制相应的非经营性资产、负债和溢余资产的现场调查、评定估算工作底稿。

（3）市场法工作底稿。资产评估专业人员在采用市场法评估企业整体价值时，应在工作底稿中反映收集的参考企业、市场交易案例的资料，反映所选择的参考企业、市场交易案例与被评估企业具有可比性的资料。资产评估专业人员应对被评估企业与参考企业、市场交易案例之间的相似性和差异性进行比较、分析、调整的过程以及对所选价值乘数计算的过程编制相应的工作底稿。评估股东部分权益价值的工作底稿应反映资产评估专业人员对流动性和控制权对评估对象价值影响的处理情况。

任务五　评估工作底稿的编制与归档

任务描述

评估工作底稿是评估工作成果的重要载体，其编制不但直接影响到资产评估的质量，还是资产评估专业人员佐证自己在评估过程中客观、公正地履行程序的依据。通过本任务的学习，使学生们明确评估工作底稿的编制要求，熟悉归档要求，学会将工作底稿与评估报告等归集形成评估档案。

相关知识

一、评估工作底稿的编制要求

资产评估专业人员在评估业务完成后，应及时整理工作底稿。评估工作底稿编制的具体要求包括：

（一）作为底稿的相关资料的确认

资产评估专业人员收集委托人和相关当事人提供的重要资料作为工作底稿，应当由提供方对相关资料进行确认，包括但不限于签字、盖章、法律允许的其他方式等。

（二）目录和索引号编制

细化的工作底稿种类繁多，不编制索引号和页码将很难查找，利用交叉索引和备注说明等形式能完整地反映工作底稿间的钩稽关系并避免重复。资产评估专业人员应当根据评估业务特点和工作底稿类别，编制工作底稿目录，建立反映工作底稿间钩稽关系的索引号。比如评估项目中的汇率，评估基准日1美元兑换7.5元人民币，在评估过程中，库存现金、银行存款、应收账款、应付账款等多个科目都要引用，所以在编制工作底稿时，可以在库存现金的工作底稿中保存汇率的询价依据，而在其他科目的评估中只要注明交叉索引就能很方便地找到依据。

（三）底稿审核

工作底稿一般是评估项目组的成员在评估时编制的，由于种种原因，编制人可能产生差错、遗漏等问题，因此，在工作底稿的编制过程中，需要经过必要的审核程序，包括对文字、数字、计算过程等内容的审核。

二、评估工作底稿的归档

资产评估业务完成后，资产评估专业人员应将工作底稿与评估报告等归集形成评估档案后及时向档案管理人员移交，并由所在资产评估机构按照国家有关法律、法规及评估准则的规定妥善管理。在工作底稿归档的具体工作中，评估机构应做到以下几个方面：

（一）评估档案归集

为了保证档案管理的规范性，资产评估机构应明确档案管理人员对评估业务档案进行管理。每项业务完成后，资产评估专业人员都应及时安排评估资料的归集归档，编制目录并装订成册，经检查合格后，移交档案管理人员。

（二）确定档案的内容及形式

档案的形式除了纸质文件，还有电子文档或其他介质形式。对于纸质文件，应分类并装订成册。

（三）电子文档的管理

由于电子文档或其他介质形式的业务档案，存在着可修改以及经过长时间保存或技术进步等原因导致的数据难以读取等问题，在具体操作中，评估机构、资产评估专业人员及档案管理人员应做到：

1. 做好电子文件收集、积累的基础工作

电子文件的特性决定了电子文件的收集不同于纸质档案，其收集、积累的范围、方法和要求也不同于纸质档案。对于工作底稿的电子档案应及时收集和整理，并建立与其相应的纸质文件之间的标识关系，尤其是对无纸化系统生成的电子文件，应有更严格的措施。必要时，应在收集积累过程中制作备份文件，以免系统发生意外情况时电子文件信息丢失。

2. 严格电子文件的归档管理

电子文件归档是将应归档的电子文件经过整理确定档案属性后，从电子计算机的存储器或其他网络存储器上，拷贝或刻录到可脱机的存储载体上，以便长期保存的工作过程。

根据工作底稿的特性，通常将电子介质工作底稿与相关的纸质文件结合归档。在归档时间上，评估机构在将纸质工作底稿进行归档时应同时进行电子文档的归档。

为提高工作底稿电子文档的保存质量，工作底稿的电子文档可以刻录成光盘，与工作底稿的纸质文件存放在一起；对于工作底稿电子文档较少的项目，几个项目的电子文档可以放在一起。另外，评估机构还应配备相应的服务器，对公司一切工作底稿的电子文档进行备份。

3. 加强电子文件软件、硬件设施管理

为保证对工作底稿电子档案的管理，评估机构可积极开辟电子档案存储的新途径，为档案管理部门配备必要的计算机刻录设备，对应归档的电子文件、数据资料采用通用格式的光盘存储。评估机构要及时修补管理软件的安全漏洞，对防火墙和防病毒软件实现自动升级，做好档案上传、下载的安全等级和访问权限管理。在硬件管理上，要进一步完善电子文件和计算机设备的保管设施和环境，保证电子介质档案的安全。

4. 重视和加快电子文件管理人员的培养

从事电子文件管理的人员需具备档案管理方面的基础知识和计算机信息技术等多方面的技术技能，评估机构在工作底稿电子文件管理中配备相应的专业管理人员，有利于提高管理的效率。

任务六　资产评估档案的管理

任务描述

本任务主要介绍资产评估档案的管理，包括保存、保密与查阅。通过学习，使学生们学会妥善管理评估档案。

相关知识

一、资产评估档案的保存

资产评估专业人员通常应当在资产评估报告日后90日内将工作底稿与资产评估报告等归集形成评估档案，并由所在资产评估机构按照国家有关法律、行政法规和相关资产评估准则的规定妥善管理。重大或者特殊项目的归档时限不晚于资产评估结论有效期届满后30日。档案管理人员应对资产评估档案登记造册，整齐存放，妥善保管，并定期（如每年年底）对档案进行核对，确保业务档案的安全、完整。对于电子文档或者其他介质的评估档案，资产评估机构应当在法定保存期限内妥善保存。

《中华人民共和国资产评估法》规定，一般评估业务的评估档案保存期限不少于15年，法定评估业务的评估档案保存期限不少于30年。评估档案的保存期限，自资产评估报告日起算。

二、评估档案的保密与查阅

评估档案涉及客户的商业秘密，评估机构、资产评估专业人员有责任为客户保密。评估机构应建立评估档案保密制度，并认真履行保密责任。

档案管理人员要加强保密观念，明确保密档案的范围和保密要求，严格执行公司内部的各项保密规定和纪律。

项目完成并归档后，资产评估机构不得对在规定保存期内的评估档案非法删改或者销毁。对违反规定并造成损失的人员，由档案行政管理部门、有关主管部门依法处理。

资产评估档案的管理应当执行保密制度。除下列情形外，评估档案不得对外提供：

（1）司法部门按法定程序进行查询的；

（2）资产评估行政管理部门依法调阅的；

（3）依法有权审核资产评估业务的其他政府部门按规定程序对资产评估档案进行查阅的；

（4）资产评估行业协会按规定程序对执业质量进行检查的；

（5）其他依法可以查阅的情形。

公司评估专业人员需要查阅评估档案的，应按规定办理借阅手续。

【学思践悟】2019年11月26日，由于一名资产评估师出具虚假资产评估报告，造成国有资产流失2.414亿元，法院一审判决：1.资产评估机构法定代表人犯提供虚假证明文件罪，被判处有期徒刑1年4个月，罚金3万元。2.项目负责人犯提供虚假证明文件罪、被判处有期徒刑1年4个月、罚金2万元，现场负责人犯提供虚假证明文件罪、被判处有期徒刑1年4个月、罚金1万元。3.未实际参与项目的签字评估师犯出具证明文件重大失实罪、罚金2万元，评估助理犯出具证明文件重大失实罪。

评估机构及其评估师出具报告应当遵守法律、行政法规和评估准则，遵循独立、客观、公正的原则，特别是要严格履行调查职责，独立分析估算，勤勉、谨慎、规范从事业务。

资料来源：东方财经.虚假评估导致国资损失2.4亿元［EB/OL］.［2019-12-06］. https：//caifuhao.eastmoney.com/news/20191206121252876820720.

项目小结

资产评估报告是评估机构按照评估工作制度的有关规定，在完成评估工作后向委托方提交的说明评估过程及评估结果的书面报告。本项目主要介绍了资产评估报告的类别、内容、编制要求和使用，以及资产评估档案的内容、编制、归档和管理。

本项目框架结构如图13-1所示。

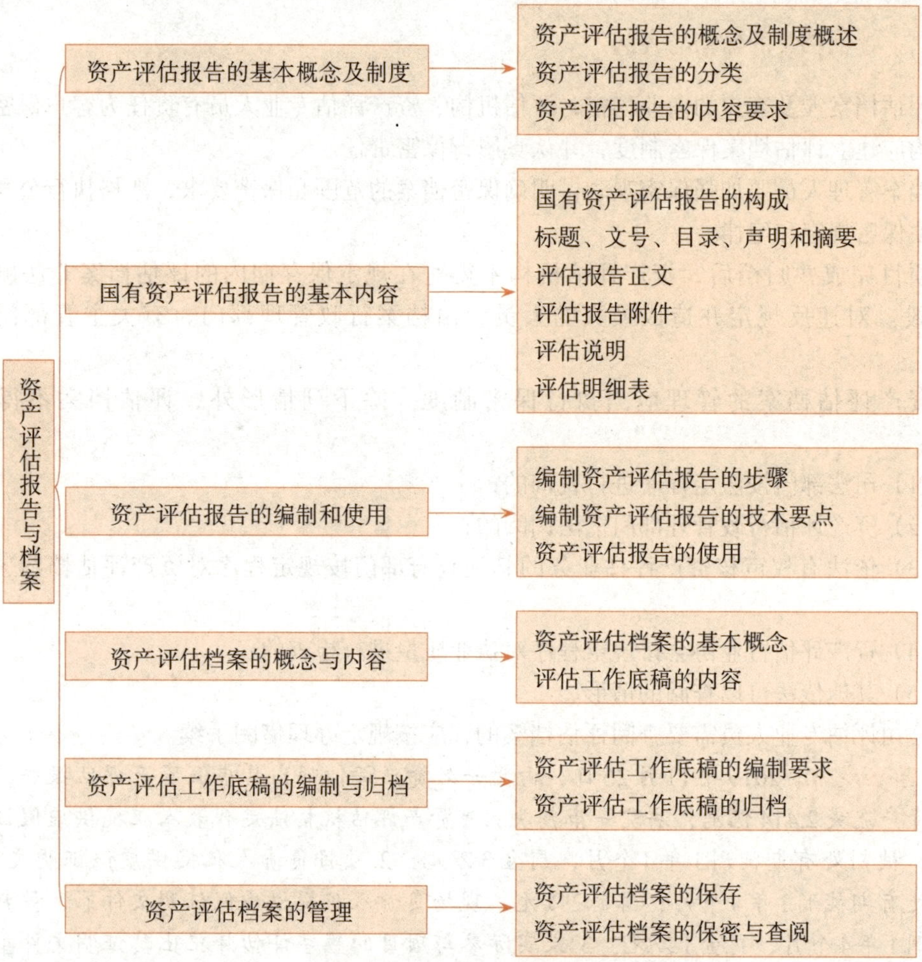

图13-1 本项目框架结构

实训设计

一、实训目标

《资产评估执业准则——资产评估报告》是根据要素与内容对资产评估报告进行规范的重要评估准则。所以，掌握资产评估报告的要素、内容及对资产评估报告的有关要求，有利于进一步提高资产评估报告的制作能力。

资产评估报告的制作是评估机构与注册资产评估师完成评估工作的最后一道工序，也是资产评估工作中的一个重要环节，培养学生制作规范的资产评估报告的能力，是学习本项目的目的。所以掌握资产评估报告制作要点是提高资产评估报告编制技能的重要方面。

二、实训项目与要求

1. 实训组织

首先，实训指导教师将学生分组，每组10人左右，指定组长负责，明确目标和任务；然后，分组开展业务训练，发挥小组集体智慧的力量和成员的主观能动性，得出实训结果；最后，组长总结汇报实训活动。

2. 实训项目

中青资产评估有限公司接受A公司的委托，根据法律、行政法规和资产评估准则的规定，坚持独立、客观和公正的原则，采用合适的评估方法，按照必要的评估程序，对A公司收购B公司涉及的B公司机器设备价值于评估基准日的市场价值进行评估。现将资产评估情况报告如下：

（1）委托人、被评估单位和其他资产评估报告使用人：（详情略）

（2）评估目的：根据《××××批复》，A公司拟收购B公司。

（3）评估对象和评估范围：本次评估对象为B公司机器设备价值。评估范围为B公司截至评估基准日拥有的全部机器设备（机器设备评估明细表略）。

（4）价值类型：本报告评估结论的价值类型为市场价值。

（5）评估基准日：2023年12月31日。

（6）评估依据：经济行为依据、法规依据、产权依据、取价依据。

（7）评估方法：采用市场法和成本法，本评估报告结论依据成本法的评估结果。

（8）评估程序实施过程和情况（略）。

（9）评估假设：基本假设、一般假设、成本法特别假设。

（10）评估结果：经评估，被评估单位全部机器设备价值为人民币979 641 847.06元。大写：玖亿柒仟玖佰陆拾肆万壹仟捌佰肆拾柒元零陆分。

评估报告的使用有效期：为评估基准日起一年内，即有效期截至2024年12月30日。

（11）特别事项说明：（略）

（12）评估报告使用限制说明：（略）

（13）评估报告日：资产评估报告日是评估结论形成的日期，本资产评估报告日为2024年4月30日。

资产评估师：张三（签字盖章）
李四（签字盖章）
中青资产评估有限公司：（盖章）
2024年4月30日

3. 实训要求

班级内自由分组，每组4～5人，讨论下列问题，分别小组作答，然后进行集中交流，教师作最后点评。

（1）资产评估报告的内容与要求有哪些？

（2）制作资产评估报告的程序和技术要求有哪些？

（3）撰写资产评估报告应注意的事项是什么？

三、成果与检测

（1）每个团队根据教师所给评估业务资料，能指明资产评估报告的要求和内容，并在班级进行交流。

（2）教师与同学们共同总结评估报告编制的注意事项。

（3）由各团队负责人组织小组成员进行评价打分。

（4）教师根据各团队对评估基本事项的实训情况及各位同学的表现予以评分。

参考文献

［1］中国资产评估协会．资产评估基础［M］．北京：中国财政经济出版社，2024.

［2］中国资产评估协会．资产评估实务（一）［M］．北京：中国财政经济出版社，2023.

［3］中国资产评估协会．资产评估实务（二）［M］．北京：中国财政经济出版社，2023.

微课索引

为了便于学生自主学习，我们针对重点难点制作了64个微课，并以二维码的形式添加在本教材中，用手机扫描二维码即可直接观看，括号内标注了二维码的具体页码。